MÚSICA CULTURA POP ESTILO DE VIDA COMIDA
CRIATIVIDADE & IMPACTO SOCIAL

GOLD DUST WOMAN

STEVIE NICKS

**A biografia da vocalista
do FLEETWOOD MAC**

STEPHEN DAVIS

Tradução
Maíra Meyer

Belas Letras

© 2017 Stephen Davis
Publicado originalmente pela St. Martin's Press, um selo da Macmillan Publisher's
Título original: Gold Dust Woman: The Biography of Stevie Nicks

Foto da capa: Fin Costello

Nenhuma parte desta publicação pode ser reproduzida, armazenada ou transmitida para fins comerciais sem a permissão do editor. Você não precisa pedir nenhuma autorização, no entanto, para compartilhar pequenos trechos ou reproduções das páginas nas suas redes sociais, para divulgar a capa, nem para contar para seus amigos como este livro é incrível (e como somos modestos).

Este livro é o resultado de um trabalho feito com muito amor, diversão e gente finice pelas seguintes pessoas:

**Gustavo Guertler (*publisher*), Germano Weirich (coordenação editorial),
Celso Orlandin Jr. (capa, projeto gráfico e diagramação), Fernanda Lizardo (edição),
Maíra Meyer (tradução), Lielson Zeni (preparação) e Maristela Deves (revisão).**
Obrigado, amigos.

2023
Todos os direitos desta edição reservados à
Editora Belas Letras Ltda.
Rua Antônio Corsetti, 221 – Bairro Cinquentenário
CEP 95012-080 – Caxias do Sul – RS
www.belasletras.com.br

Dados Internacionais de Catalogação na Fonte (CIP)
Biblioteca Pública Municipal Dr. Demetrio Niederauer
Caxias do Sul, RS

D261	Davis, Stephen
	Gold Dust Woman: Stevie Nicks: biografia da vocalista do Fleetwood Mac / Stephen Davis; tradução Maíra Meyer. - Caxias do Sul, RS: Belas Letras, 2023.
	416 p.
	ISBN: 978-65-5537-274-8
	ISBN: 978-65-5537-276-2
	ISBN: 978-65-5537-275-5
	1. Nicks, Stevie - Biografia. 2. Cantoras. 3. Músicos de rock. 4. Fleetwood Mac (grupo musical) I. Meyer, Maíra. II. Título.
23/01	CDU 929NICKS

Catalogação elaborada por Cássio Felipe Immig, CRB-10/1852

Fã é a forma abreviada de fanático. Esta biografia é dedicada a todos os fãs de Stevie Nicks (e do Fleetwood Mac) do passado e do presente, *memor et fidelis.*[1] *Non nobis solum nati sumus.*[2]

---

1 "Atento e fiel", em latim. (N. T.)
2 "Não nascemos apenas para nós mesmos", em latim. (N. T.)

SUMÁRIO

Prefácio 15

Capítulo 1

1.1 Teedie 24

1.2 A Aluna Nova 31

1.3 California Dreamin' 37

1.4 Fritz 44

1.5 Não Ouse Tocar em Stevie Nicks 49

1.6 A Máquina Musical 54

1.7 Velhos Sonhos, Novos Sonhos 59

1.8 Sound City 64

1.9 "Não por Muito Tempo" 69

1.10 Frozen Love 75

1.11 Heartbreaker 80

1.12 Landslide 87

Capítulo 2

2.1 Heroes Are Hard to Find 92

2.2 Estrelinha Mágica 97

2.3 Garota Durona 103

2.4 Trajetória Peculiar 107

2.5 Buckingham Nicks, o (breve) Retorno 112

2.6 Fleetwood Mac 117

2.7 Aguentando Firme 122

2.8 Na Estrada 127

Capítulo 3

3.1 Rumours 133

3.2 Is It Over Now? 139

3.3 White Magic Woman 145

3.4 Time Casts a Spell on You 153

3.5 Bola de Cristal 159

3.6 Por Trás das Cortinas 167

Capítulo 4

4.1 Conhecimentos Especiais 174

4.2 Minha Amiga Sara 181

4.3 Terra Insana 187

4.4 Bolha 195

4.5 Modern Records 202

4.6 Not That Funny 207

4.7 Rhiannon está em Progresso 212

4.8 Is This What You Want from Me? 219

Capítulo 5

5.1 Stevie Encara a Morte 229

5.2 Vingança 235

5.3 A Rainha do Rock & Roll 241

5.4 A Lua de Mel de Kim e Sara Anderson 248

5.5 Wild Heart 255

5.6 O Caso com Joe Walsh 263

Capítulo 6

6.1 Battle of the Dragon 269

6.2 Não se Cancela com Bob Dylan, Porra! 276

6.3 Palavras Não lhe Bastam? 284

6.4 O Último Tango 290

6.5 Shake the Cage 296

Capítulo 7

7.1 O Biógrafo 302

7.2 Alice 306

7.3 Glória: a que Preço? 313
7.4 Desert Angel 318
7.5 Don't Stop 325

Capítulo 8

8.1 Problemas no Paraíso 334
8.2 The Dance 340
8.3 Hall da Fama 345
8.4 Adulto Contemporâneo 352
8.5 Terror 360

Capítulo 9

9.1 O Deus-Mercado 366
9.2 Câmeras Escondidas 371
9.3 Soldier's Angel Foundation 378
9.4 A Heartbreaker Honorária 384
9.5 In Your Dreams 390
9.6 On With the Show 396
9.7 A Fada-Madrinha do Rock 401

Notas do Autor e Fontes 409

Cecilia, bendita, venha em visão
A todos os músicos, venha e inspira:
Filha transposta, desça e surpreenda
Forjando mortais na imortal pira.
— **W. H. AUDEN**

Chiffon dura para sempre, se você
cuidar bem dele.
— **Stevie Nicks**

PREFÁCIO

Era uma vez... Uma completa desconhecida, a novata em uma banda conhecida.

Ela está em um estúdio de TV em Los Angeles, prestes a estrear em rede nacional. Está ligeiramente trêmula, aguardando sobre sua marcação, enquanto o diretor explica que, se ela se afastar do microfone, a câmera não vai enquadrá-la.

Se estava com medo, estava decidida a não demonstrá-lo, afirmou ela sobre esse momento mais tarde. Enquanto aguarda, segura o pedestal do microfone usando as duas mãos, a fim de mantê-lo estável. Diz a si para não pensar em nada.

O dia é 11 de junho de 1975, e a banda inglesa Fleetwood Mac, ainda não tão famosa, está gravando o primeiro videoclipe com sua nova formação e visual anglo-americano. A música que vão a tocar é "Rhiannon," composta pela novata da banda, Stevie Nicks. Ela está prestes a cantar pela primeira vez para os Estados Unidos sua canção mais importante.

É de se esperar que ela esteja trêmula, afora a empolgação com a gravação do clipe diante de uma pequena plateia de estúdio. Essa apresentação de "Rhiannon" é o ou-tudo-ou-nada para a compositora já não tão jovem assim. Madura porém meio inocente aos 28 anos, há sete anos ela já vem pulando de galho em galho na pujante indústria musical da Califórnia, sem muito para mostrar além de um caderno cheio de canções e um namorado chamativo, que está ao seu lado com a guitarra, se preparando para injetar uma dose de "Rhiannon" na mente dos norte-americanos, como um feitiço das montanhas enevoadas do distante País de Gales.

Ou vai ou racha — porque, se essa nova proposta do Fleetwood Mac não pegar, Stevie Nicks vai ter de voltar a servir mesas em West Hollywood usando um uniforme cafona de época. E, nesse momento, os presságios não são dos melhores. Sua voz foi criticada — duramente — pela revista *Rolling Stone* na resenha do novo álbum do Fleetwood Mac. Ela também sabia que só estava na banda porque seu namorado tinha dito aos membros que, se o quisessem como novo guitarrista, teriam de aceitá-la também.

Enquanto o contrarregra faz a contagem regressiva, Stevie Nicks olha para seu namorado — Lindsey Buckingham. "Linds." Ele é um ano mais novo do que ela. Está usando suas roupas de palco, um quimono molenga de seda por cima, bem Robert Plant, deixando à mostra boa parte do peito cabeludo, e ostenta uma cabeleira preta cacheada. Ele sorri para Stevie e lhe dá uma piscadela — também está tenso. Mas *aquele é o momento deles* — o momento que passaram anos buscando. Ela está toda de preto, o cabelo loiro cortado em camadas numa permanente volumosa com mechas platinadas. Ela tem pouco mais de 1,50 metro de altura, uma garota bem miudinha, mas os saltos das botas pretas lhe emprestam alguns centímetros a mais. Um chapéu preto de renda, feito de chiffon leve, arremata o conjunto. Ela usa sombra carregada. Está linda, prontinha para a TV como todos os astros do rock. (A cartola formal, meio de bruxa, virá depois. Isso é antes do álbum *Rumours*. Um dia, no século seguinte, a internet lhe dedicará páginas e páginas à sua coleção de xales.)

Mas agora as luzes vermelhas do estúdio se acendem, Stevie dá meio passo para trás e Lindsay começa a tocar, dedilhando a guitarra. O baterista Mick Fleetwood mantém a base junto ao baixista John McVie, cuja esposa, Christine, toca acordes melancólicos no teclado à sua esquerda. Nesse momento, Stevie dá um passo à frente e fala ao microfone suas primeiríssimas palavras aos futuros fãs ensandecidos:

"Esta é uma *canção*", enfatiza ela, com sotaque arrastado, "sobre uma velha bruxa galesa". E em seguida deixa "Rhiannon" ressoar como *badaladas noite adentro*. A música dura quase sete minutos. Stevie mantém o ritmo regendo com o braço, e o Fleetwood entra: *"Rhiannon rings like a bell in the night and wouldn't you love to love her? She rules her life like a bird in flight, and who will be her lover?"*.[3] Stevie dança no ritmo, mantendo contato visual com Lindsay, ao seu lado. Ela uiva *"taken by the sky, taken by the wind"*,[4] um poderoso espírito feminino esvaindo-se no éter, sem deixar rastro algum, exceto pelos belos *licks* de guitarra e por essa jovem que rodopia poeticamente sobre a marcação de palco, entre o segundo e o terceiro versos. A letra que ela canta é ligeiramente diferente da que está no disco. *"Once in a million years a lady like her... rises."*[5] Stevie, Lindsay e Christine entoam juntos o refrão pungente e entrecortado — *"Rhiaaaaaanooooooon, Rhiaaaaaaannon"*.

Lindsay está arrasando e sorri. Está acontecendo, agora de verdade. O Fleetwood Mac agarrou a oportunidade. *She's like a cat in the dark, and then she is the darkness... Would you stay if she promised you heaven? Will you ever win?*[6]

Em seguida a canção fica mais suave, enquanto Christine faz seu solo no teclado em preparação para o redemoinho sônico que virá. Stevie estende sua capa preta como um par de asas, uma encenação fluida antes do movimento seguinte da música. (A apresentação de "Rhiannon" pode ser considerada uma peça curta de cinco atos.) Porém, passados quatro minutos, a batida diminui e Stevie canta o trecho intermediário: *Dreams unwind, love's a state of mind.*[7] E então, faltando dois minutos, a banda se lança em uma marcha militar 4/4, com Stevie em transe quase religioso — gritando, bradando, *lamentando*, acenando com os braços, pavoneando-se e sapateando, atuando, os olhos arregalados. Ela treme e vibra, gritando feito uma bacante sanguinária, pronta para separar a alma do corpo, os dedos em gestos de presságio e profecias em meio ao ar esfumaçado.

---

3 "Rhiannon toca como badaladas noite adentro, e você não adoraria amá-la? Ela leva a vida como um pássaro em pleno voo, e quem será aquele a amá-la?" (N. T.)

4 "Levada pelo céu, levada pelo vento." (N. T.)

5 "Uma vez a cada milhão de anos surge uma mulher... como ela." (N. T.)

6 "Ela é como um gato na escuridão, e também é a escuridão... Você ficaria se ela lhe prometesse o paraíso? Alguma vez você vai vencer?" (N. T.)

7 "Sonhos se desenrolam, o amor é um estado de espírito." (N. T.)

Finalmente a música para — *You cry but she's gone* —,[8] e ela solta um último uivo que dura dez segundos e vai descendo em oitavas. Então Stevie se curva em profunda reverência, agarrando o pedestal do microfone com as duas mãos para evitar um colapso de exaustão. A apresentação chega ao fim; a plateia do estúdio aplaude, e a imagem vai desaparecendo da tela.

Meses depois, quando o clipe "Rhiannon" foi exibido no *The Midnight Special*, o programa sindicalizado (fora da rede) dedicado a shows de rock e exibido tarde da noite às sextas-feiras nos anos 1970, tudo mudou para o Fleetwood Mac. O novo álbum, homônimo à banda, lançado no verão anterior, vinha se arrastando, vendendo a quantidade habitual para seu público fiel, muito embora o primeiro single, "Over My Head", composto por Christine, já estivesse tocando nas rádios FM em formato rock/adulto contemporâneo e figurado no vigésimo lugar na lista da revista *Billboard*.

A partir dali, o single "Rhiannon", de 45 rpm, foi lançado em fevereiro de 1976 e explodiu como uma granada nas rádios depois que o imenso público de rock viu Stevie Nicks celebrar o ritual da antiga bruxa galesa em rede nacional. De uma hora para outra, um milhão de garotas foram comprar o novo álbum do Fleetwood Mac. Depois, mais um milhão. A faixa "Rhiannon" imediatamente entrou na playlist de todas as estações de rádio roqueiras norte-americanas, enquanto o single remixado — que soava mais sexy ainda em um radinho de carro — percorreu das rádios FM e AM até os drive-ins raiz pelo interior dos Estados Unidos. A energia da Deusa Branca se reverteu na venda de toneladas de álbuns, e, para espanto de todos (menos da banda), o álbum *Fleetwood Mac* atingiu o primeiro lugar no *Hot Hundred* da *Billboard*, e lá permaneceu por semanas.

Quando o Fleetwood Mac soube que seu álbum estava em primeiro lugar, eles já estavam preparando o próximo — *Rumours*. Mas sempre que ligavam o rádio do carro, "Rhiannon" tremulava nas ondas. A velha bruxa galesa havia cumprido seu propósito.

---

8 "Você chora, mas ela se foi." (N. T.)

Quem é Rhiannon?

A música não entrega nenhuma informação a respeito dela, mas oferece um sinal transcendental — o céu, o vento, o voo — que foi captado pelas filhas da enorme população descendente dos galeses na América do Norte, como uma memória racial obstruída dos velhos tempos, desde épocas imemoriais. Mesmo Stevie Nicks, que conjurou Rhiannon com tanto fervor, admitiu que mal sabia sobre o que estava compondo. ("Li o romance, adorei o nome. Ficamos com essa impressão de que ela era uma rainha, e a reminiscência dela se tornou um mito.") Mais tarde, Stevie aprendeu muito mais. Rhiannon havia sido uma antiga deusa galesa, e isto afetou diretamente a vocalista espiritualizada, pois Stevie tinha ascendência galesa quase pura.

O País de Gales e suas lendas são muito relevantes para esta história — sendo ela mesma uma filha de ascendência galesa do sudoeste norte-americano, Stevie se tornou também uma deusa do rock, e a partir daí conquistou uma longeva carreira internacional, atingindo o auge.

O País de Gales ocupa o extremo ocidente do território da Grã-Bretanha, terra de montanhas nebulosas, cidades submersas e gigantes lendários. As tribos celtas das Ilhas Britânicas consideravam Gales um local sagrado e assombrado desde tempos imemoriais, uma paisagem seca dotada de imenso poder espiritual. Quando os sacerdotes druidas construíram Stonehenge, seu observatório solar pré-histórico em Salisbury Plain, eles conseguiram os enormes monólitos azuis das Presceli Mountains no País de Gales, a centenas de quilômetros de distância. Até hoje ninguém sabe como os druidas rolaram as rochas até Wiltshire.

Júlio César invadiu a Britânia e os romanos governaram durante séculos. Depois que eles se foram dali, a região foi ocupada por nações germânicas migrantes. As aldeias celtas nativas então foram empurradas a oeste até Gales, uma paisagem menos fértil e acolhedora. Ao longo dos mil anos subsequentes, o povo galês foi adquirindo as características que ainda descrevem sua nacionalidade marcante, sobretudo o amor pela poesia e pelo canto, especialmente a música coral. Os galeses também passaram a ser associados a outros universos e à magia. Merlin, o mago das lendas arturianas, nasceu no País de Gales. E também a Fada Morgana, a irmã do rei Arthur, outra antiga bruxa galesa. A "ilha abençoada" de Avalon fica em alto-mar. Essa inclinação nacional para a magia e feitiços não pode ser ignorada quando o assunto é Stevie Nicks.

A vida era difícil para o povo de Gales, que cultivava campos pedregosos, criava ovelhas e gado, e pescava nas violentas ondas da costa íngreme local. A mineração também era uma atividade vigente, primeiro de estanho e cobre, posteriormente de ferro e carvão. Mulheres trabalhavam tanto quanto os homens. A população galesa encontrava consolo em seus famosos festivais, que apresentavam competições de corais e tumultuosos jogos de palavras regados a hidromel, nos quais os poetas campeões compunham versos espontâneos e, ao fim, eram escolhidos os vencedores em caráter nacional. Os bardos e trovadores galeses cantavam sobre Dylan, "o filho das ondas", uma criança-deusa que tinha forma de peixe; sobre as irmãs das fontes divinas; sobre gêmeos sagrados; e sobre os Três Pássaros de Rhiannon, a deusa que parecia se transformar de uma pequena lua para uma deusa-égua, ou para um pesadelo, de acordo com as antigas histórias no *Welsh Triads* e no *The Mabinogion*.

William Shakespeare tinha uma avó galesa, Alys Griffin. O herdeiro do trono inglês é o Príncipe de Gales. O espírito selvagem galês habita as culturas da Inglaterra, dos Estados Unidos, do Canadá, da Austrália e da Nova Zelândia. Ele preserva algo da essência de tradições celtas/românicas mais antigas do Oeste — a civilização ocidental.

No início de 1600, o povo galês, às dezenas de milhares, e posteriormente aos milhões, se juntou às migrações para a América do Norte em busca de oportunidades e uma vida melhor. Fugindo da pobreza, muitas pessoas chegaram em condições servis ou análogas à escravidão. Em troca da passagem de Cardiff até os portos de Maryland, Virgínia e Carolina do Norte e do Sul, o servo devia a seu mestre sete anos de serviço. Depois, era livre para seguir o próprio caminho. Foi assim que o sul e o centro-sul dos Estados Unidos foram povoados nos séculos XVII e XVIII. Em 1900, mais da metade dos sobrenomes nas listas telefônicas norte-americanas — Jones, Lewis, Evans,

Wilson, Williams, Thomas, Hopkins, Jenkins, Perkins, Davis — descendiam das memoráveis migrações galesas para a América do Norte.

Alguns pesquisadores acreditam que os ancestrais de Stevie chegaram em algum momento da metade de 1700, quando o sobrenome Nicks apareceu em manifestos de carga na região de Baltimore. (No folclore celta do norte, uma "nixie" é uma fada feminina do mar, um fantasma aquático semelhante ao kelpie, o espírito marinho mítico das ilhas escocesas. "Há nicks no mar, em lagos, rios e cachoeiras", de acordo com livros antigos de fadas folclóricas.) Em sua maioria, os migrantes do País de Gales eram protestantes, muitas vezes metodistas, e acredita-se que a cultura de coral de suas igrejas foi absorvida pela religião dos escravos no Sul; alguns musicólogos conectam a influência da harmonia galesa ao desenvolvimento dos corais evangélicos afro-americanos.

Em 1950, uma influência galesa crucial tinha aparecido nos Estados Unidos na forma do desvairado jovem poeta Dylan Thomas, de Swansea, ao Sul de Gales; suas cadências comoventes, típicas de um bardo, deram origem a um melífluo barítono galês, divulgado de costa a costa por meio de gravações e leituras nos anos 1950, importante inspiração para os escritores da Geração Beat e outros poetas modernistas.

Na metade da década de 1950, músicos descendentes de galeses inventaram o rock and roll no centro-sul dos Estados Unidos. O nome Elvis, de origem galesa, significa algo como elfo, endiabrado, sobrenatural. E Presley é outra maneira de se pronunciar Presceli, as montanhas galesas que forneceram as "rochas sarsen" druídicas de Stonehenge. O nome "Elvis Presley" por si só já bastaria para conjurar um sinal atávico. O espírito galês das montanhas! Será que isso ajuda a explicar as reações histéricas das garotas brancas sulistas aos rebolados desinibidos de Elvis no Tennessee e no Arkansas, no Alabama e em Louisiana, em 1954? Seria ele um antigo e esquecido deus galês, renascido como um jovem em Tupelo, Mississipi, em 1935? A maioria dos roqueiros pioneiros também eram galeses: Jerry Lee Lewis, de Farraday, Louisiana; Carl Perkins e os Everly Brothers, do Tennessee; Conway Twitty (nascido Harold Jenkins), do Arkansas. Ronnie Hawkins e Levon Helm também. Até Johnny Cash e vários astros country e do Oeste: Loretta Lynn, Buck Owens, Kitty Wells, Hank Williams.

Alguns anos depois, em 1960, quando um jovem cantor de folk de Minnesota chamado Robert Zimmerman se mudou para a cidade de Nova York a fim de tentar a sorte, e precisou de uma nova identidade para conferir credibilidade ao renascimento do folk comercial, ele mudou seu nome para Bob Dylan.

O fundador dos Rolling Stones, Brian Jones (nascido Brian Lewis Hopkins-Jones), tinha sangue galês. O verdadeiro nome de David Bowie era David Jones. Ray Davies. Robert Plant e Jimmy Page tinham antepassados galeses, e chegaram a se refugiar no País de Gales para compor músicas para o Led Zeppelin. "Bron-Yr-Aur". "Misty Mountain Hop" também.[9] Stevie Nicks, ela própria uma poeta de habilidade técnica por vezes fantástica em termos de cadência e escansão, firma-se nessa tradição, o venerável legado galês de campeonatos profissionais de poesia.

Hoje, mais de quarenta anos após o sucesso setentista "Rhiannon", a própria Stevie Nicks se estabelece como uma velha bruxa galesa. Ela é reconhecidamente a "Fada Madrinha do Rock". O Fleetwood Mac também se estabeleceu com *Rumours*, um dos álbuns mais vendidos de toda a história da música, e, depois, mundo afora e para o Hall da Fama do Rock & Roll. O mesmo vale para Stevie Nicks, cuja carreira solo extremamente bem-sucedida segue até o momento da escrita deste livro. Na verdade, ela está maior do que nunca, com legiões de fãs fiéis presentes nos shows, se vestindo como gosta, gerando identificação — para *além da música em si*. (Além de Stevie, somente o Led Zeppelin desfruta dessa espécie de elo místico com seu público multigeracional.) Desde 1981, os fãs de Stevie se trancavam nos cômodos escuros aveludados criados por ela nas canções, desde as mais épicas às de pura dor de cotovelo, através das perdas e fracassos, do vício à reabilitação. Para seus fãs, Stevie Nicks tem várias facetas distintas. É uma poeta elegíaca e analítica de desejos românticos. É cronista de remorsos e arrependimentos. Seu trabalho contém um núcleo orgânico de uma artista conforme a uma dignidade trágica

---

9 Ambas são canções do Led Zeppelin. (N. T.)

de um casamento fracassado entre duas pessoas ambiciosas, bem como dos encantos obtusos de uma vida aquebrantada. Em suas canções, sempre há notas de elegância que se adequam em meio às agonias dos próprios desastres. Por meio da música, ela consegue superar seus problemas e seguir em frente. Stevie Nicks está ocupada demais trabalhando no próximo projeto para se preocupar com redenção. Ela parece nos dizer que todos merecemos mais do que aquilo que nos "acontece." Ela tem humor próprio, "um pezinho na melancolia", uma vela de esperança, ou talvez apenas um mero anseio. Através de suas canções vêm a autorrealização e o comprometimento emocional. Elas são uma catarse para ela e para seu público. Lembranças, sonhos e a passagem do tempo são seus temas mais queridos. Os fãs de Stevie devem suas melhores músicas à sua compulsão por externalizar as próprias experiências, por expor todas elas, por usá-las para expressar o que sente: primeiro, nos poemas e desenhos; depois, em músicas, gravações, roupas e performance, com o objetivo de garantir que sua vida, e o trabalho de sua vida, nunca se apague para além da lembrança. A reação adequada dos fãs à sua presença dourada, que parece incorporar a ideia de que todos temos poderes sagrados dentro de nós, é veneração e amor.

A canção "Gold Dust Woman" foi uma arrepiante profecia de excessos e fracassos materializados. Esta biografia é uma tentativa de descrever sua temática na forma de uma mulher e figura pública completamente exteriorizada, com uma carreira a pleno vapor dentro e fora do Fleetwood Mac. Qualquer pessoa que escreva sobre Stevie Nicks logo percebe que há coisas que ela deseja guardar para si a todo custo. Qualquer biógrafo consideraria isso desafiador, sedutor, admirável. "Sou mais estranha do que a maioria das pessoas", disse Stevie muito tempo atrás. Ao fim e ao cabo, suas canções e músicas contam a maior parte de sua história, certamente as partes importantes. A entrevistadores atuais, Stevie insiste que tem mais trabalho a fazer. Seus fãs sabem que sua arte durará enquanto permanecer resguardada por aqueles que compreendem seu valor emocional, seus significados profundos, e a distinção transcendental de sua música e vida.

— S. D., 2017

Capítulo 1

1.1 Teedie

A divisa do estado do Arizona é a pedra angular do Sudoeste norte-americano, encravada entre a Califórnia e o Novo México. O clima é árido e seco, e a paisagem, monumental e gigantesca. Nos anos subsequentes à Segunda Guerra Mundial, o Arizona ainda tinha um ar de fronteira ocidental. As pessoas eram netas de famílias fronteiriças, fixas e migrantes. O cacto era o símbolo estadual. Aldeias nativas norte-americanas ainda estavam sediadas em suas reservas, um mundo à parte da sociedade "anglo", como era chamada. As cidades maiores — Phoenix e Tucson — estavam expandindo para o deserto, impulsionadas pela migração pós-guerra até a terra prometida de oportunidades e o sol promissor do inverno.

E foi no interior destas terras ocidentais que nasceu Stephanie Lynn Nicks, em 26 de maio de 1948, no Good Samaritan Hospital, Phoenix. À época, sua mãe, Barbara Alice Meeks (hoje já falecida), tinha apenas 20 anos, e havia se casado no ano anterior. Seu pai, Aaron Jess Seth Nicks Jr., tinha 23 anos. Eles se conheceram quando trabalhavam no jornal *The Arizona Republic*. Em seu diário, Barbara escreveu que foi amor à primeira vista, e o casamento se deu um mês após o primeiro encontro. Jess Nicks era um jovem confiante, ambicioso, e dava os primeiros passos em sua carreira empresarial bem-sucedida, ainda que itinerante, em meio à florescente economia corporativa do Sudoeste.

A gravidez de Barbara Nicks foi difícil. Ela era bem mignon, no máximo 1,50 metro de altura, e a criança no útero estava a todo vapor — uma verdadeira dançarina, brincavam os pais. Barbara sentia enjoos na maior parte do tempo, se alimentando sobretudo de comida mexicana, *enchiladas* e feijões fritos. Mas o parto correu sem maiores percalços, e o casal ficou encantado com a filha miudinha de olhos escuros.

Stephanie foi a primogênita do casal, e, sendo uma garotinha excepcionalmente bonita, era muito mimada por todos os familiares. Jess tinha dois irmãos mais novos, Bill e Gene, que coincidentemente se casaram com duas irmãs, Carmel e Mary Lou Ruffin. Jess e Barbara eram mais próximos de Bill e Carmel, cujo filho Johnathan era o primo mais próximo de Stevie. A intimidade fez com que escolhessem viver como vizinhos em Paradise Valley, perto de Phoenix.

Jess e Barbara logo começaram a chamar a filha de Stevie, que por sua vez só conseguiu pronunciar o próprio nome depois que seus dentinhos nasceram, sendo assim, durante muito tempo ela se intitulou Teedie (e assim Barbara escolheu chamá-la pelo restante da vida). Barbara era católica devota, sempre usava um crucifixo prateado ou dourado numa correntinha, e também era uma dona de casa prática e frugal, grudada à sua garotinha, e que costurava a maioria das roupas de Stevie a partir de moldes encomendados por correio. Assim como todas as pequenas vaqueiras do Arizona, Steve aprendeu a cavalgar pouco tempo depois de começar a andar.

Quase todo verão, a família visitava a mãe de Barbara, Alice, que morava na cidadezinha de Ajo, um trajeto longo e empoeirado até Pima County, próximo à fronteira mexicana. Alice Harwood era de uma antiga família de mineradores de cobre. Havia sido uma cantora das boas quando jovem, e tivera dois filhos enquanto vivia em Bisbee, Arizona, com um homem que jamais era mencionado. Após o divórcio da Alice, seus filhos Barbara e Edward foram adotados pelo seu segundo marido, um tal sr. Meeks, que trabalhava nas ricas minas de cobre de Bisbee; diziam que ele era abusivo e que morreu de tuberculose. "Minha mãe teve uma vida difícil", lembraria Stevie. "Ela era muito pobre, tinha só 19 anos quando se casou pela primeira vez, e eu nasci logo a seguir."

Vovó Alice — "Alice Doida", para a família — vivia sozinha nos arredores de Ajo (palavra que significa "alho" em espanhol). Desde que Stevie tinha cerca de 4 anos, ela passava parte dos verões em Ajo com a avó — e adorava. Alice gostava de cantar antigas canções de ninar para a neta, e também lia muitos livros para ela. Foi assim que Stevie conheceu os primeiros contos de fadas.

Quando Stevie tinha 5 anos, seu avô paterno a colocou no rumo para se tornar uma cantora. Aaron Jess Nicks era um cantor country local conhecido como "A.J.". Nascera no dia 28 de maio em Phoenix, em 1892, partilhando assim o dia do aniversário com a neta. Ele e sua esposa, Effie, eram separados — ela fora embora para viver na Califórnia —, e desde então ele vinha morando em um agrupamento de barracas e trailers nas colinas de Phoenix. A.J. ganhava a vida, por assim dizer, jogando bilhar e cantando em tavernas e saloons, tocando músicas de Jimmy Rogers, Hank Williams e Red Sovine; tocava violão, rabeca e gaita, às vezes sozinho, às vezes com uma pequena banda — o que ele conseguisse reunir. Em certas ocasiões podia ser ouvido na rádio local, cantando *jingles*. Esperto, sagaz e furtivo, ele frequentava salões de bilhar, e durante a Grande Depressão passara um tempo se embrenhando clandestinamente em trens de carga para sobreviver. Diz-se que conheceu o cantor Woody Guthrie em acampamentos de sem-teto e pátios ferroviários do extenso sudoeste. E era um bebedor contumaz.

No início de 1952, quando Teedie tinha 4 anos, A.J. começou a frequentar a casa e cantar com a neta. Ele lhe ensinava harmonia entoando melodia folclóricas como "Darling Clementine"; primeiro assumia os vocais mais agudos e então trocava de papel com Stevie, que conseguia captar o tom de ouvido sem grandes dificuldades. Algo bem complexo para uma criança, mas Stevie já mostrava ali o tamanho da sua capacidade. A.J. pavoneava estar diante de uma cantora talentosa. Stevie sequer sabia ler, mas já reproduzia sem dificuldade músicas como "Are You Mine", de Red Sovine, e exibia uma habilidade inata ao repetir uma letra após ouvi-la pouquíssimas vezes.

E assim, A. J. Nicks começou a levar sua netinha a festas (devidamente acompanhada pelos pais), onde ambos cantavam para amigos. A reação era sempre de puro deleite, e Stevie parecia adorar a atenção. Aos 5 anos, ela começou a cantar em *saloons* locais com o avô. Eram sempre apresentações breves: A. J. começava cantando algumas músicas, e então Jess colocava Stevie em cima da bancada, com seus trajes fofos de vaqueira feitos por sua mãe. Os beberrões adoravam a cantoria harmônica, e os aplausos ávidos no fim da apresentação eram a melhor reação que A.J. conseguia em sua carreira majoritariamente infrutífera. E foi após estes eventos que ocorreu a A.J., que passara a vida tentando engrenar no ramo da música country, que a pequena Stevie poderia ser a bola da vez. Talvez aquele modelo de apresentação deles — um velhote e sua neta — fosse o bilhete premiado para o renomado festival Grand Ole Opry. A.J. começou a pagar cinquenta centavos semanais de cachê para Stevie.

Porém, quando ele pediu para levar Stevie a locais além de Phoenix Valley, os pais dela disseram um sonoro "não". Fora do estado? Nem pensar. A.J. suplicou, mas Barbara foi irredutível, explicando ao sogro que sua filha de 5 anos, que sequer estava na escola, jamais ia pegar a estrada com um homem de 60 anos. Fim de papo. Após esse episódio, A.J. saiu da casa e se entocou em seu refúgio nas colinas. A família ficou dois anos sem vê-lo. Stevie sempre nutriu carinho especial pelo avô, e sua primeira gravação foi dedicada a ele. Mas ao mesmo tempo ela sempre foi convicta de que "ele era um cantor bom de verdade, porém não um grande músico".

Mais ou menos nessa época, a família Nicks se mudou para Albuquerque, no Novo México.

Quando Stevie começou a frequentar a escola, a rotina familiar lhe impôs rumos desconfortáveis. Não é que Barbara a desestimulasse a ter amigos, mas ali Stevie percebeu que não valia a pena cultivar amizades, pois sabia que a família logo se mudaria de cidade. Ao longo dos 15 anos seguintes, eles residiram em vários estados do Sudoeste, pois Jess Nicks ficava trocando de cargo o tempo todo, quase como um militar, conforme galgava os degraus corporativos de grandes empresas: a frigorífica Armour & Company, a Greyhound Bus Company e a Lucky Lager Brewing. Ciente de que a filha trocaria de escola frequentemente, e que poderia ser triste perder os laços criados, Barbara passou a matricular Stevie em várias aulas a fim de distrai-la: piano, desenho, balé, sapateado. Barbara tinha a sensação de que a adorável Stevie seria atriz ou, quem sabe, estrela de cinema, por isso lhe enfiava aulas de teatro goela abaixo, muito embora Stevie, tímida por natureza, as rejeitasse a todo custo. Foi Barbara, especialista no assunto, quem ensinou Stevie a girar a baliza. E também foi ela quem percebeu primeiro que a filha era míope, e assim Stevie Nicks ganhou seu primeiro par de óculos na primeira série.

No fim de 1954, a família Nicks se mudou para El Paso, a agitada cidade fronteiriça do Texas. Um ano depois, no dia 18 de dezembro de 1955, Barbara teve o segundo e último filho, Christopher Aaron Nicks. Agora, Teedie, com 7 anos, tinha um irmão. Até então ela havia sido o centro das atenções da família, mas agora havia aquela "novidade". Ela afirma que até hoje pede desculpas a Chris por ter sido uma irmã tão ruim quando eles eram pequenos. Ela sempre foi categórica em relação a esse assunto: "Quando criança, eu odiava o Chris", confessou ela com toda a franqueza do mundo a um entrevistador em certa ocasião.

Stevie começou a terceira série em uma escola católica exclusiva para meninas chamada Loretto, mas não gostou nem um pouco da experiência: ela viria a relatar que era difícil demais, e por isso não se saiu bem. Além do mais, Stevie era canhota, e as freiras queriam obrigá-la a escrever com a mão direita, uma tortura. Então em 1957 ela foi transferida para começar a quarta série em uma escola pública perto de Crockett, e ali se encaixou melhor. Foi lá que aprendeu a cantar com técnica, junto a outras crianças. Ela era a estrela no coral da escola, a ponto de pedirem à sua mãe que a deixassem participar da peça da turma. "Chamava-se *The Alamo*", lembrou Stevie mais tarde, "ou algo assim. Havia apenas duas meninas na peça, e eu era uma das escolhidas porque sabia cantar. Quando chegou a minha fala, congelei totalmente. Eu não conseguia me lembrar. Foi o pior momento da minha vida. Quando cheguei em casa, falei para minha mãe: 'Eu *não* sou atriz. Nunca mais me enfie em uma peça de novo'."

Stevie até podia não ser atriz, mas era uma *performer*. Buddy Holly, um dos pioneiros do rock, era dos arredores de Lubbock, e na quarta série, Stevie e sua melhor amiga, Colleen, puseram a casa abaixo quando dançaram um sapateado para o disco *Everyday*, de Holly. "Coloquei uma cartola preta", recordou Stevie, "casaco preto, saia preta, blusa branca, meia-calça preta e sapatos pretos de sapateado com salto baixo. Eu sempre soube como deveria ser meu visual — mesmo naquela época."

As datas festivas também eram muito importantes na casa dos Nicks, e a mãe de Stevie, em especial, adorava o Halloween. Mas Barbara nunca entendia por que a filha sempre escolhia se fantasiar de bruxa. "Sempre tive predileção pelo Halloween também", recorda Stevie, "e desde os 6 anos de idade, só queria me vestir de bruxa. Minha mãe e eu brigávamos todos os anos por causa disso, ela não aguentava mais costurar só fantasias de bruxa." Quando Stevie estava na quarta série, Barbara fez uma roupa amarela de Martha Washington e, por fim, se rendeu quando Stevie a tingiu de preto.

Em 1958, o vovô A.J. deu as caras em El Paso. Barbara relatou aos amigos próximos o conflito por causa de Stevie, mas aceitou a reconciliação, e lá estava a família reunida à mesa outra vez, cantando. Nessa época A.J. deu um monte de discos para Stevie, em sua maioria singles de 45 rpm, canções que ele imaginava que ela fosse gostar de aprender. Havia muita coisa dos Everly Brothers e outros músicos do rock com influência country. *Come along and be my party doll.*[10] A.J. também montou com Stevie um dueto de "It's Late", de Dorsey Burnette. "Mais uma vez vovô A.J. depositava sua confiança em mim. Ele me dizia, 'Você é *cantora de harmonias*, querida'." No entanto, havia uma surpresa oculta: o avô de Stevie não estava nada bem de vida. Dizem que precisou pegar dinheiro emprestado com seu filho Jess. Mais tarde, Stevie

---

10 Trecho da canção "Party Doll", de Buddy Knox. (N. T.)

relatou sobre a preocupação de seu pai com A.J., sobre a angústia que sentia enquanto "via A.J. entrando pelo cano, se matando para fazer sucesso" no mundo da música.

Em 1959, Jess Nicks foi transferido para Salt Lake City, Utah, onde Stevie começaria a sexta série. Ela havia feito bons amigos em El Paso, e por isso ficou muito chateada por ter de recomeçar tudo de novo. Barbara fez o possível para acalmá-la, dizendo que bastava ela se abrir para construir novas amizades: "Você irá à escola, será independente, e *jamais* dependerá de homem algum. Terá uma educação muito boa, será capaz de ficar em uma sala cheia de homens inteligentes e se entrosar com eles, sem nunca se sentir uma cidadã inferior."

1.2 A Aluna Nova

A família de Stevie passou os três anos seguintes — os últimos dos anos 1950 — em Salt Lake City, uma das cidades mais conservadoras dos Estados Unidos. Dois de seus anos ali — a oitava e a nona série no Wasatch Junior High — foram vividos imersos no estilo musical que estava mudando o país. A família Nicks adorava música, especialmente country e western (como a música country era chamada na época). Jess tinha um bom gravador de som *hi-fi* na sala de estar, e Barbara deixava o rádio ligado durante a maior parte do dia. (A mãe de Stevie gostava de trabalhar e havia aproveitado muitos empregos de meio-período, mas graças ao sucesso da empresa do marido na antiquada Salt Lake City, os ditames sociais locais a pressionaram a ficar em casa com os filhos, tal como todas as outras esposas dos colegas de Jess.) E em meio a esse cenário Stephanie Lynn passou essa fase crucial, entre os 12 e os 14 anos de idade, grudada no rádio. Ela passou a infância ouvindo as paradas de sucesso do início dos anos 1950: "(How Much Is) *The Doggy in the Window?*", "The Tennessee Waltz" e "Sixteen Tons". Dos roqueiros mais antigos, ela preferia Buddy Holly e Everly Brothers, sobretudo as harmonias etéreas em "All I Have To Do Is Dream" e "Wake Up Little Susie". Ela também aprendeu a dançar o lindy, a ritmo mais famoso da época. (O famoso "The Twist", de Chubby Checker, só veio a aparecer mais tarde em Utah e, quando finalmente chegou, foi banido nas escolas de dança e clubes de campo por ser "imoral". Os mórmons que dominavam a cidade achavam que adolescentes brancos não deviam ficar rodopiando por aí feito selvagens. Eles proibiam até mesmo de tocarem os discos nas cervejarias. Os fãs de Salt Lake só conseguiam ver o twist no programa de TV *American Bandstand*, de Dick Clark, transmitido de segunda a sexta-feira da distante Filadélfia.)

Stevie era baliza nos eventos escolares. Sua mãe a inscrevera em aulas de dança e de violão. A partir daí ela começou a compor letras de música em um caderninho, registradas em letra cursiva e com a mão esquerda. E agora ela era a garota mais popular da escola.

Em 1960, a família se envolveu nas eleições presidenciais. No fim da década de 1950, os Estados Unidos estavam divididos entre o vice-presidente republicano Richard Nixon e o carismático e jovem senador democrata Jack Kennedy, de Massachusetts. Kennedy era um belo herói de guerra, e tinha uma esposa estonteante, novas ideias, um sotaque encantador de Boston e um afã por renovar o vigor norte-americano. O pai de Stevie, um republicano da fronteira do Arizona, apoiava Nixon. Mas a mãe, católica devota, adorava Kennedy e sua esposa, a bela e jovem Jacqueline, assim como Stevie. Quando Kennedy foi eleito em 1960, a menina de 12 anos se identificou com o patriotismo recém-marcado da ascensão da família Kennedy, considerando-o um renascimento de Camelot, evocando os lendários Cavaleiros da Távola Redonda, um mundo perdido de lendas e mitos românticos.

Na nona série, Stevie reprovou em Matemática, então na décima série seus pais a matricularam na Judge Memorial Catholic High School. Ela odiou ficar longe de seus amigos da escola pública, mas o sacrifício durou somente um mês, já que Jess Nicks aceitou uma nova função em outro local. Portanto, em 1962 a família se mudou de novo, desta vez para Arcadia, na Califórnia. Diante dessa notícia, Stevie se lembra do quanto chorou com sua melhor amiga de Salt Lake, Karen Thornhill, à soleira da porta: "Bem, nós nos mudávamos... muito. Então eu sempre era a novata. Eu sabia que nunca ia ter muito tempo para fazer amigos, logo tentava desenvolver as amizade depressa e me adaptava muito bem, e em todas as ocasiões que eu dizia 'Vou sentir falta de meu quarto,' minha mãe retrucava: 'Sempre há uma casa melhor'."

Arcadia é uma das cidades mais prósperas em Los Angeles County, ao pé das majestosas San Gabriel Mountains, e ali Stevie foi matriculada na décima série na Arcadia High School. O time de futebol da AHS era o Apaches, mas, ao que consta, Stephanie Nicks (como agora ela se autodenominava) não fez questão de participar do Apache Princesses, a equipe de balizas do time. "Era uma escola muito esnobe", recorda-se, "muito panelinha, frequentada por muita gente rica". Mas ainda assim ela conseguiu se enturmar a nata do coral, A Capella Choir, onde conheceu uma colega linda chamada Robin Snyder. Ótima cantora, ótima dançarina e uma das garotas mais populares da escola, ela viria a se tornar muito mais do que uma amiga; a incrível Robin Snyder estava mais para a irmã gêmea que Stevie nunca teve.

Em casa, Stephanie passava muito tempo em seu novo quarto, com a porta fechada, ouvindo a Rádio KHJ, se dedicando principalmente aos grupos femininos que dominavam as transmissões no início da década de 1960: The Chiffons, The Shirelles, The Supremes, Martha and the Vandellas. Ela gostava do vocais das meninas do The Shangri-Las em "Remember (Walking In The Sand)". E estava começando a notar como as músicas eram elaboradas, com versos, refrãos e ganchos instrumentais. Sobre essa época, ela relata o seguinte: "A mudança de Utah me fez levar a sério todas as aulas de violão e as coisas que eu tinha escrito até então. Eu estava deprimida e magoada, e geralmente essa é a melhor fase para compor."

Certa vez, Stephanie estava no banco de trás do carro da família quando uma música começou a tocar no rádio e Barbara começou a falar ao mesmo tempo. "Shhhhh!", censurou Stevie. "Estou *concentrada* na música." Foi aí que seus pais, meio que espantados, começaram a perceber que a música era mais do que um mero hobby para a filha.

Stephanie usou cabelos curtos entre 1962 e 1963. Sua cor natural era o castanho-claro, às vezes denominada "dirty blond" (ao pé da letra, loiro sujo). Quando sua menarca veio, ela estava morando em Salt Lake e já tinha quase atingido sua altura definitiva, mais ou menos 1,50 metro, tal como a mãe. Sua miopia também tinha piorado e o grau dos óculos precisou aumentar para viabilizar a leitura. Oriunda de Utah, ela se vestia de maneira um tanto sóbria se comparada às garotas da Califórnia, que tendiam a mostrar bastante pele. As roupas de Stevie chegavam a ser conservadoras naquele ambiente, por vezes compostas de saias e vestidos volumosos, muitos costurados por sua mãe. Mais tarde, suas colegas se lembrariam dela como uma presença boêmia ou "beatnik" em meio aos atletas, líderes de torcida, velocistas e surfistas da escola — uma garota franzina com óculos de aro grosso e que carregava seus livros em uma cesta de palha mexicana. Mais tarde, Stevie se descreveu como *meio bizarra*, e que suas colegas provavelmente a consideravam louca.

O ano de 1963 foi quando a surf music tomou conta da cultura popular da Califórnia, com bandas locais como os Beach Boys e Jan & Dean entrando na onda das camisetas rasgadas, bases melódicas agitadas e guitarras pulsantes. (O deus da guitarra da surf music, Dick Dale, era de origem libanesa, e mais tarde comentou que o estilo no qual ele foi pioneiro nada mais era do que uma antiga forma do Oriente Médio de tocar ud.[11]) No fim daquele ano, o presidente Kennedy foi publicamente assassinado em Dallas, Texas, massacrando as esperanças de uma nação. Anos depois, Stevie comentaria sobre a perda da inocência que o evento causara à sua geração. E então, somente alguns meses depois, como se estivessem atendendo a um chamado oculto para animar os Estados Unidos, os Beatles chegaram da Inglaterra e encantaram o continente com novas músicas e um ar despreocupado no dominical de variedades noturno de Ed Sullivan, do mesmo jeito que Elvis Aaron Presley tinha feito em 1956. Os Beatles surfaram em ondas próprias em 1964, com "She Loves You" e "I Want to Hold Your Hand", e se tornaram a vanguarda do choque cultural conhecido como Invasão Britânica. Ao lado de várias novas bandas inglesas vieram novos estilos, novos sotaques, novas roupas, novos cortes de cabelo (compridos para os rapazes, compridos e lisos para moças), novos filmes e, é claro, James Bond. (Ao final dessa invasão alguns anos depois, o Fleetwood Mac faria sua estreia nos EUA como uma talentosa banda inglesa de blues.)

Em seu décimo quinto aniversário, os pais de Stevie lhe deram de presente seis semanas de aulas de violão com um jovem que tocava violão clás-

---

11 Instrumento musical de cordas da África do Norte e sudoeste da Ásia, semelhante a um alaúde. (N.T.)

sico espanhol. Ele emprestou a Stevie um pequeno violão ao estilo Goya, o qual ela aceitou prontamente. Após as ditas seis semanas, ele anunciou que estava de partida para Sevilha, e Stevie implorou a seus pais que lhe comprassem o violão. Ela passaria tanto tempo treinando no quarto, que eles logo se convenceram não se tratar de algo fugaz, e assim, em 1963, Stevie ganhou seu primeiro violão.

Mais ou menos nessa época, o pai de Stevie comprou um bar perto de San Gabriel Valley, com a ideia de transformá-lo em um local para música ao vivo, onde A.J. poderia tocar. A mãe de Stevie fazia alguns pratos do cardápio, e ela e a filha frequentemente iam ao bar para levar a comida. Nos fins de semana, vez ou outra elas encontrariam Jess e seus irmãos cantando com A.J. e alguns dos músicos e instrumentistas da cena local de música country. A.J. queria que Stevie cantasse com eles, mas sua mãe sempre impedia, dizendo que ela precisava se dedicar às tarefas escolares.

Dentre os eventos do Arcadia High, havia um jantar anual de pai e filha, e na décima série Stevie convidou Jess para cantar com ela. Ele era um bom cantor, e Stevie sugeriu o *hit* do momento do astro da música country Roger Miller, "King of the Road". Eles treinaram algumas vezes, mas quando subiram no palco diante do público, Stevie ficou tão envergonhada que se perdeu. Ela começou a rir, não conseguia parar, Jess tentou prosseguir e foi um fiasco. Mais tarde, Jess revelou ao repórter de uma revista que Stevie chegou a molhar as calças enquanto estava com ele no palco.

Stevie continuou a praticar em seu violão e logo estava cantando com um grupo da escola, The Changin' Times, nome inspirado na comovente canção de protesto de Bob Dylan "The Times They Are A-Changin'". O quarteto harmonizava "Blowin' in the Wind" e "Puff, the Magic Dragon" de Dylan tal como cantada pelos colegas de folk Peter, Paul & Mary. "The Times They Are A-Changin'" é uma música sombria, que fala sobre as convulsões políticas e culturais da época. A Guerra Fria estava a todo vapor, a Bomba pairava sobre tudo, Martin Luther King lutava por direitos civis, Kennedy tinha sido morto e os Beatles estavam na ativa. Era uma música de confronto. *Your old road is rapidly agin'. Please get out of the new one if you can't lend a hand.*[12] Mais tarde, Stevie se lembraria da importância da canção de Dylan para ela, decidindo assim que ela também deveria fazer parte das grandes mudanças que estavam por vir e, sobretudo, fazer algo digno de ser lembrado pela humanidade.

---

12 "Sua antiga estrada está envelhecendo. Por favor, saia da nova se não puder estender a mão." (N. T.)

1.3 California Dreamin'

No fim de 1963, Stevie Nicks se apaixonou. Ele era um pouco mais velho, um "rapaz muito bonito", disse ela mais tarde. Ele rompeu com a menina com quem tinha um relacionamento estável e o casal ficou cerca de seis meses juntos. Mas então — em 28 de maio de 1964, décimo sexto aniversário de Stevie — ele voltou para a ex-namorada, que por acaso era amiga de Stevie. Quando descobriu que tinha sido largada, Stevie foi para casa, se trancou no quarto e chorou horrores. "Eu tinha me apaixonado por esse cara incrível e, quando vi, ele estava com a minha melhor amiga. E ambos sabiam que eu ficaria arrasada."

Uma balada é um poema narrativo simples composto por estrofes curtas, muitas vezes com temática romântica, frequentemente composta para ser executada musicalmente. É uma das mais antigas formas de comunicação musical ainda vigentes. E foi nessa ocasião infeliz que Stevie Nicks compôs sua primeira balada — chamada "I've Loved and I've Lost" —, uma desilusão ocorrida bem no seu aniversário, o que deixou tudo ainda pior.

"Eu chorava sem parar, sentada na cama em meio a um monte de papéis, meu violão e uma caneta, e assim compus essa música sobre um uma desilusão amorosa pela qual eu estava passando aos 16 anos." Era uma música country, cuja letra dizia: *I've loved and I've lost, and I'm sad but not blue. I once loved a boy who was wonderful and true. But he loved another before he loved me. I know he still wanted her — 'twas easy to see.*[13] (A inspiração de Stevie para compor aqueles versos era patente; assim como Bob Dylan, ela escrevia em "métrica comum", o ritmo simples de muitas baladas e hinos, e também dos poemas de Emily Dickinson.)

---

13 "Amei e perdi, e estou triste, mas não deprimida. Amei um rapaz incrível e autêntico. Mas ele amou outra antes de me amar. Eu sabia que ele ainda a queria — era fácil perceber." (N. T.)

Stevie: "Quando eu disse 'Estou triste, mas não deprimida', estava aceitando o fato de que eles iam ficar juntos. Eu estava arrasada, mas na verdade eu adorava os dois, e sabia que não tinham feito aquilo de propósito, para me machucar.

Quando terminei a canção, estava histérica de tanto chorar. E fui fisgada. Mais tarde, naquela noite, quando toquei minha música, eu *soube* — daquele momento em diante — que não ia cantar muitas composições alheias. Eu ia compor as minhas músicas. E desde aquele dia, toda vez que eu estava no quarto tocando violão, ninguém mais entraria sem bater, ninguém me incomodaria. Se necessário, eu ficava até sem jantar, pois compor era importante demais para mim. Todo mundo em casa conseguia perceber que eu estava trabalhando, mesmo aos 16 anos, e me deixava em paz. E aí comecei a cantar muito mais na escola, e cantava sempre que possível, sempre que conseguia encontrar uma brechinha. Se tivesse alguma coisa a ver com música ou canto, eu fazia."

Ao mesmo tempo que Stevie sabia que podia cantar uma canção de amor e comunicá-la de forma eficaz, também sabia que podia fazer uso de suas experiências amorosas. "Aos 16, eu já era boa interpretando canções de amor", disse ela mais tarde. "Meu pai elogiava: 'É uma música boa, querida'. E minha mãe: 'É linda, Stevie'. E daí eles ficariam pensando: 'A única coisa que sabemos é que ela saiu para um encontro com um rapaz e voltou para casa duas horas depois'."

Em junho, Stevie e Robin Snyder fizeram mechas nos cabelos, obra de uma amiga que estava fazendo curso de cabeleireira. "Fiz as mechas no fim da décima série e tive um monte de problemas por causa disso." Stevie se lembrou disso trinta anos depois, rindo. "A gente não se limitou a fazer mechas loiras, e sim prateadas. Meu cabelo ficou da cor do marfim. Passei seis semanas de castigo. Mas com aquela mudança dos cabelos, tudo o mais mudou. Passei a usar umas sombras meio roxas na maquiagem. Foi um caminho sem volta."

No verão de 1964, Stevie teve de dar seu triste adeus ao Arcadia High e à amiga Robin Snyder — ali elas juraram amizade eterna — porque a família Nicks estava de mudança mais uma vez. Desta vez seguiram para o Norte, para as ricas cidadezinhas suburbanas a meio caminho da grande península entre São Francisco e San Jose. Eles se estabeleceram em San Mateo, e Stevie começou o primeiro ano na Menlo-Atherton High School, na vizinha Atherton.

A M-A, como a escola era conhecida, era e ainda é uma das melhores escolas públicas norte-americanas do Ensino Médio, famosa por seu rigor acadêmico. Muitos formados ali foram para a prestigiada Stanford University, na vizinha Palo Alto. Hoje em dia, a região é mais conhecida pelo Vale do Silício, o lendário berço da tecnologia, mas em 1964, a península de São Francisco ainda era sobretudo agrícola, com vastas plantações de morango ao longo da California Highway 101 até a Baía de São Francisco.

No início, Stevie Nicks se sentiu bastante intimidada pela metodologia da M-A, uma escola de abastados e politicamente conservadora, com seu estacionamento lotado daquilo que Detroit tinha de melhor: Corvettes, Sting Rays, GTOs, os primeiros Mustangs da Ford. Os loucos por carros dirigiam os Chevy 57, e havia inclusive alguns Ford 32 Modelo B, o pequeno cupê que deu fama aos Beach Boys. Nessa época, Barbara voltou a ter suas conversas com Stevie sobre a necessidade de se abrir e fazer novos amigos, e, como sempre, Stevie não se fechou em sua concha. Ela também era praticamente a personificação da letra de "The New Girl in School", single de sucesso de Jan & Dean naquele verão, que falava de uma bela garota californiana que os rapazes queriam namorar e as meninas adoravam imitar (ou odiar). Os colegas de Stevie imediatamente se identificaram com a garota que arranhava o violão — os jovens reconheciam musicistas de qualidade quando viam um —, e logo Stevie ficou em segundo lugar do concurso de rainha do baile de 1964, e depois foi indicada para vice-presidente da turma de 1966 da M-A. Rapidamente, ela demonstrou aptidão musical, e se tornou *habituée* em reuniões escolares e show de talentos, marcando presença no Sports Night Dinner da M-A usando uma saia discreta, salto baixo e um penteado colmeia simples, *de rigueur* para garotas daquela época. Ela também era uma aluna aplicada e começou a escrever diários, expressando-se em rabiscos, poemas e desenhos particulares. Ela se vestia de acordo com o estilo formal da "Ivy League", comum a todos os jovens de lares abastados. Era uma "boa menina", autodenominada "pudica", ao contrário de outras garotas mais saidinhas, famosas por transarem no banco de trás dos carros durante a exibição de *Os Insaciáveis* no drive-in.

"Quando você saía com alguém", lembra ela, "ia ao cinema, depois voltava para casa e, com o carro estacionado na calçada, dava uns amassos — nada de mais — e em seguida entrava em casa."

O último ano de Stevie na M-A começou em setembro de 1965, o mais crucial da década de 1960 nos EUA. O movimento pelos direitos civis e a Guerra do Vietnã eram assuntos de máxima relevância, e os protestos estudantis na Universidade da Califórnia, na cidade vizinha Berkeley, estavam ganhando atenção nacional. Bandas californianas, como The Byrds, adaptavam canções de Bob Dylan e investiam em um novo estilo, o folk-rock. E a cena musical local também estava a todo vapor. Duas bandas de garagem da vizinha San Jose, a Count Five e a The Syndicate of Sound, fariam singles de sucesso de costa a costa ("Psychotic Reaction" e "Little Girl") em 1966. Em São Francisco, novas bandas também vinham se formando; em um ano, Grateful Dead, Jefferson Airplane e Big Brother and the Holding Company se fundiriam a dezenas de outros grupos em um movimento orgânico que espalharia o chamado San Francisco Sound por todo o planeta.

Stevie comprava cordas para seu violão na loja Dana Morgan's Music, em Palo Alto, ponto de encontro de todos os aspirantes a músico da região. Ali ela arrumou um namorado "oficial", Charlie Young, um belo astro do time de futebol Bears, da M-A. Tirou nota máxima em Literatura Inglesa quando musicou o mórbido poema "Annabel Lee", de Edgar Allan Poe a fim de decorá-lo mais facilmente, e depois o cantou em sala de aula. (Por muito tempo, Poe atraiu leitores adolescentes, que instantaneamente o reconheciam como um companheiro de sofrência.) Quarenta e cinco anos depois, Stevie recordar-se-ia de sua versão de "Annabel Lee". (Outra balada original composta por Stevie em 1965, "Rose Garden", apareceria em seu álbum *Street Angel* trinta anos depois.)

No fim de 1965, um novo grupo de folk-rock de Los Angeles, chamado The Mamas and The Papas (gíria dos Hells Angels para os membros de gangues e suas namoradas) lançou uma nova música, "California Dreamin'", composta pelo líder do grupo, John Phillips. As harmonias etéreas a quatro vozes, especialidade do grupo, atraíram cantoras como Stevie, e a canção se tornou sucesso nacional. Alguns meses depois, quando o álbum do grupo foi lançado, apresentou clássicos passionais e alquebrados como "Monday Monday", "Got a Feelin'" e "Go Where You Wanna Go", e Stevie foi fisgada por essa nova forma harmonicamente sofisticada de fazer canções de folk-rock.

Perto do fim do ano, Stevie levou seu violão para uma igreja local que abria espaço para apresentações de jovens músicos nas noites de quarta-feira. "Chamava-se Young Life", conta ela. "Todo mundo só ia lá para ter o que fazer no meio da semana. Era divertido. Até eu ia, e olhe que eu não ia para lugar nenhum."

Um dia, ela estava conversando com alguns jovens da escola, quando apareceu um rapaz alto de cabelos compridos e pretos. Stevie o reconheceu da M-A; era calouro, um ano mais novo do que ela. Pouco tempo depois, Lindsey Buckingham, de 16 anos, sentou-se ao piano e começou a tocar os acordes de introdução de "California Dreamin'".

"Bem, acontece que eu sabia a letra de cor e sabia cantar a harmonia, e achei aquele cara estonteante. Então casualmente mexi meus pauzinhos e me aproximei do piano." Stevie entrou na roda, cantando a harmonia aguda de Michelle Phillips, enquanto Lindsey assumiu a melodia. Eles se entreolharam; ela reparou em seus olhos, de um azul frio como um lago gélido. Cantaram a música inteira enquanto todos no recinto permaneceram em silêncio, fascinados. Então acabou. Alguns aplausos. Lindsey ficou, supôs ela, "ligeiramente impressionado. Ele não me falou nada, mas cantou outra música comigo, o que me fez entender que ele tinha gostado, pelo menos um pouco". Ninguém cantou mais nada naquela noite. "Não foi lá grande coisa", lembra Stevie. "Ele estava cantando 'California Dreamin'' e entrei no meio. Foi só um momento pontual, três minutos."

Stevie Nicks ficaria três anos sem ver Lindsey Buckingham. Porém, mais tarde, ela afirmou que nunca deixava de pensar nele de tempos em tempos.

Eis que, na metade do último ano escolar, Stevie Nicks conseguiu um contrato de gravação. Muito mais tarde, ela relatou o acontecimento para o jornal inglês *Guardian*. "Consegui um contrato com uma gravadora bem no início, quando estava no último ano do Ensino Médio. Um amigo de um amigo do meu pai era influente na 20th Century Fox [o estúdio de cinema, que tinha gravadora própria]. Então peguei um voo para Los Angeles com meu violão, cantei para eles e assinei contrato com um produtor chamado Jackie Mills. Mas logo depois ele desistiu, e felizmente havia uma cláusula 'parceira' em meu contrato, que me liberava caso houvesse desistência da outra parte. Não fiquei chateada. Mesmo naquela idade, eu era esperta o bastante para perceber que não queria ficar presa a uma gravadora e a pessoas que não conhecia."

Após o Ano-Novo de 1966, os meses de Stevie se passaram como um foguete. Nessa época, ela também precisou aumentar o grau de seus óculos. Inscreveu-se em faculdades por conta da insistência dos pais. "Eu queria ir à escola de cabeleireiros", afirmou ela mais tarde, "mas eles não gostaram nem um pouco da ideia". Ela continuou então a fazer música; sua canção favorita era "Just Like a Woman", de Bob Dylan, do álbum *Blonde on Blonde*, sobretudo o verso "But she breaks just like a little girl". ("Just Like a Woman" também apareceria, muito mais tarde, em *Street Angel*.) Em junho, ela foi fotografada em um modesto vestido ombro a ombro no baile de formatura da M-A, requebrando alegremente ao ritmo do *frug*, a dança mais popular do Ensino Médio na época.

Em setembro de 1966, ela começou as aulas no La Canada Junior College. E continuou a morar com a família, sempre próxima de sua amada mãe, Barbara, e fazendo das tripas coração para dirigir até a faculdade por conta da forte miopia. No ano seguinte, ela mudou para o San Jose State College, onde muitas vezes era vista no campus com seu violão. "Eu devia ter ido à escola de cabeleireiros", insiste ela, "porque teria sido muito mais vantajoso". Logo, logo "eu passaria a gastar todo o meu tempo cantando com Lindsey, e estudar viria a se tornar uma tarefa árdua".

1.4 Fritz

Lindsey Adams Buckingham nasceu em 3 de outubro de 1949, em Palo Alto, e cresceu em Atherton. Sua mãe se chamava Rutheda. Seu pai, Morris "Buck" Buckingham, era dono de uma importadora de café, a Alta Coffee, em Daly City, originalmente fundada por seu avô nos anos 1920. Lindsey era o mais novo de três filhos, seus irmãos mais velhos eram Greg e Jeff. Lindsey costuma descrever sua infância como uma espécie de *Ozzie and Harriet*, uma comédia televisiva popular na década de 1950 sobre uma família suburbana "normal" e tipicamente contemporânea na Califórnia. (O programa revelou a carreira musical bem-sucedida do filho mais jovem no casal, Ricky Nelson, que frequentemente se apresentava no fim dos episódios.) Boa parte da vida da família Buckingham estava centrada nas piscinas do Menlo Country Club e do famoso Santa Clara Swim Club, onde todos os garotos participavam de competições de natação. (O irmão mais velho de Lindsey, Greg, que nadava pelo programa internacional da Stanford University, chegou a ganhar medalha de prata nas Olimpíadas de 1968, na Cidade do México.)

Quando Lindsey tinha por volta de 6 anos, ele viu o astro country Gene Autry dedilhando um violão na TV e pediu a seus pais um instrumento igual. Assim, da lojinha de pechinchas de Atherton veio o violãozinho de plástico do Mickey Mouse. Para surpresa de Buck e Rutheda, Lindsey demonstrou certa aptidão rítmica ao usar seu violãozinho de brinquedo para acompanhar as melodias da coleção de discos de seu irmão Jeff. Alguns anos depois, ele se apresentou numa reunião da escola primária usando calça preta e camisa branca engomada e tocando um violão Harmony de 35 dólares cantando (ou imitando) "Heartbreak Hotel", de Elvis Presley.

Desde bem pequeno, Lindsey foi influenciado pelos heróis locais do grupo The Kingston Trio, universitários adeptos do ritmo calipso que surgiram em Palo Alto com o *hit* "Tom Dooley" em 1958 e tiveram uma carreira extremamente bem-sucedida e influente, fazendo shows em universidades por todo o país. Foram a verdadeira vanguarda do ressurgimento do folk que viria alguns anos depois, e o jovem Lindsey ficou fascinado pelos álbuns do trio trazidos por seus irmãos: *At Larga,... from the "Hungry i"; The Kingston Trio: Here We Go Again.* Ele ficou particularmente encantado por Dave Guard, tocador de banjo e fundador da banda, cujo estilo fluido afetaria o estilo incomum de Lindsey ao dedilhar o violão. Aos 13 anos, embora nunca tivesse tomado aulas e não soubesse ler partituras, Lindsey estava se tornando um bom violonista através de prática constante e obsessiva.

Outra influência importante veio em 1963, quando os álbuns dos The Beach Boys começaram a ganhar as rádios na Califórnia. Os delírios de Brian Wilson sobre surfe, garotas e carros com seus acordes sorumbáticos e vocais crescentes eram diferentes de qualquer coisa que o rock and roll e o pop já haviam lançado até então. Seu álbum de 1966, *Pet Sounds*, impressionou Lindsey de maneira indelével, a ponto de a sensibilidade melódica de Brian Wilson impactar totalmente seus rumos musicais. Os dois grupos arquetípicos da Califórnia — The Beach Boys e The Kingston Trio — eram a principal influência na carreira do músico, compositor e arranjador Lindsey Buckingham.

No Ensino Médio, Lindsey se dedicou a tocar violão e banjo, reproduzindo álbuns dos Beatles, Elvis, dos Everly Brothers e dos astros da música country Hank Williams e Marty Robbins. Seu interesse pela música era muito maior do que o interesse pelas piscinas, e quando ele finalmente tomou coragem a largou a equipe de natação da M-A, o técnico o chamou de perdedor. Mas na época Lindsey não se importou, afinal de contas já havia se juntado à sua primeira banda de verdade, a Fritz, composta por outros amigos da escola.

A formação da Fritz se deu no outono de 1966, com Lindsey (guitarra e baixo), Bob Aguirre na bateria e Javier Pacheco nos teclados. Jody Moreing era a vocalista, e seu primo, Cal Roper, o baixista. O nome original da banda era The Fritz Rabyne Memorial Band, inspirado em um estudante intercambista alemão bastante esquisito da M-A que, dizem, não gostou da homenagem, então os membros do grupo o reduziram para Fritz. Logo eles começaram a tocar as quarenta músicas mais famosas das paradas, como "So You Want To Be a Rock 'n' Roll Star", a grande sátira do The Byrds ao The Monkees, a banda artificial cinicamente criada em Los Angeles para um programa de TV. Satírico ou não, o final da canção — *"Don't forget who you are, You're a rock 'n' roll star"*[14] — impactou vários jovens aspirantes a músicos.

Quando entrou na Fritz, Lindsey não tinha guitarra, então Bob Aguirre pegou emprestada uma Rickenbacker de 12 cordas de um amigo com quem tocava em outra banda. Javier Pacheco era aspirante a compositor, e logo eles começaram a trabalhar em suas músicas na garagem do grande rancho Buckingham, em Atherton. Aos poucos, foram desenvolvendo arranjos para uma lista que incluía canções chamadas "Dream Away", "Lordy", "Sad Times" e "John the Barber" (o pai de Pacheco era o barbeiro de longa data da família Buckingham.) O primeiro show pra valer da Fritz foi em uma assembleia escolar na M-A, na primavera de 1967. Greg, irmão de Lindsey, compareceu com alguns amigos de Stanford, e um deles, David Forest, gostou da banda, e disse que poderia inscrevê-los em festas da cidade universitária e que assim eles ganhariam um bom dinheiro.

Agora os jovens músicos começavam a ter delírios de grandeza. Talvez, após muitos shows e trabalho duro, a Fritz pudesse tocar canções originais em shows com luzes psicodélicas nos antigos salões e auditórios reaproveitados da cidade, juntando assim à crescente lista de bandas interessante de São Francisco: Grateful Dead, Jefferson Airplane, Country Joe & The Fish, Quicksilver Messenger Service, Charlatans, Moby Grape, Sons of Champlin, Ace of Cups, Spirit, e Big Brother and the Holding Company. Em Oakland, do outro lado da baía, Sly & The Family Stone fomentavam uma revolução na música dançante, combinando o funk da soul music com o hard rock das outras bandas da Bay Area. Esses grupos tocavam quase todos os

---

14 "Não se esqueça de quem você é. Uma estrela do rock and roll." (N. T.)

fins de semana, muitas vezes em locais onde se apresentavam as melhores bandas inglesas da época — Cream, The Who, John Mayall's Bluesbreakers — em diversas casas de espetáculo de São Francisco. Desde 1966, o grande promotor de rock Bill Graham vinha agendando apresentações no Fillmore Auditorium, na esquina da Fillmore com a Geary. A comunidade hippie Family Dog fazia shows no Avalon Ballroom, na Sutter Street, 1268 — local favorito do comunitário Grateful Dead. Em 1968, Bill Graham arrendaria o Carousel Ballroom na Market com a South Van Ness Avenue e o rebatizaria como The Fillmore West. Esses shows eram promovidos massivamente com pôsteres psicodélicos de vanguarda e pelas novas estações roqueiras de rádio FM, encabeçadas pela KSAN de São Francisco. A partir daí, inspirou-se um novo tipo de público, as "garotas que dançavam como se caçassem borboletas depois de tomar ácido", na descrição do guitarrista Carlos Santana, um *protégé* de Bill Graham.

Graham também apresentava as bandas de São Francisco em San Jose, e esses shows algo desvairados de 1967 foram o primeiro contato de Stevie Nicks com duas mulheres que viriam a se tornar sua inspiração principal: Grace Slick, a elegante vocalista do Jefferson Airplane; e Janis Joplin, cujo vocal cru e melancólico deu grande vigor à banda Big Brother and the Holding Company. Na época, o pessoal da Fritz sequer imaginava, mas um ano mais tarde eles estariam abrindo para muitas dessas bandas lendárias.

Lindsey se formou na M-A em junho de 1967, e começaria no San Jose State em setembro. Ele queria que a Fritz continuasse na ativa, pois quanto mais ensaiavam, mais o som se aprimorava. Mas Jody Moreing acabou saindo do grupo para entrar no New Invaders, uma banda maior que tocava em San Jose. Cal Roper saiu para fazer faculdade, e Lindsey assumiu o baixo. Javier então contratou Brian Kane para as guitarras. A Fritz fez testes com duas vocalistas, mas nenhuma conseguiu mostrar a mesma presença de palco de Jody. Por fim, em uma reunião com a banda na casa de Lindsey, ele mencionou que havia uma garota um ano mais velha que ele na M-A que era bonitinha e cantava bem. Ele a tinha visto na faculdade carregando um case de violão. Talvez desse certo. Seu nome, disse, era

Stevie Nicks. Javier falou que a conhecia da M-A e então Lindsey deu o veredito: *Beleza, pode ligar pra ela.*

Stevie estava no primeiro ano na San Jose State (onde decidira estudar fonoaudiologia, já que era o que mais se aproximava de sua carreira como cantora). Alguns meses antes, no outono de 1967, ela tivera uma epifania ao ouvir pela primeira vez a voz de Linda Ronstadt (de Tucson, Arizona), do Stone Poneys, cantar "Different Drum", um sucesso das Top 40 das rádios, com voz potente e uma mensagem apaixonada sobre uma jovem que desejava a independência de um homem casadoiro. Muito mais tarde, fazendo um retrospecto, Stevie se recorda de que ao ouvir a voz de Linda, ela pensou "*É isso! É isso* que quero fazer… Embora eu não fosse tão boa quanto ela nas quebras de vocal".

Mais do que nunca, uma ambiciosa Stevie agora sabia qual rumo seguir: compor músicas e cantá-las junto a uma banda, assim como Linda, Grace e Janis. Em seu diário, escreveu que nada seria capaz de impedi-la. Mas onde arranjar uma banda? Foi neste momento fortuito que o telefone tocou, e do outro lado da linha estava Bob Aguirre, um carinha do Ensino Médio, dizendo que "Linds", o baixista da banda dele, a recomendara como uma boa vocalista. Será que ela toparia ir à casa dele para um teste?

E assim, Stevie Nicks, com seus 20 e poucos anos, botou o violão na case e pegou carona com uma amiga que a levou até a casa de Lindsey Buckingham, em Atherton, rumo a um futuro que ela sequer conseguia imaginar naquele momento, um mero lampejo do que ainda estava por vir.

1.5 Não Ouse Tocar em Stevie Nicks

Stevie foi contratada. E assim, em algum momento do verão de 1968, ela se juntou a Lindsey Buckingham e a seus companheiros na Fritz. E essa foi só uma das várias grandes mudanças que viriam naquele ano. Seu pai foi transferido para Chicago, e então a casa da família foi vendida e Stevie se mudou para um pequeno apartamento com amigos para poder continuar em San Jose State. (A faculdade ganhou as manchetes naquele verão, quando dois de seus velocistas conquistaram medalhas olímpicas na Cidade do México e ergueram o punho no pódio da premiação para protestar contra o racismo nos EUA.)

Entrar para a Fritz foi um acontecimento e tanto para ela. Bob era um bom baterista e Lindsey muito versátil, sabia tocar quase tudo. "Eles eram bons", recordou ela. "Tocavam pra valer, então foi quase tão assustador quanto entrar numa grande banda de rock, pois eles eram sérios. Eu era a única mulher e estava sempre atrasada, mas agora era 'Chegue no horário'! Mas na maioria das vezes eu era pontual. Eu não tinha vida social nenhuma, mas pelo menos ia ser um trabalho remunerado."

Stevie aprendeu as músicas de Javier, e ele achou as interpretações dela tão boas ou melhores que as de Jody. Stevie também apresentou duas músicas de sua autoria, "Funny Kind of Love" e "Where Was I?", e as tocou no violão. Ela pareceu se encaixar logo de cara como vocalista, manipulando bem o microfone e dançando no ritmo, meio sexy, assim como Grace Slick. O primeiro show remunerado da banda com Stevie Nicks no palco foi organizado por Greg Buckingham no outono de 1968, quando tocaram para uma multidão no pátio principal em Stanford.

Bob Aguirre: "Eu soube logo de cara o que Stevie traria para a banda, e deu certo! Eu me lembro de que o primeiro show dela com a gente foi no

Quad, em Stanford — dos grandes, com muita gente — e Stevie fez uma versão de 'Different Drum', de Linda Ronstadt, que botou a casa abaixo, a ponto de o pessoal pedir *bis*. Os sinais eram claros."

Depois do show, a banda foi abordada por um calouro da Universidade de Stanford, que ficou tão impressionado com a apresentação que se ofereceu para ser empresário da banda. Ele chamava David Forest, e era o presidente de sua república estudantil em Stanford. Ele percebeu que poderia ganhar uma boa grana agendando apresentações para as melhores bandas locais para outros shows em escolas de Ensino Médio e faculdades. Forest perguntou se a banda queria mais trabalho, e explicou que poderia estabelecer shows regulares para a Fritz pagando US$ 125 por quatro sets de 45 minutos por noite. Além disso, ele ficaria com uma taxa de US$ 25. A Fritz fez uma contraproposta e disse que faria três sets por US$ 150, pegar ou largar. Forest aceitou o acordo, muito embora a Fritz se recusasse terminantemente a tocar as canções mais pedidas pelos rapazes das repúblicas: "Gloria", "Louie Louie" e "Satisfaction."

E foi assim que a Fritz começou a tocar por toda a península de Santa Clara County, com o jovem cabeludo Bob Aguirre dirigindo a decrépita van da Ford com o equipamento, trabalhando nas festas das repúblicas estudantis de Stanford e bailes escolares locais, além de faculdades comunitárias da Bay Area, como La Canada Junior College, em Redwood City, e De Anza, em Cupertino, tocando majoritariamente as composições de Javier, mas também músicas inusitadas como "Bonnie and Clyde", que na verdade era uma performance de Lindsey no banjo tocando "Foggy Mountain Breakdown" (trilha sonora do filme de 1967 sobre o célebre casal assaltante bancos). Eles também fizeram uma versão de "Codine", a música da cantora folk Buffy Sainte-Marie sobre o vício em codeína, na qual Stevie encenava dramaticamente os estragos da abstinência do vício, recebendo a maioria dos aplausos da noite. (Os membros da banda reviravam os olhos de irritação toda vez que Stevie roubava a cena.)

Aos poucos, os caras da banda foram se frustrando com o aparente destaque de Stevie Nicks. As pessoas aplaudiam por educação quando os membros do grupo eram apresentados no fim dos shows, mas, em geral, Stevie causava furor e arrancava palmas efusivas. David Forest relatou que, quando clientes — especialmente os estudantes das repúblicas — ligavam para contratar uma banda, a primeira que pediam era "a da vocalista bonitinha de cabelo loiro".

Mesmo assim as coisas estavam indo bem para a ex-banda de colégio. Eles conseguiram, inclusive, um local permanente para os ensaios, um salão de jantar ocioso do restaurante Italian Gardens, em San Jose. No auge, a Fritz ensaiava ali quatro dias por semana e fazia shows nas noites de sexta-feira e sábado.

Além disso, a Fritz tinha uma política muito específica: não ouse tocar em Stevie Nicks. Foi assim desde o primeiro dia. Era uma espécie de acordo tácito: não haveria nenhum tipo namoro entre os membros da banda. E, por Stevie, tudo bem. E de qualquer modo, os rapazes já tinham suas namoradas. (Lindsey estava saindo com uma garota chamada Sally.)

Ao recordar os dias na estrada com a Fritz, Stevie comentou: "Ninguém da banda queria me namorar porque eu era ambiciosa demais para eles. Mas também não queriam que ninguém ficasse comigo. Se algum membro da banda começava a passar mais tempo comigo, os outros três iniciavam um massacre mortal ao incauto. Todo mundo achava que eu estava ali pela atenção. Os caras não me levavam nem um pouco a sério. Eu era só a vocalista e eles odiavam o fato de eu receber tanto crédito."

Anos depois, um repórter perguntou a Stevie quando foi a primeira vez em que ela se sentiu uma estrela do rock. Ela respondeu que foi pouco depois de se juntar à Fritz, quando estava andando pelo campus da faculdade em 1968, carregando o violão, e aí entendeu que, um dia, seria uma estrela do rock.

Durante todo esse tempo com a banda, ela continuou a compor poemas e letras nos diários que sempre levava consigo. No início de 1969, pensando no rapaz que rompera com ela no Ensino Médio, compôs uma letra sensual chamada "Cathouse Blues".

No fim de 1969, a Fritz se diplomava nos lendários salões eletrizantes de São Francisco. Era estimulante abrir para bandas como Moby Grape, no Fillmore West, ou Creedence Clearwater Revival, no Winterland de Bill

Graham (uma antiga pista de patinação na esquina da Post com a Steiner, e transformada em casa de shows em 1968). Nos 18 meses subsequentes, a Fritz abriu para Leon Russell, Chicago e Santana Blues Band. E ainda apareceu duas vezes no programa de TV local de Ross McGowan. Além disso, também foi a banda de abertura um espetáculo imenso chamado Earth Day Jubilee, no *Cal Expo*, a maior feira estadual de Sacramento, pisando no mesmo palco de atrações estelares como B.B. King e Guess Who. A Fritz também voltou a tocar com o guitarrista Carlos Santana no *Monterey/Carmel Pop Festival*, pouco antes do *Woodstock*, no verão de 1969. Houve uma tentativa infrutífera de abrir um show do Led Zeppelin em São Francisco, mas Bill Graham quis um grupo maior para a nova banda inglesa de Jimmy Page — aquele foi o maior evento do ano em San Jose State. "A música deles estava em todo lugar", lembrou Stevie. (Curiosamente, a Fritz nunca abriu shows para o Fleetwood Mac, a emergente banda de blues britânica que revelou o deus londrino da guitarra Peter Green. O Fleetwood Mac — confiável, virtuose e amado pelas multidões — era um favorito de Bill Graham, que o promovia ativamente e dava à banda todos os trabalhos possíveis na região de São Francisco.)

A essa altura, Janis Joplin já havia abandonado o Big Brother para fazer carreira solo, uma tendência no ramo, já que caçadores de talentos separavam os maiores astros do rock de suas bandas originais e começavam tudo de novo com músicos contratados. A Fritz então fez a abertura para a nova Kozmic Blues Band, de Janis, no *Fillmore West*, no início de 1970. Stevie: "Na primeira vez que vi Janis, ela estava muito brava. A primeira banda tinha ultrapassado o tempo no palco e ela entrou no palco aos berros, morri de susto. Eu estava escondida atrás dos amplificadores. Ela começou a gritar para eles caírem fora da porra do palco dela — e assim eles encerraram! Vinte minutos depois, entra essa garota usando calças de boca de sino de seda, uma mini blusa bonita, um monte de bijuterias estilosas, com sapatos de salto baixo e penas no cabelão comprido natural. Atitude e arrogância pra dar e vender, cantava como um pássaro, a multidão na palma da mão… Ela não era uma mulher exatamente bonita, mas era muito atraente. Fiquei fascinada por ela."

Mas os caras da Fritz ficaram menos fascinados pela cantora dura na queda. Eles bateram um papo com ela e sua banda no camarim. Janis estava com uma garrafa de Southern Comfort, cambaleando, fumando horrores e xingando Deus e o mundo com seu sotaque texano. Eles a consideraram grosseira, vulgar, uma presença indesejada em qualquer banda.

Na primavera de 1970, houve uma greve de estudantes em San Jose State para protestar contra a invasão norte-americana ao Camboja. Organizadores da manifestação prepararam um show que teve a Fritz como atração principal, e eles tocaram por horas, até que Stevie perdeu a voz pela primeira vez.

Naquele verão, a Fritz abriu mais alguns shows de rock para Bill Graham no Santa Clara County Fairgrounds, atraindo grandes multidões e rendendo belíssimas apresentações. No dia 12 de julho de 1970, eles abriram para a Full Tilt Boogie Band, de Janis Joplin, no Fairgrounds. E naquele mesmo verão foram a banda de abertura para a Band of Gypsies, de Jimi Hendrix — estima-se que o evento reuniu 75 mil fãs. Jimi notou Stevie nos bastidores, e a considerou uma pessoa muito humilde, doce e despretensiosa. Durante sua apresentação, enquanto afinava a guitarra, Hendrix olhou ao redor e viu Stevie observando-o de trás dos amplificadores. Ele foi até o microfone, apontou para Stevie e disse ao público: "Quero dedicar uma música para aquela garota ali". Reza a lenda que ele tocou "Angel" logo a seguir.

"Eu o vi tocar uma vez", contou ela mais tarde, sobre Hendrix, "e me lembro de pensar *Quero usar franjas brancas. Quero amarrar uma bandana bonita nos cabelos*".

Em meio a tudo isso, Stevie Nicks observava e aprendia, tirando lições onde quer que as encontrasse. "Com Janis, aprendi que fazer sucesso como musicista mulher num mundo de homens seria dureza, e que seria preciso manter a cabeça erguida. Com Jimi, aprendi exuberância, graça e humildade."

Mas nenhum dos dois astros chegaria ao fim de 1970. Poucos meses depois, Janis Joplin e Jimi Hendrix morreriam de overdose, uma tragédia nacional, ambos aos 27 anos de idade.

1.6 A Máquina Musical

Muito mais tarde, Stevie descreveu período junto a sua primeira banda como uma das épocas mais felizes da vida, "quando vivi por conta própria pela primeira vez, com minha amiga Robin". Certamente, todo o estilo, vestuário e moda que fundamentaria sua futura carreira se formou ali na intensa matriz cultural do San Francisco Sound. Stevie era capaz de transitar tanto nos círculos musicais quanto nos estudantis. Ela ficou impressionada pelo estilo original das primeiras groupies, que mesclava gêneros e quebrava regras de moda como o mesmo ímpeto que abalava todas as normas sexuais. As groupies misturavam um estilo contemporâneo (que muitas vezes elas mesmas costuravam ou detonavam) com roupas antigas e cacarecos de brechó. Usavam penas, estampas de pele de cobra e meia-arrastão para se destacar. Carregavam na maquiagem e tingiam os cabelos de forma bem chamativa. Gostavam de fantasias — roupas de melindrosa, lingerie de bordel chique, trajes de ficção científica *a la* Barbarella, ternos de veludo com sapatos masculinos excêntricos, camurça de povos nativos norte-americanos — e, na cabeça, chapéus moles de aba larga ou véus clássicos.

(Mas Stevie também sabia muito bem que a vida real das groupies não era só glamour. Aquele mundo era competitivo e muitas vezes sórdido, e inclusive perigoso por conta das drogas, e nos bastidores Stevie frequentemente recebia olhares fulminantes daquelas garotas ferozes loucas por astros do rock. Um pouco dessa atmosfera sórdida apareceria/surgiria dez anos depois, na música "Gold Dust Woman".)

Também havia o estilo predominante dos estudantes universitários, e ao Norte de São Francisco brotavam as garotas hippies ordenhadoras de cabras nas novas comunas agrícolas, ouvintes atentas dos álbuns confessionais de Joni Mitchell e leitoras ávidas de Sulamith Wülfing, a visionária a artista alemã que pintava representações vívidas de anjos e fadas (e uma inspiração e tanto para Stevie Nicks): eram jovens mulheres de xale, usando saias compridas de lã e tweed, cabelos longos e lisos, botas surradas, blusas de camponesa, vestidos em tie-dye, turquesa, azeviche e prata, vez ou outra usando um colete de pele de carneiro trazido do Afeganistão.

Stevie gostava de fazer compras em uma loja ultrabadalada de São Francisco chamada Velvet Underground, onde Janis Joplin e Grace Slick também costumavam muitas das peças que usavam no palco. E se havia alguém que Stevie mais admirava como o arquétipo da estrela do rock feminina, essa pessoa era Grace Slick — a sereia eletrizante do acid rock. Grace era alta e de ares aristocráticos, oriunda da classe alta dos subúrbios de Chicago. Ela era mais velha do que a maioria das garotas ali, nascida em 1939, e interpretava os hinos de hard rock do Airplane com o elã de quem havia tido uma requintada formação em dança, movimentando-se pelo palco com segurança felina. Stevie gostava por não ser "Grace Slick and the Jefferson Airplane", achava bom que Grace era parte da banda, e não um voo solo tal como Janis acabou sendo no fim. Grace ficava maravilhosa em suas calças de seda e botas de salto agulha. Para as sessões de fotos, escolhia blusas vitorianas e tecidos antigos. Sua crescente bravata nos vocais dos singles de 1967, "Somebody to Love" e "White Rabbit", haviam transformado o Airplane em uma marca nacional, um grupo de artistas hippies com tino comercial. E com isso Stevie definitivamente adotou uma coisinha ou outra do estilo característico de Grace ao longo dos anos em que a Fritz se estabeleceu como uma das melhores bandas de Bay Area.

De fato, as pessoas se lembram da Fritz como uma empolgante banda de rock psicodélico. Nos primeiros anos do grupo, a Fritz competia em uma batalha de bandas em San Jose, rivalizando contra os grupos Count Five e Syndicate of Sound, ambos com singles de sucesso nacional. O Count Five venceu a batalha, mas posteriormente Stevie não os poupou de uma alfinetada. "Vocês são bons", dissera ela a atônitos membros do Count, *mas não tão bons quanto eu*".

Porém, em 1971, tudo caiu por terra. Naquele ano, a Fritz se separaria. Seria um processo de meses, culminando em muitas acusações e arrependimento dentre todos os envolvidos. Quando acabou, Stevie e Lindsey Buckingham engataram aquele que viria a ser o relacionamento mais importante da vida deles.

Tudo começou a mudar quando David Forest, na prática o empresário da banda, decidiu se mudar para Los Angeles e quis que a Fritz o acompanhasse. Ele lhes daria tempo de estúdio, a banda faria uma demo com as músicas, conseguiria um contrato de gravação. No ramo da música, Los Angeles era o lugar onde as coisas aconteciam. São Francisco ainda estava estagnada em 1967. O que Forest não contou ao pessoal da Fritz foi que Bill Graham ficara interessado na banda a ponto de ter um encaminhamento interessante para todos. Mas Forest tinha uma questão. As grandes bandas de L.A. — The Doors, Buffalo Springfield, Love, The Flying Burrito Brothers — vendiam mais discos em território nacional do que as bandas de Bay Area. Elas tinham muito mais exposição na mídia. E talvez ele tenha notado que, quando Stevie e Lindsey cantavam juntos, o som era muito mais um country rock do sul da Califórnia do que qualquer outra coisa.

Esse movimento de ida para Los Angeles levantou uma série de polêmicas, e assim as reuniões das bandas foram se tornando cada vez mais acaloradas. Stevie não tinha lá tanta vontade de ir para Los Angeles, geralmente considerada uma cidade artificial, grosseira e sem-graça pelos músicos hippies de São Francisco. Javier Pacheco, o compositor principal e responsável por gerenciar a Fritz com "mão de ferro" (de acordo com Stevie), também era contra, alegando que seus valores regionais eram nitidamente diferentes da nova proposta. A Fritz queria mesmo se tornar uma banda superproduzida, como acontecera com o trio Crosby, Stills & Nash? Ele afirmava que a banda já estava além das limitações comerciais da refinada indústria de gravações de Tinseltown. Mais tarde, escreveu o seguinte sobre o episódio: "Como se [re]molda um grupo cuja música se inspira em grupos como Dead and the Airplane e de repente a transforma a algo nos moldes do The Monkees"? Mas, no fim, Javier seria voto vencido. A Fritz tentaria a sorte no Sul. O passo seguinte era encontrar um produtor interessado em gravar a banda em Los Angeles.

* * *

Em 1971, Keith Olsen era engenheiro-chefe de um estúdio de gravação rústico de segunda linha em Los Angeles chamado Sound City. Olsen era um pouquinho mais velho e havia tocado baixo com o The Music Machine, uma banda de garagem de vanguarda em que os membros se vestiam todos de preto e tocavam com luvas pretas de couro. Seu single "Talk Talk" foi sucesso nacional em 1966. Como muitos engenheiros de som ambiciosos, ele aspirava à imensa satisfação e recompensa da produção de álbuns, tomando as músicas de uma banda e remodelando-as em um formato comercial capaz de vender a um sem-número de *baby boomers* no pós-guerra, público que consumiu tantos milhões de discos que, em meados de 1970, a indústria musical se tornou o setor de lazer mais lucrativo da economia norte-americana, mais até do que Hollywood.

Olsen era um dos últimos nomes de uma extensa lista de produtores que outro agente, Todd Shipman, estava tentando convencer a viajar a São Francisco para ver a Fritz. Todos os profissionais de estúdios de L.A. com algum tipo de ligação com gravadoras se negaram — exceto Olsen, que estava sempre pronto para uma viagenzinha grátis para ouvir uma banda promissora. Ao menos ele poderia gravar demos de algumas músicas caso fossem boas. Ele pegou um voo e encontrou Bob Aguirre na van sem bancos da Fritz; sentou-se nas caixas da bateria, já a caminho do show da banda: um baile de sexta-feira à noite em uma escola católica de Ensino Médio.

"Eles eram OK", recordou ele, "mas não a superbanda do futuro". Porém, Keith Olsen foi fisgado pela harmonia vocal e conexão sensual entre Stevie e Lindsey. Definitivamente, havia energia ali. Então concordou em conceder umas horas de estúdio à banda, em um domingo, caso topassem fazer algumas demos com ele em Los Angeles.

Stevie não estava lá muito a fim, nem Javier, mas mesmo assim a banda se amontoou na van e fez a longa viagem até Los Angeles em um sábado. Fizeram reserva no Tropicana Motel, na Sunset Boulevard, famoso por receber o pessoal da música. No domingo de manhã, quando foram ao estúdio de

Sound City na industrial Van Nuys, encontraram a porta trancada. Tiveram de quebrar as dobradiças para entrar. O estúdio estava um lixo, com caixas de comida chinesa azeda e cinzeiros transbordando das gravações da noite anterior. Mas Javier notou o desagrado de Lindsey desaparecer assim que este se pôs a observar Keith Olsen, um experiente engenheiro de estúdio, manipulando os botões giratórios e *faders* do console de gravação de 16 faixas pela primeira vez. Lindsey ficou fascinado, em transe. Pior, ficou entediado quando a banda ouviu as fitas que haviam gravado. A maioria das músicas, sem qualquer gancho, eram, tipo, uma droga; até soariam OK em uma festa de república regada a cerveja, mas não tinham dinâmica para uma gravação importante. Javier quase sentiu a banda escorregar por seu punho de ferro enquanto estavam ali, em pleno estúdio.

Eles então se juntaram a Keith Olsen e começaram a editar quatro das músicas de Javier. "Mas tinha algo fora do lugar", recordou Olsen. "Havia muitos pontos fracos." Antes de a Fritz voltar para casa, lembra Olsen, "chamei Lindsey e Stevie num canto e falei para eles: 'vocês dois têm um som especial juntos… mas o restante da banda vai ser um freio para vocês. Gostaria de continuar trabalhando com vocês, mas acho que vocês se sairiam *muito* melhor como um dueto'".

Eles se entreolharam, em seguida disseram a Olsen que conversariam a respeito e lhe dariam um retorno. Agora a corrida começava de verdade.

1.7 Velhos Sonhos, Novos Sonhos

Quando Stevie Nicks e Lindsey Buckingham voltaram para casa, passaram alguns dias pensando na proposta de Keith Olsen. Stevie telefonou para conversar com sua mãe; já Lindsey conversou com seu pai e seus irmãos. Em determinado momento, Stevie perguntou a Lindsey o que aconteceria caso ela decidisse ficar, e ele respondeu que não saberia o que fazer. Ambos estavam chateados pelos outros caras da Fritz, mas assim é o show business. Obviamente naquela época não se falava nas implicações sociais e étnicas de uma banda com dois ingleses mais bonitos e talentosos que estavam deixando para trás os dois aprendizes hispânicos, Pacheco e Aguirre. Mas isto era a Califórnia. Stevie considerava toda aquela dinâmica uma grande traição. Lindsey não concordava com ela. Havia algo maior acontecendo entre eles, dissera ele a Stevie, e eles só estavam tentando subir de nível no jogo. E ali foram infindáveis as conversas sobre as batalhas a serem combatidas, e sobre as vitórias que deveriam sobrepujar as derrotas.

Só que Stevie ainda não tinha certeza se queria mesmo morar em Los Angeles. A cidade havia acabado de passar por um grande terremoto: pontes destruídas, rachaduras no solo, um céu manchado de amarelo há dias. "Eu não estava muito a fim de ir", confessou ela, mais tarde. "Nunca achei que poderia dar certo em Hollywood. E *nunca* pensei que iria querer ficar."

Mas naqueles dias tensos, Stevie e Lindsey foram se tornando mais íntimos. Às vezes, ela passava a noite no quarto de hóspedes dos Buckingham, quando a banda voltava muito tarde para casa. E estava dormindo lá com cada vez mais frequência. Por fim, Lindsey rompeu com a namorada, Sally. "Começamos a passar *muito* tempo juntos", recorda-se Stevie, "trabalhando nas músicas" com muita troca de intimidade e contato visual. Quando finalmente decidiram romper com a banda, mantiveram discrição sobre o envolvimento romântico de ambos. Mas esse não era o único segredo da dupla.

Um aspecto erótico pode ter contribuído para fazer com que aquele apego fraterno de cinco anos evoluísse para uma situação mais favorável. Mais tarde, Stevie afirmou que nunca se sentiu 100 por cento à vontade diante da maneira como as coisas se desenvolveram. "Durante toda a época do Fritz, Lindsey e eu saíamos com outras pessoas. Não sei se teríamos nos tornado um casal caso não tivéssemos saído da banda. Isso meio que nos aproximou."

Stevie e Lindsey ficaram bastante temerosos com a última reunião da banda. Mais tarde, contou Stevie ao *Behind the Music*: "Tínhamos que contar aos caras — pessoas que amávamos muito — que íamos romper com a banda, e que Lindsey e eu iríamos para Los Angeles. E foi bem difícil". Eles então alegaram que não conseguiram resistir à oferta de Keith Olsen para produzi-los, e que aquela era uma chance e tanto. Daí se deram as mãos, e era a primeira vez que alguém via aquele gesto tão íntimo. (Bob Aguirre: "Eles não falaram muito abertamente sobre isso. Mas, de repente, estavam juntos.") Ambos afirmaram que largariam a faculdade — não faltava muito para Stevie se formar — e tentariam a sorte em Los Angeles. E este foi basicamente o fim da Fritz. Bob Aguirre continuou amigo de ambos, mas Javier ficou muito amargurado e, mais tarde, se queixou da forma "mentirosa e manipuladora" com que David Forest os tratara, assim como com o (suposto) interesse de Bill Graham. O próprio Forest acabou construindo sua carreira como agente, cafetão, produtor de filmes pornôs gays e, por fim, foi à falência.

Apesar de tudo, aquele foi o início do amor épico entre Stevie e Lindsey. Ela estava com 23 anos; ele era um ano mais jovem. "Eu já o amava antes de ele ficar famoso", dissera ela mais tarde na TV. "Eu já o amava antes de ele ser milionário. Éramos apenas dois jovens da Menlo-Atherton High School. Eu o amei por todos os motivos certos." E a um repórter: "Tivemos uma ótima relação no início. Eu adorava cuidar dele e da casa. Eu lavava seus jeans e fazia uns bordados bobos de luas e estrelas em suas roupas, e Lindsey ficava perfeito nelas".

Com o tempo, esse amor cresceria. A Saga Stevie & Lindsey inspiraria algumas das mais importantes canções de amor de sua geração e, na verdade, de todo o movimento do rock. Até hoje, décadas depois, essa músicas são um sucesso. Depois, esse amor sofreria por negligência, ciúmes e, por fim, culminaria em um rompimento, mas só na superfície. Esse amor ficaria enterrado, esquecido por todos, menos por quem o sentia, e passaria décadas fermentando como um vulcão inativo, vez ou outra irrompendo em explosões passionais de fogo e magma românticos. (Alguns dizem que esse amor ainda existe.)

Setembro, 1971. Estava decidido, e Stevie e Lindsey se preparavam para mudar para o Sul. Keith Olsen os convidou para ficar em sua casa em Hollywood Hills até conseguirem se estabelecer. Mas então o destino interveio e Lindsey ficou doente. Os sintomas eram febre baixa, cansaço e fraqueza. O diagnóstico foi febre glandular ou mononucleose. O médico disse a Lindsey que descansasse e nada mais, até começar a se sentir melhor.

Sendo assim, enquanto esperavam que Lindsey se recuperasse (e foi uma longa espera de sete meses), com Stevie cuidando dele, ambos começaram a compor. Muito embora a Mão do Destino tivesse dado a Lindsey uma carta ruim com aquele percalço da doença, agora a Dona Sorte parecia disposta a favorecê-lo com uma herança familiar providencial de US$ 12,5 mil, o suficiente para se sustentar por um ano naquela época. E assim, Lindsey e Stevie foram às compras e adquiriram uma BMW usada, uma guitarra de segunda mão e um antigo gravador Ampex de meia polegada. A herança tinha vindo na hora certa, lembrou Stevie. "Era uma boa grana, especialmente para aquela época, e sobretudo para duas pessoas que não tinham dinheiro algum. Lindsey comprou um Ampex de quatro faixas — ele é muito habilidoso, sendo que eu sequer consigo ligar o estéreo — e o pai dele nos deixou ficar com um quartinho na plantação de café. Todos os funcionários saíam por volta das sete [da noite], e a gente chegava lá em torno das sete e meia e saía às seis da manhã. Era um prédio grande, enorme; era assustador, e então a gente se trancava lá para trabalhar. Éramos só eu, Lindsey e o Ampex, todos os nossos pertences espalhados no chão do quartinho, e ficávamos lá, cantando, gravando e tocando. Em um ano, compusemos sete músicas. Achamos todas muito boas."

Conforme os meses no cafezal em Daly City se arrastavam, as letras das novas músicas de Stevie começavam a abordar assuntos de seu relacionamento. Namorar Lindsey não era fácil. Rapidamente ela descobriu que ele era mandão, teimoso feito uma mula e controlador ao extremo. Ele a fazia estudar álbuns dos Beatles e do The Kingston Trio para aprender o formato da composição de canções — verso, refrão, uma ponte. Era irritante. Além do mais, proibido pelo médico de fumar maconha, o viajandão Lindsey estava constantemente irritadiço e sendo rude com Stevie. Músicas novas como "Races to Run" e "Lady from the Mountains" exploravam problemas de relacionamento como dominação e ciúmes. "Without You" era sobre se ajustar a uma nova e tensa relação. "After the Glitter Fades" e "Nomad" revelavam sua incerteza sobre a mudança para Los Angeles. Mas nada naquelas letras parecia intimidar Lindsey, que estava mais focado em transformar os textos em música do que em seu possível significado. "Eu adorava as letras dela", disse ele mais tarde. "E adorava desenvolver os estilos sobre os quais interpretaríamos essas canções."

E Lindsey também estava compondo, num incrível arroubo de criatividade artística. Afinal, ele era baixista, e também estava aprendendo a solar na guitarra. No início da convalescença, ele ficava muito fraco para se sentar, e por causa disso aprendera a tocar deitado, realizando movimentos descendentes. Isso acabou se tornando um estilo pessoal quase exclusivo: tocar a parte do "baixo" nas cordas inferiores com o dedão e usar os primeiros três dedos — e sobretudo as unhas — para melodia e ritmo. Uma das primeiras músicas finalizadas dessa maneira foi uma canção instrumental de amor para sua namorada, chamada "Stephanie".

Lindsey também estava aprendendo, como autodidata, a arte da engenharia de som com seu gravador de quatro faixas. Stevie o observaria atentamente, ao longo de horas, concentrado sob os fones de ouvido, gravando com um pequeno microfone, obcecado com detalhes, dublando os vocais dela por cima dos trechos de baixo e guitarra, com a bateria de Bob Aguirre de base. Ela notou que ele sempre esfregava as mãos vigorosamente com alegre entusiasmo quando obtinha o efeito procurado. Foi daí que surgiram as primeiras canções de Lindsey — "So Afraid" e "Frozen Love".

No fim de 1972, eles tinham sete músicas que consideravam boas o bastante para apresentar a Keith Olsen. Então juntaram suas roupas, seus poucos pertences, o gravador e as guitarras de Lindsey, e fizeram a viagem de seis horas até Los Angeles. Encontraram Olsen no agitado Sound City, supervisionando eletricistas e a equipe que instalava o console de gravação novinho em folha do estúdio, e completamente eufórico com a possibilidade de fazer muitos álbuns naquela mesa reluzente. Ao final do dia, o casal acompanhou Olsen até sua casa na Coldwater Canyon Boulevard e se instalou no quarto dos fundos até conseguir alugar um local próprio.

Assim Stevie Nicks foi arrastada para Los Angeles — relutante, ainda que sem reclamar — por seu namorado Lindsey Buckingham. Ele tinha certeza de que aquele era o caminho certo, e ela, tão louca por ele, simplesmente entrou na onda. E, na verdade, ela jamais se arrependeu daquela decisão.

1.8 Sound City

Stevie Nicks se recorda do quanto Lindsey Buckingham e ela estavam apreensivos na primeira noite em que foram levados à boate Troubadour, de Doug Weston, na Santa Monica Boulevard, no fim de 1972. A Troub, como era conhecida, tinha sido o clube social da cena musical de Los Angeles por mais de dez anos. Todo mundo tocava lá, e muitos vieram a se tornar verdadeiras lendas. O cenário era intimidador.

Na época, a geração anterior de astros do rock tranquilões da Califórnia já tinha toda se mudado (ou morrido). The Byrds, Buffalo Springfield, The Mamas and Papas, Burrito Brothers, Joni Mitchell e todos os músicos dos anos 1960 agora estavam em Topanga Canyon e em Malibu, e jamais se dariam ao trabalho de sair da cama para ir até West Hollywood e serem vistos na barulhenta e enfumaçada Troub, lotada de músicos, traficantes e michês, todos da mesma laia.

Seus lugares foram tomados por uma nova safra bacana e talentosa, majoritariamente formada por cantores e compositores: Linda Ronstadt, a beldade de Tucson que não usava sutiã; o belo e jovem Jackson Browne; o texano magricela John David Souther; o malcriado hollywoodiano Randy Newman; o beberrão nojento Warren Zevon; e os especialmente carismáticos Don Henley e Glenn Frey, os dois líderes do "Eagles" (como insistiam em se autointitular), a banda mais em voga dos Estados Unidos na época. Eles surfavam a crista de uma nova onda de energia sobrenatural, já que a Califórnia se recuperava de graves traumas, que em Los Angeles culminaram com os terríveis assassinatos em massa cometidos pela Família Manson,[15]

---

15 A "Família Manson" foi uma seita fundada pelo *serial killer* estadunidense Charles Manson (1934-2017). Dentre os vários crimes cometidos por seus seguidores, um dos mais conhecidos é o assassinato

e os julgamentos e recriminações subsequentes sobre uma era de revolta e permissividade que dera terrivelmente errado.

Mas agora os ares estavam mudando. Os anos 1970 nos Estados Unidos traziam consigo um clima promissor. Em Los Angeles, o cenário musical estava vívido de possibilidades e confiança, embalados pelo incrível sucesso do ultracomercial Eagles. Na verdade, a banda se formara na boate Troubadour, quando Linda Ronstadt, a maior voz de sua geração, contratara o vocalista/guitarrista Frey (de Michigan; do grupo Longbranch Pennywhistle, com John David Souther), o compositor Henley (do Cass County, Texas) e o baterista do Shiloh, que também cantava, para tocar em sua banda. Isso deu origem ao Eagles, e todo ano Stevie e Lindsey ouviam seus irresistíveis *hits* detonando no Top 10 no rádio do carro: "Take It Easy", "Witchy Woman" e "Peaceful Easy Feeling". Os Eagles eram odiados por críticos de rock experientes devido a sua alegada superficialidade reluzente e produção exagerada, mas seus álbuns vendiam milhões de cópias (sobretudo para mulheres) e suas músicas tocavam em todos os lugares. (Muitos fãs não achavam que os Eagles eram a melhor banda de Los Angeles. Tal honra, por aclamação popular, pertencia a Lowell George, guitarrista da banda de rock-jazz Little Feat.)

"Quando nos mudamos para Los Angeles, estávamos morrendo de medo", recordou Stevie posteriormente, mas a verdade é que não havia nada o que temer. Imediatamente, eles foram considerados um casal sexy e nascido para o estrelato. As pessoas que os conheceram dizem que havia uma aura ao seu redor, um esplendor. Eram o sr. e a sra. Intensos, ele de cabelos cacheados e olhos azuis gélidos, ela de cabelos lisos e compridos, além daquele olhar penetrante pronto para conquistar qualquer pessoa que lhe dirigisse a palavra. (Isso porque Stevie mal conseguia enxergar alguém sem seus óculos.) Eles pareciam compartilhar uma força interior, como deuses. Quando entravam em algum lugar — fosse na Troubadour, no Ash Grove, no Palomino Club ou na McCabe's Guitar Shop em Santa Monica —, as pessoas viravam a

---

brutal da atriz Sharon Tate (1943-1969), então esposa do diretor Roman Polanski, que estava grávida de oito meses. Curiosamente, Manson também foi cantor e compositor. (N. T.)

cabeça para espiar o poderoso casal recém-chegado a L.A. em busca do sucesso. Poucos que os conheceram duvidavam de sua capacidade de chegar lá. Até mesmo o brilhante e desvairado Warren Zevon era simpático com eles.

Só que a fita demo contendo sete músicas não chamou a atenção de ninguém.

Lindsey tinha trazido as fitas e o Ampex, o qual Olsen plugou na nova mesa de gravações do Sound City e fez um monte de cópias, que por sua vez tentou empurrar para os empresários das gravadoras, ávidas até demais para contratar os próximos Eagles. No início de 1973, as demos foram rejeitadas por todas as gravadoras importantes: Columbia, Warner Bros., Reprise, Elektra, Atlantic, RCA, Polygram, Mercury, ABC-Dunhill e a nova Asylum Records, do gerente de talentos David Geffen. Ninguém percebeu um *hit* em "Rhiannon", "I Don't Want To Know" e "So Afraid".

"Todas as gravadoras do mundo nos ignoraram", afirmou Stevie depois. "Ficamos arrasados, mas ainda sabíamos que éramos bons." E Keith Olsen ainda acreditava neles, sabia que tinham algo especial juntos e os estimulava a continuar tentando. Depois desse episódio, Olsen mexeu os pauzinhos com os proprietários do Sound City para que o dueto pudesse trabalhar em novas demos, gratuitamente, nos momentos ociosos e após o horário comercial do estúdio. Pelo menos já era alguma coisa para o casal decepcionado. Stevie e Lindsey não tinham contrato de gravação ou empresário; estavam por conta própria, o dinheiro estava acabando e sentiam saudades da família. Mas agora ao menos tinham o apoio do pessoal do Sound City Studio, e isso *era* algo semelhante a uma família, além de um bom motivo para continuarem insistindo. Era bom saber que pessoas que estimavam acreditavam neles.

O Sound City ficava em um antigo depósito atrás dos trilhos da ferrovia em Van Nuys, então cerne industrial de San Fernando Valley, a noroeste do centro de Los Angeles. Havia uma cervejaria da Budweiser lá perto, por isso o bairro estava sempre cheirando a lúpulo queimado e a fumaça dos caminhões de cerveja movidos a diesel, que roncavam dia e noite pelas ruas. O número

1540 da Cabrito Road havia sido a fábrica de guitarras Vox nos anos 1960, e a visita dos Rolling Stones ao local durante sua primeira turnê norte-americana em 1964 ficou famosa; foi lá que o fundador da banda, Brian Jones, comprou sua icônica guitarra branca em formato de lágrima frequentemente vista na TV de 1964 a 1967. O prédio em si estava detonado e carecia de reformas. O estacionamento inundava toda vez que chovia.

O estúdio de gravação foi inaugurado pelo empresário local Joe Gottlieb alguns anos depois, a fim de lucrar com o *boom* das bandas importantes de Los Angeles. O complexo era composto dois estúdios, salas de controle, uma recepção e um *lounge*. Tudo era forrado por carpetes marrons (inclusive algumas paredes) e era considerado amplamente insalubre. Não havia zelador. As recepcionistas eram responsáveis pela limpeza também, mas muitas vezes as gravações terminavam bem depois do expediente delas, por isso a instalação vivia cheia de xícaras de café usadas, garrafas vazias e cinzeiros lotados. Um dos apelos do Sound City à fama se dava porque Neil Young tinha gravado lá os maravilhosos vocais de seu álbum multiplatinado *After the Gold Rush*, em 1970. No encarte do disco, há uma foto de Young deitado em meio a copos vazios de refrigerante e de fundo vê-se o carpete sujo do lounge.

Naquele ano, Gottlieb vendeu uma cota no Sound City para Tom Skeeter, empresário de West Virginia, que estava de mudança para a Califórnia para entrar no show business. Um ano depois, quando Keith Olsen se juntou à empresa, ele convenceu Skeeter a encomendar um novo console de mixagem do engenheiro de som britânico Rupert Neve. A empresa de Neve levou mais de um ano para personalizar o console conforme as especificações do Sound City. As mesas de Neve eram (e ainda são) consideradas o santo graal da gravação analógica. Elas eram extremamente raras (especialmente nos Estados Unidos), customizadas e extremamente cobiçadas. Quando a nova mesa foi entregue ao Sound City, por volta da mesma época que Stevie e Lindsey chegaram, era a única do tipo na América do Norte. Tom Skeeter pagou surpreendentes US$ 76 mil pelo console; para fins de comparação, ele também comprou uma casa de três quartos em Teluca Lake por US$ 36 mil, portanto, foi um investimento colossal.

Stevie e Lindsey tinham um monte de ideias que queriam testar, por isso calhou de a primeira música trabalhada por Keith Olsen na mesa novinha em folha ser exatamente uma das composições recentes de Stevie, "Crying in the Night". Foi um início auspicioso para os músicos, para o produtor e para o Sound City, um estúdio que apostava em dois jovens forasteiros assustados e solitários. Nos dois anos e meio que se sucederam, Stevie e Lindsey praticamente moraram no Sound City. "Era como nosso lar", afirmou ela. "[Os proprietários] Joe e Tom eram como nossos pais."

1.9 "Não por Muito Tempo"

Verão, 1972: Enquanto Stevie e Lindsey dormiam num quartinho da casa de Keith Olsen, o produtor acabou sendo chamado a Nova York para mixar um show de James Gang no Central Park. A transmissão do carro antigo deles havia pifado, portanto, Keith lhes emprestou o seu — um Corvette Sting Ray novinho, dourado, só com 550 km rodados — sob a condição de que eles deveriam levá-lo ao local onde a limusine pegaria a banda, às cinco da manhã, e aí buscá-lo de volta três dias depois. No amanhecer do dia marcado, Stevie apareceu de camisola, os cabelos enrolados numa toalha, e, mesmo sem enxergar nada, conduziu Keith pela íngreme Coldwater Canyon Boulevard até o encontro em Valley. Olsen: "Stevie usava um robe comprido e pesado de algodão, e estava se esforçando para dirigir um carro de câmbio manual, coisa que ela nunca tinha feito, quando a ponta do robe prendeu nos pedais. Quando ela foi embora, depois de me deixar no ponto de encontro com a limusine, o vocalista da James Gang brincou: 'Keith, você nunca mais vai ver aquele carro de novo'."

Quando Olsen chegou ao hotel em Nova York, havia um recado para que ele ligasse para casa. "Lindsey atendeu e me disse que estava tudo certo, mas que o carro estava no quarto do meu vizinho. Stevie tinha estacionado o veículo (na ladeira íngreme), puxado o freio de mão — um único clique — e voltado para a cama. Quarenta minutos depois, o carro desceu a ladeira, passou voando por uma colina, rodopiou pelos ares e se enfiou no quarto da casa abaixo da minha. (Pensando bem, acho que Stevie ainda me deve uma por aquele carro...)"

Stevie e Lindsey podem ter se sentido solitários quando chegaram a Los Angeles, mas isso não duraria muito. Um dos primeiros amigos que fizeram foi Richard Dashut, o engenheiro-assistente de 22 anos do Sound City. Ele era nativo da cidade, especificamente de West Hollywood, tinha cabelos pretos compridos, olhar amigável e sorriso largo. Havia começado como zelador no Crystal Sound em Hollywood, de olho nos grandes astros da época que iam trabalhar no estúdio: James Taylor, Joni Mitchell, Jackson Browne, Crosby, Stills & Nash. Ele não podia sequer tocar na mesa de mixagem de 16 faixas incrementada com as grandes unidades Dolby que todo estúdio costumava ter. Richard conheceu Keith Olsen e se ofereceu para trabalhar na manutenção no Sound City. Porém, após algumas semanas, foi promovido a segundo engenheiro de Olsen, e foi aí que conheceu a dupla Buckingham Nicks, como era chamada no contrato de produção recém-assinado com o estúdio.

Richard recorda-se:

"Eles estavam hospedados na casa de Keith e trabalhando com ele nas músicas. Lindsey e eu ficamos amigos cinco minutos depois de nos conhecermos, fumando um no estacionamento. Foi meu primeiro dia no cargo novo. Conheci Stevie em seguida, e vinte minutos depois nós três decidimos alugar um imóvel juntos, já que eu estava procurando um lugar e eles precisavam sair da casa de Keith. Por fim, arrumamos um apartamento em North Hollywood, perto da Universal Studios. Aquilo logo virou um hospício. Eu chegava em casa depois de vinte horas trabalhando com Keith no estúdio e, literalmente, tropeçava nos cabos do microfone de Lindsey, porque ele ficava trabalhando até tarde da noite com o Ampex. Era normal vários outros músicos ficarem largados no nosso chão, apagados por conta de toda a maconha e o haxixe que a gente fumava o tempo todo. Vez ou outra eu entrava no meu quarto e flagrava Stevie dormindo na minha cama por causa de outra briga daquelas com Lindsey, que era muito mandão com ela. Nossa vida não era fácil. Era preciso resiliência, mas éramos jovens."

Um dos tais músicos no chão era Robert "Waddy" Wachtel, que havia se mudado do Brooklyn para Los Angeles. Ele era um guitarrista fantasmagórico e desengonçado, com longos cabelos loiros e volumosos, e óculos de armação aramada sempre empoleirados em seu imenso nariz nova-iorquino.

Era um músico de hard rock inspirado nos Stones, que já tinha tocado nos álbuns de Linda Ronstadt, e, assim como o duo Buckingham Nicks, tinha um contrato com o Sound City. Wachtel recorda-se: "Eu estava trabalhando no Sound City, fazendo meus lances, tentando evoluir na carreira, e eles também. E nos tornamos amigos muito íntimos, sabe? Naquela época, Stevie ainda era muito inocente. Era como uma garotinha que cantava folk. Lindsey e eu éramos totalmente viciados em música. Ele tinha um gravador Ampex, e eles estavam fazendo demos incríveis. Comecei a trabalhar no álbum deles, e daí em diante nós três estávamos meio que sempre juntos. Eu estava na casa deles o *tempo todo*. Ficávamos sentados no chão, conversando e tocando violão, e fumando muito haxixe".

Foi por volta dessa época que Stevie e Lindsey (pcc — "profissionalmente conhecidos como" — Buckingham Nicks) assinaram contrato com a Pogologo Productions, uma nova empresa de propriedade de Keith Olsen e Tom Skeeter, que contam o seguinte: "Nós fizemos primeiro um contrato de produção. Eles compunham as músicas. A gente fornecia o estúdio, os engenheiros e a fita". Não haveria adiantamento ou salário para eles até que conseguissem contrato com uma gravadora das grandes, sendo assim, era essencial que eles arranjassem emprego. Na época, seus amigos Waddy Wachtel e o belo e jovem percussionista Jorge Calderon também assinaram contrato com a Pogologo.

Havia certa controvérsia em relação ao nome "Buckingham Nicks". Nomes de bandas eram muitíssimo importantes. Esse era bom? Havia muitos duetos na ativa na época: Delaney & Bonny; Loggins & Messina; Brewer & Chipley; Seals & Crofts; Batford & Rodney. Todos tinham apelo comercial. Certas pessoas achavam que o nome de registro deveria ser "Nicks & Buckingham", já que obviamente ela seria a atração, não ele. Então alguém sugeriu que o nome Buckingham Nicks talvez fosse inglês *demais*. Tipo Buckingham Palace. Ou Buckinghamshire. Tipo Duque de Buckingham e coisas do tipo. Foi então quando Warren Zevon — quase sempre chapado — veio e apontou que Buckingham Nicks era a única banda de quatro sílabas, sendo que todas as grandes bandas inglesas tinham três: Led Zepp'lin (sic),

Jethro Tulll, Judas Priest, Humble Pie, Spooky Tooth, Wishbone Ash, Blodwyn Pig, Steeleye Span, Savoy Brown, Fleetwood Mac. Até Rolling Stones. Mas, no fim, eles assinaram contrato como Buckingham Nicks mesmo.

Agora Keith Olsen estava colocando os dois para trabalhar para valer. Para o produtor, o verdadeiro significado de "pré-produção" significava ensaio: moldar as músicas, trabalhar arranjos e colocar as ideias no papel, pois músicos com a cabeça cheia de erva geralmente se esqueciam do que haviam feito no dia anterior. O passo seguinte, após chegar a um consenso a respeito do esboço, era elaborar a base da música em fita cassete. A fita era o rascunho; o restante seria construído a partir daí. Ou seja, um trabalho longo, detalhado e muitas vezes tedioso, enquanto ideias e sons eram acrescentados e subtraídos na miraculosa mesa de Neve, capaz de produzir um *playback* hiper-realista adorado por unanimidade. E enquanto todo esse processo acontecia, quando Stevie não estava cantando, ela se enroscava no sofá da sala de controle, sentada sobre as pernas cruzadas, observando tudo, com seus diários, lencinhos de papel e remédios, pois frequentemente não se sentia bem.

Quando não precisavam dela no estúdio, Stevie ia trabalhar. Eles não estavam ganhando dinheiro ainda, e a herança de Lindsey já tinha acabado, por isso ele e Richard Dashut se revezavam dando cheques sem fundo na International House of Pancakes e no Copper Penny, dois restaurantes de rede onde trabalhava muita gente do ramo musical. Lindsey fazia pequenos bicos pintando casas e em televendas, mas aos poucos foi se inserindo exclusivamente no Sound City a fim de trabalhar nas músicas em tempo integral. Alguém precisava bancar o aluguel.

Stevie começou a faxinar a casa de Keith Olsen. Ela era oficialmente a diarista. Apresentava-se com esfregões, vassouras e um pano na cabeça. Se ninguém estivesse em casa, ela colocava os discos dos Spinners para tocar na imensa aparelhagem de som de Olsen. (Ela adorava "Mighty Love".) Certa vez, ela entrou discretamente numa reunião que Olsen estava fazendo em casa. Alguém perguntou "Quem é esta?", e Olsen respondeu "É a empregada". (*Não por muito tempo*, pensou Stevie com seus botões.)

Stevie então conseguiu um emprego temporário como assistente de dentista, mas só durou um dia. Serviu mesas no Copper Penny, ganhou boas gorjetas, sempre tinha uns trocados no bolso. Fez turnos de recepcionista no Bob's Big Boy, uma rede de hamburguerias. "O dinheiro do meu sustento e de Lindsey era todo fruto do meu trabalho", lembrou ela anos depois, no *London Telegraph*. "Eu pagava o aluguel, o carro, tudo. E adorava!"

Mas também havia ressentimentos. Quando deu uma entrevista à *Rolling Stone*, a pegada sobre essa época foi bem diferente: "Estávamos falidos e mortos de fome. Eu limpava a casa do nosso produtor por US$ 50 por semana. Voltava para casa com aquele trambolho de aspirador de pó, os desinfetantes, a escova para privadas, as galochas de limpeza. Um dia, Lindsey providenciou para que algum idiota lhe mandasse trinta gramas de haxixe opiáceo. Lá estavam ele e todos os amigos sentados em um círculo no chão. Estavam há um mês fumando haxixe, e eu não fumo por causa da minha voz. Todo dia eu voltava para casa e tinha que entrar saltitando sobre os corpos deles. Eu estava esgotada, e ainda tinha que erguer as pernas deles para limpar o chão e esvaziar os cinzeiros. E os caras tipo, 'Não sei por que não estou me sentindo muito bem'. Retruquei 'Querem saber por que vocês não se sentem bem? Vou dizer o porquê — porque vocês não fazem nada além de ficar deitados no meu chão há semanas, fumando haxixe e consumindo meu dinheiro!'".

Após gravarem mais algumas demos, Stevie e Lindsey fizeram um teste para o chefe da 20th Century Records, que até afirmou ter gostado deles, mas que não poderia contratá-los sem a presença de empresário, coisa que eles não tinham. Eles então fizeram uma visita a Lou Adler, o gerente de talentos dono da Ode Records, que contratara o The Mamas and the Papas. Adler ouviu metade de uma música e os dispensou.

Durante esses tempos difíceis, Stevie continuava a compor letras em seu onipresente diário. "Without You" era dessa época, assim como "Planets of the Universe". (Ambas apareceriam em álbuns somente anos — décadas — depois.) A primeira versão de "Gold Dust Woman" também era dessa época.

"Designs of Love" se tornou "That's Alright" e entrou no álbum *Mirage* do Fleetwood Mac, dez anos depois. O primeiro piano da dupla veio quando Keith Olsen lhes deu um antigo piano vertical, todo entalhado e pintado de branco. Ao aprender a compor com esse instrumento, Stevie elaborou "Lady from the Mountains", que mais tarde viria a se tornar "Sorcerer". Era ela a mulher das montanhas, do Norte da Califórnia. Lindsey era o feiticeiro. "Quem é o mestre?", pergunta o vocalista, em sua luta constante por controle. "'Lady' sou eu descobrindo o piano", declarara Stevie, mais tarde.

Mais ou menos nessa mesma época, Stevie leu *Triad*, romance de Mary Leader ambientado no País de Gales, uma história de bruxaria e possessão, feitiçaria e poderes mágicos. Também ouvia todos os dias no rádio do carro a majestosa "Stairway to Heaven", um hino épico que invadia a consciência coletiva de sua geração. Se o Zeppelin podia cantar sobre mulheres misteriosas e sebes alvoroçadas, ela também podia. Tudo isso serviu como pano de fundo de "Rhiannon", que começava a tomar forma enquanto Stevie passava horas sentada ao piano branco em busca da canção que a levaria onde ela queria.

1.10 Frozen Love

Enquanto o duo Buckingham Nicks continuava à caça de um contrato de gravação, outras correntezas passavam nas enchentes musicais de Los Angeles. Stevie e Lindsey já estavam lá há um ano, e as pessoas tinham começado a reparar. No entanto, quando eles tentavam arranjar shows remunerados pela cidade, os promotores lhes ofereciam, em vez disso, um contrato para formar alguma banda cover e se apresentar no circuito de restaurantes de San Diego a Santa Barbara tocando "Take It Easy", "Witchy Woman" e "Peaceful Easy Feeling" na Chuck's Steakhouse três noites por semana por um bom dinheiro, US$ 500 semanais. Os shows estavam à disposição, eles sabiam, todo o trabalho de que dessem conta, e era melhor aceitarem a oferta, pois ninguém pagaria para ver o Buckingham Nicks num futuro próximo. No entanto eles chegaram à conclusão de que isso seria como se prostituir, e perderiam qualquer possível oportunidade, mesmo naquela má fase.

Sendo assim, nada de shows, mas em algum momento Keith Olsen arranjou uma apresentação para o Buckingham Nicks no Art LaBoe's da Sunset Strip, para que os executivos das gravadoras pudessem dar uma olhadinha. Eles ensaiaram bastante, mas o som não ficou bom. Stevie estava nervosa, muito embora não tivesse medo de se apresentar. Ela dizia às pessoas que tinha nascido para subir num palco e cantar, que havia sido bem *treinada* pelo avô desde seus 5 anos de idade. Naquela noite, os únicos que deram as caras foram Waddy Wachtel e um amigo dele.

Então ocorreu a Waddy que Stevie deveria cantar música country. "Quando conheci Stevie e ouvi sua voz, o que mais me veio à cabeça foi Dolly Parton — o que era bem louco, porque eu nunca ouvia uma nota sequer de música country quando morava em Nova York. Então dei a Stevie um disco da Dolly Parton e disse 'você precisa conhecer o trabalho desta garota. Vai aprender muito com ela!'. No início, Stevie não levou fé, mas logo começamos a tocar pela cidade, apresentando músicas de Dolly Parton e outras canções country, além de algumas originais [do casal], e Lindsey e eu nos dávamos muito bem tocando guitarra juntos. Tínhamos outro amigo, Jorge Calderon, que tocava baixo com a gente. Éramos nós quatro, perambulando pela cidade daquele jeito."

Eles ainda estavam trabalhando em composições próprias junto a Richard Dashut no Sound City (de graça, ainda anônimos) quando surpreendentemente o Buckingham Nicks conseguiu um contrato. Keith Olsen tinha mostrado as fitas para um sócio de uma gravadora independente, a Anthem Records, que disse que gostaria de contratar o Buckingham Nicks e enviar a dupla a Londres para gravar no Trident Studios, onde os Rolling Stones trabalhavam com frequência. Mas houve um conflito, a sociedade se rompeu e o contrato foi por água abaixo. Porém, o cara da Anthem conseguiu um acordo de distribuição com a Polydor, uma gravadora importante. Pela primeira vez, alguém tinha dito "sim" ao Buckingham Nicks. Dizem que o contrato Anthem/Pogologo foi de US$ 400 mil, uma bolada para a época, mas para Stevie e Lindsey foi dito apenas que seu álbum tinha recebido sinal verde para um orçamento de gravação para lá de generoso — no valor de US$ 25 mil.

Mesmo assim eles ficaram em êxtase, extremamente aliviados. Haveria um álbum e uma turnê. O futuro lhes reservava fama e fortuna. O álbum seria gravado no fim de 1973, depois viria outro. As previsões finalmente pareciam se tornar realidade.

Stevie largou o emprego no Bob's Big Boy.

Nos seis meses seguintes, eles editaram dez faixas novas, sob supervisão de Keith Olsen. Waddy Wachtel e outros amigos participaram nas gravações, mas desta vez Olsen também havia trazido alguns dos melhores músicos de estúdio de Los Angeles. O baterista Jim Keltner (considerado o melhor da cidade) havia tocado com Delaney & Bonnie e Eric Clapton. Quando Keltner não estava disponível, Ronnie Tutt, baterista de Elvis Presley, voava de Las Vegas e recebia honorário dobrado, US$ 220 por hora. O baixista Jerry Scheff também costumava tocar com Elvis e com o pessoal do The Doors.

Stevie comparecia a todas as gravações, com frequência de saia cinza por cima da legging de balé, observando tudo do sofá da sala de controle. Nas cartas que escrevia aos pais (que tinham voltado para Phoenix) com o papel timbrado do Sound City, ela dizia que tinha gente famosa tocando no disco deles, e que o próprio Lindsey seria famoso um dia.

Eles terminaram de sequenciar o álbum no fim da primavera de 1973. "Crying in the Night", de Stevie, abria o primeiro lado do LP, e era um apelo acústico para um homem tomar cuidado com uma mulher perigosa que havia voltado à cidade. Havia um quê de Joni Mitchell encabeçando os Eagles, e o pandeiro de Stevie realçava na mistura. "Stephanie", de Lindsey, era Stevie retratada em violão, tocante e sensível, e também uma homenagem à direção musical de Brian Wilson. "Without a Leg To Stand On", de Lindsey, vinha a seguir, bem parecida com uma música de Cat Stevens, o preciosíssimo (e popular) trovador inglês. Lindsey fazia o vocal principal na nova balada de Stevie, "Crystal", que descrevia o amor romântico como uma busca, uma jornada em meio a montanhas e fontes, sustentada por uma sequência de belos dedilhados. ("Crystal" era o New Look Fleetwood Mac *avant la lettre*, e seria reprisada no primeiro álbum da banda.) O lado A do disco terminava com um verdadeiro hino, "Long Distance Winner", de Stevie, sobre um romance com um homem difícil e indomável. "Winner" surgia com algo épico em vista, com uma *jam* explosiva no final.

O lado B do álbum começava com "Don't Let Me Down Again", de Lindsey, um rock rápido californiano, com o brilhante Jim Keltner conduzindo o trem. "Django" era o tributo de Lindsey ao gênio dos violões flamencos Django Reinhardt, e também ao compositor da canção, John Lewis, do Modern Jazz Quartet. "Races Are Run", de Stevie, vinha a seguir, uma canção estranhamente modulada sobre ganhos e perdas no jogo da vida, e também sobre um relacionamento que teve de chegar ao fim. (Quando Javier Pacheco ouviu "Races", pensou que se referia ao fato de eles terem deixado o Fritz em apuros.) Duas canções de Lindsey arrematavam a sequência. "Lola (My Love)" parecia outra homenagem, desta vez para Ry Cooder. E a astuta "Frozen Love" (composta com Stevie) era sobre um amor desgastado, com camadas de cordas, sintetizadores e uma sinfonia de guitarras de rock de Lindsey Buckingham com três movimentos distintos, a grande afirmação de um novo guitarrista. Uma leitura mais apurada das letras de Stevie poderia sugerir que, ao menos de sua perspectiva, o romance entre os membros do Buckingham Nicks estava perto do fim.

Com o álbum finalizado, era hora de fazer as fotos do encarte. Eles queriam que o irmão de Waddy, Jimmy Wachtel, os fotografasse, mas ele foi vetado pelo diretor de arte da Polydor. Então Stevie e Lindsey foram devidamente encaminhados ao estúdio da fotógrafa Lorrie Sullivan, em Burbank, junto a um briefing solicitando uma imagem sexy do casal. Aquele era um álbum de e sobre um casal ardente; a gravadora queria que vendessem sexo. Então Stevie foi às compras e, com seus últimos US$ 100, comprou uma blusa branca larga e fina, que deixava pele à mostra, imaginando que seria o suficiente. Foram feitos cabelo e maquiagem, enquanto a equipe iluminava o cenário para uma sessão do carismático casal. Lindsey chegou com os cabelos secos pelo secador e sombriamente bonito, com o bigode cuidadosamente arrumado. Stevie estava mais morena do que loira na época, e vinha ornando as orelhas longas com longos penachos coloridos. A fotógrafa usou alguns rolos de filme, e então pediu ao casal que tirasse a parte de cima de suas roupas.

Stevie entrou em pânico. Disse a Sullivan que era puritana e que sua família não aprovaria um seio nu em seu primeiro álbum, muito menos um mamilo. Ela estava vestindo um sutiã da cor da pele; talvez conseguissem fazer algo interessante com a peça. A fotógrafa explicou que seria difícil demais retocar o sutiã sob o penacho pendurado; pareceria falso. Foi aí que Lindsey, já sem camisa, perdeu a paciência. "Não seja *paranoica*", disparou. Então baixou a voz e resmungou: "Não seja *infantil*, porra. Isto é arte!".

"Isto não é 'arte'", sibilou ela . "Sou eu fazendo um ensaio nu com você, e isso eu não topo".

Stevie estava intimidada, sentindo-se acuada pelas pessoas que a observavam. Sob pressão, tirou a blusa, depois o sutiã, e foi orientada a posar atrás do ombro direito de Lindsey, expondo a lateral do seio direito. Na fotografia oficial da capa, ela está olhando diretamente para a câmera. Parece outra pessoa. Também parece tensa.

Depois disso, Stevie foi para a casa dos pais perto de Phoenix, pois precisou passar por uma cirurgia de remoção de cisto no ovário, e lá permaneceu durante as cinco semanas de repouso do pós-operatório. Quando recebeu as provas do encarte do álbum, Stevie as mostrou para a mãe. Barbara disse: "Vamos ter que refletir um pouco antes de mostrar para o seu pai". Stevie queria escondê-las do pai, mas não foi possível. Quando Jess Nicks viu a foto, ficou chateado, e não fez questão de esconder sua insatisfação.

Nessa época, Stevie compôs uma letra de canção intitulada "Garbo", inspirada na estrela de cinema Greta Garbo, que se recusava a usar roupas reveladoras nas telas. A letra era um tributo a todas as atrizes de Hollywood que eram obrigadas a se submeter a cenas que na verdade não queriam fazer.

Tal incidente realmente a chateou. Mais tarde, em 1973, quando o álbum saiu, ela ficou morta de vergonha, muito embora a foto tenha ficado quase recatada para os padrões da época. Ainda assim, seu pai não achou graça. Até A.J. reclamou. Ela tentou explicar que havia sido intimidada a tirar a camiseta. "Desde o início", afirmou Stevie mais tarde, "Lindsey era *muito* controlador e muito possessivo. E depois de ouvir todas as histórias de minha mãe, de como ela era independente e de como me criara para ser independente, nunca me dei muito bem com gente controladora e possessiva". E então prometeu a si que nunca mais deixaria algo do tipo acontecer de novo.

1.11 Heartbreaker

A Polydor Records lançou o álbum *Buckingham Nicks* em setembro de 1973, quando Stevie Nicks tinha 25 anos. O disco foi um fracasso.

O encarte do álbum era cinza-escuro e sombrio. Os vocalistas irradiavam um glamour ansioso e meio desconcertado. (A mesma foto, tingida no processo de solarização, aparecia no verso do encarte.) O nome de Stevie saiu grafado incorretamente: "Stevi". Não havia uma lista de faixas, somente as letras. No encarte, a foto sem-graça de Jimmy Wachtel mostrava o casal sorrindo, usando calças jeans boca de sino, a mão de Lindsey insinuantemente próxima à virilha de Stevie. O álbum continha uma dedicatória a A.J. Nicks, identificado como "o avô da música country". (Em Nashville, devem ter ficado se perguntando o que diabos isso queria dizer.)

Ao que parece, ninguém gostou do disco. Os executivos da Polydor sequer queriam lançá-lo. Afirmaram que as músicas careciam de imaginação e que não tinham qualquer força comercial, mas foram obrigados a colocá-lo no mercado para cumprir cláusulas contratuais do acordo com a Anthem. Também não havia orçamento para promovê-lo nas rádios (isto é, jabás em dinheiro e cocaína para os diretores de programação), e mal houve qualquer tipo de propaganda. Os DJs das rádios diziam aos promotores da Polydor que as músicas não eram originais o bastante, e que a voz de Stevie era "nasalada" demais para as estações FM. "Don't Let Me Down Again", que era mais hard rock, foi escolhida como single inicial. (O anúncio da Polydor na publicação especializada *Record World*: "Um single bonito feito por gente bonita.") Houve pouca transmissão via rádio, exceto na cidade universitária de Madison, Wisconsin, e em Cleveland, onde o disque-jóquei Kid Leo se dispôs a tocar o single e algumas faixas do álbum na rádio de hard rock WMMS-FM.

O single não chegou aos mais vendidos da *Billboard*. Nem o álbum. A imprensa ignorou o *Buckingham Nicks*, que não recebeu resenhas/avaliações da *Rolling Stone*, da *Creem* ou da *Hit Parader*, as publicações de música mais importantes dos Estados Unidos. Na única entrevista publicada de Lindsey, perguntaram a ele sobre as inspirações do dueto. Ele respondeu que suas músicas eram influenciadas por Cat Stevens, e que seu estilo ao violão era inspirado no trabalho acústico de Jimmy Page com o Led Zeppelin.

Logo depois Lindsey montou uma banda, para que o Buckingham Nicks pudesse tocar ao vivo. Bob Aguirre veio a L.A. a pedido de Lindsey para ficar a cargo da bateria, e Tom Moncrieff, seu velho amigo da época da Fritz, assumiu o baixo. E então o Buckingham Nicks fez outra apresentação na Troubadour, a qual contou com um público de apenas vinte pagantes. Jornais locais fizeram suas resenhas, nenhuma muito favorável. A *Billboard*, a bíblia semanal do meio musical, avaliou a dupla como "um dueto hétero insosso". Então Waddy Wachtel entrou na guitarra-base, conferindo ao Buckingham Nicks um encaixe mais interessante. Foi esta a formação da banda que tocou no The Starwood, em West Hollywood (que geralmente apresentava bandas glam), no fim de 1973. Em novembro, eles abriram para o brilhante compositor John Prine, novamente na The Troubadour, e depois fizeram mais outros shows. O repertório (de acordo com o baterista Aguirre, que havia deixado o Dr. Hook's Medicine Show para participar da apresentação) incluía "Lola", "I Don't Want To Know" (recém-escrita para o próximo álbum do BN), "Monday Morning" (idem), "Races Are Run", "Crystal", a instrumental "Stephanie", "Lady from the Mountain", "You Won't Forget Me" e "Don't Let Me Down Again". Também foi incluído um cover de "Heartbreaker", do Led Zeppelin, para Waddy brilhar. O bis foi o hino industrial "Frozen Love", a obra-prima para guitarra de Lindsey Buckingham.

O Buckingham Nicks fez sua estreia no East Coast em uma apresentação para a imprensa e rádios no clube Manhattan's Metro. Nesse dia, Stevie chegou a Nova York com dor de garganta e um resfriado terrível. A *Billboard* enviou um resenhista, que achou Lindsey sobrecarregado, já que era guitarrista-solo e vocalista principal. Em relação a Stevie: "A sra. Nicks também apresenta problemas, sobretudo em seu estilo solo, que salienta a eventual aspereza de sua voz e a característica estridente de seu alcance vocal, que deixa o dueto estimulante, mas se revela bem pouco frutífero quando ela assume o palco sozinha". Posteriormente, o resfriado se transformou em gripe.

Depois disso, o Buckingham Nicks seguiu para o Sul e abriu alguns shows para bandas de destaque. Tocaram com a banda de rock-country de L.A., Poco in Atlanta, e para a estrondosa Mountain, do guitarrista Leslie West, em Birmingham, Alabama. A estação de rock local já vinha executando trechos do *Buckingham Nicks*, logo, eles ficaram positivamente surpresos quando o público pareceu conhecer algumas canções e eles foram ovacionados e convocados para tocar um bis.

Então no fim do inverno de 1974, eles foram demitidos. A Polydor se livrou sumariamente do Buckingham Nicks. Os executivos da gravadora afirmaram que a devolução de seus álbuns havia sido colossal (os varejistas trabalhavam com consignação), e que a equipe de vendas da Polydor agora tinha de se preparar para o grande álbum de reestreia de Eric Clapton após anos de vício em heroína.

Stevie: "Fomos dispensados pela Polydor após cerca de três meses, e Lindsey e eu ficamos arrasados, pois tínhamos acabado de sentir o gostinho das boas coisas da vida e, agora, estávamos de volta à estaca zero".

"E assim Lindsey voltou a compor suas músicas cheias de angústia [como "So Afraid"], e eu voltei a servir mesas: '*Quer mais alguma coisa? Mais café? Bolo?*'. Por mim, tudo bem — eu não me importava em ser garçonete —, mas era inacreditável! A gente jurava que tinha chegado lá! Tinha gente famosa tocando no nosso disco! Estávamos na crista da onda! Ficamos *estupefatos!*"

Desanimada, e de certa forma humilhada, Stevie disse a Lindsey que queria largar a música, pelo menos por um tempo. E cogitou seriamente voltar para casa, mas durante longos e reflexivos telefonemas, Barbara Nicks sempre a aconselhava a continuar. "Minha mãe dizia 'Stevie, não se esqueça — você tem uma *missão*'".

***

Mas de alguma forma, a sorte do polêmico casal se manteve. Keith Olsen e Joe Gottlieb haviam investido energia demais neles para pararem agora, por isso disseram a Stevie e Lindsey que poderiam continuar gravando de graça no Sound City, no mesmo esquema anterior, até que tivessem músicas suficientes para conseguir um novo contrato com outra gravadora.

Foi uma época difícil. Houve brigas agressivas, com palavras duras sobre vencedores e perdedores, que terminavam com Lindsey dormindo no sofá da sala com seu violão e Stevie no quarto com seu *poodle-toy*, Ginny. Ainda assim, naquela primavera, Lindsey e Richard Dashut se puseram a trabalhar em novas canções, enquanto Stevie e sua amiga Robin Snyder (que havia se mudado para Los Angeles) faziam turnos usando roupas cafonas de melindrosa enquanto serviam mesas no Clementine's, restaurante temático da década de 1920 em West Hollywood.

Stevie: "Eu chegava em casa às seis horas [da tarde], fazia o jantar e me arrumava, enquanto eles ficavam fumando maconha e trabalhando nas canções. Então das nove da noite às três [da madrugada] eu me juntava a Lindsey na música. Depois ia para a cama, me levantava e ia trabalhar como garçonete".

E assim eles seguiam, determinados a fazer novas músicas em meio a tantos obstáculos.

O ano de 1974 revelar-se-ia importantíssimo para Stevie e Lindsey. Era uma época de revolução política, com a aflição das audiências vergonhosas do Watergate e a renúncia do presidente Nixon no verão, a primeira da história norte-americana. A guerra do Vietnã ainda estava em andamento, com a derrota se insinuando no horizonte — mais uma novidade para os EUA. Cidades norte-americanas estavam destroçadas pelo crime e inclinadas à bancarrota. Foi a era das abelhas assassinas,[16] de *Garganta Profunda*, *O Exor-*

---

16 Referência ao filme de terror *Killer Bees*, de 1974, feito para a TV e dirigido por Curtis Harrington. (N. T.)

cista e do sequestro da herdeira da imprensa Patricia Hearst, na Califórnia, por uma facção armada radical que se intitulava o Exército Simbiótico da Libertação (com boa parte de seus membros morrendo em um tiroteio em Los Angeles, transmitido ao vivo na TV.)

O que impactou a maioria dos norte-americanos foram as longas filas nos postos de gasolina durante o embargo do petróleo árabe por conta da Guerra do Oriente Médio, em 1973. Estadunidenses não faziam fila por combustível desde a Segunda Guerra Mundial, quando a gasolina era racionada. Às vezes, as filas pareciam intermináveis, e as frustrações podiam culminar em discussões e contendas físicas. Foi em uma dessas filas para combustível que o pai de Lindsey sofreu uma parada cardíaca e morreu no carro enquanto aguardava sua vez de encher o tanque. Ele tinha somente 57 anos. Greg Buckingham, irmão de Lindsey, ligou para dar a triste notícia.

Stevie: "Eu atendi, e entreguei o telefone a Lindsey". Ela nunca tinha visto Lindsey chorar até então. Eles foram ao funeral em Atherton, e Stevie fez o possível para confortar Rutheda, que estava inconsolável. Depois disso, Lindsey passou um bom tempo muito abalado. "Acho que ele nunca superou a perda do pai", disse Stevie posteriormente.

Richard Dashut: "Eu tinha me mudado para um apartamento de um quarto perto da Fairfax [Avenue, em West Hollywood]. Depois que o Buckingham Nicks afundou, Stevie e Lindsey ficaram sem dinheiro, então foram morar comigo. E logo o gravador de quatro faixas, os cabos, os músicos chapados espalhados pelo chão estavam de volta, e trabalhávamos nas demos para o próximo álbum do Buckingham Nicks: 'So Afraid', 'Monday Morning' e 'Rhiannon'."

Então a oportunidade chegou na forma de Don Everly, dos lendários Everly Brothers. Durante uma briga em um show no Knott's Berry Farm, na Califórnia, um dos *Brothers*, Phil, atirou seu violão longe e abandonou a longa parceria fraterna, largando Don sozinho. Ele havia acabado de gravar um álbum com músicas novas, e Warren Zevon tinha montado uma banda para a turnê, assumindo os teclados e colocando Waddy nas guitarras. Quando

Waddy saiu para fazer alguns trabalhos de estúdio, a vaga na banda foi concedida a Lindsey, que também ficou responsável por cantar as partes de harmonia de Phil com Don. O dinheiro era razoável e extremamente necessário, e a turnê renderia a Lindsey uma boa experiência e exposição nacional. Ele ficaria umas seis semanas viajando.

Pelo menos durante esse período a casa ficou limpa, e Stevie precisava de um descanso da rotina massacrante de trabalhar o dia inteiro e depois ficar gravando as fitas demo até as três da manhã. Nessa época, ela se permitia voltar para casa com as roupas do Clementine's e desabar. "Stevie é tão agradável, e uma mulher tão boa", dissera Richard, mais tarde, "e ríamos o tempo todo quando não estávamos ralando no trabalho."

Enquanto Lindsey prosseguia em turnê, Stevie foi convidada para se hospedar em uma estação de esqui dos cunhados de Warren Zevon, em Aspen, no Colorado. Na época, Aspen ainda era bem rústica, com tênues ecos da antiga cidade mineradora fronteiriça e frequentada por astros do cinema, como Jack Nicholson, que curtiam drinques no *saloon* descolado do Hotel Jerome. Stevie então pensou que poderia aproveitar seus momentos a sós na cidade para trabalhar em músicas novas. Ela arrumou as malas, colocou seu violão e o cãozinho Ginny no velho Toyota, e partiu para a longa viagem até as montanhas do Colorado.

Mais tarde, Stevie escreveria o seguinte sobre esse período: "Eu estava na sala de meus anfitriões, sentada no chão, de pernas cruzadas, com meu violão Goya... pensando no que fazer da vida. Eu deveria voltar para a faculdade ou continuar uma carreira musical com Lindsey?" Ela pensava na rejeição que tinham sofrido, em como isso tinha arrasado seu orgulho e magoado o casal. "E a verdade é que não estávamos bem. Fiquei sentada, olhando para as Montanhas Rochosas, refletindo sobre a avalanche que havia começado a ruir em cima da gente, [e] naquele momento minha vida parecia um desastre em vários sentidos."

Ela estava ali há poucos quando de repente Lindsey apareceu — furioso. Frustrado, Don Everly havia interrompido a turnê após fãs desrespeitosos ignorarem suas músicas novas e pedirem para ouvir apenas os sucessos, de "Bye Bye Love" a "Cathy's Clown". Stevie, por sua vez, tinha seus próprios problemas — respirar aquele ar alpino rarefeito era difícil, e assim ela contraiu uma dor de garganta crônica — e, na opinião de Lindsey, ela não lidou bem com seu retorno antecipado. Os conflitos levaram a uma inevitável gritaria (e, talvez, a algo pior) antes de Lindsey sair correndo, abandonando a namorada — sozinha e doente — na congelante estação de esqui no Colorado.

Mais tarde, Stevie se lembrou, melancólica, desse incidente, que deu vida a uma de suas melhores, mais populares e longevas canções: "Escrevi 'Landslide' quando estava em Aspen. Foi dali que vieram as colinas cobertas de neve. E definitivamente refleti muito enquanto estive lá. Lindsey estava na estrada com os Everly Brothers [sic], e eu andava muito infeliz e solitária... e tentando descobrir por que ele estava por aí com os Everly Brothers e eu em Aspen, com US$ 40, meu cachorro e meu Toyota, cujo motor congelou no dia em que cheguei lá. A gente estava pensando que Lindsey, tipo, ganharia muito dinheiro. Não ganhou. Ele voltou para Aspen e se mostrou muito nervoso comigo. E me abandonou. [Ele] pegou Ginny [o poodle], o carro, e me largou em Aspen... [bem no] dia em que os ônibus da Greyhound entraram em greve. Eu tinha uma passagem de ônibus porque meu pai era o presidente da Greyhound; eu podia ir para qualquer lugar. Então falei 'Tá bom, pode pegar o carro e o cachorro — eu tenho uma passagem de ônibus'. E também uma garganta inflamada. Ele foi embora. Entrei no chalé e a rádio começou a anunciar que a Greyhound estava em greve em todo o país. Pensei 'Ah, não — agora estou presa aqui'. Então tive que telefonar para os meus pais, e eles — contra a vontade — me enviaram uma passagem de avião porque, para começo de conversa, eles sequer conseguiam compreender o que eu estava fazendo ali. Então fui atrás de Lindsey em Los Angeles. Foi, tipo, outubro [de 1974]. Era Halloween."

1.12 Landslide

Quando Stevie voltou para Los Angeles, não quis voltar ao apartamento que dividia com Lindsey e Richard. Em vez disso, se instalou brevemente no quarto dos fundos de Keith Olsen em Coldwater Canyon, e ali compôs a maior parte de "Landslide". Era uma canção sobre um desastre romântico, o abalo sísmico de uma mulher de 26 anos que perdia o parceiro, adoecia e via o chão se abrir sob seus pés. Os "filhos" estão ficando mais velhos, e ela também, e agora ela sentia o tique-taque de seu relógio biológico. Será que ela nunca teria filhos? Stevie tinha esperanças, mas também dúvidas. Vinha servindo mesas e limpando casas há três anos. Estava cansada, à flor da pele, exausta. E enquanto trabalhava em sua nova canção sentimental chorava baixinho, sendo ouvida por Keith Olsen do corredor.

Para piorar sua tristeza, nessa mesma época seu avô, A.J. Nicks, veio a falecer. Seu pai não a obrigou a comparecer ao funeral em Phoenix, o que foi um alívio. Ela chegara a escrever uma canção para o avô quando ele estava debilitado, mas jamais chegou a tocá-la para ele.

Certo dia, Barbara Nicks ficou alarmada com a voz de Stevie quando se falaram por telefone. Era como conversar com uma velha doente, e não com sua pequena Teedie. Ela então despachou o marido para Los Angeles para ver o que estava acontecendo. Jess Nicks ficou chocado ao ver a filha tão magra e infeliz. Stevie: "Havia momentos em que meu pai dizia 'Até quando você vai insistir nisso? Você não tem dinheiro, não está feliz, está sempre trabalhando, trabalha em restaurantes e faz faxina, fica doente com muita facilidade, mora em Los Angeles, não tem amigos — *por que está fazendo isso?* E eu só respondia 'Porque foi isso que vim fazer aqui'."

Então Jess Nicks sugeriu fortemente que Stevie colocasse um prazo para sua busca. Só mais seis meses, aconselhou, e, se não der certo, volte e termine a faculdade. A família a apoiava, mas deveria era hora de colocar um limite no jogo. Seus pais vinham mandando dinheiro a ela quase todos os meses, mas isso não podia durar para sempre. Com relutância, Stevie concordou com aquele cronograma.

Ela recorda-se: "Acho que eles me viram à sombra de meu avô A.J. Ele era um cantor de country e western que nunca alcançara o sucesso e que bebia demais. Ele foi muito infeliz em sua empreitada para chegar a algum lugar. Ele se transformou em uma pessoa muito amargurada e morreu assim." Alguns meses depois, Jess Nicks sofreu um infarto e precisou ser operado, mas Stevie não conseguiu chegar em Phoenix a tempo de vê-lo antes da cirurgia. Ali, teve medo de o pai morrer e jamais ver seu sucesso, coisa que o deixaria extremamente orgulhoso.

Agora, Stevie Nicks estava ainda mais determinada a permanecer em Los Angeles. Vez ou outra, quando visitava o apartamento, olhava para Lindsey e lhe dava um sermão. "Eu basicamente chegava e dizia 'Lindsey, vamos lá. *Mãos à obra*'. A letra de 'Landslide' falava exatamente disso, se eu daria mais uma chance àquilo ou desistiria. O resto é história."

Ela tocou o primeiro verso e o refrão de "Landslide" para Keith Olsen, que admitiu que a balada melancólica tinha boas chances de dar certo, mas carecia de mais inspiração. Stevie: "Eu estava na casa de Keith, e ele tinha esses alto-falantes imensos, da minha altura. E o álbum de Joni [Mitchell] [*Court and Spark*] tinha acabado de sair, e coloquei para tocar. Ele foi embora; fiquei sozinha. Tomei LSD — parecia um lugar seguro para isso, e foi a única vez que tomei — e fiquei três dias ouvindo o disco. Joni conseguia encaixar frases longas na métrica musical sem atropelá-las. Falava sobre como era ser famosa e sobre ser mulher em um mundo masculino. Ela estava no mundo da fama há muito mais tempo do que eu, e havia saído com todos os astros do rock. E era uma instrumentista tão maravilhosa, que todos respeitavam. Isso era inédito. Ela estava no clube do Bolinha. Falava dos meus pressentimentos. Embora o Buckingham Nicks tivesse afundado, eu sabia que seríamos muito famosos, muito ricos, e que essa coisa de fama ia nos sobrecarregar. Portanto, quando ouvi esse disco, foi como uma espécie de premonição se expondo diante de mim."

Stevie também notou que aparentemente a maioria das músicas novas de Joni haviam sido compostas ao piano, não ao violão (ou em seu saltério dos apalaches).

E assim, ao piano, Stevie começou a retrabalhar na música que, pensou, poderia transformar sua profecia em realidade. Seu interesse pelo material de Rhiannon tinha começado com a sonoridade do nome em si. Aquilo acendeu uma luz nela. Um ano antes, Stevie havia comprado um romance chamado *Triad: A Novel of the Supernatural*, de Mary Leader, em uma livraria de aeroporto. (*Triad* foi publicado em 1973.) "Era sobre uma garota chamada Rhiannon, sua irmã e sua mãe, ou algo do tipo. Achei o nome tão bonito que quis escrever alguma coisa sobre uma moça chamada Rhiannon. Foi só depois que descobri que Rhiannon era uma personagem mítica existente nas narrativas!".

A obra era uma história sobre bruxaria e feitiçaria inspirada pelos antigos mitos galeses. O estilo de escrita era incrivelmente romântico; ao ler o romance, Stevie teve a sensação de ver cenas de um filme:

> E pela esplêndida trilha voaram três aves canoras. Uma era branca, outra verde, outra, dourada como a manhã. Seu canto era doce, o estrondo dos pés era alto. O som fluía feito água sobre seu corpo cansado e dolorido. Lembrou-se das palavras de sua cuidadora: as três aves de Rhiannon...

Mas a visão de Stevie sobre Rhiannon era diferente daquela do livro. "Era o *nome* que me interessava", insistia ela. "Criei ali uma espécie de super-heroína. Ela foi a única personagem sobrenatural sobre a qual já compus uma música." Sua visão da deusa galesa era numinosa — algo passível de ser sentido e experenciado, mas não visto. Os vários poemas que escreveu sobre Rhiannon foram combinados a uma melodia mais antiga em sua cabeça, chamada "Will You Ever Win?" — uma variação do tema perdas e ganhos que tanto preocupara a ela e a Lindsey desde que tinham saído de casa para morar em Los Angeles.

Já de volta ao apartamento bagunçado, perto do Dia de Ação de Graças, certa manhã Stevie acordou e se arrumou para seu turno como garçonete no Clementine's. Antes de sair, deixou uma fita cassete C-60 com uma demo para piano de "Rhiannon" encostada na cafeteira, junto a um bilhete para Lindsey: AQUI ESTÁ UMA MÚSICA NOVA. PODE PRODUZI-LA, MAS *SEM* ALTERAÇÕES.

Novembro, 1974. Stevie e Lindsey continuavam a trabalhar nas músicas novas no Sound City: "Monday Morning", "So Afraid" e "Rhiannon," e também versões de "Nomad" (vulgo "Candlebright"), "Lady from the Mountain", "Castaway", "Mistaken Love" e as primeiras tentativas de "Gold Dust Woman". Mas não era uma parceria de fato. Stevie se queixava das mudanças excessivas que Lindsey vinha fazendo em suas músicas, e que por isso elas não vinham soando do jeito que ela queria. Esse era um grande problema e motivo constante de discussão entre os dois. De acordo com Keith Olsen, essas mudanças eram inevitáveis, simples assim. Ele recorda-se: "Stevie escreve esses pequenos ciclos repetitivos ao redor dos quais elabora a melodia. Esse é um dos aspectos particulares de sua maneira de compor, [mas] às vezes fica datado — rapidamente. Logo, é preciso implementar um formato de acordes mais comercial, e era exatamente isso que Stevie considerava uma alteração excessiva em relação ao material original".

Até Stevie teve de admitir que era muito dependente de Lindsey para transformar seus poemas e noções melódicas em músicas de verdade. "Ele pegava o esqueleto das minhas canções e as transformava em peças finalizadas", dissera ela mais tarde, porém insistia que ele tomava liberdades excessivas, e por isso os conflitos continuavam. Essa "dependência hostil" estava separando o casal. Ela precisava da mente criativa de Lindsey, de sua música fluida, mas ao mesmo tempo ficava chateada com sua invasão na preciosa independência que sua mãe lhe inculcara. Ultimamente, Lindsey andava paranoico e frio com ela; Stevie vinha relatando a amigos que ele se interessava mais pela guitarra do que por ela, o que por fim a fazia se sentir drenada pelas emoções conflituosas do casal. Eles haviam passado três anos difíceis de estresse. Agora as brigas e xingamentos pioravam. Às vezes, Stevie temia por sua integridade física durante as crises de raiva de Lindsey. Até o Toyota deles havia quebrado, e a marcha a ré tinha ido para o saco.

Stevie não aguentava mais — ficava o tempo todo ansiosa — e por isso resolveu se mudar para a casa de Robin Snyder. Stevie fala desse período: "Lindsey e eu não podíamos ficar juntos [como casal] e trabalhar juntos. No fim das contas, isso não nos levaria a lugar algum." A antiga relação afetuosa entre os dois jovens músicos ambiciosos começava a enfraquecer e a se desfazer.

Então algo aconteceu. No início de dezembro, Stevie estava trabalhando no Studio B do Sound City, nos fundos do prédio. Richard Dashut estava nos controles, ouvindo-a tocar uma versão para piano de todo o ciclo de "Rhiannon", incluindo o segmento dançante mais rápido no final. Em voz alta, ao microfone, ela perguntou se daria para incluir na faixa alguns sons de aves "realmente importantes". Ela perguntou: "Você não acha que Rhiannon é um nome bonito?" Naquele exato instante, como se em resposta a uma invocação oculta, houve uma comoção em outra parte do prédio. Stevie foi até o corredor e ouviu o som de um solo de guitarra de Lindsey em "Frozen Love" bombando em volume máximo no Studio A.

Então ela o viu. Ele era enorme, quase dois metros de altura, cabelos longos e lisos sob o chapéu puído de caubói e nariz grande e aquilino. Vestia camisa de flanela e casaco de tweed com a corrente de um antigo relógio de bolso atravessando seu torso esbelto. Ao seu lado, duas garotinhas loiras de vestido de babado e sandália, obviamente suas filhas. Ele ouvia atentamente o solo de guitarra, a cabeça balançando ao ritmo pulsante do instrumento hard-rock enquanto tamborilava nos joelhos a cadência da faixa. Ela pensou tê-lo reconhecido. Talvez o tivesse visto na TV. Ele era um astro do rock, um astro inglês do rock. Ela perguntou a Richard, sussurrando: "Quem é aquele?"

"É Mick Fleetwood," respondeu, "do Fleetwood Mac".

Capítulo 2

2.1 Heroes Are Hard to Find

Em dezembro de 1974, o Fleetwood Mac era uma banda na estrada, uma banda no exílio, uma banda com sérios problemas.

O grupo se formara em Londres em 1967, quando o guitarrista Peter Green, sucessor de Eric Clapton na banda John Mayall's Bluesbreakers, decidiu seguir carreira solo. Green era um guitarrista brilhante, do mesmo naipe dos virtuosos londrinos mais famosos, tal como o próprio Clapton, Jeff Beck e Jimmy Page. (Quando a pichação CLAPTON É DEUS começou a aparecer no antiquado bairro de Notting Hill, em 1966, logo surgiram réplicas nos muros do ultrabadalado Chelsea: PETER GREEN É MELHOR DO QUE DEUS.)

Peter Green também levou consigo seus colegas de banda dos Bluesbreakers, o baterista Mick Fleetwood (que Mayall havia acabado de demitir por mau comportamento) e o baixista John McVie, batizando a nova formação como Peter Green's Fleetwood Mac. Um segundo guitarrista, o hilário Jeremy Spencer, especialista no blues infernal de Elmore James, completava a sequência, e assim o Fleetwood Mac se tornou uma enorme atração na Inglaterra devido à força de uma série de sucessos de Peter Green: "Black Magic Woman", "Oh Well" e, sobretudo, a temperamental e intensa "Albatross", uma canção instrumental.

A partir daí, o Fleetwood Mac rapidamente começou a tomar conta dos eletrizantes salões de baile dos Estados Unidos no fim da década de 1960. Os promotores gostavam deles por serem estudiosos sérios do blues e músicos com conteúdo genuíno a oferecer. Depois da guitarra enérgica de Peter Green, a banda viria com uma lista divertida de rock and roll das antigas, liderados por um Jeremy Spencer usando jaqueta dourada de lamê. Os fãs adoravam isso, e o Fleetwood Mac se tornou destaque no Fillmore East em Nova York, no Eletric Factory da Filadélfia, e no Boston Tea Party. Em São Francisco, eles foram adotados por Bill Graham e se apresentaram em todo o estado.

Mas depois de alguns anos Peter Green saiu da banda sob circunstâncias bizarras (LSD), seguido por Jeremy Spencer sob outras circunstâncias ainda mais estranhas (seita religiosa hippie). Entre 1971 e 1974, músicos entravam e saíam. Em um notório incidente em 1973, os empresários da banda chegaram a mandar uma versão falsa do Fleetwood Mac para tocar no festival "Black Magic Woman" nos Estados Unidos depois que os músicos originais surtaram por conta das últimas deserções. Só que a banda tinha fãs assíduos, que notaram a enganação e protestaram contra esse ultraje, e assim a banda falsa saiu de cena, o que gerou um litígio desgastante entre o Fleetwood Mac e seu empresário inglês, que ainda estava no comando em dezembro de 1974.

Naquela época, a formação principal, ao menos, era fixa. Mick Fleetwood, 27 anos, vinha de família militar, e considerava o Fleetwood Mac seu propósito na vida. Ele abandonara da escola aos 16 anos, mudara-se para Londres com sua bateria e dera início a uma ascensão meteórica pelo cenário beat londrino dos anos 1960; sua banda, The Cheynes, abrira para os Rolling Stones logo no início, e então Mick passou a fazer parte da aristocracia do *Swinging London*[17] quando se casou com Jenny Boyd, irmã de Patty Boyd, a modelo mais *sui generis* do momento e esposa do beatle George Harrison. Mick já acompanhava o Mac desde o começo, e agora se encontrava geren-

---

17 Termo usado para se referir à efervescência cultural e aos costumes modernos da cidade de Londres, e de lá para o mundo, durante a segunda metade de 1960. (N. T.)

ciando a banda, já que o antigo empresário continuava a mover incontáveis ações judiciais contra eles.

John McVie, 29 anos, era teoricamente o coempresário da banda. O afável baixista com seu quepe de pano e presença de palco discreta estava mais para um companheiro eternamente embriagado do que para um negociador. Também era um baixista estupendo. E tinha de sê-lo, caso contrário John Mayall, o perfeccionista e purista do blues, jamais o teria contratado em 1963, na flor de seus 17 anos de idade. McVie arrastava um casamento falido com a vocalista principal e tecladista do Fleetwood Mac, Christine McVie, 31 anos, originalmente Christine Perfect. Ela era uma loira bonita, ex-estudante de artes do British Midlands, ótima cantora de blues na época de solteira (e ao lado da banda de blues Chicken Shack). No palco, Chris era a porta-voz do Fleetwood Mac, sempre cumprimentando "os parceiros" (como chamava os fãs), anunciando as canções e apresentando a banda.

Bob Welch completava a formação do quarteto, um guitarrista de 29 anos da Califórnia que se juntara ao Fleetwood Mac na Inglaterra, depois de uma temporada ao lado de banda parisiense. Ele era o guitarrista solo e responsável por boa parte das composições mais recentes. Um artista à frente de seu tempo, Bob Welch (lá vamos nós na *vibe* galesa outra vez) vinha produzindo para o Fleetwood Mac uma série de músicas cósmicas, místicas, com inspirações do jazz, e assim, canções como "Hypnotized" atingiram as paradas de sucesso nos Estados Unidos e se tornaram uma constante nas rádios FM modernas.

Foi Bob Welch quem convenceu o Fleetwood Mac a se mudar para a Califórnia em abril de 1974. Por ora, a banda havia esgotado suas possibilidades Inglaterra, sofrendo uma série de problemas de recursos humanos e ações judiciais. Mas o Fleetwood Mac poderia trabalhar nos Estados Unidos, ora bolas, aparecer na televisão para divulgar seus álbuns e, afinal de contas, Los Angeles era a sede de sua gravadora, a Reprise Records. E assim, mesmo sob certa apreensão por estar deixando os pais e familiares para trás, a banda migrou para o sul da Califórnia. Para facilitar, os recursos financeiros foram transferidos para a conta bancária de Bob Welch nos Estados Unidos, o que mais tarde lhe conferiu uma baita dor de cabeça fiscal. Ninguém pensou em visto, imigração, documento de trabalho, nada disso. E num estalar de dedos, Mick e Jenny Fleetwood, as duas filhas, Amy e Lucy, os McVie, Bob Welch e o empresário velho de guerra John Courage (bem como um contêiner com todo o equipamento da banda) pousaram no LAX em abril de 1974.

Antes de deixar a Inglaterra, Christine McVie desabafara com sua mãe sobre os problemas do Fleetwood Mac, alegando que seria necessário um milagre para a banda recomeçar nos Estados Unidos. Sua mãe — famosa por sua capacidade de predição — simplesmente dissera a Chris para não se preocupar, pois eles encontrariam o tal milagre em um laranjal na ensolarada Califórnia.

Quando Mick Fleetwood instalou a família em uma velha cabana na rural Topanga Canyon, ele logo assumiu suas funções gerenciais e telefonou para a gravadora de longa data do Fleetwood Mac a fim de marcar uma reunião. Daí ele foi encaminhado para Mo Ostin, o presidente da empresa-mãe, a Warner Bros. Records. Alguns dias depois, para sua surpresa, Mick e o fiel advogado norte-americano da banda, Mickey Shapiro, foram calorosamente recebidos pelos executivos da gravadora no QG da Warner em Burbank. Eles confessaram que *amavam* o Fleetwood Mac. O álbum *Then Play On*, de 1969, uma verdadeira obra-prima, ainda vendia mais que o Grateful Dead. E *Mystery to Me* também estava indo bem. As fitas originais da banda eram sempre entregues no prazo, sempre havia boas músicas, algumas viravam sucesso nas rádios e eles não exigiam dinheiro na mão quando chegavam ao escritório. Seus álbuns recentes, informaram a Mick, venderam consistentes 350 mil cópias para os mesmos 350 mil fãs — algo que sempre acontecia. A piada interna era que o Fleetwood Mac pagava a conta anual de energia da Warner Bros. de Burbank. É claro que eles tinham ouvido falar no desastre do falso Mac e estavam preocupados com o consequente pesadelo das relações públicas, mas a empatia que sentiam pela banda superava essa questão dolorosa. Eles até agraciaram Mick com um disco de ouro emoldurado, pelo álbum mais recente, *Heroes Are Hard to Find*, gravado no verão anterior em

L.A., e que atingira o 36 º lugar na lista dos *Hot 100* da *Billboard*. O melhor de tudo é que, apesar dos problemas legais da banda em Londres, a Warner ajudaria o Fleetwood Mac com um belo adiantamento e também bancaria o novo álbum do grupo — se conseguissem lançá-lo no ano seguinte. O acordo foi selado e a Warner afirmou que os advogados dariam início à papelada imediatamente.

Extremamente aliviado, Mick Fleetwood saiu de Burbank se comprometendo em manter o Fleetwood Mac funcionando. Enquanto dirigia pela Highway 101, a Ventura Freeway, cortando San Fernando Valley para o norte, ele se concentrava em sua próxima missão — encontrar um estúdio que coubesse no orçamento para fazer o décimo álbum da banda veterana. Algo lhe dizia que, contrariando todas as expectativas, essa mudança para a Califórnia poderia ser muito boa para o Fleetwood Mac.

2.2 Estrelinha Mágica

Em um dia ensolarado no final de 1974, Mick Fleetwood colocou as filhas Amy e Lucy no banco de trás do velho Cadillac branco alugado da Rent-A-Wreck, que fornecia carros antigos — sobretudo a recém-chegados a L.A. que careciam de um pouco de estilo pelo preço certo. Ele subiu a Topanga Canyon Boulevard até chegar ao desvio no topo da montanha. Com frequência, parava ali para admirar a vista cinematograficamente estupenda de San Fernando Valley que se estendia por um raio de quilômetros abaixo, a essência do sul da Califórnia nos anos 1970. Então desceram pelo outro lado da montanha de curvas íngremes e ziguezagues, até o final da avenida em Woodland Hills. Mick Fleetwood tinha um propósito para aquele momento — fazer compras.

Mas no estacionamento do supermercado Mick trombou com um conhecido, Thomas Christian. Eles tinham se encontrado quando o Mac gravara seu último álbum em L.A., no verão anterior. Mick mencionou que estava procurando produtor para o próximo disco da banda, e Thomas Christian lhe disse que agora era sócio de um estúdio em Van Nuys chamado Sound City.

Mick: "Ele me disse que eu devia dar uma olhada, então amontoei as compras e as crianças no banco de trás do meu velho Cadillac cheio de areia e segui o cara até o tal estúdio. No Sound City fui apresentado a Keith Olsen, o engenheiro de som. Para fazer uma demonstração da qualidade do estúdio, ele tocou uma faixa para mim chamada 'Frozen Love', de um álbum que tinha sido gravado lá".

Mick ficou impressionado não somente com o som do violão, mas com o óbvio talento do músico que tocava na faixa. O cara arrasava. Era sagaz, ágil, preparado. Mas havia outra coisa ainda mais interessante. "Minha atenção foi captada por algo que ouvi através do vidro grosso que separava os dois estúdios do Sound City. Era uma garota, ensaiando uma música na sala vizinha. Havia uma faixa de piano tocando e ouvi quando ela pediu ao engenheiro-assistente alguma coisa com pássaros em algum ponto na mixagem final da canção em que trabalhava. Eu me lembro até do que ela vestia: saia comprida estilo indiano e uma blusinha — bem bonita."

Mick Fleetwood ficou encantado. Queria conhecer a garota, mas conseguiu manter seu reservado ar britânico ao perguntar muito despretensiosamente a Keith Olsen "Quem é aquela moça bonita?".

"O nome dela", respondeu ele, "é Stevie Nicks".

Enquanto Mick digeria "Frozen Love", Keith Olsen perguntou se ele gostaria de conhecer o compositor da canção. Mick disse que sim, com certeza, e Lindsey Buckingham entrou e foi apresentado. Eles trocaram um aperto de mão e, em seguida, Mick se virou para Olsen, perguntando sobre a disponibilidade do estúdio e do preço por hora. Daí Mick disse que pensaria a respeito e que manteria contato. Nos dez dias subsequentes, o Fleetwood Mac estaria no final da turnê de *Heroes Are Hard to Find*, promovendo seu álbum mais recente. A banda estava tocando em Las Vegas, um pouco antes do Natal, quando Bob Welch informou a Mick que deixaria o grupo.

Não foi exatamente algo inesperado. Há muito tempo Bob sentia que a banda vinha afundando, sendo repetitiva, e que precisava de sangue novo para sobreviver. Ele também queria carreira solo e dar vazão ao seu estilo musical. Se não tentasse isso agora, talvez nunca viesse a fazê-lo.

Mick suplicou para que ele ficasse. O Fleetwood Mac, insistiu, era como um casamento. Não se vai embora assim e ponto final. Mas Bob e Chris haviam tido um bate-boca daqueles depois de um show complicado em Las Vegas, e Welch já estava de saco cheio.

Isso foi poucos dias antes das festividades de Ano Novo. Na confusão, o veterano John Courage, gerente de turnês do Mac, surtou com essa última deserção e atirou o amplificador de Welch pela janela. A equipe de roadies da banda gostava de Welch, e houve uma conversa para demovê-lo do motim. Mick então disse para não se preocuparem, pois ele tinha um plano e, com um pouco de paciência, as coisas dariam certo.

Mick: "Telefonei para Keith Olsen no Sound City e perguntei de novo o nome do cara da música e do violão que eu tanto tinha gostado quando visitei o estúdio.

Lindsey Buckingham.

"Eu disse a ele que queria que Lindsey Buckingham fosse o novo guitarrista do Fleetwood Mac, e perguntei o que ele achava."

Olsen explicou que Lindsey fazia parte de um dueto, o Buckingham Nicks, e que a outra metade era sua namorada. Eles eram um casal também no trabalho, explicou. "Se você o quiser, provavelmente vai ter de levar a namorada também." Em seguida, Olsen passou a Mick as coordenadas da carreira deles até então: desde que a época da banda Fritz até sua vinda para L.A.; o trabalho com as músicas; os bicos de Stevie como faxineira e garçonete; o álbum, a turnê curta; a demissão da Polydor, e a resiliência depois disso; o trabalho de graça no álbum seguinte, como mascotes residentes do Sound City, quando Mick Fleetwood passou por lá por acaso, em busca de produtor.

Tentando ganhar tempo para pensar, Mick explicou que o Fleetwood Mac sempre fazia tudo por instinto. Ninguém nunca havia feito teste para a banda; os músicos eram contratados com base em sua reputação e em recomendações, e eles também avaliavam sua alegria e energia. O Fleetwood Mac sempre tivera uma trajetória peculiar justamente por causa disso. (E, Deus do céu, para Mick era muito fácil se enxergar em uma banda com aquela mocinha de blusinha sexy extremamente gata que ele vira no estúdio.)

"Sem vacilar", como afirmou mais tarde, Mick disse a Olsen que queria ambos. Levaria o pacote completo, caso estivessem de acordo. "Eu perguntei 'Esses dois jovens... você acha que eles entrariam na minha banda?'" Olsen — totalmente surpreso — respondeu que, embora fosse véspera de ano novo, entraria em contato com Lindsey e Stevie, os informaria da proposta e voltaria a entrar em contato com ele no dia seguinte, 1º de janeiro de 1975.

Mick desligou o telefone e se acomodou na cozinha rústica com Jenny, que havia feito uma xícara de chá para ele. O sol se punha atrás do Saddle

Peak e do outro lado do riacho luzes festivas piscavam. Ele contou sobre o telefonema. "E quanto a John e Chris? Eles não estão sabendo?" Mick lhe disse que não se preocupasse, tudo daria certo. "Em algum lugar lá em cima", falou à sua linda esposa, "tem uma estrelinha mágica olhando por nós".

Mais tarde, naquela noite, Lindsey e Stevie convidaram alguns amigos para fumar e beber champanhe, uma reunião tranquila de véspera de ano novo, e o tema da conversa foi se 1975 seria um ano melhor para eles. Foi aí que Keith Olsen entrou, com um largo sorriso. "Ei, tenho novidades... o Fleetwood Mac quer que vocês entrem na banda."

Stevie ficou chocada. Lindsey, Keith e Richard Dashut começaram a rir; 1975 já parecia mais promissor! Mas por incrível que pareça, Keith Olsen teve de passar o restante da noite tentando convencer Lindsey Buckingham a aceitar a proposta.

Keith dissera a Mick que voltaria a entrar em contato após o início do novo ano, portanto, Stevie e Lindsey ainda teriam alguns dias para refletir. No início, Lindsey não achou uma ideia tão boa, pois significaria que as melhores canções nas quais eles tinham trabalhado ao longo do ano seriam apresentadas aos fãs como obra do Fleetwood Mac. Seria o fim do Buckingham Nicks. Ela se questionava se eles não estariam vendendo todo o seu trabalho duro e integridade a preço de banana. Bom, mas eles estavam tão falidos, será que não era melhor simplesmente assinar logo na linha pontilhada e mandar ver?

Stevie tinha outra opinião. Ela estava cansada de servir mesas. E entrar no Fleetwood Mac era uma forma de conseguir recuperar seu namoro. "Estávamos em vias de romper nosso relacionamento quando o Fleetwood Mac nos chamou", disse ela à *Billboard*, anos depois. "E eu estava trabalhando de garçonete para manter nosso pequeno Toyota funcionando. Certamente não estávamos tirando uma grana que preste fazendo quatro shows por noite no Chuck's Steakhouse, pois Lindsey queria tocar músicas originais, então eu deixava rolar."

De acordo com Stevie, quando eles receberam a incrível proposta de Mick Fleetwood ela disse "OK, é para isso que estamos trabalhando desde 1968. E então, Lindsey, você e eu temos de reconstruir nossa relação. Temos muito a perder aqui. Precisamos deixar os problemas para trás. Talvez nem tenhamos mais problemas, porque finalmente vamos ter dinheiro. E eu não vou precisar ficar me matando como garçonete, porra".

Mas Lindsey não estava totalmente convencido. Por mais que gostasse do estilo de Peter Green (e que agora ele supunha que teria de replicar no palco todas as noites caso eles entrassem para o Fleetwood Mac), o problema era que ele não sabia exatamente qual era o status da banda naquele momento. Toda hora a formação mudava. Por que o guitarrista tinha saído? Lindsey falou para Stevie que estava dividido, não em relação a reatarem o namoro, mas a apostarem suas fichas naquela banda inglesa de blues dos anos 1960.

No dia seguinte, diz Stevie, "catei cada moeda que consegui encontrar, fui à Tower Records [na Sunset Boulevard em West Hollywood] e comprei todos os álbuns do Fleetwood Mac que eles tinham. E ouvi todos. Até então Lindsey só tinha ouvido as músicas que foram sucesso na Inglaterra. Daí eu falei para Lindsay que a gente ia poder contribuir muito para a banda. 'Vamos fazer o seguinte: aceitamos o convite, poupamos uma grana durante um ano e, se não gostarmos, saímos'".

Lindsey argumentou, meio desmedidamente, que achava que o *Buckingham Nicks* ainda poderia — sabe-se lá como — estourar nas paradas e fazer sucesso. Stevie: "Eu respondi 'Então *você* que espere. Estou farta de servir mesas. *Vamos entrar no Fleetwood Mac, e vamos ser gigantes!*'".

Stevie também tinha outra ideia em mente. Após ouvir os álbuns, em busca de um fio temático nas canções, uma palavra lhe ocorreu — "místico". Desde o "The Green Manalishi" de 1968 até o "Hypnotized" de 1973, o cerne das músicas continha um quê de fascínio e misticismo muito atraente. Mais tarde, ela recordou, "Por amar profundamente o místico, aquilo realmente me fisgou. Pensei, essa pode ser mesmo a banda certa para mim, pois eles *são* místicos, tocam um rock and roll maravilhoso, e há outra mulher na formação, então terei uma amiga."

Não obstante, ela decidiu manter no emprego de garçonete no Clementine's por mais algumas semanas, para o caso as coisas não darem certo. Em retrospectiva, ela lembrou que "o Fleetwood Mac chegou na hora certa, porque aquilo estava prestes a ficar bem menos divertido".

2.3 Garota Durona

Início de janeiro, 1975: Waddy Wachtel recebeu um telefonema quando estava em sua casa, em North Hollywood. Tinha acabado de voltar de uma turnê de Linda Ronstadt, como guitarrista. "O telefone toca, era Lindsey, dizendo 'Cara, preciso te contar uma coisa. Tá rolando um negócio estranho aqui'. Aí eu pergunto 'O que foi?', e ele 'Bem, o tal do Mick Fleetwood apareceu no Sound City querendo produzir com o Keith Olsen. E Keith tocou nossas coisas para ele. Agora ele quer que a gente entre no Fleetwood Mac'. E eu perguntei 'Ah, é? E qual é o problema?', e ele 'Não sei se queremos, saca? Ainda temos o Buckingham Nicks'. E eu retruquei 'Lindsey, seu único equívoco neste exato instante foi ter ligado pra pessoa errada. Quero que desligue, telefone para o Mick Fleetwood e diga... Isso mesmo, é para ligar agora... e diga *sim*! E acrescentei que o único erro nessa conta era não me quererem também".

Ainda assim, Lindsey tinha enormes ressalvas. "Ouça, Stevie", insistiu certa noite. "Umas cem pessoas já passaram pelo Fleetwood Mac, porra. Aquilo é um moedor de carne."

"Escute o que você está falando, Lindsey", replicou ela. "*Vamos entrar nessa*. Estou cansada de ser garçonete!"

E assim Lindsey telefonou para Mick, que os convidou para jantar em um restaurante mexicano para que pudessem se entender socialmente antes de tomar qualquer decisão. Lindsey aceitou, mas ainda estava muito hesitante. Stevie: "Eu falei 'Lindsey, estamos morrendo de fome aqui. Se não gostarmos deles, sempre existe a possibilidade de ir embora.'"

O verdadeiro propósito do jantar era apresentar Christine McVie e Stevie. Mick havia tocado o álbum *Buckingham Nicks* para os McVie, e ambos tinham gostado bastante, mas, como dissera Mick, "Primeiro Christine tinha que conhecer Stevie, afinal de contas não haveria nada pior para uma banda do que ter duas mulheres em conflito o tempo todo."

O jantar foi organizado por Judy Wong, uma amiga de longa data que fazia parte do Seedy Management, a incipiente tentativa de Mick e John de serem seus próprios empresários. Fleetwood recorda-se: "Lindsey tinha vindo à nossa casa em Fernwood, em Topanga Canyon. Judy Wong estava lá, e aí fomos a um restaurante mexicano no Valley chamado El Carmen para encontrar John e Chris, que iriam para lá de sua casa de praia em Malibu. Stevie Nicks nos aguardava ainda usando a roupa de garçonete dos anos vinte".

Stevie: "Vi o Fleetwood Mac chegar em um desses Cadillacs brancos antigos desengonçados, com aquelas caudas pontudas parecendo barbatanas, e fiquei de *queixo caído*." (Seu queixo caiu ainda um pouco mais depois, quando ela descobriu que Patti, a irmã de Jenny Fleetwood, era casada com George Harrison.)

Mick: "Nos acomodamos à mesa, pedimos bebidas e então simplesmente sorrimos. Estávamos nos entreolhando, e todos sentimos que havia algo mágico no ar. E o efeito das margaritas também ajudou. Lindsey se ofereceu para fazer um teste, e expliquei que não achávamos necessário. Na verdade, nunca ninguém tinha feito teste para entrar na banda".

Mick sabia que Chris tinha certas reservas em relação a ter outra mulher na banda, pois em certa ocasião ela dissera o seguinte: "Faça-me um favor. Se eu e Stevie tivermos afinidade, então tudo dará certo. Se não…". Porém, conforme a noite avançava, Mick percebia que Stevie respeitava o lugar de Chris, e que Chris ficava consciente disso, e assim as duas garotas se entrosaram muito bem. Chris perguntou a Stevie onde ela morava e riu quando Stevie disse que tinha um apartamento na Orange Grove Avenue em West Hollywood. Daí contou a Stevie o que sua mãe lhe dissera sobre tal o milagre em um laranjal.[18] Enquanto Stevie contava a Chris sobre os desafios e provações do Buckingham Nicks, Chris olhava para Stevie e pensava com seus botões: "*Garota durona*".

---

18 Referência ao nome do logradouro, *Orange Grove Avenue* (em tradução livre, "Avenida do Laranjal"). (N. T.)

Mas a garota durona já tinha sido fisgada. "Mick vestia um lindo conjunto de veludo de três peças, com relógio no bolso do casaco. John era tão lindo. Estávamos nos divertindo à beça com eles. E eu lá, pensando *Ai, meu Deus, talvez eu entre nesta banda.*" Quanto a Christine McVie — contundente, de fala dura, beberrona, fumante inveterada e rainha do rock —, Stevie sentiu estar encontrando uma irmã mais velha, uma amiga e mentora nessa possível vida nova.

Mick: "Antes de a sobremesa chegar, inclinei-me sobre a mesa e simplesmente perguntei: 'Vocês topam?' Stevie e Lindsey se entreolharam, e Lindsey disse 'sim'. Eu então respondi 'Adoraríamos ter vocês na banda.' E foi assim".

A partir daí Mick explicou a situação do Fleetwood Mac, que era um tanto frágil. Mick, John e Chris estavam na Califórnia com visto de turista. Eles não tinham documento de imigração ou os green cards que lhes permitiria trabalhar e ganhar dinheiro nos Estados Unidos. Os advogados estavam tentando resolver a questão. O adiantamento de US$ 200 mil da gravadora (cerca de US$ 1 milhão nos valores de hoje) ainda estava na conta bancária de Bob Welch. Keith Olsen dissera que Stevie e Lindsey estavam zerados de grana, assim, imediatamente lhes foi oferecido um salário de US$ 200 por semana, oficializando-os como novos membros da banda. A gravadora também bancou parte do aluguel atrasado deles.

"Lindsey e eu estávamos em vias de romper nosso namoro quando o Fleetwood Mac pediu que nos juntássemos a eles", disse Stevie mais tarde. "Mas aí achei um apartamento na Hollywood Boulevard e ele veio morar comigo, e meio que reatamos. As coisas melhoraram bastante entre a gente. Já não brigávamos mais por causa de dinheiro, tínhamos uma casa bem legal e iríamos trabalhar todos os dias com aqueles ingleses divertidíssimos, fazendo música boa."

Depois desse encontro, Christine voltou à Inglaterra para ver a mãe. O novo Fleetwood Mac dava seus primeiros passos quando Lindsey encontrou uma garagem na Pico Boulevard, em Santa Monica, e começou a ensaiar com

Mick e John. Ele nunca tinha tocado com uma seção rítmica veterana daquele calibre, e aquela energia nova fez subir seu nível na guitarra ainda mais. Stevie trabalhava nas canções em seu apartamento e, pela primeira vez desde sua mudança para Los Angeles, sentia-se feliz de verdade. Ela recorda-se: "Éramos pagos em espécie, duzentos dólares por semana para cada um, então eram notas de cem para todo lado. E como tínhamos passado cinco anos sem gastar dinheiro algum, sequer sabíamos *como* gastá-lo. Eu vivia esquecendo notas de cem nos bolsos, colocava as roupas para lavar e aí achava o dinheiro descorado e amassado, então eu pendurava as notas no varal com as peças de vestuário". Stevie teve uma premonição de que logo eles ficariam ricos. "Eu disse 'É isso. Nunca mais vou precisar olhar as etiquetas de preços.' E eu estava falando sério."

Durante basicamente os dois anos subsequentes, Stevie e Lindsey foram um casal relativamente feliz. "Como *não* ficar bem?", dissera ela mais tarde. "Eu namorava um homem lindo de morrer que cantava feito um anjo, e o mundo era nosso, e fazíamos parte de uma banda que já era famosa... Ou seja, estava tudo indo bem!"

2.4 Trajetória Peculiar

A ideia de Mick Fleetwood era ensaiar com a banda nova durante um mês e depois seguir direto para o estúdio de gravação em fevereiro de 1975, antes mesmo de tocarem em público. Stevie e Lindsey levaram suas fitas demo com novas canções ao modesto apartamento dos McVie na praia de Malibu. Daí tocaram versões inacabadas de "So Afraid", "Monday Morning", "Landslide" e "Rhiannon". Houve aprovação e sorrisos por todos os lados. Então, Chris tocou duas de suas músicas novas, compostas em um teclado elétrico portátil e detonado enquanto ela contemplava o agitado mar de inverno: "Over My Head" e "Say That You Love Me". Ela também tinha uma música chamada "Sugar Daddy" e uma canção mais calminha, "Warm Ways". Lindsey sugeriu gravar "Crystal", de Stevie, do álbum *Buckingham Nicks*, mas em outro andamento e com uma produção mais elaborada.

O primeiro ensaio com os vocais aconteceu alguns dias depois, no porão da agência da banda, a International Creative Management, em Beverly Boulevard. Foi a primeira vez que Christine, Stevie e Lindsey ouviram o som de suas vozes juntas, e foi magia instantânea. Christine se lembra: "Era meu primeiro ensaio com os dois. Eles estavam na banda, mas eu nunca tinha tocado com eles até então. Comecei a tocar 'Say That You Love Me' e, quando cheguei no refrão, eles cantaram comigo. Ouvi aquele som *incrível* — nossas três vozes — e me perguntei 'Sou eu cantando?' Mal dava para acreditar na qualidade da harmonia daquelas três vozes. Fiquei arrepiada e me perguntei se aquela sensação ia perdurar."

O Fleetwood Mac passou mais algumas semanas trabalhando nas músicas novas. Mick ficava nas nuvens quando via Stevie Nicks dançando pelo porão enquanto ele explorava diferentes ritmos. Ele sabia que ela era inigualável, e os fãs iriam adorá-la. E Lindsey estava se provando o guitarrista mais original que Fleetwood Mac ouvia desde os gloriosos dias de Peter Green.

Certa noite de domingo, Mick convidou Stevie e Lindsey para jantar em sua casa em Topanga — o cardápio foi composto de empadão de carne, salada e bastante vinho tinto — e também para uma aula de história. Enquanto Jenny preparava a refeição e as meninas brincavam com seus pôneis de brinquedo, Mick disse ao casal que se sentia impelido a contar toda a história da banda, para que eles ficassem cientes de que, tal como ele já colocara, "o Fleetwood Mac sempre tivera uma trajetória peculiar".

Ele começou com Peter Green, que havia fundado a banda. Peter era o ídolo de Mick — que por sua vez só se referia a ele como o Deus Green —, e teria sido um dos maiores astros do rock se não tivesse se cansado da banda após quatro anos. Peter era tão modesto que quis mais dois guitarristas no grupo — Jeremy Spencer e Danny Kirwan. No entanto, quando o Fleetwood Mac veio a São Francisco pela primeira vez, em 1968, eles se encontraram no aeroporto com Judy Wong, Jerry Garcia e Phil Lesh, do Grateful Dead, que queriam conhecer o famoso *guitar hero* inglês, Peter Green. Tocando bastante em São Francisco, o ataque de três guitarras do Fleetwood Mac desenvolveu um estilo desconexo e improvisado semelhante ao do Dead. Mas em 1970 a banda foi tocar na Alemanha, e Peter Green trombou com um culto espiritualista à base de LSD e se encheu de ácido com eles; a seguir saiu do Fleetwood Mac, livrou-se de suas posses materiais e se tornou um recluso. Deixou crescer tanto as unhas dos dedos das mãos que não conseguia mais tocar guitarra. Também pediu aos empresários da banda que parassem de lhe enviar pagamentos dos *royalties* pelos sucessos de "Albatross" e "Black Magic Woman". Como os cheques continuaram a chegar pelo correio, ele levou uma arma de pressão até a agência e ameaçou os funcionários, terminou detido e escapou da prisão por um triz. Mick tentou contatá-lo diversas vezes, mas o Deus Green se recusava a retornar suas ligações.

O Fleetwood Mac seguiu em frente sem seu líder, e a estrela britânica do blues Christine Perfect — agora casada com John McVie — foi convencida a entrar na banda. Em 1971 eles estavam na Califórnia, quando um forte terremoto atingiu Los Angeles e destruiu a cidade. O Fleetwood Mac tinha um show marcado no Whisky a Go Go na Sunset Strip, mas Jeremy Spencer, guitarrista da banda e cheio de manias, não quis ir, pois havia tido pavorosas premonições apocalípticas. Quando a banda se registrou no Hollywood Hawaiian Motel, Jeremy disse que ia sair para dar uma volta e nunca mais retornou. Quatro dias depois, os roadies o acharam em um depósito lacrado da Children of God, famoso culto religioso cujos emissários envoltos em túnicas tiravam desgarrados das ruas de Hollywood e os convenciam, por meio de lavagem cerebral, a se juntar à seita. Agora Jeremy atendia pelo nome Jonathan. E dizia que ia largar a banda e abandonar sua jovem esposa e o filho, que tinham voltado para a Inglaterra e se instalado na casa de campo comunitária do Fleetwood Mac. Ninguém conseguia acreditar, mas assim foi. Para salvar a turnê, Peter Green concordou em participar de alguns shows, com a condição de que fossem *jams* instrumentais e quase nada a mais.

Estupefata pela narrativa cinematográfica (Mick pontuava a história com sua enfática linguagem corporal e olhos arregalados de espanto), Stevie perguntou que fim levara Jeremy. Mick disse que ele ainda estava no Children of God (e, na verdade, permaneceria lá nas próximas décadas).

Então a banda picou a mula para a Inglaterra e tentou assentar as coisas. Foi nessa época que sua amiga Judy Wong recomendou Bob Welch, que estava tocando em uma banda em Paris. Contratado sem teste algum e com base apenas nas suas *good vibes* quando ele visitou a casa da banda em Surrey, Welch recebeu todo o crédito de Mick por ter salvado o grupo, pois não só apresentou composições realmente boas como, em geral, era organizado e simpático — além do mais, eles adoravam ter um norte-americano na banda. De volta à estrada nos Estados Unidos em 1972, indo de um show a outro em duas vans alugadas, o Fleetwood Mac seguia em frente, mas não sem atritos. John McVie bebia e brigava com Christine. Em uma ocasião, ele atirou uma furadeira nela quando estavam no Gorham Hotel, na 55th Street, em Nova York. Ela se agachou bem a tempo e a ferramenta ficou presa na porta, na posição onde estava sua cabeça. Depois disso, Danny Kirwan teve um colapso mental bem no final de uma longa turnê em faculdades norte-americanas. Há semanas ele vinha agindo com pouco profissionalismo, irritando os outros membros. Mick o descrevia como uma bomba-relógio ambulante. Pouco antes de um show, ele quebrou a guitarra e, em seguida, bateu a própria cabeça na parede de um banheiro. O negócio foi tão sério que voou sangue para todo lado. A banda então entrou no palco sem ele, e aquele foi o último show de Danny em quatro anos. Mick foi o responsável por comunicar a demissão; era primeiro músico a ser mandado embora do Fleetwood Mac.

Mas apesar de todos os problemas, os álbuns da banda continuavam vendendo, e por isso uma rodada de shows foi agendada nos Estados Unidos ao longo de 1973. Precisando de gente nova *tout de suite*,[19] eles contrataram o guitarrista Bob Weston, da banda Long John Baldry's, e o veterano com voz de trovão Dave Walker, da Savoy Brown, outra banda inglesa de blues. Dave, explicou Mick, era meio bronco para os padrões da banda, mas era ótimo com multidões e um mestre em "*Howyadoin, Cleveland!*". Pela primeira vez a esposa de Mick pegava a estrada com ele e as coisas pareciam estar indo bem. Ou não. No meio do caminho, Mick soube que Jenny estava tendo um caso com Bob Weston. Houve muito bate-boca, e Mick acabou admitindo para Stevie e Lindsey que não era um bom marido, que era mais casado com a banda do que com Jenny, e que sempre se esquecia dos aniversários dela. Enfim, Jenny resolveu voltar para casa e Mick tentou continuar na turnê, mesmo sob condições emocionalmente frágeis, e por fim, não conseguiu mais tocar com Bob Weston, que afinal de contas sempre fora seu amigo e cometera uma traição. A turnê foi interrompida enquanto eles percorriam o Meio-Oeste dos Estados Unidos. Mick telefonou para seu empresário, que disse, aos berros, que estava farto das palhaçadas do grupo. A banda tomou um voo de volta para a Inglaterra, e a chefia da gravadora enviou uma banda

---

19 "Imediatamente", em francês. (N. T.)

substituta para cobrir os shows remanescentes. (Esses novos músicos foram erroneamente informados de que Mick juntar-se-ia a eles durante o restante da turnê, mas os coitados acabaram escorraçados do palco ao tentarem dizer aos fãs que eram o Fleetwood Mac, o que gerou um escândalo no ramo.)

Tudo isso, prosseguiu Mick, deixou o Fleetwood Mac fora de jogo por quase um ano. Mick passou um tempo na África do Sul a fim de pôr a cabeça no lugar e, por fim, Jenny lhe pediu para voltar para casa. Bob Welch convenceu a banda a se mudar para a Califórnia, o restante da história eles meio que já conheciam.

Lindsey então perguntou a Mick como ele achava que os fãs reagiriam ao fato de haver dois casais na banda. Mick disse que não tinha certeza, e salientou que o casamento de John e Chris estava por um fio por causa das bebedeiras dele, e por isso tivera o caso extraconjugal. Mick aproveitou e confessou a Stevie e a Lindsey que tinha ficado sabendo por Keith Olsen do status deles como casal, que sabia que a relação estava no fim, mas daí eles responderam que tinham reatado e que assim ficariam por tempo indeterminado. Aliviado, Mick afirmou que tinha esperanças de que essa formação pudesse se sustentar e mostrar aos descrentes — que não eram poucos — que o Fleetwood Mac poderia manter a calma, seguir em frente[20] e voltar a ser uma grande banda.

Mais tarde, descendo a Pacific Coast Highway a caminho de casa, Stevie e Lindsey botaram as cartas na mesa e concordaram que nenhum deles tivera noção do quanto o Fleetwood Mac estava na corda bamba. Os caras vinham tentando evitar o fracasso a todo custo, e agora Mick, Chris e John dependiam deles para fazer a coisa dar certo.

---

20 No original, *keep calm and carry on*, referência ao cartaz produzido pelo governo britânico em 1939, início da Segunda Guerra Mundial, prevendo dias ruins que estavam por vir. Mais de dois milhões de cópias do cartaz foram impressas, mas nenhuma distribuída, por conta da pretensa obviedade do conteúdo. Uma cópia foi descoberta por um vendedor de livros, que adquirira em um leilão uma caixa de publicações antigas, e uma delas continha um desses famosos cartazes. Após pregá-lo próximo ao caixa da livraria, fregueses começaram a perguntar onde poderiam adquirir um igual. E assim donos de livrarias imprimiram mais cópias, e a febre *Keep calm and carry on* ("Mantenha a calma e siga em frente", em tradução livre) se espalhou pelo mundo. (N. T.)

2.5 Buckingham Nicks, o (Breve) Retorno

E foi aí que, no final de janeiro de 1975, chegou uma mensagem urgente do Sul, pedindo que o Buckingham Nicks fizesse alguns shows no Alabama como banda principal.

Lindsey estava certo, ou quase.

Mais de um ano após o lançamento de álbum *Buckingham Nicks*, uma estação de rádio de rock em Birmingham, Alabama, começara a tocar faixas do álbum, juntamente a outros heróis habituais sulistas do rock: Allman Brothers, Lynyrd Skynyrd, Black Oak Arkansas, Wet Willie. Os fãs congestionaram as linhas telefônicas da estação, pedindo mais. Às vezes as viralizações nas rádios aconteciam assim, do nada, e com o sucesso as estações maiores começavam a acrescentar a banda às suas listas, desde Birmingham até Atlanta e St. Louis, passando por Memphis e Chicago, e então rumo ao litoral, até uma banda estourar em todo o país e os sonhos se realizarem.

E agora um promotor de shows estava oferecendo o palco principal ao Buckingham Nicks, encabeçando shows na Universidade do Alabama em Tuscaloosa, e mais dois shows em Birmingham. Lindsey aceitou. Waddy Wachtel foi o primeiro a entrar. Tom Moncrieff ficaria com o baixo. Já que a maior banda de rock sulista — a The Allman Brothers Band — tinha uma frente com duas baterias, Lindsey resolveu que o Buckingham Nicks também precisava de dois bateristas. Hoppy Hodges havia tocado no álbum. Com ele, diante do pedido urgente de Lindsey, veio Bob Aguirre, que já tinha tocado na Dr. Hook's & the Medicine Show, na Bay Area. Eles ensaiaram a antiga lista do Buckingham Nicks, incluindo as faixas do álbum e "Lady from the Mountains". Por precisarem de outra música rápida, acrescentaram "Rhiannon", que ninguém tinha ouvido ainda.

Eles voaram para o Alabama e descobriram que haviam vendido seis mil lugares no auditório. Desconhecidos em L.A. e incapazes de conseguir marcar até mesmo um show por uma pechincha, no Alabama eles eram heróis. Os fãs foram à loucura quando Stevie entrou no palco e o dueto se saiu muito bem, com aplausos e pedidos de bis. Isso abalou Lindsey. Ele sempre teve a sensação de que aquilo aconteceria, e agora estava acontecendo.

Na manhã seguinte, durante o café da manhã regado a café preto, cereais e panquecas, vieram muitos pedidos de autógrafos dos fãs que haviam seguido a banda até o hotel.

No dia seguinte, na passagem de som em Birmingham, Stevie se queixou de que estavam acelerando demais "Rhiannon", e que ela não conseguia acompanhar. Naquela noite, quando foram apresentar a música no segundo show, Stevie anunciou: "Esta é uma canção sobre uma antiga bruxa galesa". Em seguida, virou-se para a banda e alertou "Lembrem-se: *não tão rápido*".

No fim da noite, Lindsey anunciou que aquele era o último show da *Farewell Tour* do Buckingham Nicks porque Stevie e ele iam fazer parte do Fleetwood Mac. A fala se deparou com um silêncio quase mortal; a banda inglesa nunca havia causado tal impacto no extremo sul. De volta ao hotel, Lindsey se perguntou *No que foi que nos metemos?*

Antes de retornarem a Los Angeles, Lindsey e Stevie concederam uma entrevista a um jornal local.

> O motivo principal por trás do fim [do Buckingham Nicks] é a falta de reconhecimento. O Buckingham Nicks sentiu menosprezo da parte da gravadora, a Polydor. "A expectativa é que sejamos capazes de fazer nosso nome, em vez de ficarmos apagados no Fleetwood Mac. As pessoas vão ouvir e reparar na diferença musical", espera Lindsey. "Levaria anos para construirmos a reputação que eles têm. E a Warner Brothers tem total interesse pelo Fleetwood Mac. Eles não são uma banda monstruosa ou gigante, mas estão vendendo cada vez mais álbuns consistentemente."

"Eles vão nos colocar numa turnê grande, bacana, e tocaremos para todo mundo", afirma Stevie. "E eles são pessoas superlegais, então imaginamos que será um aprendizado incrível. Eles podem nos ajudar e vice-versa, será uma coisa tipo toma-lá-dá-cá."

O novo Fleetwood Mac começou a gravar no Sound City em fevereiro de 1975, e ponto de partida foram as novas composições de Christine. Keith Olsen considerou "Say That You Love Me" um single em potencial, sendo assim, começaram por ela. Stevie participava de todas as gravações, mesmo quando não ia cantar. Ela se enroscava no sofá com seus bloquinhos e cadernos de rascunho para rabiscar ou compor trechos de versos. Daí ficava batendo papo com o engenheiro-assistente, Richard Dashut, e também notava a recente química entre Lindsey e aqueles profissionais ingleses velhos de guerra. Ele sempre era muito seguro sobre o som que queria ver na banda e não tinha vergonha de dar muitas orientações. Ele costumava se sentar à bateria e perguntar "Mick, por que você não tenta algo assim"? E Mick não se importava, mas após alguns dias, a personalidade de Lindsey começou a irritar John McVie. John era beberrão e Lindsey, maconheiro, e às vezes essa combinação não dava certo. "Eu não vou ficar sentado aqui com alguém que acabou de entrar na banda me dando ordens o tempo todo, porra", resmungava John. Ao que parece, John também ficava incomodado com alguns tiques nervosos de Lindsey, como esfregar as mãos quando estava feliz ou ansioso, ou as duas coisas. Lindsey dava uma sugestão a John, que rebatia: "Um minutinho aí, meu filho — *você está falando com um McVie*".

Mick chamaria Lindsey em particular e explicaria que, enquanto o Buckingham Nicks tinha sido uma coisa exclusiva dele, agora Lindsey estava em uma banda, e o Fleetwood Mac sempre fez questão de ser uma democracia desde o primeiro dia.

Stevie também notou que Lindsey se comportava melhor quando estava perto de Christine, que tinha um olhar matador. Na presença dela, ele era cuidadoso e educado. "Christine era a única que conseguia dobrar Lindsey", recorda-se Stevie. "Ela conseguia amansá-lo e acalmá-lo totalmente, e isso era ótimo, porque eu não era muito boa nessas coisas." Na verdade, com Stevie a coisa normalmente tomava o rumo contrário, culminando em mágoas e silêncios prolongados.

Stevie também estava sendo observada — por Mick Fleetwood, e não só porque ele a considerava atraente. Mick depositara o futuro da banda naqueles dois jovens norte-americanos, e, embora exibisse um ar de desapego quase *blasé* na maioria das vezes, ele era extremamente atento às gravações no Sound Studio. A coisa mais óbvia que notou foi o controle que Lindsey exercia sobre Stevie. Não era uma lavagem cerebral manipuladora, mas ela era submissa em todos os aspectos, e Lindsey ou ignorava suas raras sugestões ou se dirigia a ela com mais rispidez do que o normal. Na visão de Mick, ele também a protegia de maneira incomum. Se Lindsey percebesse alguém tentando chamar a atenção dela ou fazer amizade, ele interviria e espantaria a pessoa, simples assim. Stevie parecia não se dar conta disso, e continuava a colorir seus desenhos de espíritos angelicais aninhada no sofá (isso quando não estava crochetando um cobertor para o bebê de alguém).

John McVie também estava de olho nela. Certa noite, John e Keith Olsen ficaram observando enquanto Stevie rodopiava durante uma reprodução de "Rhiannon", dando voltas pelo estúdio grande e quadrado, de vestido transparente e sapatilhas de balé. McVie murmurou para Olsen: "Sabe, colega, somos uma banda de blues, porra". Olsen retrucou: "Sim, cara, mas esse é o caminho mais curto para o caixa do banco".

Após algumas semanas, o longo inverno na Califórnia deu lugar à primavera, que tingiu as colinas de buganvílias de vermelho-fogo e jacarandás-reais de roxo. A atmosfera estava seca, e por causa disso Stevie tinha dores de garganta frequentes e se preocupava com a voz.

Durante a rotina do estúdio, Stevie passou a conhecer a equipe de longa data da banda. Além de Judy Wong, que cuidava da logística para Mick, havia um diretor de iluminação macho alfa chamado Curry Grant, um sujeito cabeludo e de olhar vidrado, que também trabalhava na produção dos shows.

(*Perigoso*, pensou Stevie.) Havia também o gerente de operações do Fleetwood Mac, John Courage, conhecido como JC, peça-chave da organização e responsável por quase todos os assuntos internos e externos do estúdio. JC tinha 25 anos, era loiro e bonitão, filho de um oficial do exército britânico e membro da famosa família cervejeira Courage, da Inglaterra. JC havia subido na hierarquia das bandas inglesas de turnê, e sabia como dar ordens a roadies robustos com apelidos como Rinoceronte e Terremoto. O cronograma de produção do Fleetwood Mac exigia confiança na entrega de maconha fresca, vinho *vintage* e cerveja premium inglesa; as aquisições eram parte crucial do portfólio de JC, além da verificação de que as sessões de gravação ocorreriam mais ou menos dentro do cronograma. (Mais tarde, o Fleetwood Mac ficaria famoso — notório, até — pelo consumo de cocaína, mas estamos falando do começo da banda. Naquela época, a cocaína era escassa e muito cara, e em geral o orçamento médio do Fleetwood Mac não dava conta de bancar a substância energizante que cativara Sherlock Holmes, Sigmund Freud, Aleister Crowley e os Rolling Stones. Ainda assim, vez ou outra amigos da banda levavam pó ao estúdio, e Stevie geralmente topava um teco à noite ou de manhã cedo. Muitas vezes ela também dava uma tragada em um dos beques bem apertados de Lindsey, quando o baseado circulava pelo estúdio.)

E assim o trabalho no novo álbum prosseguia, mas sob um clima geral de tensão pela expectativa, com todos os membros do Fleetwood Mac hipercientes de que, desta vez, suas carreiras estavam por um fio.

2.6 Fleetwood Mac

No decorrer de junho de 1975, o trabalho do Fleetwood Mac no novo álbum estava progredindo bem. Era também a época da obra-prima *Physical Graffiti*, do Led Zeppelin, e do domínio dos Eagles nas rádios com "Lyin' Eyes". Linda Ronstadt figurava em primeiro lugar nas paradas há semanas com "You're No Good". Porém, desde abril daquele ano, o Fleetwood Mac pressentia algo de especial acontecendo. O belíssimo equipamento do Sound City, em especial o console Neve customizado de 24 faixas, permitiu que os músicos e engenheiros produzissem o som mais nítido, mais fluido e mais sofisticado disponível mundial e comercialmente na época. Eles ficaram estupefatos com os milagres sonoros nos *playbacks*, sobretudo com as harmonias vocais triplas. Era um som doce e melífluo, com toques de campânulas e timbres de primeira linha que os veteranos do Mac nunca tinham vivenciado em estúdio até então.

O fato de o estúdio ser capaz de produzir esse som era fantástico, considerando o cenário caótico presente. O Sound City funcionava num sistema aprendiz, o que significava que sempre havia alta rotatividade de assistentes de produção, operadores de fitas e engenheiros-juniores. E apesar dos esforços da elegante recepcionista Suzanne Salvatore, o estúdio era reconhecidamente sujo, lotado de garrafas e latas vazias, e cinzeiros sempre cheios. Por reflexo condicionado, sempre que Stevie entrava lá, sentia vontade de passar um aspirador no carpete sujo e grudento. Até uma saidinha para fumar um baseado à entrada do prédio, em meio ao nevoeiro de San Fernando Valley, significava aguentar o cheiro de estrume do lúpulo torrado que vinha das chaminés da cervejaria Budweiser nos arredores.

No entanto, em maio eles já tinham faixas suficientes para começar a montar o álbum. A agitada "Monday Morning", de Lindsey, ia abrir o lado

A do disco, tal como em *Buckingham Nicks II*. A balada suave de Christine, "Warm Ways", era a próxima, lânguida e vagamente tropical, e a letra carregava suas súplicas características sobre uma mulher que precisava ser amada.

Em seguida viria "Blue Letter", emprestada dos Curtis Brothers, que também haviam gravado a música ali no Sound City com Stevie e Lindsey num formato demo, quando todos eles tinham contrato com a Polydor. Era um rock de rádio pseudoEagles que devia toda sua inspiração a "Take It Easy", de Jackson Browne. Mas "Blue Letter" era mais agitada do que o estilo dos Eagles, e se revelou um ótimo veículo para os três cantores, tornando-se uma favorita dos fãs nos shows.

A próxima era "Rhiannon", a ode mítica de Stevie à velha bruxa galesa: quatro minutos e 12 segundos para a cantora e a banda fazerem uma evocação à divindade. No início, a letra era quase um sussurro, com repetição de versos, um solo gostoso de guitarra, e aí entrava o refrão, a primeira vez em que a proeza vocal harmônica e poderosa da banda aparece no álbum. Há um pouco mais de guitarras claptonianas, o gato noturno e a bela cotovia celeste, e então, após o verso "levado pelo céu", a canção desaparece nos "sonhos desenredados, o amor é um estado de espírito", sem a menor sombra da dança de possessão demoníaca que Stevie coreografara mentalmente para "Rhiannon" no clímax do novo show da banda nova.

A poderosa canção de amor "Over My Head", de Christine, viria a seguir, com o habilidoso dedilhar de Lindsey no violão acima do zunido sedutor do órgão elétrico de Chris e seu brilhante arranjo para teclado. Agora na casa dos 30 anos e sem filhos por opção, a voz de Christine amadurecia para um contralto inglês hipnótico que, não obstante, transmitia carinho materno e conforto espiritual, perfeito para baladas românticas e canções de ninar.

O lado A do álbum terminaria com um remake de "Crystal", de Stevie, mais uma vez cantado por Lindsey, mas tocado em compasso 4/4 no lugar do 6/8 adotado na versão do *Buckingham Nicks*. A mensagem da canção — "o conhecimento especial detém a verdade" — implicava numa vantagem metafísica e na intuição feminina de que o amor é impulsionado pelo magnetismo, e, para uma mulher do rock 'n roll como Stevie, o amor é mais poderoso do que a razão, e até mesmo vai além da razão, e por isso é sagrado, algo a se prezar, se não reverenciar.

"Say That You Love Me", de Christine, abriria o lado B do álbum, sendo responsável por lançar e sedimentar nos Estados Unidos o formato do soft rock para o rádio ao ser lançada como single mais tarde naquele mesmo ano. A guitarra de Lindsey ecoava o som pioneiro de Roger McGuinn, do The Byrds, a primeira banda californiana de folk-rock. A marcação "fallin' fallin' fallin'" — repetida seis vezes pelos vocalistas — era hipnoticamente sedutora. (A quem Christine se referia em suas novas canções de amor? Stevie, naturalmente, já tinha notado a discreta troca de olhares entre Chris e o cara da iluminação, o sexy Curry Grant, e certamente a ardente paixão expressa em "Say That You Love Me" e "Over My Head" não poderia ter sido inspirada em seu velho, taciturno e abatido John McVie.)

"Landslide" viria em seguida, a primeira música da banda sobre rompimentos, inspirada pela estadia solitária de Stevie no Colorado. O som do violão parece distante da frágil jovem cantora enquanto ela revela sua dolorosa profecia sobre o iminente fim de um longo relacionamento, e a possibilidade de nunca ter outro como aquele. A canção era uma recordação de tormentos emocionais que, não obstante, continham a promessa da volta por cima e da renovação.

O álbum terminaria com "World Turning", uma *jam* de Chris e Lindsey que destacaria a bateria de Mick em shows futuros, e "Sugar Daddy", de Chris, a letra composta por uma mulher ávida por encontrar alguém ainda que esteja insegura da própria paixão. (Waddy Wachtel levaria o crédito pela guitarra base.) A última seria a monumental "I'm So Afraid", de Lindsey, com suas guitarras elétricas multiplanares e expressões de angústia existencial. A música e o álbum seriam concluídos com os arrepiantes lamentos de *banshee* de Stevie Nicks, em rara forma.

Na primeira vez que a banda ouviu o álbum, todos pareceram satisfeitos, mas Mick ficou empolgado além da conta. *Esse disco vai ser um estouro do caralho*, ele ficava repetindo. Pouco mais de uma semana depois, eles receberam as primeiras cópias, acetatos com etiquetas brancas em capas lisas. Stevie se recorda: "Quando recebi meu primeiro exemplar, levei-o para casa, para meu apartamento. Aí fechei todas as portas, baixei as persianas, acendi uma vela, me deitei no sofá e o escutei, sozinha. E disse 'Esse álbum é dos bons. Gostei demais. É bem… bonito. Tem canções bem bonitas. E o som das vozes é lindo. E, sim, *tem algo* a mais aí. *Vestimos a camisa* do Fleetwood Mac'".

A esperança de Stevie era estar na capa do álbum, que ia se chamar *Fleetwood Mac* por uma questão de continuidade. De maneira semelhante, o encarte conteria apenas Mick, John e uma bola de cristal, em uma fotografia em preto e branco desfocada feita por Herbie Worthington, que já havia trabalhado com a banda. Para a contracapa, a banda inteira seria posteriormente fotografada nos bastidores de uma apresentação no Texas, com Stevie usando os trajes de show, com seus cabelos escuros encaracolados e longos, miniblusa floral e calça jeans boca de sino.

Mas mesmo antes de o álbum ser prensado, Mick Fleetwood já vinha botando pressão na Warner Bros. para que eles tivessem a devida atenção, insistindo que pensassem neles como uma nova banda, e não como a antiga, com índices de vendas previsíveis. Mick: "Eles achavam que éramos uma banda de abertura consistente, que ficava trocando os membros a cada novo álbum e turnê. Esse estereótipo era enlouquecedor". Eles levaram o álbum para o executivo da Warner, Joe Smith, que ficou entusiasmado. "Ei, esse disco é bom", comentou. "Talvez a gente consiga fazer 400 mil cópias" [em vez dos 350 mil habituais]. "Ele não estava sendo desdenhoso", comentou Mick, depois. "A verdade era que ele achava que aquele era nosso limite!" Ninguém nunca tinha cogitado que o Fleetwood Mac seria capaz de vender milhões de discos, exceto a própria banda, e os executivos das gravadoras já estavam para lá de acostumados com os devaneios egoicos de seus músicos. "Talvez", comentara Smith, "possamos fazer uns 50 mil álbuns extras se tivermos um single de sucesso". O Fleetwood Mac nunca havia tido um single de sucesso nos Estados Unidos, e o último na Inglaterra tinha sido em 1970, cinco anos antes. Àquela altura, a banda sequer havia escolhido o primeiro single do álbum.

Mick também queria sair em turnê com a nova banda, mesmo antes de o álbum ser lançado. Ele estava decidido a levar a novidade da nova formação ao seu público fiel, e afinal de contas eles ainda não tinham tocado no palco como colegas de trabalho. Mick: "Eu disse *temos que* arriscar, vamos sair e tocar... como a banda que somos. Ninguém viu Stevie e Lindsey, exceto no Alabama. Será um ótimo treino para quando o álbum sair'".

A Warner Bros. disse a Mick que ele estava louco, afirmando que não queria nenhuma turnê do Fleetwood Mac antes de o disco ser lançado, e bateu o pé que não faria nenhum adiantamento financeiro referente a turnês, afinal de contas seus executivos já tinham presenciado várias dissoluções do Fleetwood Mac estrada afora. O consenso geral era que a banda estaria dando um tiro no pé com essa ideia de fazer turnê uma sem as músicas novas para promover, e que era loucura sair em turnê sem ter um empresário. Mick reafirmou que durante toda a existência da banda, empresários só serviram para causar problemas, e que Mickey Shapiro cuidaria dos interesses deles.

A pouca moral do Fleetwood Mac na Warner Bros. se confirmou quando a gravadora publicou um anúncio na revista *Billboard* sobre o lançamento no novo álbum e a legenda da fotografia saiu trocada, indicando Stevie como Lindsey e vice-versa. Eles ficaram furiosos.

2.7 Aguentando Firme

Mas acontece que na metade de maio de 1975, o novo Fleetwood Mac não quis saber e saiu em turnê, iniciando por El Paso, no Texas, cidade natal de Stevie. Viajando em duas peruas, uma para as garotas, dirigida por John Courage, e outra para os rapazes, dirigida por Richard Dashut, eles fizeram shows em todo o estado, tendo sido bem recebidos em Dallas, San Antonio e, sobretudo, na cidade universitária de Austin. Depois voaram para Detroit, onde John Courage alugou mais duas peruas para levá-los por todo o Meio-Oeste e o Noroeste dos Estados Unidos. A saga se deu até o início de julho, e eles fizeram praticamente o mesmo formato de show todas as noites.

Além disso, quando os membros da banda se reuniam depois para ouvir as fitas dos shows, todos concordavam que o som estava fantástico. Houve muitos ensaios exaustivos até que Stevie, e sobretudo Lindsey, estivessem familiarizados com as músicas mais antigas da banda, aquelas que os fãs de longa data sempre esperavam ouvir. Eles normalmente abriam o show com "Station Man" e canções mais antigas dos álbuns *Bare Trees* e *Kiln House*. Lindsey dava seu toque na épica "Oh Well", de Peter Green, geralmente causando uma reação e tanto do público. Do álbum novo e ainda inédito, eles tocavam "World Turning", "Blue Letter" e "Crystal."

Stevie levou algumas semanas para pensar na apresentação de "Rhiannon". Usando calças jeans justas e blusas de algodão estampadas e com franjas, quase toda noite ela analisava as seções distintas da música sob diferentes prismas, até chegar ao formato definitivo, em que destilava seus vocais e dançava como se estivesse lançando feitiço, o qual só se quebrava no final, "all the same, Rhiannon", quando Lindsey aumentava o som da guitarra e Stevie colocava os braços para trás e uivava ao microfone, marchando no compasso, gritando ao invocar sua deusa galesa.

As primeiras plateias que a nova banda encarou meio que não souberam o que fazer com o fervor intenso e quase pentecostal de Stevie, mas no fim das contas, eram fãs de rock, e gostaram da paixão explícita que a banda embutia em sua música. Além do mais, àquela altura Stevie e Lindsey já vinham trabalhando juntos há anos, e essa junção ia ficando patente conforme eles tomavam a frente do Fleetwood Mac com mais confiança e a turnê percorria o país. Agora eles aceitavam todos os trabalhos razoáveis que seus agentes agendavam, apresentando-se em casas de shows de três mil lugares: Seattle Paramount, Wichita Century e Albuquerque Civic Auditorium — na maioria das vezes como banda de abertura para o Loggins & Messina, o fotogênico duo de pop rock famoso pelo sucesso "Your Mama Don't Dance". Em Minnesota, o Fleetwood Mac abriu para os britânicos do Ten Years After, uma banda gigante do blues, depois passou por cidades do oeste do Canadá. Também abriram para o The Guess Who, em Missoula, Montana. A banda ganhava US$ 300 por show, mas se não lotasse o salão, às vezes Mick e JC devolviam sua cota aos promotores para fidelizar o Fleetwood Mac nas próximas turnês como atração principal.

Em todas as paradas, Christine (a porta-voz da banda no palco) contava ao público sobre o próximo disco, dizendo que pretendiam voltar para tocá-lo depois que eles o conhecessem.

Após seis semanas aguentando firme na estrada, Stevie Nicks estava um caco. Sua garganta doía, sua voz era um fiapo, seus nervos estavam à flor da pele, ela precisava lidar com Lindsey (que também tinha seus problemas) e, pela primeira vez, ela estava vivenciando o medo do palco. Não conseguia comer e estava perdendo peso. No entanto, naquela noite haveria outro show.

Stevie não era a única. O casamento dos McVie acabou durante a passagem por São Francisco, quando John foi abusivo com Christine após um show no Oakland Coliseum. Ela chegou ao limite e foi embora. JC lidou discretamente com a situação, limitando-se a informar aos outros que Chris e John ficariam em quartos separados a partir de então. Stevie perguntou a Lindsey se aquilo significaria o fim da banda, mas ele achou que não. Eles tinham coisas demais a perder para permitir que aquele conflito separasse a banda. E assim todos simplesmente tentaram manter a calma e seguir em frente.

Enquanto isso, o álbum *Fleetwood Mac* já estava nas lojas e as vendas mantinham a quantidade habitual, só que suas faixas não estavam sendo tocadas nas rádios. Em uma reunião com a banda, Mick explicou que as turnês seriam em vão caso as músicas não tocassem nas estações de rock das rádios FM e nas quarenta principais rádios AM. Na época, o rock nas rádios era dominado pelos Eagles, sendo assim, a banda contratou um sócio do Eagles (Paul Ahearn) para as promoções, para que ele telefonasse aos contatos do setor a fim de estimular os disc-jóqueis tocarem o disco no ar quando o Fleetwood Mac viesse a suas cidades. Ahearn também insistiu para que o Fleetwood Mac remixasse "Over My Head", para que ficasse mais atraente no rádio do carro. A canção então ganhou uma nova introdução de guitarra e harmonias diferentes, e quando a Warner/Reprise lançou o single em setembro, ele passou a ser executado com frequência nas rádios.

O Fleetwood Mac passou o restante do ano em turnês constantes, atravessando os Estados Unidos nas duas peruas alugadas, tocando em uma cidade universitária após a outra, iniciando em setembro e encerrando, noventa shows depois, em dezembro. Os esforços promocionais particulares da banda continuaram, e quase toda semana eles ouviam falar que "Over My Head" estava entrando em alguma playlist de estações importantes, ao lado dos grandes sucessos do momento: "One of These Nights", do Eagles; "Fame", de David Bowie; "Rhinestone Cowboy", de Glenn Campbell; "Feel Like Makin' Love", do Bad Company. E aí as estações de rádio começaram a perceber que as vendas locais do Fleetwood Mac seguiam fortes, o que significava que elas iam continuar botando o disco para tocar. Mick ficou empolgado ao constatar o ímpeto de sua banda . Ele sempre achou que o disco seria um estouro. Ao fim de outubro, eles já tinham vendido 400 mil cópias, e Mick pressentia que estavam só começando.

E foi um grande alívio. Para Mick, uma banda não devia apenas fazer discos, mas tocar para as pessoas, e, se desse para vender álbuns, um tanto melhor. Mas aquela onda que ele sentia era majoritariamente estimulada pelo som grandioso que a banda fazia ao vivo. John estava tocando bem, mesmo depois de ter levado um pé na bunda, nas palavras do próprio. Christine era a verdadeira líder da banda, e Stevie e Lindsey desempenhavam papéis cruciais, ainda que secundários, e ela vinha cantando melhor do que nunca. Mick percebeu que Stevie e Lindsey tinham conferido um novo sopro de vida e um novo desafio para o Fleetwood Mac. Lindsey estava se tornando um guitarrista estupendo — e seus esforços quase obsessivos na maneira de tocar, com novos truques e *licks* emergindo a cada show, deixavam Mick maravilhado.

Ao mesmo tempo, para Mick, Lindsey era um mistério. Quase sempre debruçado sobre os gravadores por dias a fio, trabalhando como um alquimista para juntar os trechos das músicas, aparentemente, ele tinha mais tempo para a guitarra do que para a namorada, que por sua vez, quando não estava trabalhando, tendia a se enroscar no sofá, aninhada em uma ou mais mantas, com uma xícara fumegante de chá, compondo e desenhando em cadernos imensos. Lindsey tinha opiniões sobre as coisas, mas na maior parte do tempo era discreto. Mick quase sempre tinha de arrastá-lo para fora do hotel para eles beberem umas com os caras. Era nítido que Lindsey estava desconfortável por não ser o líder da banda, e Mick percebera que, por ele ter entrado em um grupo já formado, certos aspectos de sua personalidade ficaram intensamente comprometidos.

"E aí eu percebi", confessara Mick posteriormente, "conforme os primeiros dias da turnê foram se transformando em semanas, que a relação de longa data Lindsey-Stevie também estava começando a mudar. Quando eles entraram na banda, Lindsey estava no controle. E, lentamente, ele começou a perder esse controle, e ficou muito insatisfeito com isso. Depois que fizemos o primeiro disco, Stevie começou a se soltar e a conversar como uma pessoa normal — por iniciativa dela mesma. A gente nunca tinha visto aquela lado dela."

Na única vez que Mick tentou bater um papo a sós com Lindsey, aconteceu uma coisa estranha.

"Na primeira turnê com a banda nova, ficamos hospedados no Holiday Inn original, o mais antigo deles, em algum lugar do Texas. Era um lixo. Depois do show, acabei no quarto de Lindsey. Foi a primeira vez que fiquei chapado com Lindsey, mano a mano. Eu tinha parado de fumar há anos, e não preciso dizer que o beque me nocauteou. Repito, eram os primeiros tempos da banda nova. Estávamos lá sentados, no meio de uma nuvem de fumaça, e ele se virou para mim e perguntou, curto e grosso: 'Está rolando entre você e Stevie, não é?'.

"Aqui me atingiu feito um raio. Era esquisito. Eu mal a conhecia. Só consegui balbuciar algo do tipo 'como assim?'. Na verdade, Lindsey não respondeu, mas estava evidente que, para ele, parecia haver algo entre mim e Stevie Nicks. Depois, aquilo passou e a gente nunca mais tocou no assunto."

2.8 Na Estrada

No início de outubro, após um mês na estrada, uma Stevie Nicks cansada e rouca ligou para sua mãe e descreveu seus dias em turnê. Eles haviam tocado na Southern Illinois University, em Carbondale, e no dia seguinte no Purdue Music Hall, em Lafayette, Indiana. No dia seguinte, percorreram quase trezentos quilômetros até Cincinnati para um show em um clube imenso, frequentado por muitos figurões das rádios. Depois voaram para Chicago, pegaram dois carros e dirigiram até La Crosse, Wisconsin. No dia seguinte, retornaram a Chicago pela Mississipi Valley Airways, fazendo escala no O'Hare Airport, daí embarcaram no voo 559 da Ozark Airways, rumo a Moline, pegando dois carros e dirigindo duas horas até o show daquela noite no Orpheum Theater, em Davenport, Iowa. No dia seguinte, dirigiram duzentos quilômetros para tocar na Illinois State University, em Bloomington. E no outro dia foram de avião a Detroit para tocar no Michigan Palace Theater. Em seguida veio o Bush Stadium, em Indianápolis, seguido por outra viagem bem longa até Columbus, Ohio.

Stevie disse a Barbara Nicks que não fazia ideia de que bandas importantes precisasse ralar tanto. Ela acrescentou que o clima entre Chris e John estava péssimo, e que ela e Lindsey também não estavam se dando lá muito bem. Na verdade, Lindsey reclamara que Stevie estava usando roupas sensuais demais no palco, e que ficava pouco à vontade ao ver os fãs cravando os olhos na vocalista enquanto ela rodopiava, sorrindo e tocando seu pandeiro. Lindsey estava muito sensível, achava que pegava mal para ele, como companheiro dela, e na verdade queria que ela pegasse um pouco mais leve (mas ninguém mais achava o mesmo. Christine dizia a Stevie para ignorá-lo). Barbara ofereceu consolo do jeito que foi possível, e disse à filha para não deixar de se cuidar.

Stevie não mencionou o lance da cocaína. O pessoal da banda chamava a substância de caspa do diabo, pó boliviano, açúcar malandro e outros apelidos. Quem fornecia os cristais caríssimo, servido em tampinhas de garrafa antes dos shows, era JC, cujo papel como farmacêutico e curandeiro da banda exigia certa precaução e desenvoltura: "A banda ficava me dizendo que precisava de cocaína, e eu tinha medo de que eles acabassem nas mãos de um traficante lunático de alguma cidadezinha, com a turma dos narcóticos em seu encalço". Logo, JC arranjava a droga de fontes confiáveis, "e, é claro, no final das contas, sobrou pra mim. Mas eu sentia que minha função era impedir os desastres. Eu me sentia o protetor deles; eram meus amigos. E o esquema era seguro; funcionou pelo tempo necessário".

Stevie também encontrou certo alívio em sua nova amizade com Jim Recor, o atraente empresário do Loggins & Messina. Era um flerte platônico, pois obviamente o possessivo Lindsey estava sempre por perto, e era de conhecimento geral (pois Stevie tinha perguntado) que Jim era casado com uma garota linda de morrer chamada Sara (que mais tarde viria a se tornar uma grande amiga de Stevie). Recor era simpático e tinha uma quedinha por Stevie, assim como vários dos homens da equipe da turnê. E ele percebia que Stevie estava passando perrengue, e se esforçava para garantir que ela (bem como Christine) ficasse à vontade — em geral, elas precisavam se trocar nos banheiros das arenas de hóquei onde a banda tocava —, e que ambas tivessem acesso a tudo de que precisavam. Mas isso não o impedia de berrar para JC: "*Beleza... Tire essas vadias do palco!*" quando o Fleetwood Mac terminava a apresentação.

As outras bandas para quem eles abriam os shows não entendiam como dava certo ter duas mulheres no grupo. Após os shows, ficavam provocando Mick e John nos bares dos hotéis. Mick sempre dizia que isso não era um problema; na verdade, era o oposto de um problema. De fato, ajudava-os a tolerar um pouco mais as coisas. John Courage afirmava que a energia que Stevie e Lindsey traziam para a banda mudava tudo. "Eles eram mais jovens, eram bonitos, eram simpáticos, e era divertido ficar perto deles. Bob Welsh era temperamental e muito sério, e tinha passado por momentos depressivos conosco. Mas agora eu via Chris, John e Mick rindo e se divertindo de novo. Depois de tudo o que passamos, foi maravilhoso."

Stevie Nicks, no entanto, não estava toda sorrisos e gargalhadas. Em novembro de 1975, mesmo com "Over My Head" no Top 40, ela estava cansada de ficar exibindo suas músicas naquele desfile aparentemente interminável pelas cidades universitárias pelos Estados Unidos. E também passara por uma enorme crise de insegurança após ler uma enxurrada de críticas negativas a seu respeito. A revista *Rolling Stone* não foi nada gentil em sua resenha sobre o *Fleetwood Mac*: "Nicks ainda não se integrou ao estilo do grupo. Comparada a Christine McVie, a voz dela parece imatura e contida". A maior parte das resenhas do álbum e de shows eram do tipo "...a voz rouquenha de Stevie Nicks e a garganta de ouro de Christine McVie, que é a única coisa que ainda resta da antiga banda".

Mick: "Stevie era extremamente sensível a isso, então paramos de mostrar as resenhas, mesmo as boas. Ela ficava destruída quando lia essas coisas. Ela dizia 'Ah, qual é, você só me contrataram porque eu estava com Lindsey, fazia parte do pacote'. E eu dizia 'não, *adoramos* o que você faz, e os fãs também!'. Porque era verdade. Quando estávamos no palco, eu não conseguia tirar os olhos de Stevie. Lembre-se de que éramos apenas a banda de abertura. Não tínhamos um show só nosso, e os holofotes eram bem limitados, então Stevie e seus movimentos graciosos carregavam quase todo o fardo visual da banda. Mas ela custou a acreditar em mim, e, em segredo, revelou a Christine que estava começando a achar que não era lá essas coisas." Na verdade, quando ela estava para baixo, ela admirava Christine como um modelo, prezava sua força e sua jactância, o cigarro sempre aceso, a tacinha sempre cheia de Blue Nun. Christine falava palavrão e reclamava, e ai de quem cruzasse seu caminho ou a atrapalhasse. (Ela também cozinhava bem, e sua especialidade era empadão de carne.)

Na maior parte das vezes, Stevie estava simplesmente fatigada. Para começar, ela não era fisicamente forte, e as dificuldades de uma turnê — quatro ou cinco shows seguidos, talvez com um ou dois dias de folga —

começaram a sobrecarregá-la. Ela não conseguia dormir durante os longos trajetos de carro entre um show e outro. Estava o tempo todo resfriada. Além disso, a banda não tinha serviço de bufê, portanto, eles viviam à base de fast food e vinho. Stevie perdeu tanto peso que seus pais ficaram preocupados quando foram assistir a um concerto deles em Phoenix, no início de dezembro. E Mick Fleetwood ficava cada vez mais preocupado com a possibilidade de Stevie abandonar a turnê e a banda. Mick: "Eu ficava dizendo a ela, '*vamos lá*, Stevie, você precisa comer e ficar em forma. Agora você é parte importante da banda, *precisamos* de você!'. E ela respondia 'Mick... Quando entrei, eu não tinha a *menor ideia* de que seria assim. Ninguém me contou. Eu não sabia que Chris e eu íamos dormir em cima de amplificadores nos fundos da perua. Mas não se preocupe, estou de cabeça feita. Eu aguento. *Ninguém* vai dizer 'Ah, ela não conseguiu. Ela não deu conta. Ela desistiu.'"

E ela não desistiu mesmo. Na verdade, enquanto estava nos bastidores, Stevie era invadida por uma enxurrada de letras, e assim ela compôs a letra de "Sisters of the Moon" em seus cadernos, e retrabalhou nos versos que viriam a se tornar "Gold Dust Woman". Isso foi em dezembro de 1975, e "Over My Head" estava entre os 10 Maiores Sucessos nos Estados Unidos, e também vinha subindo nas paradas inglesas. As belas harmonias cantadas por Stevie e Chris foram consideradas cruciais para o sucesso da canção, e isto tendeu a aplacar todas as surras dos críticos . O moral de Stevie também se elevou com a escolha de "Rhiannon" como o próximo single do álbum, no início de fevereiro de 1976. A julgar pelo público genuinamente atiçado toda vez que a banda tocava "Rhiannon" ao vivo, com Stevie usando uma capa rosa de chiffon transparente ao apresentar a música, Mick considerou que o novo single poderia catapultar as vendas do álbum.

Só que na mesma época Stevie começou a apresentar problemas sérios na voz. Durante a turnê, ela aproveitava ao máximo a chance de tornar o fim de "Rhiannon" memorável para o público (e para si), espicaçando a voz enquanto entoava para as estrelas o seu amor pela deusa. Lindsey sempre monitorava os exageros, mas vez ou outra permitia que Stevie desse uma pirada antes de refrear e interromper a música com uma parada brusca. Além disso, ela sempre precisava impostar muito a voz para suplantar o som que reverberava das caixas de retorno, a ponto de ferir sua garganta quase todas as noites. Mais tarde, Stevie diria que sua voz só voltou a se recuperar quando ela começou a trabalhar com um técnico vocal — vinte anos depois.

O Fleetwood Mac abriu para Rod Stewart em um estádio com ingressos esgotados em Anaheim, Orange County, sul de Los Angeles. Stevie adorou conhecer Rod, um legítimo astro do rock inglês que chegou com toda a parafernália possível: limusines, champanhe, garotas. Ela riu quando Mick e Rod, bêbados, fizeram piadas sobre a Shotgun Express, a banda de blues londrina na qual ambos tocaram dez anos antes. O último show da turnê foi no dia 22 de dezembro. No dia seguinte, a banda viu JC e Richard Dashut brincarem de bate-bate com as duas peruas Chevrolet Impala no estacionamento coberto de gelo do último hotel fuleiro que o Fleetwood Mac teria de suportar — a folga duraria ao menos algumas semanas.

Durante as festividades de Natal, o álbum vendeu horrores, e não parou mais. No fim de 1975, tinha atingido um milhão e meio de cópias, e assim o Fleetwood Mac se descobriu merecedor de consideravelmente mais respeito por parte da Warner Bros. O presidente da empresa, Mo Ostin, entregou um disco de ouro à banda, e foi um tanto generoso quando chegou a hora de renegociar o contrato. Houve um belo aumento na porcentagem de direitos autorais e um grande adiantamento para fazerem o próximo álbum.

Ao mesmo tempo, a banda renegociou com seus membros mais novos, que há um ano viviam de salário. Na verdade, a Warner Bros. tinha sido tão *blasé* em relação a Lindsey e Stevie — *só mais um guitarrista e sua mina cantora* — que não se dera ao trabalho de incluir uma cláusula contratual de "membros desertores", destinada a dificultar a saída de músicos de bandas já sedimentadas em prol de uma carreira solo. (Mais tarde, isso traria consequências sérias e fortuitas para Stevie.) E então, no início de 1976, Stevie Nicks e Lindsey Buckingham se tornaram membros de pleno direito do Fleetwood Mac.

Anos depois, em 2014, Stevie contaria a um articulista do *The New York Times* sobre o ano de 1975, que, conforme suas lembranças, tinha sido "mágico", "pois comecei como garçonete e terminei milionária, ao lado de Lindsey Buckingham".

CAPÍTULO 3

3.1 Rumours

O ano de 1976 foi intenso para Stevie Nicks e os outros membros do Fleetwood Mac. Todos os cinco integrantes haviam rompido com seus respectivos parceiros amorosos. Os meses anteriores — período em que eles tentavam criar um novo disco e ao mesmo tempo mal estavam se falando —, foram cruéis, uma espécie de castigo divino incomum por terem vendido alguns milhões de cópias do álbum *Fleetwood Mac*. Mas o produto final desses esforços, o lendário e megassucesso de vendas *Rumours*, seria um dos discos mais populares e aclamados da história. E continua a ser uma das maiores façanhas do rock.

O começo, é claro, não foi dos melhores, pois Mick Fleetwood teve um desentendimento daqueles com Keith Olsen e, para Stevie e Lindsey, aquilo indicava o fim da parceria com o Sound City. Os problemas eram principalmente financeiros, envolvendo brigas sobre honorários e *royalties*, e também mais uns abacaxis relacionados aos ex-membros do Buckingham Nicks e o contrato com a empresa produtora de Olsen. Stevie ficou bem chateada com a situação — durante anos ela e Lindsey foram muito bem acolhidos pelo Sound City, e os proprietários e a equipe do estúdio foram como uma família

—, mas, no fim não havia nada a ser feito, exceto aceitar que o rompimento seria melhor para o Fleetwood Mac.

A partir daí, Mick insistira que o Fleetwood Mac encontrasse outro estúdio, de preferência fora da cidade, já que sua esposa Jenny havia levado os filhos embora e voltado para a Inglaterra depois do divórcio. Igualmente, Christine McVie se mudara da casa que John e ela haviam comprado em Topanga Canyon, deixando John afogando as mágoas sozinho. Foi aí que Mick decidiu trabalhar no Record Plant, um famoso estúdio em Sausalito, o boêmio povoado na orla de São Francisco. O Record Plant tinha fama de ser um favorito das grandes bandas de Bay Area, e era um refúgio notório do grupo Sly and the Family Stone, que havia feito muitos de seus épicos discos de soul naquela instalação. As instalações do Record Plant eram uma casa nas colinas, que permitia que banda e engenheiros firmassem moradia ao longo do período de trabalho, embora Stevie e Chris (e seus pequenos terriers) tivessem preferido fugir do clima de alojamento estudantil e dividir um apartamento na marina, perto do estúdio.

Mas antes disso o Fleetwood Mac voltou a fazer turnê, promovendo seu álbum homônimo, ainda em ascensão. Agora estavam tocando diante de seu novo cenário no palco, um painel noturno fantasmagórico, com a lua cheia iluminando nuvens prateadas e árvores nuas, conjurando uma sensação de corujas vigilantes e bruxas em vassouras. Durante uma folga inicial em Buffalo, Nova York, Stevie e Chris compravam roupas em um brechó quando Stevie se deparou com uma cartola preta *vintage* de seda, daquelas que os cavalheiros usavam para ir à ópera. Ela a experimentou e percebeu que lhe conferia um visual dramático, até mesmo operístico. Em questão de meses, o item tornar-se-ia sua marca registrada.

O som da banda melhorava mais e mais conforme os músicos fortaleciam seus laços e se transformavam em uma unidade fluida e orgânica, passando das baladas ligeiramente agitadas de Christine para o tornado espiritual de "Rhiannon". Mas fora dos palcos, a energia entre os músicos era terrível. Stevie e Lindsey mal se falavam; ele desconfiava de que estivesse sendo traído em seu "casamento", o que mais tarde ela disse não ser verdade.

O que era verdade mesmo eram os encontros de Christine com Curry Grant durante a turnê. John tinha suspeitas. "Ele está trepando com ela, sabe", repetia ele para Mick, que retrucaria "Não, John, isso é coisa da sua cabeça". Por fim, a equipe de roadies ficou sabendo, e xingou Curry por ele estar de rolo com Chris. Chegou ao ponto de Grant não poder andar na van com os roadies. Mick e JC então confrontaram Chris, que confirmou o caso. JC achou melhor mandar Curry para casa, pois aquele quiproquó estava sendo uma distração, e no fim Chris aceitou que foi melhor assim.

Em algum momento da turnê, a banda fez uma pausa em uma casa alugada na Flórida, uma velha mansão mal-assombrada com cipós que pendiam das árvores e clima tropical úmido. Havia sapos na piscina verde, e as peruas grandalhonas da banda se apinhavam à entrada. A propriedade era cercada por arame farpado. Ali, Stevie e Lindsey tiveram uma briga daquelas quando ela ouviu a letra da nova música dele, "Go Your Own Way", que a acusava de estar "arrumando as malas e sair para pegar todo mundo" e de estar traindo-o em segredo. Ressentida, Stevie se desmanchou em lágrimas e negou a acusação. Várias outras canções que mais tarde apareceriam no *Rumours* tiveram início na Flórida, naquele enorme campo de batalhas psicológicas.

O fim do inverno em Bay Area é frio e úmido, com nevoeiro espesso proveniente do Pacífico, principalmente de manhã. Stevie e Christine tomavam o carro para o Record Plant embrulhadas em suéteres, polainas, casacos e com xales na cabeça. Foi necessário alguns dias para a banda se acostumar com o estúdio, cujas salas se conectavam por um corredor pouco iluminado, como uma caverna. O álbum *Fleetwood Mac* tinha sido gravado em três meses. Agora, a banda levaria um ano para elaborar um novo álbum, período em que, de acordo com Mick, "conversávamos entre nós num tom entrecortado e polido, sentados em pequenos estúdios abafados, ouvindo as composições uns dos outros sobre nossos próprios relacionamentos desfeitos". Uma das curiosidades do Record Plant era o "fosso" de Sly Stone, um salão rebaixado e forrado com carpetes grossos e puídos em onde cantor costumava se embrenhar quando ia gravar. O fosso, que tinha seu próprio tanque de óxido nitroso, geralmente era evitado pela banda, já que muitas vezes estava ocupado por pessoas desconhecidas fazendo carreirinhas de cocaína em espelhos.

Após quatro dias, eles tiveram de demitir o engenheiro do local pelo crime de atenção demasiada a Stevie e a preocupação excessiva com os signos astrológicos do grupo. Mick então solicitou a Richard Dashut, que trabalhara na mesa de som durante a turnê, que produzisse o novo álbum. Richard, percebendo que as músicas novas precisariam de arranjos, e que ninguém na banda lia ou compunha partituras, mandou chamar em L. A. um engenheiro mais experiente, Ken Caillat, para coproduzir com ele.

Nos primeiros dias, foi bem difícil acomodar os músicos no mesmo espaço, já que os sentimentos estavam à flor da pele. Stevie estava bem chateada por depender quase totalmente de Lindsey para transformar seus poemas, melodias e progressões harmônicas em músicas de verdade. E ele estava tão puto com ela que não conseguia ajudá-la sem deixar transparecer o tamanho de seu incômodo ante aquela dependência adversa. Mas após algumas semanas, ele começou a sair com uma garçonete em um barzinho local e ficou menos amargo. Todavia, Stevie não gostou e ficou chateada, o que gerou mais brigas e mais lágrimas. Na verdade, ela sentia saudade das partes de Lindsey que sempre amara e respeitara, e os dois amantes profundamente distantes às vezes faziam noitadas de chapação. Stevie recorda-se: "Em Sausalito, naquele condominiozinho, Lindsey e eu ainda estávamos meio que ficando, a ponto de ele aparecer por lá e dormirmos juntos de vez em quando. Um dia tivemos uma briga horrorosa — não me lembro o motivo —, mas me lembro de Lindsey saindo e eu falando 'Leve o carro com as coisas [para L.A.]. Eu volto de avião.' Isso foi no fim do segundo mês da gravação de *Rumours*".

O mesmo acontecia com John e Christine, que ainda gostava do homem que fora seu marido por sete anos e ficou bem abalada quando ele se enroscou com uma antiga namorada de Peter Green. E havia Mick, que se descrevia como o "brinquedo de bobinho" da situação (sua ex-esposa Jenny e suas filhas tinham voltado para Los Angeles e agora moravam com o antigo colega de banda de Mick, Andy Sylvester, um de seus melhores amigos).

Tudo isso serviu de "matéria-prima" para as músicas que Stevie levou para as gravações em Sausalito. Sua favorita era "Silver Springs", uma balada de amor e vingança dedicada a Lindsey. A letra dava a entender que ele era uma fonte de inspiração, mas que o amor que sentia por ele havia desaparecido e que ele seria eternamente assombrado pelo som da mulher que o amara. Lindsey meio que odiava "Silver Springs", mas, como o profissional que era, se obrigou a trabalhar nela diligentemente mesmo assim.

Conforme a banda se acertava, o *Fleetwood Mac* também se aproximava da lista dos 10 Melhores álbuns da *Billboard* — impulsionados pelo single "Rhiannon", que foi remixado e lançado em fevereiro de 1976, sendo então amplamente difundido pelas rádios em todo o país. Agora, as vendas dos álbuns ultrapassavam a marca de dois milhões e quinhentas mil cópias, o que conferiu uma enorme pressão extra sobre os três compositores da banda, especialmente Stevie Nicks. Esse novo álbum tinha de ser ainda melhor do que o anterior, o qual fora produzido sob condições muito mais amigáveis e em um estúdio onde se sentiam à vontade. Stevie sentiu a pressão pra valer. Para ajudá-la, Robin Snyder veio a Sausalito para lhe fazer companhia, uma presença suave no estúdio e no fim do dia. Robin cozinhava bem, e Stevie, que não andava se alimentando direito, geralmente comia o que Robin colocava em seu prato.

As gravações no Record Plant incluíam algumas faixas instrumentais bem promissoras que, meses depois, evoluiriam para singles e músicas colossais. Ainda sem letra, elas eram indicadas pelos títulos nas caixas das fitas de duas polegadas: "Spinners"; "Strummer"; "Brushes"; "Keep Me There" e "Butter Cookie". Algumas das músicas novas de Stevie eram muito marcantes, como "Silver Springs" e a versão inicial de "Gold Dust Woman". Outras foram cuidadosamente cogitadas para entrar no álbum, chegando a ser editadas e gravadas, mas ficaram de fora. Dentre estas, havia uma primeira versão de "Planets of the Universe" e uma demo para piano chamada "Sleeping Angel"; uma demo para piano digital de "Castaway" e uma balada sofrida chamada "Mistaken Love", que variava entre o amor desconsolado, o amor pagão e o amor sofrido. "Think About It" era uma faixa quase autoconsciente sobre um caso de amor em seus momentos derradeiros. "If You Ever Did

Believe" também. "Forest of the Black Roses" era uma demo ao piano de um conto de fadas assustador. "Blue Water" era uma atmosférica música country. Todas eram experimentais, mas Stevie as considerava suas filhas, e o fato de elas estarem à mercê de Lindsey para transformá-las em obras de arte jamais deixava de incomodá-la.

3.2 Is It Over Now?

Enquanto tudo isso se desenrolava no início da primavera de 1976, "Rhiannon" estava em todas as rádios e a música continuava a subir nas paradas. O single de 45 rpm trazia o título original da canção, "Rhiannon (Will You Ever Win)", um eco da ambição primordial e claramente competitiva que, meia década antes, levara Stevie e seu namorado a buscarem seu destino. A canção tinha sido remixada para ser lançada em formato de single, perdendo meio minuto em relação à faixa do álbum. Aos 3min46s, o tempo se acelerava e os vocais ficavam mais altos, a fim de explodirem nos alto-falantes dos carros. A mistura das guitarras também diferia da versão do álbum, era "mais eletrizante", e o piano digital era "mais suave". Os corais *"taken by sky"* eram mitogramas celestiais. *"Dreams unwind, love's a state of mind"* soavam mais country, de certa forma. Os engenheiros que trabalharam no single presumiram que os vocais originais de Stevie haviam sido duplicados, porém, ao separarem as faixas, descobriram que Keith Olsen tinha usado um processador de *áudio* da Lexicon para obter a voz metalizada que as pessoas identificavam na canção inspiradora de Stevie. Mais tarde naquele ano, quando o clipe da apresentação pré-gravada de "Rhiannon" foi exibido no programa de rock *The Midnight Special*, a música alcançou o 11º lugar nas paradas, selando o destino de Stevie Nicks pelo restante de sua carreira.

O título provisório do novo álbum era *Yesterday's Gone*, do refrão da nova música de Christine composta para o desventurado John, "Don't Stop". Eles diziam um ao outro que sua longa angústia havia chegado ao fim, e que o futuro lhes acenava e não deveriam estragá-lo. O trabalho continuava em meio a um relativo caos e ao consumo heroico de estimulantes, poções, pós, álcool, preparados e remédios. Stevie fumava feito chaminé e, para aliviar a garganta, fazia experimentos com vários tônicos compostos de chá, mel, conhaque, elixires de ervas e limão.

A sessão de "cookies de mil dólares"[21] aconteceu em uma noite em que Robin Snyder assou uma fornada de brownies com pedaços de haxixe que alguém tinha dado à banda. No dia seguinte, Stevie e ela levaram as iguarias para o estúdio, alertando que os brownies causavam um alvoroço daqueles. Obviamente, o Fleetwood Mac ficou tão chapado que as músicas foram esquecidas e os engenheiros saíram para curtir a noite. Stevie e John passaram a gravação no sofá do estúdio, rindo das piadas e tirinhas de uma edição da *Playboy*.

As coisas estavam saindo um pouco dos eixos no Record Plant. Eles passaram quatro dias incrivelmente caros tentando afinar o piano da casa. O gravador do estúdio começou a detonar as fitas — e por isso foi apelidado de *Tubarão* — arruinando *takes* recém-gravados e exigindo repetições maçantes. Cinegrafistas locais, músicos e desconhecidos entravam e saíam. A cocaína corria solta. De acordo com Mick, "Sem dúvida estávamos consumindo bastante do bom e velho pó [cocaína]. Havia um traficante que nos mantinha abastecidos com descontos generosos… e éramos tão gratos que cogitamos lhe dar algum tipo de crédito no encarte do álbum, mas infelizmente ele morreu — assassinado — antes de o lance sair. Riscos do ramo, ouvimos dizer".

E Lindsey estava perdendo a mão, agindo como um babaca. Frustrado e ansioso com o clima de desmazelo diante de si, ele desabafava de maneira ofensiva e atacava as pessoas. Em um rompante de fúria ele agarrou Ken Caillat pelo pescoço. Dizem também que ele agrediu a garçonete com quem estava saindo, e ela caiu fora do relacionamento. Ele ficou lutando pelo controle da produção (em uma das ocasiões, McVie ficou de saco cheio de tanto

---

21 Na obra *Fleetwood Mac on Fleetwood Mac – Interviews and Encounters*, o editor e organizador Sean Egan afirma que a supracitada "sessão" fazia referência às noitadas regadas a *cookies* "batizados" feitos pela amiga de Stevie, Robin, nas quais a banda curtia os efeitos causados pela iguaria e os engenheiros iam mais cedo para casa. Curiosamente, na referida obra, ninguém menciona *brownies*. (N. T.)

chilique e abandonou o estúdio) e Mick teve de acalmá-lo e lhe perguntar se ele tinha certeza de que queria fazer parte de uma banda.

Mick e John conversaram então, para tomar decisões em caso de crise. Se Lindsey fosse demitido ou saísse da banda, eles negociariam para que Stevie não fosse embora também. O Fleetwood Mac jamais tivera problemas para encontrar bons guitarristas, mas não tinha condições de perder Stevie Nicks. Além disso, o atrito entre Stevie e Lindsey também estava piorando. Certa noite, ela e Lindsey estavam cantando os vocais de apoio de "You Make Loving Fun" acomodados em duas banquetas do estúdio, com os fones de ouvido ligados. Quando Ken Caillat parou a fita para rebobiná-la, Stevie olhou para Lindsey e gritou "Vai se foder, seu babaca. Vai pro inferno!".

Lindsey falou um monte de palavrões e avisou "Quando voltarmos para Los Angeles, vou sair de casa!".

"Também não quero mais morar com você", berrou ela. Os engenheiros atrás do vidro se entreolharam. Quando a fita voltou a rolar, eles retomaram ao trecho onde haviam parado entoando alegremente os versos sobre "tornar o amor divertido".

Certa noite, já bem tarde, sentado no chão do estúdio, Mick deu um ultimato em Lindsey. "Eu disse: 'Lindsey, o negócio é o seguinte: ou você faz parte de uma banda ou não faz. Não é bom nem ruim. Se você aceitar que está trabalhando com outras pessoas, ótimo. Mas, se não, então você deveria sair na banda.' Por alguns instantes, trocamos olhares fuzilantes. Tenho certeza de que estávamos abatidos, esgotados. Mas o problema foi resolvido e seguimos em frente".

Na noite em que Stevie compôs a letra de "Dreams", caía um temporal daqueles. Trovões ecoavam pelo Record Plant enquanto Stevie caminhava pelo corredor sombrio até o fosso do Sly Stone, carregando um tecladinho elétrico e seu caderno com capa aveludada. Stevie: "Havia uma cama grande, redonda, preta, com cortinas estilo gótico penduradas em volta. Pulei nessa cama com meu pianinho e compus 'Dreams'. Registrei a melodia num gravadorzinho, então atravessei o corredor até o estúdio e disse 'Acho que vocês vão querer ouvir isto.' Eles disseram 'Estamos ocupados.' Repeti *Sério*, acho que vocês vão querer ouvir isto.' Eles ouviram e gravamos 'Dreams' no dia seguinte". Em meio aos desenhos de anjos, flores e fadas no diário de Stevie, havia versos de solidão e coração partido. Ela estava desanimada e machucada pela iminente perda de um amor. No entanto, havia esperança na chuva, que poderia lavar o fardo da perda e deixar a alma limpa para uma vida nova. Ela deixa subentendido o poder da visão cristalina, do esoterismo e do conhecimento secreto que possui e guarda para si. Seus sonhos são proféticos. No fim, a perda será pior para seu amante do que seria para ela. "Você vai saber", afirma ela. "Ah, *você vai saber.*"

Stevie também destacara que "Dreams" era o lado B de "Go Your Own Way", canção que, na opinião dela, era furiosa, porém honesta. "Então escrevi 'Dreams', e por eu ser a garota delicada que acredita em fadas e anjos, e Lindsey ser o durão, ficou diferente. Lindsey está dizendo 'siga em frente, fique com outros homens e viva sua vidinha de merda', e Stevie está cantando sobre a chuva que lava a tristeza. Estamos abordando de ângulos diferentes, mas dizendo exatamente a mesma coisa".

("Dreams" viria a se tornar o único single nº 1 lançado pelo Fleetwood Mac. Mais tarde, Stevie disse que "Dreams" tinha "tudo a ver" com uma canção do The Spinners, mas não conseguia se lembrar qual era. Espectadores sugeriram "I'll Be Around" como um possível inspiração.)

Stevie andava adiando a gravação de sua primeira faixa vocal para uma música difícil, "Gold Dust Woman", uma letra que ela vinha aperfeiçoando há anos. Ela recorda-se: "Tem uma rua em Phoenix chamada Gold Dust Avenue. Acho que foi daí que tirei a ideia… A canção se refere a um período muito pesado e muito ruim de minha vida. A viciada em drogas em 'Gold Dust Woman' está lá, passando um perrengue danado, procurando drogas. Senti que queria recriar aquela situação horrível, alertar as pessoas. Nunca a considerei uma premonição pessoal". A letra se referia a garotas que Stevie tinha conhecido, que tinha visto, à garota que ela era, à garota que receava se tornar. A pergunta da música — *is it over now?*[22] — era uma que, até aquele momento, ela mesma tinha medo de fazer. O pó de ouro era bonito e parecia bom, mas a marcação pesada do metrônomo que Lindsey inserira na faixa não prometia um bom presságio. A música também continha uma coda sombria, uma dança de guerra com uma sequência blueseira enigmática de piano digital. A vocalista precisa evocar forças sombrias — viúvas negras, dragões — para sobrepujar seu destino como a sombra de uma mulher. Era isso ou recolher os próprios cacos e voltar para casa. Gravar a faixa vocal de "Gold Dust Woman" ia ser um porre. Lindsey achava que a música era do mal.

Estava frio e chovia canivetes na noite em que Stevie a testou pela primeira vez. Mick Fleetwood observava, espantado: "Lembro-me de que ela começou em um estúdio com todas as luzes acesas. A canção precisava de muita energia, muita emoção. Ela foi até o meio, parou e disse que queria recomeçar. Um *take* após o outro, e senti que Stevie estava se transformando, meio que se ensimesmando. Ela estava buscando alguma coisa dentro de si — algum tipo de mágica que mantinha escondida de nós."

Às três da manhã, ela fez um intervalo e saiu, inspirando o ar gelado. Alguém lhe preparou uma xícara de chá preto com limão e um pouco de conhaque. Ela mencionou que o estúdio estava iluminado demais para o seu gosto. Mick: "As luzes foram apagadas; trouxeram uma cadeira para ela se sentar. Stevie vestia um cardigã de lã e se enrolou num xale para espantar o frio do alvorecer. Uma hora depois, quase não se podia vê-la nas sombras, uma silhueta mirrada debaixo dos latões [fones de ouvido]. Ela estava curvada na cadeira, alternando entre as opções da parafernália: lenços de papel, óculos de leitura, um inalador, pastilhas para dor de garganta, uma garrafa de água mineral. Aos poucos, ela foi assumindo o controle. No oitavo *take* completo, exaltada, ela cantou a letra direto pela primeira vez".

Isso deixou Fleetwood esperançoso. "Estávamos sob pressão. Enlouquecendo. A única coisa que nos mantinha ligados era um tênue fio da união da

---

22 "Será que acabou?", em tradução livre. (N. T.)

família Mac. Para mim, era Stevie, fisicamente a mais frágil de todos nós, que inspirava nosso ímpeto coletivo de criar, e se destacava."

A canção que mais empolgava Stevie era a que estava lhe dando mais trabalho. "Silver Springs" foi concebida para ser uma balada autopropulsora sobre o amor perdido. Dedicada a Lindsey, a música — entregue num lamento de soprano — tencionava restabelecer a intimidade perdida ao mesmo tempo que admitia uma amarga derrota antes de, literalmente, lançar um feitiço dizendo que, mais cedo ou mais tarde, para o resto da vida de Lindsey, para além de seu controle, ele sempre ouviria a música da amante perdida, "o som da mulher que te ama".

Stevie sempre achou que "Silver Springs" seria a música de destaque no novo álbum; não tinha erro. O único problema era que Lindsey odiava a canção. Ele dizia que era agressiva demais, e dificultou muito o trabalho de Stevie no estúdio. Para Lindsey Buckingham, "Silver Springs" não era profecia. Era maldição.

3.3 White Magic Woman

Março, 1976: após vários meses conturbados, o Fleetwood Mac deixava o Record Plant e voltava para casa, em Los Angeles, a fim de concluir o novo álbum. *Fleetwood Mac* caminhava rumo ao disco de platina tripla, com três milhões de cópias vendidas até então, no encalço do álbum *Frampton Comes Alive*, de Peter Frampton, que era o primeiro lugar. Certa noite, Stevie e Mick estavam ouvindo algumas mixagens incompletas de fita cassetes do estúdio em Sausalito. Mick disse a Stevie que tinha a sensação de que o próximo álbum deles se sairia muito, mas muito melhor. As novas músicas eram marcantes, afirmou. Elas soavam... imponentes. Talvez, comentou, a banda poderia vender oito ou nove milhões de cópias caso conseguisse manter a compostura. Stevie se limitou a rir e apertou a mão dele, dizendo "boa sorte".

De volta a L.A., eles colocaram as fitas para tocar e o som não ficou legal em um estúdio diferente. Todo mundo ficou em pânico, até alguém descobrir o Producer's Workshop, um espaço de mixagem aninhado em meio aos sórdidos cinemas pornô da Hollywood Boulevard, e pelo menos ali o som das fitas ficou bom o bastante para que continuassem o trabalho. Desta vez, enquanto Stevie levava as amigas para passear em Acapulco, Lindsey e os dois produtores basicamente descartaram quase tudo que haviam feito até então, exceto as faixas para bateria, e o Fleetwood Mac começou a redublar as novas partes instrumentais e todos os vocais. Mais uma vez, as vibrações subsônicas das mágoas do grupo preenchiam a atmosfera enquanto os três compositores — Stevie, Chris e Lindsey — continuavam a telegrafar sua pancadaria por meio das novas letras.

O estúdio tinha uma recepcionista jovem e bonita, Carol Ann Harris. Ela estava na casa dos 20 anos, era loira e inteligente, tinha olhos azuis e sorriso largo. Lindsey fez amizade com ela, que por sua vez começou a rondar o estúdio após o expediente para fazer companhia a ele. Stevie Nicks não gostou, e por isso passou a esnobar a garota. A panelinha exclusiva de jovens mulheres, que geralmente formava uma comitiva protetora em torno de Stevie, aderiu ao movimento. As amigas de Stevie — Robin Snyder, Mary Torrey, Christie Alsbury e outras — se vestiam como a cantora, aderindo a saias, cabelos compridos, muitos acessórios, além de óculos escuros lindos de morrer. O perfume também era o mesmo, a fragrância evocativa de óleo de patchouli e sândalo. Basicamente, as meninas controlavam o acesso a Stevie, bancando as damas de companhia de uma rainha virginal e certificando-se de que ela estivesse sempre amparada e bem atendida. Elas encaravam Carol, riam e cochichavam enquanto a pobre recepcionista ficava sozinha em um canto enquanto Lindsey gravava. Logo correu a notícia de que Carol fazia parte de uma gravadora clandestina, que vendia a lojas de discos parceiras gravações não autorizadas, tanto de shows quanto de estúdio, de grandes astros, como Bob Dylan e Rolling Stones. Christine McVie achou bizarro e fez um alerta a respeito. Mas, ao que parece, Lindsey não se importou. Por fim, certa noite Carol apareceu na gravadora vestida toda de preto. Stevie então teve um tête-à-tête com a garota, informando que era ela quem vestia preto dentro da bolha do Fleetwood Mac, que era uma coisa exclusiva, e que talvez Carol devesse cogitar usar outra cor quando estivesse com a banda.

Mesmo depois daquela invertida de Stevie, Carol Ann Harris ainda permaneceria ao lado de Lindsey pelos próximos oito anos.

Em maio, a banda viajou a Santa Barbara para rodar um vídeo promocional da Warner Bros. em um estádio de futebol. Eles queriam uma versão ao vivo de "Rhiannon" para promover o lançamento do single. Na filmagem, Stevie tocava um guiro, instrumento latino de percussão com nervuras, em vez de seu habitual pandeiro com fitas pretas. Logo depois, Stevie e Christine voaram para o Havaí para duas semanas de férias. Quando chegaram à casa de praia que alugaram na ilha de Maui, Mick Fleetwood se juntou a elas em segredo, pois queria ficar perto de Stevie e de olho na franquia, longe da banda e das tensões do estúdio.

* * *

Em junho de 1976, a banda estava atrasada e deveria voltar às turnês, abrindo shows em estádios para os estrondosos Eagles, que também estavam em Los Angeles gravando um novo álbum simultaneamente, *Hotel California*. Algumas músicas estavam prontas, outras, não. "The Chain" ainda era um monte de *riffs* desconexos e ideias sem letras. "Don't Stop", composta por Christine para animar John McVie, estava pela metade. "Silver Springs" era longa demais — a demo tinha uns dez minutos —, mas Stevie não sabia como cortá-la, porque cada verso era de uma importância arrebatadora.

A Warner Bros. lançou o terceiro single do *Fleetwood Mac*, "Over My Head", e a canção de amor de Christine foi direto para a lista das dez mais tocadas, conferindo ao álbum outro grande impulso de vendas.

Ao mesmo tempo, Stevie dedicava uma boa dose de energia para conceber um novo visual, principalmente depois de saber que o primeiro álbum da banda provavelmente venderia mais um milhão de cópias naquele verão. Ela começou a trabalhar com a jovem Margi Kent, uma elegante estilista local que gostava ornar o arco das sobrancelhas com pedras preciosas, visual que Stevie adorou no instante em que viu Margi pela primeira vez.

Stevie queria o que ela chamava de "uniforme", uma roupa de apresentação que a ajudasse a enfrentar os eventuais ataques de medo do palco, que sempre surgiam quando ela ia tocar em lugares grandes. Ela disse a Margi Kent que queria um visual meio malandro, semelhante ao inglesinho de *Grandes Esperanças* ou *Um Conto de Duas Cidades*.[23] Ela desenhou um esboço do que tinha imaginado: vestido de babados sob uma jaqueta de chiffon de mangas compridas e caídas, fazendo as vezes de uma capa ou de asas de morcego. (A ideia veio de fotos antigas de uma estrela húngara de cinema mudo, a exótica Vilma Banky, cuja casa estilo colonial espanhol, em Hollywood Hills, seria comprada por Stevie dali a alguns anos.) Elas experimentaram várias saias em camadas feitas de chiffon, que pareciam cair bem

---

23 Ambos romances do escritor inglês Charles Dickens (1812-1870). (N. T.)

com as botas plataforma de veludo feitas para ela por um famoso sapateiro de Hollywood, pois Stevie não queria usar salto alto. Elas experimentaram vários tecidos: renda, tule, organza, poliéster. "E aí nós criamos O Traje", contou Stevie, mais tarde, "collant, uma blusinha de chiffon, uns casaquinhos pretos e curtos de alfaiataria, duas saias e as botas de veludo. Isso nos deu um diferencial. Eu ficava bem sexy sob camadas de chiffon, renda e veludo. E assim ninguém saberia quem eu sou de verdade".

Mas ao mesmo tempo, esse processo trouxe a Stevie uma série de inseguranças. Ela se queixava com Margi sobre seus quadris largos demais para sua estatura, e sobre sua ausência de peitos. A partir daí elas começaram a conversar sobre uma cirurgia para aumentar os seios, e Margi admitiu que seria mais fácil vestir Stevie se ela acrescentasse alguns números no sutiã.

Os cabelos de Stevie também foram repensados, já que, em geral, ela mesma costumava cortá-los em casa. "Eu fazia um rabo de cavalo alto, media com os dedos e cortava, simples assim. Eu cortava direitinho." Mas Margi trouxe um cabeleireiro, que recomendou que Stevie tentasse um corte "shag" desfiado e em camadas. O shag era considerado um corte de cabelo *bad girl*, moda lançada pelas estrelas do rock inglês e eternizada pelo filme *Klute – O Passado Condena*, no qual Jane Fonda interpretava uma garota de programa ameaçada por um *stalker*. O cabeleireiro disse a Stevie que a franja longa e as camadas ao redor do rosto fariam dela uma garota mais assertiva, mais confiante. Da mesma forma, o shag também é um corte pouco versátil, de modo que ele não permite muitas variações de penteado, portanto exige certa coragem quando é escolhido. E assim o cabelo de Stevie recebeu um corte shag e foi clareado em vários tons, e assim ela adotou o estilo de sua futura marca registrada, a antiga cartola. (E o mesmo se daria com Chrissie Hynde, Debbie Harry, Patti Smith e outras roqueiras posteriores a Stevie que adotaram o shag.)

No início de junho de 1976, o Fleetwood Mac começou a ensaiar para as turnês, antes de o álbum ficar pronto, e a banda voltou com gás total após um semestre enfurnada em estúdios abafados e enfumaçados. Eles iniciaram uma etapa da viagem nos campos esportivos do Meio-Oeste, abrindo para Jeff Beck no Royals Stadium em Kansas City. Continuaram por Wisconsin, Minnesota e Illinois, e "Rhiannon", composição de Stevie, muitas vezes fazia o show ser interrompido por uma longa salva de palmas. Em 29 de junho, eles abriram para Jeff Beck, Ted Nugent e Jefferson Starship no Busch Stadium, em Saint Louis. Na noite seguinte, houve o mesmo set de shows no Riverfront Stadium em Cincinnati.

No início de julho, o Fleetwood Mac fez uma série de apresentações ao ar livre, imensas, abrindo para os (extremamente populares) Eagles. No dia 4 de julho de 1976, data do bicentenário norte-americano, Stevie Nicks liderou o Fleetwood Mac diante de 37 mil fãs no Tampa Stadium, Flórida, com ingressos esgotados.

Mick: "Foi um show e tanto, do qual jamais me esquecerei. Do *riser* da minha bateria, eu via aquela multidão apinhada naquele estádio imenso de futebol, e então percebi centenas — não, *milhares* — de garotas vestidas exatamente como Stevie, de roupas pretas, muitas delas de cartola, o novo adereço de palco de Stevie, que elas provavelmente viram em revistas e na TV. Quando Lindsey começava a introdução de 'Rhiannon' na guitarra, Stevie ia até a frente do palco e dizia ao público que a canção era sobre uma antiga bruxa galesa, e aí as garotas surtavam — enlouqueciam! —, dançando e cantando junto, realmente entrando no clima. Com o sucesso do single, 'Rhiannon' passou a ser um dos destaques do nosso show. Cheia de graça e toda misteriosa nas roupas pretas translúcidas de chiffon, Stevie fazia uma performance que só poderia ser descrita como mítica ou ritualística. Eu olhava para ela, rodopiando pelo palco com o pandeiro, os olhos fechados durante o solo de guitarra, e poderia jurar que ela estava no paraíso".

O Fleetwood Mac continuou na estrada pelo restante do verão, abrindo para os Eagles, Loggins & Messina, Beach Boys, The Band e Santana (que tocava "Black Magic Woman",[24] de Peter Green. O Fleetwood Mac não, pois

---

24 "A Mulher da Magia Sombria", em tradução livre. (N. T.)

já tinha sua White Magic Woman).[25] Dizia-se que o álbum *Fleetwood Mac* estava chegando à marca de quatro milhões de cópias vendidas. Mas, por trás disso, permanecia a tensão opressora entre Stevie e Lindsey, especialmente quando a banda tinha tempo de voltar a gravar. A questão mais tóxica entre eles, enquanto tentavam, de certa forma, renegociar o relacionamento, era sua codependência em termos artísticos. Eles começavam a elaborar alguma coisa no estúdio e Lindsey dizia — com total condescendência — "Bem, *isso* nunca vai dar certo. Por que não tenta *deste* jeito?" Aí ele fazia do seu jeito ao piano, e Stevie simplesmente o encarava, muda de tanto ódio.

Mick Fleetwood quase sempre colocava panos quentes na situação. "Ora, Stevie... Qual é o problema"?

"Ah, na verdade, nenhum", respondia ela, "só sinto que ele está roubando minha música, é isso". E aí Lindsey perdia a paciência e ia embora. Ou fazia um comentário desagradável, e Stevie e suas amigas deixavam a sala sob uma enxurrada de olhares reprovadores e lágrimas. Quem via de fora, achava que toda aquela cena era mera retaliação de Lindsey pelo fato de Stevie tê-lo abandonado, mas os mais íntimos sabiam que o agravante era o ciúme. A fofoca de que o casal de ouro do Fleetwood Mac havia rompido se espalhou rapidamente, e agora todos os homens mais interessantes e bem-sucedidos da cena musical de L.A. ficavam atrás de Stevie Nicks como formigas no açúcar.

Lindsey sentia ciúmes principalmente de Don Henley. E tinha motivos para tal.

Os rumores começaram no grupinho de roadies. A equipe do Eagles contou aos rapazes do Fleetwood Mac que seu baterista bonitão estava louco pela vocalista bonitinha da banda de abertura. De acordo com Mick, Henley ligara para Stevie antes da turnê, e eles chegaram a conversar por telefone algumas vezes, mas só se encontraram de fato quando a banda de Stevie abriu para a de Henley em Greensboro, na Carolina do Norte. As duas bandas

---

25 "A Mulher da Magia Branca", em tradução livre. (N. T.)

estavam em vestiários adjacentes. Quando Stevie entrou no cômodo reservado para o Fleetwood Mac, viu um buquê de rosas imenso e vistoso sobre a penteadeira. Havia um cartão: PARA STEVIE: *THE BEST OF MY LOVE* — HOJE À NOITE? COM AMOR, DON.[26] Ela ficou encarando as palavras, nitidamente furiosa com aquela iniciativa careta, constrangedora e brega. Mal conseguia acreditar. Vermelha de raiva, passou os olhos pelo recinto até ver Mick e John em um canto, quase mijando de tanto rir. Christine então lhe contou que Don não tinha enviado as flores e o bilhete. Era só uma pegadinha estúpida de Mick e John. Por causa disso, Stevie chegou a ficar um tempo sem conversar com eles, pois a verdade é que estava começando a sentir algo por Don Henley, que de fato tinha fama de ser um jovem cavalheiro gentil do Texas.

Algumas semanas depois, o Fleetwood Mac e os Eagles se reencontraram na Flórida durante uma pausa da turnê. Nessa época, Stevie e Henley já tinham se encontrado algumas vezes e estavam se dando bem. Ela recorda-se:

"Don fez um lance que deixou minha banda louca: estávamos todos em Miami. Eles estavam gravando na bela casa cor de rosa que alugaram. Ficava na orla, totalmente romântico. Bom, ele enviou um motorista de limusine até nosso hotel com uma caixa de presentes para mim, que foi entregue na sala de refeições onde todo mundo estava tomando o café da manhã. Tinha um som estéreo, um monte de discos maneiros. Flores e frutas incríveis, um belo pacote. O motorista da limusine colocou tudo na mesa e eu, tipo, 'Ai, por favor... *por favor*... isso *não* vai dar certo'. Aí é lógico que todos queriam saber quem tinha mandado tudo aquilo. E Lindsey *não* ficou nada satisfeito. Então, pois é, comecei a sair [com Don]. Claro. Lindsey e eu rompemos de vez. Tenho todo o direito do mundo de sair com outros. Só que eu passo a maior parte do tempo com a banda, então não é muito prudente tentar um relacionamento estável. Mas, sim, saí com Don por um tempo."

Stevie não gostava de levar amigos homens para a casa que alugava em West Hollywood na época. Preferia passar uma noite ou outra na casa que

---

26 "The Best of My Love" é uma canção dos Eagles. (N. T.)

Don Henley dividia com Glenn Frey em Coldwater Canyon. Ela sempre dizia que os dois eram como em *Um Estranho Casal*,[27] sendo Frey o criado desleixado, e Henley o que limpava os cinzeiros e lavava a louça. No ano seguinte, Stevie Nicks e Don Henley se firmaram como um casal rock 'n roll de Hollywood, semissecreto e supersexy. Em várias ocasiões, quando os Eagles estavam na estrada, o apaixonado Don fazia Stevie tomar um jatinho privativo supercaro da Lear só para ficar com ele. (Os roadies dos Eagles chamavam essa extravagância de "Love'em and Lear'em" — Ame e bote no Lear, em tradução livre). Só que Stevie e Don também passavam um bom tempo sem conseguir se ver, e assim ela começou a sair com John David Souther, amigo dele, que compunha para os Eagles. "Passamos momentos *incríveis* juntos", recorda-se ela, referindo-se ao alto, sexy e perturbadoramente bonitão Souther.

---

27 *The Odd Couple*, filme estadunidense de 1968 dirigido por Gene Saks. (N. T.)

3.4 Time Casts a Spell on You

Outono de 1976: Jimmy Carter, governador da Geórgia, tenta substituir o presidente Gerald Ford em uma campanha em que evoca abertamente seu amor pelo Led Zeppelin e se vale do apoio da Allman Brothers Band, radicada na Geórgia. Carter seria eleito em novembro, mas só muito mais tarde o lado político viria a penetrar a bolha em que os membros do Fleetwood Mac se encontravam. "Era um submundo", recordaria Mick Fleetwood, "e era ativo sobretudo à noite. Nossa banda, os empresários e os funcionários vivíamos ou na estrada ou no estúdio, uma caravana permanente quase sempre chapada e que raramente permitia que a luz do mundo real adentrasse nosso espaço sagrado. Naquele momento, sentíamos estar progredindo rumo um objetivo e, portanto, tentávamos permanecer em uma espécie de redoma, a qual eu chamava de 'transcendência'."

Um mês antes, Stevie havia comprado uma velha mansão nas colinas de Hollywood, batizada de El Contento. (Mick e Chris também compraram casas novas. John adquirira um veleiro de 41 pés e se mudara para Marina Del Rey.) Ela começou a mobiliar a casa com antiguidades e um novo piano de cauda. Sua mãe lhe deu um abajur de vidro azul estilo Tiffany que parecia saído de um filme, e ele se tornou o objeto favorito de Stevie. Tom Moncrief, seu velho amigo, que havia sido baixista do Fritz, foi morar com ela e atuar como engenheiro de som. Ele montou um pequeno estúdio de gravação no porão e começou a ajudá-la com as demos das músicas — a antiga função de Lindsey. Eles compuseram uma canção chamada "Smile at You" e a apresentaram à banda. Todo mundo adorou, exceto Lindsey, que se recusou a participar dela quando soube que Tom Moncrief estava ajudando Stevie.

* * *

Fim de setembro: o Fleetwood Mac fez sua primeira aparição em um programa televisivo de premiações, o *Don Kirschner Rock Awards*. (Anterior à MTV, Kirschner e outros produtores rastreavam as bandas de rock que se dariam bem na TV.) O evento era careta e bem hollywoodiano — falso glamour e muito alarde. O Fleetwood Mac ganhou o prêmio de melhor banda e de melhor álbum. Para Stevie, tudo pareceu muito artificial, e ela só ficou alguns minutos na festa após a premiação. Ao voltar para casa com o irmão em uma limusine preta, foi acometida por um ataque de pânico. Estava assustada. Eles tinham acabado de aparecer na TV, praticamente louvados, e todo mundo parecia adorá-los. Mas ela não sentia mais nada, somente solidão. Mais tarde, Stevie contou a Mick Fleetwood que agora fazia ideia do estado emocional de Marilyn Monroe.

As gravações no Producer's Workshop estavam quase prontas. Stevie sugeriu batizar o álbum de *Rumours and Heartaches*. Em outubro, o Fleetwood Mac tirou uma semana de folga e voou para Londres para se reunir com a imprensa europeia antes da turnê de verão. Foi a primeira vez que Stevie viajou a Londres, que agora via o movimento dos jovens abandonando as estrelas do rock mais antigas — Zeppelin, Stones, Elton John — e começado a curtir as novidades do movimento punk — Sex Pistols, The Clash, The Slits. Mas a imprensa parecia interessada no novo visual do Fleetwood Mac, com a banda posando para fotos e tentando parecer descolada. Christine levou Stevie para fazer compras no Antiquarium, na King's Road, em Chelsea, onde adquiriram rendas e bijuterias antigas. Elas também fizeram compras no famoso mercado de pulgas na Portobello Road, em Notting Hill. Quando a banda voou de volta para Los Angeles, os britânicos do grupo — Mick, John, Chris e JC — tiveram a entrada negada pelos oficiais da imigração. Dois anos antes, eles haviam chegado com visto de turista, e não se deram ao trabalho de tentar providenciar seus *green cards*, logo a maior parte da banda agora era composta de forasteiros ilegais. Eles ficaram horas detidos no aeroporto LAX e quase foram deportados para a Inglaterra. (No fim, foi necessária a intervenção de um poderoso senador norte-americano, Birch Bayh, de Indiana, para que fossem regularizados como imigrantes legais. Poucos meses depois, o Fleetwood Mac fez shows com ingressos esgotados em Indianápolis para abonar as dívidas de campanha do senador.) Em outubro, Mick se casou de novo com a ex-esposa, Jenny, principalmente para que ela e as filhas pudessem voltar a morar nos EUA. Ele também estava loucamente apaixonado por Stevie, mas tentou guardar isso para si.

No fim de novembro, a banda começou a sequenciar o novo álbum, agora intitulado *Rumours*. Foi um prato cheio para as fofocas intermináveis nas rodinhas musicais sobre quem estava pegando quem no Fleetwood Mac: se Stevie Nicks havia deixado a banda, ou se estava prestes a sair e embarcar na esperada carreira solo; se ela era uma bruxa de verdade (porque quando se encarna uma bruxa em shows de rock de madrugada, um monte de fãs chapados leva a ideia a sério e começa a achar que a pessoa é bruxa mesmo, ou minimamente alguém com "conhecimentos especiais").

A faixa de abertura do álbum ia ser "Second Hand News", composição de Lindsey, com um *shuffle* de rock do sul da Califórnia e uma confissão honesta sobre o pé na bunda dado pela namorada. "Dreams", de Stevie, vinha a seguir, uma soma de sua voz "delicada", letra triste e a melodia de "Spinners", produzida em Sausalito. (Ela havia composto "Dreams" logo após começar a sair com Don Henley.) Clarividências foram guardadas para si, seus sonhos, frustrados e descritos como descobertas de solidão e desgosto. O poderoso refrão "thunder always happens" ecoa a profecia de que a chuva vai lavar os problemas amorosos.

O lado A do álbum continuava com a provocadora "Never Going Back Again", de Lindsey, e depois vinha "Don't Stop", o empolgante hino de Christine que exortava o ex-marido e todas as outras pessoas a seguirem em frente, independentemente dos obstáculos que o destino pusesse no caminho. Em seguida, vinha a furiosa "Go Your Own Way", de Lindsey, com sua sinistra acusação de infidelidade que tanto incomodava Stevie, só porque ela resolvera "juntar os trapos e cair fora"; ela achava que a canção a fazia parecer uma vagabunda, coisa que nunca fora. Para seu azar, a canção viria a se tornar um símbolo dos famosos rompimentos amorosos da banda; a partir de então, "Go Your Own Way" encerraria os shows do Fleetwood Mac por boa parte das décadas a seguir. Esse lado do disco terminaria com a balada para piano "Songbird", de Chris.

O lado B começava com "The Chain", uma compilação de *riffs* e *vamps* variados (sobretudo os de "Keep Me There", de Christine) com melodia e letra adaptadas dos cadernos de Stevie quase no último minuto. Lindsey assumiu o vocal principal, enquanto Stevie dominou o refrão acusador que era encerrado pelo potente verso *"runnin' through the shadows"*. A música finalizada é basicamente de Stevie, mas os cinco membros da banda dividem os créditos da composição, principalmente para que Mick e John pudessem receber uma parcela dos lucrativos direitos autorais. "Keep us together" era o mantra da banda por estabilidade e união diante de probabilidades quase impossíveis.

A próxima música do álbum era "You Make Loving Fun", de Christine, uma canção de amor sobre seu caso com Curry Grant e que ajudou a catapultar o formato de soft rock/música adulto-contemporânea para rádios do início de 1977, com ótimas guitarras e o expressivo piano digital de Chris.

Aí vinha "Silver Springs", de Stevie, um cântico lamentoso sobre um memorável amor perdido. Com quase oito minutos de duração, a música era um emaranhado profético de emoções e um aviso contundente: *"Time cast a spell on you... you won't forget me... my voice will haunt you... you'll never get away"*.[28] Lindsey nos oferece um solo de guitarra bem comovente, que parece um lamento de profundo pesar, juntamente à "frágil" persona vocal de Stevie. Esse patente encantamento foi seguido por "Oh Daddy", de Christine, que as pessoas próximas sabiam se tratar de uma carta noturna e sincera para Curry, cujo olhar, dizia-se, estava sempre vagando dentro do círculo incestuoso da banda.

Rumours foi programado para terminar em um ponto bem sombrio, com a alarmante "Gold Dust Woman", de Stevie. Uma sinistra faixa rítmica que

---

28 "O tempo lançou um feitiço em você/Você não vai me esquecer/Minha voz o assombrará/Você nunca vai escapar." (N. T.)

se desenvolvia para uma visão sepulcral, carregada de tragédia, choro, vício e agonia. Quando o tom-tom tribal sinaliza a dança da Gold Dust Woman e seus familiares bizarros — a viúva negra, o dragão, a sombra de uma mulher — a faixa termina com gritos de harpia atormentados, *banshees* lamentando sobre pântanos proibidos, espíritos desencarnados em busca de almas vulneráveis. No fim de *Rumours*, tudo o que restava ao ouvinte emocionalmente exausto era catar seus cacos e ir para casa.

Quando o Fleetwood Mac tocou essa sequência para a Warner Bros., eles disseram que o álbum era longo demais. Cada lado de um disco de vinil só poderia ter cerca de 22 minutos de duração, ou a qualidade do áudio piorava consideravelmente. Era preciso limar ou substituir algumas coisas. A escolha óbvia da equipe da produção foi cortar "Silver Springs". Primeiro, a música era longa demais; segundo, Lindsey a odiava.

Mick sabia que "Silver Springs" era o projeto favorito de Stevie. Ia ser uma briga daquelas se a faixa fosse excluída do álbum. Eles penaram com a música por quatro dias, tentando reduzi-la a uma duração aceitável. Versos foram retirados, o solo de guitarra bastante reduzido. Finalmente, conseguiram chegar a quatro minutos e meio. Mas ainda era extensa demais para os dois lados do *Rumours* e, por insistência da Warner, a música ficou de fora. Na tentativa de acalmar Stevie, que certamente ficaria arrasada, "Silver Springs" apareceria no lado B do primeiro single do álbum, "Go Your Own Way". (Alguns consideraram a dupla apropriada: Stevie e Lindsey botando os próprios problemas no ringue em lados opostos do disco de 45 rpm.)

Para substituir "Silver Springs", eles gravaram "I Don't Want to Know", uma música mais antiga de Stevie, mas sem revelar isso a ela. Ficou ótima na voz de Lindsey, um verdadeiro rock de cowgirl com palavras comoventes — *"Take a listen to your spirit/It's crying out loud"*.[29] Com três minutos de duração, ela se encaixou bem entre as outras canções do lado B do álbum. A

---

29 "Ouça seu espírito/Ele está gritando em alto e bom som", em tradução livre. (N. T.)

Warner aprovou a sequência, e daí eles finalmente enviaram as fitas de *Rumours* para masterização e prensagem.

Agora alguém tinha de contar a Stevie Nicks que "Silver Springs", sua música predileta, não estaria no álbum novo. A tarefa coube a Mick Fleetwood, que receava ser o mensageiro e, ele sabia, assim partir de vez o coração já alquebrado da vocalista. Chegou o dia, e Stevie chegou ao estúdio com sua turma de garotas cochichantes. Mick levou Stevie para o estacionamento e, delicadamente, tentou explicar a situação, e o assunto foi resolvido. Stevie pareceu aceitar com tranquilidade, sem nada dizer. Daí o encarou por um momento, reuniu sua comitiva e foi embora. Mick Fleetwood ficou com a terrível sensação de que talvez ela não fosse voltar.

Stevie na verdade ficou furiosa. E disse às amigas que jamais perdoaria o Fleetwood Mac por aquela falta de respeito. Culpou Lindsey por deixar a música tão extensa. A pior parte é que ela havia concedido os direitos da canção à sua mãe. Ela explicou: "Quando gravei 'Silver Springs', eu a dei de presente à minha mãe. Ela jamais aceitaria um centavo meu, então imaginei que o único jeito de lhe dar dinheiro seria lhe oferecendo uma música para tocar em um dia chuvoso. Ela receberia tudo — publicação, *royalties*, o pacote completo. Era a música favorita dela [dentre as que compus]. Ela chegou a abrir uma loja de antiguidades e a batizou de Silver Springs Emporium. E aí eles a tiraram do álbum, então foi um presente de grego. Foi, tipo, 'Olha só, mamãe, adivinha? A música não vai entrar no disco, foi mal'".

Isso foi humilhante porque mostrou a Barbara Nicks, que sempre defendera uma vida independente para Stevie, como sua filha detinha pouco controle sobre a própria música. E também lhe absteve de uma quantia financeira considerável quando *Rumours* foi lançado no ano seguinte. Mas a mãe de Stevie continuou a ser a proprietária da canção, e a recompensa veio vinte anos depois, quando o relançamento de "Silver Springs" foi um sucesso.

3.5 Bola de Cristal

Antes do recesso de Natal de 1976, Stevie Nicks passou por uma mamoplastia, para implantar próteses de silicone e aumentar o manequim dos seios. Garantiram a ela que o procedimento era seguro e que os implantes nunca vazariam. Tanto ela quanto sua estilista ficaram contentes com a mudança em sua imagem corporal. "Fiz o procedimento em dezembro de 1976", recordou-se ela (com tristeza), mais tarde. "Eu só estava há um ano no Fleetwood Mac, e recebendo muita atenção. Sempre achei meus quadris muito largos e meu busto pequeno demais, então tocamos essa ideia adiante."

A cirurgia aconteceu por volta da mesma época em que ela se deu conta de seu rompimento definitivo com Lindsey Buckingham. Ela havia nutrido uma ligeira esperança de uma possível reconciliação, mas isso não aconteceria. Eles não estavam se falando, e agora ele e a namorada estavam morando com Richard Dashut e, dizem, procurando uma casa em Hollywood Hills. Stevie queria que as pessoas soubessem que fora ela a responsável pelo rompimento com Lindsey, e não o contrário. Era importante para ela que fosse assim. "Eu terminei com ele", contou a um repórter de TV. "Ele não queria ficar comigo. Já estávamos nos estranhando há um tempo."

Foi também nesse momento crucial que Stevie tomou a firme decisão de se dedicar à sua poesia e à sua carreira, e que jamais teria filhos. Ela disse, inclusive, que provavelmente nunca se casaria, revelando a amigos próximos que sempre tivera essa sensação desde que entrara no Fleetwood Mac. Nesse momento decisivo, ela via apenas um caminho possível, e o fardo da maternidade não seria nada além de um obstáculo para suas ambições. (Como muitos astros do rock, que permaneciam meio imaturos na idade adulta, Stevie sequer era chegada em crianças.) Mais tarde, ela explicou que precisava de um certo tipo de autoridade independente para estar em uma banda. "Eu queria ser respeitada, como musicista, por cada um dos caras naquele palco. E se eu tivesse ido embora e feito aquela escolha, a dinâmica teria sido muito diferente."

No fim de novembro, Stevie e sua comitiva foram ao estúdio do fotógrafo Herbie Worthington para tirar fotos para o encarte de *Rumours*. Mick tinha dito que queria algo shakespeariano, portanto apareceu de colete e calças pretas, e Stevie com seu traje de palco, mas sem a cartola. Suas botas de veludo foram substituídas por sapatilhas pretas de balé; seus cabelos caíam pelas costas, naquele mesmo corte shag desfiado; e, de forma provocativa, ela resolveu posar com a perna sobre o joelho esquerdo de Mick, que por sua vez segurava a mesma bola de cristal que tinha aparecido no álbum *Fleetwood Mac* (e que a essa altura já tinha vendido bem mais de quatro milhões de cópias, e seguia vendendo). As fotos da contracapa mostravam a nova Stevie, de seios fartos, usando um vestido bege drapeado e ornado por um broche de escaravelho na cintura, revelando um pouco de decote — linda *de matar*.

Lindsey Buckingham ficou irado. Ele achava que a banda inteira deveria ter aparecido na capa do *Rumours*.

Uma nova sessão de fotos foi agendada para a capa da revista *Rolling Stone*. A ideia era mostrar o Fleetwood Mac na cama, portanto, Stevie chegou no estúdio da fotógrafa Annie Leibovitz usando uma camisola sexy de veludo cor-de-rosa. Fotografando acima da cama, ela aninhou Stevie num Mick seminu, as pernas dela apoiadas em John, que lia um exemplar da *Playboy*. Chris e Lindsey ficaram juntos do outro lado de Mick. Nem todos sorriam, mas Stevie e Mick eram pura risada. Bem mais tarde, Stevie confessou que esse primeiro contato corporal na horizontal com Mick Fleetwood foi prazeroso para ela e que, posteriormente, "daria ruim".

Para surpresa geral, após a sessão, Stevie e Lindsey foram os últimos a permanecer na cama. Eles começaram a conversar, discretamente. Ele perguntou a ela sobre os "implantes de silicone", e deu a entender que eles davam tesão. Cresceu uma intimidade no ar, e assim todos os outros saíram do recinto. Então Stevie e Lindsey começaram a se pegar. Depois de altas preliminares, alguém tossiu do outro lado da porta, desconfortável. Em seguida, um dos assistentes entrou e disse que eles precisavam montar o set para outra sessão. Foi o fim do clima, e Stevie Nicks foi levada para casa baqueada pela ressaca amorosa. Ela tentou compor uma música sobre esse episódio, mas a criatividade demorou a chegar.

Stevie passou o Natal em Phoenix com a família. A mãe lhe perguntou sobre Lindsey. Stevie disse que a coisa toda tinha terminado numa briga daquelas quando eles retornaram para L.A. após Sausalito. Lindsey ficara furioso com ela. Houve muita gritaria. A situação descambou para a agressão física e ele a jogou no chão. "E aí foi o fim", disse ela. "Foi ali que dei um basta." Foi ali que ela o deixou de vez.

Foi um término horroroso, e ainda dói. Chris, irmão de Stevie, idolatrava Lindsey, e ficou aborrecido com a notícia. É claro que Stevie também ficou chateada por precisar dizer adeus a esse cara — seu companheiro e amigo há sete anos. Todas aquelas expectativas sociais — casamento, filhos, família — foram jogadas pela janela. Ainda assim, ela o amava, e sentia que sempre amaria. E, pior, ela precisava dele para as músicas. Contava com a habilidade dele para compreender suas intenções, o que ela queria dizer (musicalmente falando). Ninguém mais tinha algo daquele tipo.

Quanto a Lindsey, ele estava furioso com tudo. Culpava o Fleetwood Mac e as pressões de se estar numa banda pelo rompimento com Stevie. Ele chegara a dizer à namorada, Carol, que não gostava de Stevie, mas que ainda era apaixonado por ela. Mesmo décadas depois, ele confessou a um repórter: "Fiquei *destruído* quando ela foi embora".

Fevereiro, 1977. Stevie Nicks tinha 28 anos. A Warner Bros. tinha enviado 800 mil cópias do *Rumours* às lojas que haviam feito pedidos antecipados, a maior remessa na história da gravadora até então. As estações FM de soft rock que vinham tocando "Rhiannon" há um ano e meio agora começavam a tocar "Dreams" e "Go Your Own Way". O primeiro single do álbum, "Go Your Own Way"/ "Silver Springs" (lançado em dezembro), estava entre os dez mais tocados. A banda também tinha sido capa da *Rolling Stone*, que rasgava elogios para *Rumours* e glamorizava a banda (e principalmente Stevie Nicks) como o grupo mais sexy na crescente indústria musical — uma indústria que, em meados de 1970, se tornara crucial no consumo, superando o cinema, o teatro, os impressos e tudo o mais.

Naquele mês, após encher uma estante de prêmios Grammy pelo álbum *Fleetwood Mac*, uma banda Fleetwood Mac meio enferrujada foi ao SIR Studios em Cahuenga Boulevard e ficou tocando durante um mês, se preparando para a longa turnê internacional para promover *Rumours*. Os shows começariam com "Say You Love Me", e apresentariam canções dos dois álbuns. Lindsey tocou "Oh Well", de Peter Green. Os bis começariam com "Go Your Own Way" e terminariam com "Songbird", uma canção de ninar para se despedir dos fãs.

Por volta do início de março, o som do Fleetwood Mac era considerado um dos melhores mundo, mas havia uma preocupação intensa com a voz de Stevie. Para quem a conhecia, sua voz parecia rouca, e um tanto forçada nas notas mais agudas. Basicamente, ela havia espicaçado as cordas vocais na longa turnê anterior ao declamar "Rhiannon" a alturas estratosféricas noite após noite. Ela vinha experimentando variados elixires terapêuticos à base de conhaque e mel para aplacar a dor, mas Mick Fleetwood estava preocupado, e com razão; para que Stevie pudesse descansar a voz, a banda teria de cancelar semanas de shows já agendados para aquele ano.

Ela também vinha apresentando problemas de visão. Alguns dias antes do grande show "A Day on the Green", promovido por Bill Graham no Oakland Coliseum, no dia 7 de maio, ela machucou as córneas por ter ficado dois dias seguidos na farra sem tirar as lentes de contato. Stevie estava quase cega quando Graham a carregou nas costas do trailer da banda até os bastidores. Ela conseguiu fazer o show para 75 mil pessoas, mas foi por um triz. Então, por ordens médicas, Stevie passou uns dias usando tampões nos dois olhos, e nesse período ficou tateando para se locomover e foi vítima de montes de pegadinhas. A banda lhe pregava peças, a provocava, colocava coisas fora de seu alcance. Até as amigas de confiança a vestiram com roupas que não combinavam, garantindo que estava maravilhosa.

Depois disso, a banda passou seis semanas tocando em todos os Estados Unidos, viajando em um caríssimo jatinho fretado, apresentando-se na maioria das vezes em arenas com público em torno de 15 mil pessoas. Stevie foi acompanhada por Robin Snyder e seu cão Ginny. O público fervilhava, louco pelo Fleetwood Mac, especialmente no Sul do país. O show no Jefferson Coliseum, em Birmingham, Alabama — antigo reduto do Buckingham Nicks — teve seus ingressos esgotados em apenas uma hora. O mesmo aconteceu no Madison Square Garden, em Nova York, no dia 29 de junho. (Resenhas de jornais desse show apontaram o desgaste vocal de Stevie. A *Rolling Stone* disse que ela "cambaleava" pelo palco, monitorada por roadies "desesperados" para evitar que caísse.) As arenas esportivas e residências universitárias estavam lotadas de garotas jovens com chapéus de bruxa e capas pretas, imitando os trajes de palco de Stevie — o conjunto de chiffon preto, salto alto, a antiga cartola masculina com suas associações maléficas ao vodu. Os fãs conheciam todas as músicas, sabiam todas as letras, acenavam para ela, gritavam, suplicavam para ouvir "Rhiannon" e o novo single, "Dreams", lançado em 1º de abril de 1977. As fãs de Stevie esperaram por ela na entrada do palco, espremidas de encontro à grade da fila do gargarejo, na esperança de ter um tiquinho de contato. Vez ou outra ela lhes dava um pouco de atenção ao mesmo tempo que JC a puxava, exausto (e eufórico), dali até a limusine; as garotas diziam "eu te amo", lhe davam flores, colocavam braceletes de prata em seu punho ou botavam turmalinas em sua mão para dar sorte.

Mas nem todos os shows iniciais da turnê *Rumours* foram excelentes, e isso era um reflexo das eventuais tensões na banda. Uma noite, Stevie teve uma crise pós-show. Ela havia errado uma deixa em "Rhiannon" e Lindsey precisou cobri-la, o que Stevie achou humilhante, pois teve que se desculpar para o público. No vestiário, ela se danou a chorar e a soluçar em virtude do episódio, um drama daqueles, e em seguida se desmanchou nos braços de Robin Snyder, que a acalentou feito uma criança.

Alguns dos fãs mais insanos de Stevie eram homens jovens. Um dos shows mais malucos que a banda fez naquele mês foi na Academia Naval norte-americana em Annapolis, Maryland. "Quando eles viram Stevie subir no palco", lembrou Mick, "os nove mil aspirantes da marinha rugiram de um jeito que só poderia ser descrito como inumano. Nunca tínhamos ouvido nada parecido". Quando Stevie dançou o ritual de "Gold Dust Woman" para os jovens marinheiros, dezenas de buquês de flores (e um rolo de papel higiênico) foram jogados no palco.

Após os shows, Stevie e Christine geralmente descansavam na suíte do hotel, fugindo de seus respectivos ex-maridos que costumavam afogar as mágoas no bar. No banheiro, Stevie se dedicava às inalações para tratar as cordas vocais desgastadas, e Robin e ela faziam exercícios de balé para manter a flexibilidade. "Em relação à turnê *Rumours*", recordou-se Stevie, "se houvesse uma suíte presidencial, as mulheres ficavam com ela. Ou, se houvesse duas, uma ia para Chris e a outra ia para mim. Era assim que a coisa funcionava. Para mulheres, é sempre mais complexo. Tem maquiagem, cabelo, unhas, todas essas merdas que temos de fazer. Os rapazes enchiam o saco, mas no fim era tipo: esposa feliz, vida feliz".

Nessa época, *Rumours* já tinha vendido um milhão de cópias apenas um mês depois de chegar às lojas. O single de "Dreams", com a voz fragilizada de Stevie, agora tocava massivamente nas rádios AM e havia atingido o primeiro lugar nas paradas da *Billboard*, catapultando, e muito!, as vendas do *Rumours*, vendendo mais outro milhão de unidades no mês de maio. (Quando este livro foi escrito, "Dreams" continuava a ser o único single do Fleetwood Mac a ocupar o primeiro lugar nas paradas.)

Em seguida, eles voaram para a Inglaterra, e de cara tocaram em Londres para uma casa cheia de antigos fãs (para quem o Fleetwood Mac era uma banda inglesa de blues). Stevie ficou muito emocionada ao constatar a importância daquele evento para Mick, Chris e John. Pouco mais de dois anos após escapulir da Inglaterra, a banda retornava numa posição de estrelato, tocando também em Birmingham e Manchester. Em uma noite de folga, todos foram convidados para passar uma noite (gélida) na casa de campo (sem aquecedores) de Eric Clapton, que estava morando com Patti Boyd Harrison, cunhada de Mick. Felizmente, a cocaína eleva a temperatura corporal, portanto todos sobreviveram a essa festinha rock 'n roll. Depois disso, os shows europeus continuaram, com apresentações na França, Alemanha e Suécia. Eles passaram por um perrengue na Holanda, quando aduaneiros detiveram a banda no aeroporto, procurando por drogas com base em uma falsa denúncia. Revistaram Stevie e Christine da cabeça aos pés, e também as figurinistas e maquiadoras. John Courage prometeu que isso nunca mais aconteceria. Quando o Fleetwood Mac retornou à Europa para uma nova turnê, a banda fez a viagem toda em vagões de trens privativos.

No dia 21 de maio de 1977, o álbum *Rumours* alcançou o primeiro lugar na lista de mais vendidos da *Billboard* e da *Cashbox*, desbancando até mesmo *Hotel California*, dos Eagles. Como Mick previra na fria e úmida Sausalito, *Rumours* passou os oito meses seguintes em primeiro lugar, posição histórica para uma banda que havia sido um tanto depreciada anos antes. As emoções que o Fleetwood Mac infundira nas novas músicas soavam genuínas para o público, que se identificava com os sentimentos autênticos apresentados ali. "A verdade sobre *Rumours*", dissera Stevie mais tarde, "era que *Rumours* era a verdade".

A partir daí, o Fleetwood Mac passou o restante do ano na estrada para promover o álbum, cujas vendas aumentaram ainda mais por conta de mais dois singles de sucesso, "Don't Stop" (em terceiro lugar nas paradas naquele verão) e "You Make Loving Fun" (também entre as dez mais tocadas de outubro). Todos os membros da banda, inclusive Stevie, sentiam que estavam num foguete rumo ao estrelato, energizados pelas tampinhas de Heineken reluzindo de cocaína de primeira que JC distribuía antes dos shows. "Aquele foi o auge do Fleetwood Mac", lembrou Mick sobre 1977. "Era trabalho, turnê, rádio, sucesso total. Era como se a gente estivesse numa montanha-russa, mas sempre em movimento ascendente."

Em junho, a banda fez uma pausa. Stevie e Lindsey então foram trabalhar juntos nos novos álbuns do roqueiro Walter Egan e de seu velho amigo Warren Zevon. (Egan se apaixonou loucamente por Stevie, o que arruinou o casamento dele. Sua paixão, porém, não foi correspondida e dizem que ele ficou arrasado.) Então Stevie conheceu um jovem executivo de gravadora, Paul Fishkin, quando o Fleetwood Mac participou de uma convenção importante da Warner Bros. para suas gravadoras afiliadas em Los Angeles. Paul tinha uns 30 anos, se vestia bem, falava manso, era moreno e bonito (todos diziam que se parecia muito com Lindsey), e presidente da Bearsville Records. Stevie ficou interessada nele, pediu para conhecê-lo e iniciaram um caso que, mais tarde, revelar-se-ia crucial para a carreira dela.

Quando Paul Fishkin conheceu Stevie e sua rotina um pouco melhor, ficou espantado pela maneira como ela era tratada pelo Fleetwood Mac. Nicks era a atração principal da banda, mas não conseguia se impor de jeito nenhum. Não conseguia colocar as músicas que queria no álbum. Não tinha gerência própria para ajudá-la a lidar com Mick, que administrava a banda, coisa que, para Paul, parecia um grande conflito de interesses. Ele também percebeu que a voz de Stevie estava muito detonada, mas, quando ia a algum show do Mac, a banda continuava a tocar como se isso não fosse agravar os problemas vocais dela num futuro muito breve. Além disso, Stevie continuava a vociferar o final delirante e espicaçado de "Rhiannon" no clímax de todo show, como se pudesse fazer crescer novas cordas vocais da noite para o dia. Quando Stevie contou a Paul Fishkin que não sabia muito bem o que fazer diante de sua situação, ele sugeriu veementemente que ela cogitasse sair da banda e iniciasse uma carreira solo, já que estava tão infeliz. Stevie disse que não tinha confiança e recursos para tal. Com base no que tinha observado, Paul disse a Stevie que algum dia ela seria uma estrela maior do que o Fleetwood Mac. E se continuasse a compor naquele nível, poderia inclusive ter seu próprio selo e ficar com parte do quinhão da Warner Bros. É claro que Paul se ofereceu para ajudá-la nessa decisão monumental.

Agora Stevie Nicks precisava refletir. Ela manteve o relacionamento romântico com o inteligente e astuto Paul Fishkin, o qual durou até o Fleetwood Mac partir para a Austrália naquele ano.

3.6 Por Trás das Cortinas

Durante a vida inteira, Stevie Nicks sempre se descrevera como uma garota bem feminina, porém, depois de seu rompimento com Lindsey Buckingham, ela assumiu uma nova persona pública e privada de hiperfeminilidade, e que veio a deixá-la ainda mais famosa. Ela se aproveitava de suas habilidades no balé e era fotografada de tutu, meia-calça rosa e sapatilhas. Ainda gostava da companhia de homens e precisava deles para trabalhar, mas, na vida doméstica privativa, Stevie se cercava de mulheres atraentes e artísticas, que não só cuidavam dela, como eram uma companhia para dançar e cantar a noite toda. Certa vez, ela confessou à amiga íntima Sara Recor (a linda e ultrafeminina ex-modelo), que achava que nunca mais confiaria totalmente em um homem depois do que passara com Lindsey — que, por sinal, agora parecia querer bater de frente com ela o tempo todo.

Esse momento coincidiu com uma onda considerável de avidez pelo misticismo, conforme suas músicas ficavam cada vez mais conhecidas. Os fãs adotaram o "conhecimento especial" e as "visões clarividentes" de Stevie e começaram a bombardeá-la de correspondências com artigos esotéricos, como se seu conhecimento especial abarcasse doutrinas místicas, teosóficas, alquímicas e astrológicas. A partir daí também surgiram fanzines com interpretações bizarras de suas músicas, como se Stevie Nicks fosse uma hierofante, uma intérprete de mistérios e princípios sagrados. Suas fãs começaram a se considerar adeptas de uma espécie de sociedade secreta, iniciadas em um culto, as irmãs da lua. Até mesmo um crítico de rock mordaz como Lester Bangs foi capaz de assinar um artigo na revista *Creem*: "Stevie Nicks: Lilith ou Vadia?".

É claro que também houve repercussão da mídia roqueira. Afinal, era 1977, o ano em que dois setes se enfrentavam, o ano das festas de punk reggae. Do artigo da *Creem*:

Sim, 1977 chegou, e Stevie Nicks é a mulher mais popular e mais evidente do rock. E ela é uma piada. É uma cabeça de vento, um pompom ambulante… Stevie é uma californiana inclinada a escrever canções sobre bruxas, misticismo e todas essas merdas invocáveis enquanto cozinha numa Jacuzzi… Mas, embora o som do Big Mac tenha sido consistentemente sem-graça, não dá para culpar Stevie — ela tem tentado proporcionar certo alívio cômico… Mas o punk está chegando aí, e está mirando nos megaultrasupergrupos como o Fleetwood Mac. Uma nova geração de mulheres roqueiras vai surgir e tocar músicas sem frescura, bem incorretas. Logo o reinado de Nicks chegará ao fim. No futuro, ela e o Fleetwood Mac serão uma notinha de rodapé, uma pegada congelada nos poços de piche da era inflada do rock corporativo.

Em algum momento naquele ano, Stevie Nicks ficou grávida de Don Henley. Foi estranho, já que ela havia decidido não ter filhos. Vez ou outra, nos intervalos das turnês, ela e Don ainda ficavam, quando coincidia de estarem na mesma cidade. Na época, ele estava morando em Benedict Canyon, em uma ala da casa do empresário dos Eagles, Irving Azoff, enquanto construía o próprio imóvel perto de Little Ramirez Road, em Malibu. Certa noite, eles estavam jantando com Azoff e Stevie mencionou a possibilidade de ele ser seu empresário, caso algum dia ela seguisse carreira solo. Mais tarde, quando contou a Don sobre o bebê, ela disse que achava que era menina, e o nome seria Sara. No início, Don reagiu bem. Houve presentes, flores, mais jatinhos particulares (ela se lembraria com carinho de um jato vermelho da Lear) e telefonemas atenciosos. Mas aí, com o passar do tempo, Don foi ficando extremamente desanimado com a ideia; começou a manter distância, e Stevie — decepcionada depois daquela recepção imediata e empolgada — recorreu a um aborto. Os Eagles voltaram para a turnê, o Fleetwood Mac voltou para a estrada, e assim Stevie ficou um bom tempo sem ver Don Henley. Anos mais tarde, após Henley ter falado em público sobre a gravidez, Stevie deu uma entrevista à *Billboard*, e lhe perguntaram sobre o episódio e uma referência em uma de suas canções. Ela respondeu: "Se eu tivesse me casado com Don e tido um bebê, e se fosse menina, o nome dela seria Sara. Mas na época havia outra mulher chamada Sara em minha vida; então é quase isso, mas não é bem isso".

Stevie jamais se esqueceu dos jatinhos da Lear. "Eu estava na estrada, ele estava na estrada. Aí me buscavam de jatinho após o show, me levavam para Atlanta. Eu passava o dia lá e via o show dele, e logo depois aquele jatinho vermelho-cereja estava me esperando. Era maravilhoso. Foi uma das coisas mais românticas de toda a minha vida. Quando eu estiver no meu leito de morte, essa é uma das cenas que vai passar diante dos meus olhos."

O Fleetwood Mac passou o verão inteiro em turnê, emocionalmente arrasado, porém, fazendo ótimos shows. Stevie ficou com a saúde fragilizada após o calvário com a gravidez, mas estava mais preocupada com os colegas de banda. O (re)casamento de Mick estava desmoronando. Descrito na mídia como um Svengali carrancudo e de barba densa,[30] ele passava mais tempo na casa de Stevie do que com a própria família. Christine estava em vias de abandonar o cara da iluminação, ou seja, mais trauma na equipe de turnê. McVie, que passava as noites ouvindo as canções de amor da esposa sobre o cara da iluminação, estava bebendo até não poder mais. Todos bebiam, exceto Stevie, que afirmou tomar apenas uma dose de tequila antes de subir no palco. Já Lindsey vinha bebendo mais do que ela já tinha visto. Suas anotações de 24 de agosto de 1977 no grande diário de capa aveludada com desenhos de aves, anjos, flores e estrelas, continha o seguinte trecho: "Mais uma vez, no avião. Lindsey está sendo o mesmo babaca de sempre. Aos poucos, chego à conclusão de que Lindsey e eu estamos terminando. Tão triste ver um amor bom ficar ruim… Preocupada com Christine. Queria orientação espiritual de algum lugar. Onde estão as clarividências quando preciso delas"?

---

30 Svengali era um hipnólogo fictício do romance *Trilby*, de George du Maurier, publicado pela primeira vez em 1894. O termo "Svengali", por extensão, passou a ser usado para se referir a qualquer pessoa com poder de manipular a mente alheia. (N. T.)

Kenny Loggins (agora em carreira solo) estava abrindo para o Fleetwood Mac, e Stevie gostava de sair com Sara Recor, esposa do gerente de turnês de Loggins. Stevie tinha gravado os vocais (não creditados) para "Whenever I Call You Friend", de Loggins — *"sweet love showin' us a heavenly light"* — que após seu lançamento figuraria na lista das Dez melhores músicas do ano. O Fleetwood Mac também fez uma apresentação beneficente em Tucson, promovida pelo pai de Stevie, ligada a uma fundação para prevenção de doenças cardíacas. Essa iniciativa deu início a uma longa parceria com Jess Nicks, que, aposentado, se dedicava a promover shows no Arizona com seu irmão Gene.

A exaustiva turnê continuou no outono de 1977. Em determinado momento, a banda fez um mês inteiro de shows com apenas um dia de folga. Então um dia, Lindsey — esgotado por liderar a banda todas as noites em uma miscelânea de álcool e drogas — desmaiou no chuveiro de uma suíte de hotel em Filadélfia, e com isso alguns shows foram adiados. Posteriormente, seu médico lhe informou que ele tinha uma forma leve de epilepsia, que alguns desconfiavam ser a causa das eventuais alterações violentas de humor de Lindsey.

No fim de outubro a Warner Bros. lançou "You Make Lovin' Fun", mais um single de sucesso que rapidamente impulsionou a venda de mais dois milhões de cópias de *Rumours*, na época de Ação de Graças. No fim do ano de 1977, o álbum venderia oito milhões de cópias, passando 32 semanas em primeiro lugar. Naquele ponto, um emocionalmente exausto Fleetwood Mac tirou dez dias de folga antes de seguir para o Japão, Nova Zelândia, Austrália e Havaí.

Vez ou outra, nas noites escuras de novembro, quando nuvens carregadas se aglomeravam e despejavam chuva nas colinas de Santa Monica, e deslizamentos de terra bloqueavam a Pacific Coast Highway, Stevie ouvia o rugido animalesco da Porsche 911 preta de Mick Fleetwood subindo a estrada íngreme até sua casa. Era a "grande asa negra" que, mais tarde, seria citada em suas canções. Daí ele a levava para longos passeios por Mulholland Drive, passando sobre Hollywood Hills, com a vista estonteante das luzes de San Fernando Valley em meio à escuridão noturna. O clima entre eles era esquisito, dúbio. Mick sabia que Stevie estava saindo com um executivo de gravadora. Ela sabia que ele dava suas escapadelas longe da esposa e das filhas. Os pais de Mick, que viajavam frequentemente com a banda e a quem Stevie adorava, também moravam com ele.

Eles não conversavam muito, afirmara Mick mais tarde. Apenas se sentiam à vontade juntos, longe das altas tensões da banda e das exigências das turnês. E às vezes a cocaína é capaz de inibir as conversas, caso cheirada em grandes quantidades. Tudo era muito furtivo. Não havia nenhum tipo de contato físico, pelo menos não naquele momento. As amigas de Stevie juraram silêncio sobre esse assunto.

Os passeios da madrugada continuaram após os shows lotados do Fleetwood Mac na Nova Zelândia. Após o show em Wellington, à meia-noite Mick e Stevie saíram de fininho da garagem do hotel para não chatearem Lindsey, daí foram conduzidos por um motorista samoano por um longo trajeto em cumes de montanhas e vales. Era primavera nas Antípodas, e o ar fresco entrava na cabine escura através da janelas da limusine Daimler, onde Stevie estava de mãos dadas com Mick Fleetwood, tomando fôlego. Quando chegaram em um famoso mirante, pouco antes do amanhecer, desceram do carro e caminharam por uma trilha de cervos, esperando o sol despontar em meio às nuvens com vista panorâmica para uma paisagem vasta e verdejante. E então a névoa matinal se condensou em orvalhos frios, e as roupas dos dois ficaram grudadas na pele.

O trajeto de volta para o hotel foi em meio a chuva e trovoadas, revelara Mick, mais tarde, uma cena digna de *Rei Lear*. Vez ou outra Shakespeare usa tempestades para unir ou separar seus personagens, e foi o que aconteceu ali. Após voltarem agarrados na limusine, Mick acompanhou Stevie à sua suíte. Ela então ergueu o rosto para ele, que disse, "Acho que gostaria de passar a noite aqui".

E agora Stevie e Mick tinham um caso amoroso, que avançou fortuitamente bem depois que o Fleetwood Mac tinha chegado à Austrália naquele mês de dezembro. Christine descobriu, mas guardou silêncio. Lindsey e John não ficaram sabendo. De qualquer forma, a interação entre os membros da banda nos hotéis era quase nula. Os shows eram um tumulto só, já que os fãs australianos consideravam o Fleetwood Mac os místicos emissários de seus ancestrais galeses. Muitas vezes os shows eram interrompidos depois de "Rhiannon", pois o público não parava de aplaudir e de pedir bis a Stevie Nicks, que estava extenuada e ainda lutando com os problemas em suas cordas vocais. Foi então que Jenny Fleetwood chegou em Sydney, sem a menor ideia do que estava acontecendo, e foi estranhamente alienada das apresentações por John Courage até que, uma noite, Jenny e Mick estavam de pé detrás das cortinas do palco, de mãos dadas, esperando a banda para entrarem. Mick apertou levemente a mão de Jenny e soltou, daí deu a volta pela cortina, encontrou a bela Stevie Nicks à espera, pronta para a ação, e os amantes secretos trocaram um beijo lascivo, com a esposa de Mick a apenas alguns centímetros de distância, atrás do tecido. Dez anos depois, Stevie confessaria a Mick que aquele fora um dos momentos mais incríveis de sua vida amorosa.

De volta à Califórnia para as festividades de final de ano, todos tentaram descansar um pouco. Stevie se trancou em casa e começou a compor versos a partir das anotações em seu diário. "Sara" surgiria daí, e também "Angel", "Storms" e "Fireflies". Seu caso com Mick ainda era um segredo e seguia um ritmo descompromissado, pois assim mais conveniente para Stevie; no entanto, ela insistia que Mick tivesse uma palavrinha com Lindsey, temendo que seu ex-namorado surtasse e largasse a banda caso descobrisse por outras fontes. Então um dia Mick se sentou com Lindsey e confessou estar apaixonado por Stevie, e foi isso. Porém Mick não disse nada à sua esposa, e assim, nos seis meses subsequentes ele bancaria o mágico, tentando estar em dois lugares ao mesmo tempo. Enquanto isso, o Fleetwood Mac preparava seu próximo álbum, uma obra complicada e cheia de falhas.

A essa altura Stevie já tinha rompido o relacionamento com Paul Fishman, mas continuaram bons amigos. Daí ela falou ao novo namorado,

Mick Fleetwood — que desconfiava que Fishman pudesse estar incentivando a tão comentada carreira solo de Stevie — que talvez voltasse a precisar de Paul algum dia.

CAPÍTULO 4

4.1 Conhecimentos Especiais

Para comemorar o enormes sucesso profissional em 1977 e dar as boas-vindas a 1978, Stevie Nicks deu um festão de Ano-Novo em sua casa. Convidados ávidos para conhecer a propriedade em El Contento Drive atravessaram imponentes portões de metal, serpentearam ao longo de uma passagem de cascalho, passaram pelo Volkswagen de Stevie na calçada (a placa era BBUNNI) e foram solicitados a entrar em uma mansão colonial espanhola rosada, ligeiramente iluminada por abajures, mobiliada ao estilo contemporâneo da Califórnia. Tapetes persas cobriam os pisos claros de tacos. Assentos de vime antigos tinham estofados de chita florida, com almofadas cobertas de tecido de seda Hermès. Havia flores em todas as mesas, vitrais nas janelas, velas perfumadas para todos os lados, além de fotografias de amigos e familiares em molduras prateadas. A entrada circular no saguão abrigava o piano de cauda Bösendorfer (a primeira coisa que Stevie comprou quando os cheques de sete dígitos dos *royalties* começaram a chegar), coberto por um tecido antigo cor de âmbar. Na sala, uma mesa de vidro estilo *art déco* apresentava um livro grosso com aparência antiga intitulado *Magical Beings* ("Criaturas Mágicas", em tradução livre). Stevie circulava entre os convidados carregando um espelho de moldura dourada com carreiras de cocaína e notas de US$ 20 enroladas. Era acompanhada pela cachorrinha, que, dizem, também gostava muito de cocaína. O esplêndido bufê, disposto no antigo aparador da sala de jantar, permaneceu quase intocado. O recente álbum de sucesso de Linda Ronstadt, *Simple Dreams*, ecoava no aparelho de som estéreo, apresentando o belíssimo trabalho de Waddy Wachtel na guitarra (sobretudo em "It's So Easy").

Até Lindsey e sua namorada Carol compareceram à festa. (Mais tarde, Carol escreveu que Stevie a encarava toda vez que elas se esbarravam no mesmo recinto, como se a cantora estivesse dizendo que ela não era boa o suficiente para ele. Carol desejava ardentemente que pudessem ser amigas, mas, é claro, jamais aconteceu.)

Todos tinham muito o que comemorar. Na festa, executivos da Warner disseram aos membros da banda que a expectativa era que *Rumours* vendesse dez milhões de cópias até o fim de janeiro de 1978. (De fato, conforme o ano avançava, durante algum tempo o álbum sustentou o recorde de mais vendido da história das gravadoras.) Stevie, Lindsey e Christine ganharam, cada um, US$ 6 milhões com vendas de álbuns e difusão, e Mick e John, que não eram compositores, ganharam metade disso. Em algumas semanas, o Fleetwood Mac dominaria o American Music Awards na televisão e, em seguida, os prêmios Grammy, e reapareceria na capa da *Rolling Stone* sob a manchete "The People's Choice" ("A escolha do público", em tradução livre). E o futuro prometia. Varejistas de discos imploravam por novas remessas. A expectativa era que os pedidos antecipados do novo álbum do Fleetwood Mac fossem os mais altos da história. E de fato eles vieram a lançar um novo disco em 1978, iniciando a comercialização mundial em 1979, e fazendo a turnê de shows mais lucrativa já vista. Depois disso, nem o céu era o limite — na verdade era o caminho para as estrelas.

Na dita festa de Ano-Novo, Stevie notou a presença de "convidados" que não conhecia, casais bem-vestidos socializando com os funcionários da Warner Bros. Acontece que eles eram os executivos do setor de filmes da empresa, e tinham dado um jeito de entrar na casa numa tentativa desesperada de conseguir uma reunião com ela. Naquele momento, Stevie era considerada um ótimo partido em Hollywood. Mandachuvas do cinema viam seus clipes na TV e ouviam sua música no rádio do carro enquanto iam para o trabalho em Burbank, Hollywood, e na Universal City. Stevie Nicks estava com a bola toda em 1978, e poderia estrelar alguns filmes caso tivesse interesse em fazê-lo. "Não sou atriz, acredite", respondia ela quando questionada a respeito. Por não ter representantes independentes, Stevie não fazia ideia que aquelas perguntas sobre sua disponibilidade (feitas por atores de cinema, caça-talentos e diretores de elenco) chegavam no escritório do Fleetwood Mac — e que eram todas devidamente ignoradas por Judy Wong, já que Mick não tinha a menor intenção de perder sua galinha dos ovos de ouro para uma carreira cinematográfica em Hollywood.

O pessoal do cinema podia esquecer qualquer reunião com Stevie em sua festa de Ano-Novo. Pouco antes da hora mágica, ela e sua sorridente comitiva de mulheres desapareceram nos aposentos privativos, onde se reuniram no luxuoso banheiro principal com sua acústica superior e cantaram juntas até a chegada do novo ano.

Por menor que fosse o interesse de Stevie em aparecer na tela grande, ela não passou tão incólume assim de Hollywood, pois foi aventada uma grande ideia cinematográfica baseada em "Rhiannon". Stevie até começou a pensar no assunto após ver as "sequências de fantasia" amadoras e canhestras, imbuídas de antigas ruínas e decadência romântica, no espetáculo *The Song Remains the Same*, de 1976, do Led Zeppelin. (Ela gostou demais da parte em que o guitarrista Jimmy Page, assumidamente obcecado por magia oculta, se transformava de mago a Velho da Montanha e brandia uma espada de laser.) E então, no fim de 1976, um fã lhe enviou um romance, *The Song of Rhiannon*, publicado em 1972, um ano antes de Stevie compor "Rhiannon". O romance fazia parte da *Mabinogion Tetrology*, de Evangeline Walton, uma compilação de quatro livros da antiga coleção de mitos galeses conhecida como Mabinogion. De posse dessas histórias, Stevie obteve mais informações sobre a energia de Rhiannon do que já tinha. E isso se tornou um "projeto"; um contrato cinematográfico. Logo depois Stevie entrou em contato com Evangeline e, no início de 1978, embarcou em uma épica viagem para visitar a escritora em sua casa em Tucson, no Arizona. Evangeline Walton — grisalha, ornada com adereços de turmalina e prata indiana, e usando maquiagem pesada para disfarçar um problema dermatológico crônico — recebeu gentilmente Stevie e suas amigas, daí conversou sobre "conhecimentos especiais" por horas.

Anos depois, Stevie se lembrou desse encontro: "Ela morava em sua casinha geminada em um loteamento, e aí você entrava e tudo era escuro, gótico e cheio de cortinas". A única luz provinha de velas. "Na lareira, havia um grande leão de pedra com a inscrição 'Canção de Rhiannon'. Pensei, *que doideira*. O mundo é pequeno, sabe? Se olhássemos as datas, era como se o trabalho de Evangeline tivesse terminado em Rhiannon e, então, o meu tivesse começado. Era quase como se ele tivesse sido entregue a mim pelos deuses — ou quem quer que fosse."

Posteriormente, Walton (que viveu até 1996) descreveu a iniciativa de Stevie como bem-intencionada, comercial e ingênua. Sem dúvida, dissera ela a Stevie, existiam pessoas que se intitulavam "bruxas", que escreviam livros sobre feitiços e, inclusive, faziam as chamadas reuniões de coven lá em Tucson, mas tudo não passava de encenação. O que elas faziam, inofensivamente, era fingir serem bruxas, e não acusarem temerosamente outras pessoas de enfeitiçá-las.

Mas, ainda assim, era um negócio arriscado, alertou Walton. A maioria dos seres humanos acredita ser vórtice de algum tipo de poder, e alguns acreditam que os próprios sentimentos e intenções podem influenciar questões humanas de maneira sobrenatural. Certas pessoas podem projetar seus poderes e, se elas forem más, há a crença de que podem estragar plantações, amaldiçoar lares e causar sofrimento humano, e até mesmo a morte. O negócio também era perigoso a quem o praticava. Ela lembrou a Stevie de que em 1692, vinte pessoas inocentes (e dois cães) foram enforcados por acusação de bruxaria em Salém, Massachusetts. *Você pode entoar uma canção sobre uma antiga bruxa galesa*, dissera Evangeline Walton a Stevie Nicks, *mas é melhor não incentivar as pessoas a chamá-la assim*. Em essência, a escritora aconselhou a cantora a deixar para lá esse lance de bruxaria.

Em algum momento desse encontro, surgiu a ideia de negociar os direitos da *Mabinogion Tetrology* para transformá-la em um filme. Walton disse a Stevie Nicks que pensaria a respeito. Stevie foi embora de Tucson e se dirigiu a Phoenix, decidida a não deixar essa energia evaporar.

No início de 1978, Stevie comprou uma casa grande, de estilo mediterrâneo, em Paradise Valley, a fim de ficar perto dos familiares quando estivesse no Arizona. A casa de aproximadamente 670 m² ficava em um terreno fechado, com vista para as montanhas e para um céu magnífico. De imediato, fez-se a reforma na cozinha, montou-se um estúdio de balé com espelhos e também uma saleta de gravação para fazer demos das músicas. O porão foi transformado numa *Song Vault* ("Caixa-forte da Música", em tradução livre), onde Stevie guardava seu crescente arquivo de fitas, jornais, cadernos e trajes. Dentre suas amigas, Stevie tinha a fama de nunca jogar nada fora.

Nessa mesma época, ela também comprou um novo Jaguar sedã. Quando ela e as amigas — de cabelão, saltão e roupas chamativas — entraram no *showroom* da Jaguar em Beverly Hills, o vendedor achou que fossem secretárias em horário de almoço e as ignorou sumariamente. Levou um tempo para Stevie convencê-lo a lhe vender um carro. E quando ela mostrou sua carteira de motorista, ele apontou para Stevie que o documento havia expirado no ano anterior. Outra pessoa teve de levar o Jaguar para casa. Stevie Nicks nunca se preocupou em renovar a carteira, já que amigos, namorados ou motoristas a levavam para cima e para baixo. Ela se considerava cega demais para dirigir. "Enxergo a maioria das coisas meio diáfanas", disse a um entrevistador inglês certa vez. "Vejo tudo de maneira onírica."

Em fevereiro, Stevie, Sara Recor e outras garotas voaram para o Havaí, onde Stevie tinha alugado uma casa de praia na paradisíaca ilha de Maui, estrela elísia do arquipélago. Havia redes estendidas nas palmeiras da praia em frente à casa, e elas gostavam de bebericar vinho à meia-luz, observando o espetacular pôr do sol arroxeado enquanto a brisa do Pacífico acariciava seus corpos e almas. Nessa época, Stevie cismou que estava gorda, e só sairia enrolada em saias compridas e sob camadas de blusas. Então, Mick Fleetwood, totalmente apaixonado, telefonou e disse que também estava a caminho, e perguntou se elas iriam buscá-lo no aeroporto. Porém, no dia de sua chegada, as garotas tinham tomado ácido e acabaram no aeroporto errado. De algum modo, Mick descobriu como chegar à casa de Stevie, e ela viu que ele estava em péssimo estado, detonado pelo álcool, pela culpa (Mick havia mentido à esposa sobre o motivo da ida ao Havaí) e pela pressão de gerenciar a banda e outros clientes, como Bob Welch, cujo novo álbum solo, *French Kiss*, estava prestes a se tornar um grande sucesso. Mick disse a Stevie que precisava dela, que precisava desesperadamente estar com ela. Sentia que o caso deles estava esfriando e não queria que isso acontecesse. Mas a empolgação pelo romance secreto e inconsequente ainda atraía ambos, e assim Stevie lhe garantiu que, no fim, tudo daria certo. Mas ao mesmo tempo ficou triste pelo baterista sobrecarregado que havia largado a escola aos 15 anos para ganhar a vida como músico na Swinging London. Stevie pediu a Sara e às outras garotas que fossem legais com Mick.

Mick sabia que seu ex-cunhado, George Harrison, estava passando férias em Maui, então Stevie o convidou para sua casa. Eles passaram uma tarde memorável na piscina, Stevie de tranças, com um belo bronzeado, sorrindo, flertando, provocando o Beatle, que estava relaxado, de peito desnudo e fumando feito chaminé, na expectativa de convencê-lo a compor uma música com ela. Não funcionou, mas foi divertido.

Aos poucos, com aquele clima das ilhas, Mick foi relaxando e se sentindo melhor. Então ficou descansando na piscina com Sara Recor enquanto Stevie trabalhava em suas canções. De acordo com Mick, "Sara era boa cantora, e conhecia todas as músicas country antigas de que Stevie gostava. Elas passavam a noite cantando, e se intitulavam as Twang Sisters. Na época, Sara era modelo das agências Elite e Casablanca. Ela era maravilhosa, charmosa, sociável, engraçada e extremamente calorosa". Fleetwood não conseguiu evitar a atração pelos belíssimos seios fartos de Sara. Na verdade, não conseguia tirar os olhos dela, e Stevie percebeu e ficou implicando amigavelmente com ele por causa disso.

No dia seguinte, algo decisivo aconteceu. Eles ouviram falar de uma balada divertida chamada Blue Max, no vilarejo de Lahaina; naquela noite, teria uma banda tocando lá, e assim todos decidiram ir. Eles se amontoaram em alguns carros e chegaram bem na hora do início do show. À entrada, Stevie foi imediatamente reconhecida, e o grupo ganhou mesas ao lado do pequeno palco. Stevie se sentiu instantaneamente atraída pela vocalista da banda, uma garota de 22 anos, de visual exótico e cabelos pretos, tal e qual uma delicada Madona de pinturas renascentistas. Era Sharon Celani, de Los Angeles, cuja banda já trabalhava no circuito de luaus no Havaí há alguns anos. E ela era excelente cantora. Que potência vocal! Os movimentos de Sharon eram sutis, discretos e muito sensuais. Ela era uma verdadeira estrela. Stevie gostou tanto dela que, quando a banda começou a tocar o sucesso "Poor Poor Pitiful Me", de Linda Ronstadt, ela agarrou um pandeiro e subiu no palco, de saia de chita e blusa rosa, e começou a fazer a segunda voz para Sharon no refrão. O público da Blue Max foi ao delírio. "Ela *cantou* comigo", disse Sharon mais tarde. "Ninguém conseguia acreditar. Tocamos todas as músicas dela."

Entre uma e outra apresentação, Sharon e Stevie começaram a papear. Stevie mencionou que era difícil compor naquele clima tropical, e que ela não tinha um piano para trabalhar. Sharon recorda-se: "Liguei para um amigo e providenciei para que levassem um piano até a casa de Stevie. Quando ela o recebeu, me convidou para cantar em uma nova música, e venho cantando com ela desde então". Nas semanas seguintes, Sharon Celani largou sua banda e voltou para Los Angeles com Stevie Nicks. Mudou-se para a casa dela, entrou no grupo como um membro júnior de confiança, e começou a cantar com Stevie nas fitas demo do estúdio caseiro que viriam a se tornar repertório do próximo álbum do Fleetwood Mac. A relação entre Stevie e Sharon permaneceu estável por quarenta anos e, até o momento da escrita deste livro, continua firme e forte.

4.2 Minha Amiga Sara

Stevie Nicks ficou no Havaí, compondo, quando Mick Fleetwood voltou para Los Angeles. Ele precisava achar um estúdio para gravar o próximo álbum da banda, e então começar a definir o estilo do disco. A gravadora e os fãs queriam que fosse como *Rumours*, que continuava a vender milhões na praça. Mas Lindsey Buckingham era abertamente contra. Ele tinha presenciado a energia maníaca dos heróis do punk do The Clash e de seus fãs fiéis em Londres, onde Fleetwood Mac, Rolling Stones, Led Zeppelin, Paul McCartney, Elton John e todos os músicos mais velhos já eram zoados por estarem dessintonizados com o público, relegados a "bandas jurássicas" e a coroas chatos. Em Nova York, grupos jovens como Talking Heads, Television e Blondie estavam transformando o punk rock (que não tocava nas rádios nem vendia muitas cópias) em new wave, um movimento power-pop que era capaz de chegar às rádios e vender discos. Agora, para Lindsey, o som do *Rumours* do Fleetwood Mac estava ultrapassado, e ele insistia que seria prostituição caso tentassem replicá-lo. Ser chamado de velho chato, comentou Lindsey com Mick, seria a morte. A era do astro do rock de cabelos compridos chegara ao fim. Agora, a estrela era David Byrne, do Talking Heads, um cara maneiro de cabelos curtos e roupa folgada. Elvis Costello tinha acabado de pousar em L.A., diretamente da Inglaterra, com seu estonteante repertório de músicas curtas e precisas. Waddy Wachtel disse a Lindsey que Linda Ronstadt pretendia incluir três músicas de Costello em seu próximo álbum.

Basicamente, o que Lindsey estava dizendo era que queria retomar aos sons mais duros e cheios de adrenalina do Fleetwood Mac, como "Oh Well" e "Rattlesnake Shake", por meio de novas ideias e invenções rebeldes. Sua ambição era, de certa forma, inserir um som punk/new wave no clima soft rock de sua banda — e fazer isso dar certo.

Mick comprou a ideia, pois Lindsey tinha razão. Na indústria musical, ou você era um artista ou uma prostituta, e Mick sabia que as intenções de Lindsey eram sinceras. Além disso, quem se achava no direito de mandar no Fleetwood Mac? Eles já tinham sido uma banda de blues, depois de jam, em seguida de rock, e, por último, uma supernova do soft rock. A pegada de *Rumours* precisava ser parte de um *continuum* progressivo, e não o fim da linha. E mais: Lindsey queria gravar as músicas do próximo álbum em casa. Ele queria evitar ficar em um estúdio com Stevie; de algum modo, queria até evitar produzir as músicas dela, mas Mick lhe disse que isto seria impossível.

Então um dia Stevie voltou para casa e foi levada por Sara Recor ao exclusivíssimo bairro Bel Air, para a mansão de Mick em Bellagio Drive, onde estavam sendo as reuniões da banda. Mick queria que a banda comprasse um estúdio próprio, mas a ideia foi vetada por ser cara demais. Em vez disso, naquele verão, eles investiram mais de US$ 1 milhão para preparar o Studio D no Village Recorders, em Westwood. Um novo console de gravação foi comprado e instalado. Madeiras raras do Brasil e pedras vulcânicas do Havaí compunham a decoração. A sala de controle era confortável, como a casa de um astro do rock. O saguão tinha cerveja ale inglesa em barril, além de arte africana e arte moderna esquisita. O próximo álbum, até então sem título, seria um dos mais caros de todos, antes mesmo de alguém tocar uma única nota. (Mick: "Mais de um ano depois, quando tudo acabou, havíamos gastado US$ 1 milhão e 400 mil no estúdio, e ele nem era nosso. As perguntas mudaram de 'Quando vão terminar?' para 'Qual foi o custo *real* desse álbum?'".)

Naquela primavera, o *Rumours* vendeu mais dois milhões de cópias, fitas cassete e cartuchos Stereo 8.

Maio, 1978. Enquanto a banda começava a testar as músicas novas, Stevie compunha. Ela queria reviver "Smile at You" e "Sorcerer/Lady of the Mountains", ambas deixadas de fora de *Rumours*, pois Lindsey não gostava delas. Stevie já tinha as partes iniciais de "Angel", sobre Mick Fleetwood, e de "Little Child", sobre si mesma. Tom Moncrief a auxiliara nas demos que seriam levadas à banda. Também havia uma demo para piano ainda sem letra, batizada de "Sara" por causa de sua amiga.

Naquele mês, Lindsey e Carol fizeram um churrasco em sua casa, na June Street, para a família Mac. Stevie tinha sido convidada, mas não apareceu, pois na mesma ocasião Mick lhe informou que havia confessado (quase) tudo a Jenny sobre o caso deles. Durante a festa, Jenny desabafou com Carol, e o romance secreto entre Stevie e Mick deixou de ser secreto. Lindsey disse que sempre soube que isso aconteceria. Alguns dias depois, Stevie foi ao casamento de John McVie com Julie Reubens (que tinha sido sua secretária), na casa deles em Hollywood Hills. Foi um evento cheio de astros do rock, onde todos os músicos ingleses importantes de Los Angeles brindaram à saúde do casal. Stevie usou branco, ofuscando a noiva. Depois entrou em um bate-boca num quarto no andar de cima com uma transtornada Jenny Fleetwood, que a criticou com ferocidade, na intenção de culpá-la. Stevie negou que estivesse tendo um caso com Mick, mas Jenny não engoliu. A gritaria chamou a atenção dos convidados. Robin Snyder foi chamada e tirou uma Stevie humilhada do quarto.

Depois desse episódio, Jenny mandou os pais de Mick de volta à Inglaterra, em seguida, ela e as filhas também retornaram. Por fim, Jenny Boyd e Mick Fleetwood se divorciaram pela segunda vez. Ela ficaria décadas sem falar com Stevie, silêncio finalmente rompido quando Jenny pediu para entrevistar a cantora para sua tese de doutorado sobre astros do rock e vício em drogas. Stevie concordou, e as duas fizeram as pazes (por assim dizer).

No verão de 1978, após dar início ao próximo álbum, o Fleetwood Mac saiu em turnê. A banda continuava a se apresentar diante do bruxesco cenário de árvores nuas e da lua cheia coberta por nuvens. Começaram em Wisconsin, daí seguiram para Dallas, no Texas, onde foram a banda principal no apinhado Cotton Bowl. Mas tudo sem muita conversa no Boeing 737 customizado, uma diferença e tanto das peruas alugadas de outrora. Ao pé da rampa no desembarque, uma equipe local de TV de Dallas foca a câmera no rosto de Stevie, recém-saída do avião, enquanto John Courage está distraído. Ela exibe um olhar penetrante, livre dos óculos, os longos cabelos loiros flutuando na brisa. Carrega uma mochila vermelha. "Precisamos sair e tocar", diz ela ao repórter. "O Fleetwood Mac não quer ser apenas uma banda que grava discos." Quando perguntada sobre estar gostando do Texas, Stevie responde: "Claro. Morei por cinco anos em El Paso quando era pequena". Então JC a tira dali e a leva para uma limusine Lincoln novinha em folha, que se junta a um comboio de seis carros que conduz o grupo ao hotel.

O Cotton Bowl era o maior lugar onde a banda já havia tocado, e o público, o maior que Stevie teve de conquistar. Ela o fisgou com uma dança dramática e hipnotizante de Rhiannon. Sua voz saiu um pouco espicaçada, mas parecia de propósito. Na metade da música, enquanto Lindsey começava seu solo de guitarra, o palco ficou escuro. Daí uma luz azul focou em Stevie, agachada no *riser* da bateria, aguardando o final. Quando Lindsey concluiu seu solo, Stevie deslizou pelo palco, arrastando a capa preta de chiffon, rodopiando levemente sobre os saltos, segurando o pandeiro de fita preta e, em seguida, encerrando a encenação com um rave-up que terminou com uma profunda reverência, enquanto a banda finalizava em alto e bom som. Luzes apagadas! Aplausos de pé.

Depois do show, Sally, a irmã de Mick, ligou para ele da Inglaterra. Seu pai estava morrendo, e era melhor ele ir para lá logo. Stevie não teve tempo de falar com Mick antes de ele viajar de Dallas para Londres. Alguns shows importantes foram adiados, e assim a trupe permaneceu em Dallas, aguardando o retorno de Mick.

Stevie aproveitou esse hiato para gravar a primeira versão de sua nova música "Sara". A gravação aconteceu em um estúdio de propriedade de Gordon Perry, velho amigo de Keith Olsen, que ele conhecera da época do Buckingham Nicks, no Sound City. O estúdio de Perry ficava em uma igreja dessacralizada, o que proporcionava uma atmosfera assustadora e atraente ao lugar. Durante a elaboração da primeira demo de "Sara" — com 16 minutos de duração e menção a todo mundo na banda, além de sua família estendida e amores —, Stevie também se aproximou da esposa de Gordon, Lori Perry. Lori era uma ruiva simpática de pele bem alva, nascida em Los Angeles, e era uma cantora talentosa e dançarina experiente. Além da demo "Sara", Stevie também gravou naquela noite em Dallas a primeira versão demo de uma música nova (a maior parte sobre Mick), chamada "Beauty and the Beast". Stevie seguiria trabalhando em "Sara" enquanto o Fleetwood Mac permanecesse na estrada ao longo do mês de agosto. Uma demo posterior de "Sara" contava com Stevie ao piano, com Tom Moncrief no baixo e uma beat box. Mick fez *overdub* de uma faixa de bateria e uma cantora de estúdio chamada Annie McLoone acrescentou harmonias vocais.

Durante essa turnê, o caso de Stevie e Mick foi colocado em banho-maria, afinal de contas há um limite de angústia que a fragilidade humana é capaz de suportar. Em setembro, Lindsey até a ajudou a pensar em arranjos para "Angel" e "Beautiful Child", em um dos raros momentos de gravação em estúdio. Na época, Lindsey havia tosado o cabelo e estava usando ternos de alfaiataria. Era o fim dos quimonos bufantes de seda e das calças boca de sino. Stevie teve de admitir que sua nêmese estava bonita para cacete.

Mas na verdade Lindsey estava só ocultando sua raiva e confusão. Posteriormente, sua namorada, Carol, escreveu que ele vinha tendo problemas digestivos e crises de ansiedade em relação ao rumo da banda, e que uma noite, em uma fúria cega, ele tentara esganá-la. Algumas semanas mais tarde, afirmou Carol, Lindsey a agrediu e a arrastou pela rua depois de prender seus cabelos na janela do carro, perto da garagem de Christine. "Ele era um louco", afirmou o produtor Ken Caillat sobre Lindsey quando começaram a trabalhar no álbum que viria a se chamar *Tusk*. "Logo no início, ele chegou [no estúdio], surtou no chuveiro e cortou todo o cabelo com tesoura de unha. No primeiro dia [de gravação], ele disse 'Gire cada botão a 180 graus de onde está agora e veja o que acontece'. Ele colava os microfones no chão com fita adesiva e ficava numa posição de flexão para cantar. O cara era estresse puro."

Em outubro de 1978, Lindsey convidou todo mundo para uma festa de Halloween em sua casa na June Street. A turma de Stevie então se reuniu na casa dela nas colinas para se maquiar e se vestir. Stevie foi de bruxa branca. Mick foi o vampiro de capa comprida. Lindsey, o papa. Christine foi de

Aunt Jemima, personagem que figurava nas embalagens de produtos alimentícios de uma linha popular nos Estados Unidos, fazendo um reprovável *blackface*.[31] McVie foi além no mau gosto: usou um uniforme da SS nazista da cabeça aos pés (uma de suas obsessões). Sara Recor foi de princesa, com os longos cabelos castanho-acobreados batendo na cintura. Pouco antes de saírem numa comitiva de limusines, Stevie notou Mick e Sara cochichando, e se perguntou sobre o que estariam conversando.

Um mês depois, em novembro, Stevie recebeu uma ligação de Jim Recor, marido de Sara, dizendo que tinha sido trocado por Mick Fleetwood. De fato, Sara pegara suas coisas e se mudara para a casa de Mick, em Bel Air. Jim disse lamentar ser o portador de notícias tão ruins, mas Stevie lhe agradeceu por avisá-la, já que ninguém mais havia tido a hombridade (ou a coragem) de fazê-lo.

Stevie Nicks ficou muito magoada com a traição, daí entrou em um estado de choque e se trancou no quarto por dois dias. Não conseguia sequer comer. "Perdi Mick e minha amiga Sara no mesmo dia", disse ela, mais tarde. "Ninguém ousou tocar no assunto comigo, exceto Jim."

"Eu tinha começado a enxergar Mick Fleetwood de uma forma romântica", explicou ela posteriormente a um entrevistador, "e eu tinha uma amiga muito querida, chamada Sara, que simplesmente se enrabichou por ele. Eles se apaixonaram, e de repente o marido de Sara me liga e diz 'Hoje de manhã a Sara se mudou para a casa Mick, achei que você gostaria de saber'. Foram três meses em um álbum que levou 13 meses para ser feito. Na verdade ter perdido Mick não foi grande coisa, afinal de contas nosso relacionamento era instável. Mas perder minha amiga Sara? Foi um golpe tremendo. Sara foi banida do estúdio pelos outros membros da banda... Ninguém se falava mais, e eu não conseguia olhar na cara de Mick. E isso durou meses, mas foi ótimo musicalmente falando. As canções jorravam de dentro de nós!"

E, mais tarde, Stevie Nicks teria sua vingança.

---

31 O *blackface* era uma prática teatral relativamente popular até o século XX, em que atores brancos pintavam a pele de preto ou marrom para interpretar personagens negros. (N. T.)

4.3 Terra Insana

Assim, em dezembro de 1978, Stevie Nicks decidiu dar a cara a tapa. Quando Mick, que parecia infeliz e terrivelmente deprimido, tentou explicar a situação, ela não deu trégua: "Mick, não quero falar sobre isso". Daí escreveu uma letra chamada "Freedom": "*My intentions were clear/I was with him/Everyone knew/Poor little fool.*"[32] Stevie acabou consolada por Robin, que agora era Robin Anderson, pois tinha se casado pouco antes com Kim Anderson, do setor de promoções da Warner.

Na mesma época, Christine McVie deu um repentino pé na bunda de Curry Grant (que agora era o diretor de iluminação de longa data do Fleetwood Mac), e ele se mudou da casa campestre de estilo inglês dela. Em poucas semanas, Dennis Wilson — ele mesmo, o baterista do Beach Boys (e que há muito ficava pingando de casa em casa por Los Angeles) — se mudou para a casa de Christine e começou a gastar os milhões dela em cocaína, carros e outras mulheres. (Dez anos antes, Dennis conseguira a façanha de aproximar a homicida Família Manson dos Beach Boys.)

Agora o clima do estúdio estava implacável, já que ninguém do círculo do Mac aprovava o fato de Mick ter roubado a esposa de Jim Recor, amigo da banda. Mas, por fim, Sara Recor acabou levando a maior parte da culpa e perdeu todas as amigas, com exceção de Carol Harris. Todos ficaram com receio de que Stevie pudesse abandonar a banda e embarcar numa carreira solo um tanto esperada.

Stevie se lembrou dessa fase, não sem tristeza.

---

32 "Minhas intenções eram claras/Eu estava com ele/Todo mundo sabia/Pobre tolinha", em tradução livre. (N. T.)

"Tudo aquilo foi um pesadelo. Eu saía e ficava sentada numa montanha por três horas, observando minha vida passar diante de mim. Então no dia seguinte eu tinha de me levantar, me vestir e ir trabalhar, mas sem olhar para Mick... e foram meses assim. Foi um horror, *um horror*: meses sentada naquele recinto, cinco dias por semana, o dia todo e, às vezes, a noite toda, às vezes no sofá só observando, escrevendo no diário e voltando a observar, crochetando dezenas de cachecóis. Era um climão. Eu teria preferido ficar no *lounge*, mas não dava ignorar o que estava acontecendo, não dava para ignorar música que estava sendo feita em meu nome. Então eu ficava ali só observando todo mundo. Eu ficava tipo, 'Você, Lindsey, com suas ideias novas — vá se ferrar. Mick — vá se ferrar você também. Christine, John e eu vamos vigiar e garantir que vocês não vão pirar e estragar tudo. Seremos os guardiões do portão enquanto vocês se jogam nessa terra insana.'"

A Terra Insana tinha muita cocaína. Os homens cheiravam carreiras enormes, enquanto Stevie e Christine usavam colherinhas de prata que pendiam de seus colares, cheirando pequenas porções discretamente, até os caras ficarem sem e irem atrás da parte delas.

Outro motivo que provavelmente estimulava Stevie a preferir ficar no estúdio (onde havia um imenso par de marfins de elefante africano acima do console) era que o jovem e bonitão engenheiro-assistente, Hernan Rojas, tinha percebido que a agora solteira (e solitária) Stevie Nicks vinha lhe dando umas olhadinhas. Isso fez nascer uma relação entre ela e Rojas (que era noivo), o que também contribuiu (refletindo nas letras mais recentes de Stevie) para a miscelânea rebuscada que veio a se tornar o próximo álbum do Fleetwood Mac — lançado quase um ano depois.

Posteriormente, Lindsey afirmou que Stevie mal ia ao Studio D na Village Recorder, exceto para trabalhar nas próprias músicas. Eram canções sobre corações partidos, mas também sobre amor e esperança. As letras eram um rosário poético do fluxo da consciência, que levavam a outros fragmentos e ideias. "Angel" era uma música animada e divertida sobre Mick. "*Sometimes the most innocent thing… wide eyes tell stories… a charmed hour in a haunted song.*"[33] Seus vocais são marcantes, passionais, mais maduros do que os vocais em *Rumours*. "*Try not to reach out (...) Try hard but you never get through.*"[34] Os arranjos de Lindsey ecoam as texturas de acordes alegres de Brian Wilson, tendendo para o lado mais triste da música. (Em *Tusk*, quase todas as músicas de Lindsey tenderiam para o *groove* clássico dos Beach Boys, sobreposto por um padrão em ziguezague de bandas new wave como Talking Heads, X ou Devo.)

"Beautiful Child", de Stevie, ganhou arranjos para soar como uma delicada canção de ninar, evocando memórias ternas de infância e do desejo de ter um filho. "*Too trusting, yes, as women often are… I will do what I'm told.*"[35] É uma lembrança sobre abraços, sobre consolo e de ser consolada, e sobre perdas e o fim da infância. Lindsey canta o refrão com ela, como se segurasse sua mão em um gesto de reconciliação.

"Storms" era sombria, comovente, maravilhosa; começa com um órgão madrigal, a letra evoca noites vazias e uma cama vazia. É uma narrativa desconsolada, dirigida diretamente a seu amante: "*Every night that goes between/I feel a little less/As you slowly go away from me/This is only another test… So I try to say good-bye, my friend… And not all the friends in the world can save us.*"[36] Stevie canta com uma voz suave e feminina para indicar a profundidade de seus sentimentos sobre as coisas que vinha enfrentando em 1978. "Essas letras nasceram quando eu estava muito magoada," comentou ela mais tarde.

(Na primeira vez que Stevie tocou a demo para piano de "Storms" para a banda, Lindsey disse que era um lixo — mas que era possível salvar alguma

---

33 "Às vezes, a coisa mais inocente… olhos arregalados contam histórias… uma hora encantadora em uma canção assombrada", em tradução livre. (N. T.)

34 "Tente não pedir ajuda (...) Se esforce, mas você nunca conseguirá", em tradução livre. (N. T.)

35 "Sim, confiável demais, como as mulheres muitas vezes são… Vou fazer o que mandam", em tradução livre. (N. T.)

36 "A cada noite que passa/Sinto um pouco menos/Enquanto você se afasta lentamente de mim/Isso é só mais um teste… Então tento dizer adeus, meu amigo… E nem todos os amigos do mundo podem nos salvar", em tradução livre. (N. T.)

coisa. O comentário gerou uma gritaria daquelas, terminando com Stevie em lágrimas e Lindsey irrompendo furioso pelo estúdio. Curiosamente, quando as músicas de Lindsey careciam de críticas, ninguém ousava abrir a boca, pois todos tinham medo de seus ataques de raiva e de seu sarcasmo fulminante.)

Também havia "Sisters of the Moon", um rock emocionante sobre sororidade e a atração mística que o orbe lunar exerce sobre nosso planeta e nossas mulheres. Aqui, a bateria tem destaque, e a guitarra é uma banshee gemendo de medo. A letra é confusa e passa a impressão de estar inacabada. A intenção de Stevie é oclusa, como a lua na fase crescente; sua entrega é misteriosa. Está mais para um estado de espírito do que para uma canção de verdade; no entanto, "Sisters" se revelaria uma das músicas mais populares e longevas de Stevie. (Alguns observadores sacaram que a inspiração vinha de *Sisters of the Moon*, uma famosa série de aquarelas dos anos 1930 da artista britânica Leonora Carrington, com heroínas mágicas idealizadas e mensageiras espirituais como Diana, a Caçadora, Fantasia, Íris, a deusa Rumor e a rainha cigana Indovina Zingara.)

"Fireflies", de Stevie, era um rock acelerado típico do sul da Califórnia, com ela e Buckingham cantando harmonias consistentes por cima da base hipnótica de Mick e John, com um brilhante *lick* de guitarra de Lindsey e um refrão entoado heroicamente. (A ótima "Fireflies" ficaria de fora de *Tusk*, mas ressurgiria como lado B de um single em 1981.)

"Sara" foi a música de Stevie na qual a banda trabalhou com mais afinco. Pessoas próximas da cantora disseram que era típico do espírito generoso dela conseguir declarar tão ardentemente seu amor pela amiga que tanto a decepcionara. Sob o comando de Lindsey, e ao longo de várias semanas, a demo para piano foi reduzida de 15 para seis minutos e meio. Começava com "*Wait a minute, baby*", uma mistura das pinceladas de Mick e vocais tranquilos e controlados, e terminava afogando num mar de amor. Havia mudanças mágicas de acordes e um coral flutuante, suave e soporífero. Nesta música também é citada a grande asa negra de Mick, bramindo colina acima (fosse no Porsche ou na Ferrari). Com total convicção e crença inabalável, Stevie vai cantando. "*The night is coming… anywhere… Ask me and I'm the-*

re.[37] A tríade ascendente de acordes de Lindsey conduz "Sara" e seu humor suave e eufórico a atmosferas pop de tirar o fôlego. Ela pergunta, como se para si, *"Would you swallow all your pride?"*.[38]

No fim das contas, "Sara" era Stevie Nicks defendendo uma nova reivindicação; na verdade, talvez engolindo seu orgulho em relação às interferências de Lindsey em sua música. No futuro, ela parecia indicar que perseguiria uma espécie de grandiosidade extática, e que esperava aceitação e reação do seu público a ela. Rompantes emocionais e declarações de amor ardentes viriam a ser suas marcas registradas. "Sara" seria o modelo para futuras canções que exigiriam de Stevie a transformação de enormes reveses em sucessos triunfantes. A música ancoraria o primeiro dos quatro lados de *Tusk* após uma balada letárgica, de um pouco de falso punk rock tamborilado em caixas de sapato no banheiro de Lindsey, e mais bases wilsonianas ao estilo *Pet Sounds*. "Sara" viria para dar vida a *Tusk* e para dar aos ouvintes um motivo para pôr o disco para tocar.

Ao longo dos anos, "Sara" se tornou a música que mais motivou perguntas nas entrevistas de Stevie, mais até do que "Rhiannon". Muito mais tarde, ela riria da situação em uma conversa reveladora com a *Entertainment Weekly*:

"A música não fala de Sara, que era uma de minhas melhores amigas... ainda que todo mundo ache que seja. Usei o nome dela porque achava bonito. Mas, na verdade, a música fala do que estava acontecendo com *todos* nós naquela época. Falava de Mick e nosso relacionamento, e falava de uma relação na qual entrei depois do Mick. Algumas canções falam de um monte de coisas, outras têm só um ou dois versos mais importantes que rendem um filme ou uma história completa... Aquele nucleozinho da vida. O verso *'When you build your house'*[39] queria dizer o seguinte: quando você se organizar, me avise, porque até lá, não tenho condições de ficar perto de você."

---

37 "A noite cai... em qualquer lugar... peça e estarei lá", em tradução livre. (N. T.)

38 "Você engoliria o seu orgulho?", em tradução livre. (N. T.)

39 "Quando você construir sua casa", em tradução livre. (N. T.)

Estaria ela se referindo a Don Henley?

"Bem que ele queria! Se Don quiser achar que a 'casa' era uma das noventa residências construídas por ele, nas quais ele nunca morou... Se alguém já disse isso, falou merda!"

Outros dizem que a inspiração veio da estimulante canção "Drowning in the Sea of Love", de Joe Simon.

Algum tempo depois, um compositor processou Stevie, alegando que a canção havia sido roubada. Houve um pequeno acordo extrajudicial para dar fim à contenda. Stevie tinha dado um duro danado para compor "Sara", e por isso ficou muito magoada com a alegação.

Primavera de 1979. Sob um árido clima ensolarado, o Fleetwood Mac se apresentou em um Dodger Stadium vazio, no setor Chavez Ravine, para gravar o vídeo oficial de "Tusk". A música era marcada por um antigo *riff* de aquecimento do Mac, que fora transformado em uma simulação vudu de canto tribal. Totalmente uniformizada, a Trojan Marching Band, da University of Southern California, tocou sua parte numa formação saltitante, enquanto Stevie, ágil e muito bonita (agora de cabelos bem mais longos), usando sandálias de salto e vestido de algodão, mostrava suas consideráveis habilidades como baliza. Nesse dia, McVie estava navegando de iate em algum lugar do Pacífico, por isso na filmagem foi representado por uma figura de papelão em tamanho real sacudida por Mick.

Foi mais ou menos nessa época que Stevie e Mary Torrey, sua assistente loira e bonitinha, ficaram até tarde da noite em uma gravação em estúdio regada a cocaína com Lindsey e John Stewart, ex-membro do The Kingston Trio. O banjo de Stewart exercera grande influência sobre Lindsey, que estava produzindo o álbum solo dele, *Bombs Away Dream Babies*. Como um favor para Lindsey, Stevie participou dos vocais de "Gold", canção de Stewart que falava de uma viagem de carro pela montanhosa Kanen Dume Road de Malibu até o Valley, onde os grandes músicos de estúdio de L.A. estavam transformando música em dinheiro. Mas Stevie estava cansada e chapada, e disse que não estava muito a fim de cantar naquela noite.

John Stewart:

"Escrevi a letra de 'Gold' em cartolinas imensas, porque Stevie não enxergava bem. Mary voltou para a cabine [para cantar], então peguei Stevie e disse 'Stevie, bora lá, vamos só fazer os versos da música, vai ser rapidinho'. Eles ligaram a fita e ergueram as cartolinas. Eu tapava a boca de Stevie quando não era para ela cantar, e lhe dava um cutucão nas costas para indicar quando deveria entrar. Ela conseguiu em um take só, e inseri na música."

Foi ali também que Stevie conheceu o grande baterista de rock Russ Kunkel, um dos músicos mais requisitados da cidade. Ela se encantou imediatamente com aquele sujeito alto e calvo. Ele era um notório sedutor, e ela estava solteira. A química entre eles foi imediata, e essa energia se transformaria em uma parceria crucial.

"Gold" foi considerada uma das melhores músicas do ano de seu lançamento. O vocal de Stevie teve grande destaque e o single estourou nas rádios, chegando inclusive às estações do outro lado do país. (Stevie também cantou em "Midnight Wind", do mesmo álbum.)

Mick Fleetwood conta que Stevie ameaçou deixar a banda quando decidiram chamar o álbum de *Tusk*. "Não entendi o título", dissera ela posteriormente. "Não havia nada de bonito ou elegante na palavra 'tusk' ("presa", "dente de elefante", em tradução livre). Meio que me lembro que era uma piada de Mick sobre... algo que acertou em cheio minha cabecinha puritana. Só me explicaram o sentido depois que o disco estava pronto, e aí gostei ainda menos do título." Mas o Fleetwood Mac ainda era um império britânico infantiloide e falocêntrico, e Mick simplesmente ignorou a vontade de Stevie.

O grupo tinha tantas músicas novas que Mick e Lindsey decidiram transformar *Tusk* em álbum duplo. Paralelamente, *Rumours* ainda vendia milhões de cópias, portanto que poderia dar errado? Para eles, fazia sentido. Lindsey queria o álbum duplo para que todas as suas músicas em novo estilo impressionassem o então enorme público da banda. Naquele verão, eles tocaram uma prévia das novas músicas para os executivos da Warner Bros., que praticamente enxergaram seus bônus de Natal voando pela janela ao ouvir o blues melancólico de Christine e os desabafos new wave de Lindsey. Então disseram à banda que apenas quatro canções de Stevie Nicks não era o bastante; insistiram por mais, porém foram solenemente ignorados. Era época — 1979/1980 — de recessão econômica nos Estados Unidos; talvez um álbum duplo caro não fosse uma proposta muito comercial. O Fleetwood Mac optou por ignorar esse sábio conselho do presidente da gravadora, Mo Ostin.

Em agosto de 1979, o Fleetwood Mac se reuniu em Nova York no estúdio do fotógrafo Richard Avedon, que, cobrando os olhos da cara, fotografou o grupo para o encarte. Então a gravadora perguntou: "Vão colocar uma foto bem sexy da Stevie Nicks no encarte, né"? A resposta: "Não, vamos colocar uma foto do cachorro feio do nosso produtor". *Tusk* seria lançado no fim de setembro de 1979, mas seu destino já estava selado por algumas decisões estupidamente arrogantes tomadas naquele verão.

4.4 Bolha

Enquanto o Fleetwood Mac se ocupava dos ajustes no novo álbum, Stevie Nicks passara a maior parte de 1979 envolvida em uma campanha silenciosa e ultrassecreta para promover seus interesses e os de seus amigos mais próximos. No fim daquele ano, Stevie inauguraria sua própria gravadora, sua própria banda, uma série de singles e álbuns de sucesso, além de uma carreira solo que a catapultaria a uma fama e fortuna ainda maiores do que ela poderia ter almejado com o Fleetwood Mac.

Mick Fleetwood e Lindsey Buckingham iam se arrepender por terem cruzado o caminho da pequena Stevie Nicks.

Esse processo teve início com uma mudança no guarda-roupa de Stevie. Após o lançamento de *Tusk*, o Fleetwood Mac embarcaria em sua maior turnê até então, com cem shows nos Estados Unidos e Estados do Pacífico entre outubro de 1979 e janeiro de 1981. Stevie e sua estilista, Margi Kent, concluíram que o visual de bruxa galesa de chiffon preto e o corte de cabelo shag já estavam fora de moda. Agora, Stevie usaria cabelos longos dourados caindo sobre os ombros delicados. Os trajes de palco seriam mais soltos, coloridos e fluidos, feitos de diferentes tecidos: renda, crepe, couro, organza, cetim. As capas transparentes dariam lugar a casacos cropped e espartilhos rendados, além de visuais em camadas e tons escuros. As icônicas cartolas seriam substituídas por elegantes boinas com penachos ou chapéus *fascinator*. Diferentes echarpes seriam adotadas para evocar canções diferentes. Para "Gold Dust Woman", foi produzida uma bela echarpe dourada, para "Sara", uma vermelho-vinho espetacular. Stevie adorava os designs de Margi Kent, e também adorava os acessórios, os espelhos e as brincadeiras de alta-costura. Sentia que Margi — e, na verdade, toda a sua comitiva — era uma artista assim como ela, que merecia o mesmo tipo de reconhecimento do qual ela mesma desfrutava. E foi esse senso altruísta de acolher amigos na jornada que indiretamente gerou a Modern Records, a nova gravadora de Stevie.

Naquela primavera e verão, o Fleetwood Mac foi banda principal de alguns shows abertos. Quando a turnê chegou a Nova York, Stevie ligou para Paul Fishkin, sua antiga paixão, e pediu que ele a encontrasse no hotel. Ele explicou que, naquela noite, haveria uma festa da imprensa para a banda inglesa Foghat e ele precisava estar presente, afinal de contas era o presidente da Bearsville Records, e a Foghat era a campeã de vendas da gravadora. Stevie então disse que iria ao evento, como acompanhante dele. Algumas horas depois, ela apareceu para buscar Paul numa reluzente limusine preta, e pediu ao motorista que os levasse ao Lincoln Center, o reluzente complexo artístico de West Side. (Dizem que algumas locadoras de veículos usadas pelo Fleetwood Mac eram supostamente instruídas a não enviar motoristas negros para Stevie Nicks.)

A festa aconteceu na Performing Arts Library, próxima ao Metropolitan Opera House. Stevie, então no auge da fama, causou frisson quando entrou com seu vestido preto de veludo acinturado e boina preta ornando os longos cabelos cacheados. Paul a apresentou a Danny Goldberg, seu melhor amigo (e relações-públicas da Bearsville), então com 29 anos. Paul mencionou que Danny havia trabalhado para o Led Zeppelin; Stevie o encarou com afinco daí o encheu de perguntas sobre Jimmy Page. Danny ficou surpreso e, em seguida, reagiu às investidas. "Fiquei momentaneamente intimidado pelo glamour dela", lembrou ele, "mas logo me tranquilizei devido ao seu jeito caloroso e autodepreciativo". Paul disse a Danny que Stevie precisava de conselhos sobre relações públicas, e Danny concordou em jantar com eles na noite seguinte.

Stevie gostou imediatamente de Danny Goldberg, e sentiu que ele poderia ser um trunfo e valioso aliado para sua comitiva. Com apenas 24 anos, Danny tinha sido vice-presidente da Swan Song Records. gravadora extremamente bem-sucedida do Led Zeppelin, que não apenas lançava os álbuns da banda como também fazia sucesso com outros grupos ingleses, como Bad Company e Maggie Bell, a Janis Joplin britânica. Danny cuidava de toda a publicidade do Led Zeppelin, mas havia deixado a Swan Song dois anos antes, e agora tinha a própria firma de RP (que ainda patinava no mercado) especializada em bandas de rock. Stevie gostou do fato de Danny ser lúcido e não usar drogas. Ele era espiritualista, ligado a um grupo fervoroso de nova-iorquinos que conduzia sessões de meditação em uma velha igreja entre os armazéns de carga e veleiros na Hudson Street, bem no centro da cidade. Danny era alto, atraente, tinha longos cabelos ruivos e um jeitão engraçado e reconfortante.

Enquanto jantavam no restaurante indiano Nirvana, em Central Park South, Stevie disse a Danny que queria seu conselho para colocar as criações de Margi Kent nas páginas da revista *Vogue*. Danny recorda-se: "Eu me perguntei por que ela não pedira ajuda ao RP do Fleetwood Mac, ou ao departamento de relações públicas da Warner Records, e fiquei espantado ao saber que Stevie tinha influência extremamente restrita sobre o grupo. Embora eu, e milhões de outros fãs de rock, a víssemos como a estrela principal do Fleetwood Mac por conta de seus sucessos 'Rhiannon' e 'Dreams', ela disse que era tratada como uma maluquete, como a 'mina que cantava'". Stevie então contou a Danny sobre a humilhação do veto de "Silver Springs" do *Rumours* depois de ela ter cedido os direitos da música à sua mãe. Danny achou aquilo inacreditável. O *Rumours* tinha sido o álbum número 1 da revista *Billboard* durante 39 semanas seguidas (marca que jamais viria a se repetir), principalmente por causa das músicas de Stevie.

Stevie explicou que havia formado o próprio círculo de conselheiros, e que agora visava carreira solo, além de ramificações na moda e até, possivelmente, produção cinematográfica. Danny, é claro, se ofereceu para fazer o possível para ajudar, daí pediu seu contato. Ela então sacou seus óculos de leitura, papel e caneta, e — com a mão esquerda — escreveu seu número de telefone em números enormes. Paul Fishkin deu uma piscadela para ele, e Danny percebeu um elo entre os três.

Antes que alguém pudesse pronunciar Rhiannon, Danny voou para Los Angeles. Mas antes, cumpriu sua palavra e deu uma forcinha para Margi Kent. Ainda assim, a *Vogue* não quis saber de Stevie Nicks ou do guarda-roupa dela. Na verdade, a Seventh Avenue não via nada de interessante na moda da Califórnia desde os trajes de banho de peitos desnudos de 1966 da estilista Rudi Gernreich e, mesmo ali, a Califórnia era conhecida por ser a inimiga do estilo, era só um lugar para se desnudar e caminhar descalço pela orla.

Danny foi calorosamente recebido por Stevie, que dissera à sua comitiva para tratá-lo bem. "Vocês vão gostar dele", comentara ela. "Ele tem uma *vibe* boa. É bem Rhiannon." Para cair nas graças do pessoal, Danny chegou com uma rara fita de vídeo de *The Song Remains the Same*, o *concert movie* do Led Zeppelin lançado em 1976. Stevie adorou. O filme havia sido lançado de forma limitada, e naquela época gravações em vídeo caseiras ainda eram tão raras que mal havia fitas disponíveis para comercialização. O filme do Zeppelin foi exibido em alta rotação no videocassete da casa de Stevie, juntamente a *Dumbo* e *A Bela e a Fera*, de Jean Cocteau.

Durante os meses seguintes de 1979, Danny foi uma presença agradável na grande casa rosa de El Contento Drive, em Hollywood Hills. Ele fez amizade com Robin Snyder, a fonoaudióloga e melhor amiga de Stevie, e com o marido dela, Kim Anderson. Alto, barbudo, boa-pinta e afável, Anderson trabalhava no setor de promoções em Saint Louis; Danny deduzira que ele tivesse sido promovido a um cargo nacional, por ser tão íntimo do Fleetwood Mac. Margi Kent e Sharon Celani, ao que parece, também moravam na casa. Bem como o irmão caçula de Stevie, Christopher. Herbie Worthington, que fotografara as capas dos álbuns do Fleetwood Mac, era o fotógrafo da casa. Havia outras garotas por lá, assistentes de Stevie, e nenhuma delas parecia se relacionar com nenhum dos caras.

A maior parte da ação acontecia à noite, na cozinha espaçosa, onde Stevie gostava de preparar tacos e *quesadillas* para a turma. Sempre havia música tocando. Ao que parece, Stevie gostava muito de Tom Petty. (Ela dizia que, se um dia o Fleetwood Mac acabasse, a única outra banda na qual conseguia se enxergar era Tom Petty and the Heartbreakers.) Também havia a sala de estar, onde ficava o piano Bösendorfer. Danny: "Quase parei de respirar quando a vi pela primeira vez curvada sobre o piano, como que em transe, cantando um arranjo melancólico de 'Rhiannon', bem diferente da versão gravada. Muitos artistas costumam ser menos impressionantes ao vivo. Já Stevie era ainda mais magnética, mais atraente, mais carismática. Fiquei embasbacado".

Mas aquilo jamais foi além de uma amizade íntima e confiável. Stevie explicou a Danny que havia muitos outros fragmentos de canções sobre Rhiannon e outras personagens dos antigos mitos galeses. Ele então sugeriu que talvez conseguisse um acordo cinematográfico para produzir o material de Rhiannon, e Stevie pediu que ele tentasse alguma coisa. Ela comporia mais canções se necessário. Então Danny se organizou. Contrataram um escritor para escrever um tratamento de roteiro. Danny: "Eu me lembro da euforia que senti quando recebi a carta de compromisso assinada. Stevie Nicks disse, publicamente, que eu era seu parceiro de negócios!".

Em seguida, Danny voou para Tucson e se encontrou com Evangeline Walton, e conseguiu que ela cedesse a Stevie os direitos de seus livros — e não pediu adiantamento algum, ela só receberia se um filme realmente fosse feito. Danny pediu desculpas a ela porque os planos de Stevie ainda eram um tanto tênues naquele momento. "Não se preocupe, querido", disse a velha visionária galesa. "Todos os artistas de verdade são meio neuróticos." Em seguida, Danny marcou reuniões com produtores de Hollywood, que ficaram felizes em contar aos filhos que Stevie Nicks tinha estado no escritório naquele dia, porém não houve nenhum acordo cinematográfico em vista. Depois de algumas semanas de um vai e vem infrutífero, Danny ficou preocupado por estar fazendo Stevie perder tempo. Não demoraria muito para os portões elétricos de El Contento pararem de se abrir para ele.

Por isso, ele ficou surpreso e lisonjeado quando ela lhe deu um de seus totens em formato de lua crescente. Eram mimos de luas douradas de 18 quilates, cópias de uma lua que ela encontrara em Londres e reproduzira em joias. "Ela dava [as luas] de presente aos amigos próximos, com a solenidade típica de uma iniciação", escreveria Danny mais tarde. "Fiquei profundamente emocionado na noite em que ela me deu uma. Eu nunca havia usado joias, mas comprei uma corrente e fiquei anos com a lua pendurada no pescoço."

Danny, ele próprio um escritor, ficou fascinado com as fontes de inspiração de Stevie. Ele a observaria ao piano, perdendo o foco por horas, buscando notas em um estilo intuitivo de composição. E então, ela voltaria com algo novo. "O misticismo era totalmente autodidata. Não vinha de seus estudos de Blake, Rimbaud, Ginsberg, nem mesmo da Bíblia. Ela era uma mística autodidata, que observava o universo através das lentes de um norte--americano médio", observou Danny, mais tarde.

Oriundo de uma ótima relação com a própria mãe, Danny sabia identificar uma mulher fenomenal quando via uma. O que ele escreveu sobre Stevie: "[Ela] falava com uma cadência intensa e tranquila, transmitia a ideia de que todos os temas de seu interesse eram de importância transcendental. Mas igualmente rasgava elogios às pessoas, ria com gosto das piadas alheias e criava a ilusão de que todos de sua comitiva eram, de certa forma, seus iguais".

Naquela época, um dos principais projetos de Danny Goldberg era o MUSE, acrônimo de Musicians United for Safe Energy (Músicos Unidos por Energia Segura, em tradução livre), um grupo antienergia nuclear composto por músicos famosos e formado após o grave acidente na usina nuclear Three Mile Island, na Pensilvânia, em março de 1979. Danny fazia parte de um comitê que incluía Bonnie Raitt, Jackson Browne, James Taylor e outros. Estes, por sua vez, recrutaram Bruce Springsteen, Crosby Stills & Nash, e Tom Petty and the Heartbreakers (dentre outros) para cinco noites de shows beneficentes em Nova York naquele mês de setembro. A ideia de Danny era tentar trazer o Fleetwood Mac a bordo, pois a turnê de *Tusk* só começaria um mês depois. Jackson Browne concordou em lançar a ideia ao Fleetwood Mac e, em uma noite de julho, organizaram uma reunião com a banda na casa de Stevie.

Foi um desastre. Os membros do Fleetwood Mac e sua comitiva estavam vivendo no que Mick sempre descrevera como "bolha", com pouca ou nenhuma ideia do que vinha ocorrendo no mundo real. Só que um acidente nuclear não era exatamente algo que passava batido, nem mesmo pelos astros do rock mais mimados, e todos eles assistindo ao filme recém-lançado *Síndrome da China*, sobre fusão atômica. Naquela noite, na casa de Stevie, enquanto bandejas de prata com cocaína circulavam pela sala de estar, os membros da banda sentaram-se com Jackson Browne, considerado por todos os presentes um dos melhores cantores-compositores de L.A., daí ouviram seu fervoroso apelo. Ele havia acabado de ser preso em uma manifestação antinuclear no reator Diablo Canyon, no norte da Califórnia, e descrevera a sensação de empoderamento que vinha estimulando muitos de seus colegas famosos a aderir ao movimento. Os concertos em Nova York entrariam para a história, dissera Browne à banda, e ele achava que seria bom para o Fleetwood Mac fazer parte do MUSE e se juntar ao movimento de combate à energia atômica nos Estados Unidos.

Para surpresa de Browne, o Fleetwood Mac pareceu desinteressado, ausente e até mesmo entediado diante da proposta. Mick disse a Browne que voltariam a procurá-lo. Stevie Nicks chegou a dar sua opinião sincera a Browne. "Eu disse a ele: 'Poderiam ter quebrado seus dedos, estes lindos dedos que compõem todas essas belas canções. Você está louco? Precisamos de você para *compor*. Não precisamos de você na cadeia'. Ele respondeu que tal ideia lhe ocorrera também.

"Não sou mártir", continuou ela. "Para mim, é extremamente preferível estar viva para contar a história do que morrer por ela e não deixar nada. Acredito que você deveria usar seu talento onde ele deve estar, e ficar de fora das outras coisas". Esse era o sistema de crenças de Stevie: não se meter com política. "Não somos um grupo político", afirmaria ela mais tarde. "Minha missão não é ficar em um palanque."

Jackson Browne por fim reportaria a seus colegas do MUSE que o Fleetwood Mac tinha recusado o pedido. Esse episódio serve de lembrete daquela época curiosa em que a música popular parecia da fato interessada em mudar o mundo.

4.5 Modern Records

Paul Fishkin percebeu que era a hora certa de Stevie partir em carreira solo. Quando eles se relacionaram, ele nunca mencionou a ideia de fazer negócios com ela. Quando Stevie o trocou por Mick, ele ficou arrasado demais para sequer cogitar esse assunto. E quando Mick a trocou por Sara, ele passou a nutrir esperança de algo novo. Sem dúvida, agora era o momento de Stevie Nicks seguir seu próprio caminho.

Danny concordou então em auxiliá-la, principalmente quando após a devida investigação descobriu que Stevie era contratada pela Warner Bros. Records como membro do Fleetwood Mac, mas não para discos solo. Quando Stevie e Lindsey se juntaram à banda em 1975, ninguém da Warner se dera ao trabalho de inseri-los no contrato. Dado todo o histórico de entra e sai dos membros do Fleetwood Mac, no fim os dois acaba sendo considerados meramente os membros mais recentes, e provavelmente temporários, de uma banda inglesa média. Não havia nenhuma cláusula de "membro desertor" para exigir prioridade à gravadora caso qualquer um deles se dedicasse a uma carreira solo. O setor jurídico da Warner tinha feito uma bela merda. Stevie e Lindsey estavam livres, aptos a fechar contrato com qualquer gravadora que quisesse suas músicas solo.

Danny: "Agora que Paul e Stevie estavam separados, não havia motivo para não conversar com ela sobre montar uma pequena gravadora voltada majoritariamente ao seu futuro trabalho solo. Ela respeitava Paul como o 'cara da gravadora' que entendia de promoções e vendas, e confiava em mim como um RP profundamente comprometido com seu talento solo. Quando olho para trás e me lembro de fui eu quem deu a ideia de nós três começarmos uma gravadora juntos, nem sei como tive colhões de propor isso, só sei que Stevie topou."

E aí propuseram a Stevie permanecer no Fleetwood Mac, porém também usar suas músicas que sobrassem para fazer álbuns solo. Ela não se fez de rogada e concordou quando Danny afirmou que quatro músicas em álbuns bissextos do Fleetwood não eram uma vitrine digna de seu talento. E a parte financeira seria simples: ela receberia a mesma verba — *royalties* e adiantamentos — que ganharia em condições normais, além de uma porcentagem referente à sociedade na empresa. A gravadora também poderia ser um canal para seus amigos músicos, assim como a Swan Song fora para o Led Zeppelin. Basicamente, eles estavam oferecendo a Stevie mais dinheiro e mais controle, o que certamente atiçara a veia independente que sua mãe lhe instilara desde a infância.

O passo seguinte, explicou Danny, seria elaborar um contrato de curto prazo para dois álbuns solo, e em seguida buscar parceria com uma das grandes gravadoras, com base no relacionamento de Bearsville com a Warner. Seus ativos seriam um contrato assinado, canções ao piano para o projeto do filme *Rhiannon*, e demos mais elaboradas de músicas como "Lady of the Mountains", que haviam sido deixadas de fora dos álbuns do Mac.

Então Stevie os levou ao estúdio de sua casa e tocou a demo de um dueto composto recentemente para Waylon Jennings e Jessi Colter, um casal de astros da música country. Mas Jennings acabou rejeitando a canção, e assim Stevie ligou para Don Henley, que foi ao estúdio para cantar com ela. Era "Leather and Lace".

Stevie então perguntou que nome eles dariam à gravadora. Paul sugeriu Modern Records, fazendo referência primeiras gravadoras independentes bacanas fora do circuito de Nova York. A indústria, afirmou, ia sacar a pegada, mas Stevie não gostou da ideia. "Eu gosto de coisas *velhas*", insistiu ela. "Gosto de coisas vibrantes, melosas. Sou tudo, *menos* moderna." Mas, no fim, ela acabou não sugerindo nenhuma outra ideia e assim a Modern Records se tornou sua gravadora.

Em seguida, Stevie informou a Paul e Danny que *Tusk* estava para ser lançado, e ela, prestes a se meter numa turnê com duração de um ano. Eles então garantiram que organizariam as coisas enquanto ela estivesse fora, e que a manteriam informada. E foi assim que os três uniram as mãos e vibraram, como um time prestes a entrar em campo. Stevie murmurou uma bênção. Danny Goldberg segurou para não chorar de felicidade. Duas semanas depois, fiel à sua palavra, Stevie Nicks assinou o contrato.

Outubro, 1979. Stevie tinha 31 anos quando o álbum *Tusk* foi lançado. Suas cinco composições ancoravam o álbum duplo de vinte músicas e, provavelmente, foram responsáveis pelas vendas escassas se comparadas às do poderoso *Rumours*, que ainda esgotava rapidamente nas lojas de discos. Em vez de uma Stevie Nicks esbelta e mística, a capa do álbum *Tusk* trazia Scooter, o vira-lata do coprodutor Ken Caillat; tanto Stevie quanto Christine detestavam o cachorro, pois ele irritava seus pequenos terriers nas sessões de gravação. (Certa vez, Stevie dissera a Caillat que havia lançado um feitiço em Scooter. Alguns anos depois, quando o cão morreu, ela disse ao enlutado Caillat que estava feliz porque o feitiço tinha dado certo.) As imagens proto-oitentistas explícitas do álbum e as colagens bagunçadas do fotógrafo Peter Beard acabaram confundindo a maioria dos fãs e não empolgaram ninguém.

Além disso, o custo de US$ 16 (cerca de US$ 50 em valores atualizados) desencorajou ainda mais os possíveis consumidores. A escolha da faixa "Tusk" como primeiro single também se revelou um equívoco; locutores de rádio reclamavam que não soava como Fleetwood Mac e, portanto, não faziam questão de colocá-la na programação. E logo a seguir veio o erro épico da Warner, que simplesmente transmitiu o álbum inteiro pela Westwood One, uma rede nacional de rádio FM que cobria todos os Estados Unidos e mais alguns países vizinhos. Naquela época, quase todo mundo tinha em casa um aparelho de som decente com gravador de fitas; consequentemente, milhões de fãs receberam de lambuja a chance de piratear *Tusk*, evitando desta forma deixar seu rico dinheirinho nos pontos de venda. Em seguida, as outras redes de rádio de rock sentiram-se excluídas e baniram o Fleetwood Mac de suas playlists. E por fim os críticos detonaram *Tusk*, chamando-o de decepcionante, chato e pretensioso (mas ao mesmo tempo elogiando as canções de Stevie, classificadas como emocionantes, e reforçando sua persona de alta sacerdotisa do rock. Alguns críticos também identificaram o que Lindsey vinha tentando fazer — não ser um tédio —, observando também que só as músicas de Stevie e de Christine eram ouvidas nas rádios.)

Todos afirmavam que *Tusk* teria sido um lançamento matador caso fosse um álbum único. Lindsey e Mick ouviram o famigerado "eu avisei" de muita gente devido à insistência em inovar no álbum. As vendas só começaram a pegar ritmo depois que a banda iniciou a turnê. E assim, nos dois primeiros anos, *Tusk* venderia quatro milhões de cópias, e também acabaria sendo considerado uma "libertação" comercial por certas pessoas quando comparado a *Rumours*. (Críticos posteriores diriam que *Tusk* estaria para *Rumours* tal como o *White Album* dos Beatles estaria para o *Sgt. Pepper's Lonely Hearts Club Band*: uma coletânea desafiadora, individualista e experimental após um esforço grupal brilhante e loucamente bem-sucedido.)

Outras acrobacias promocionais se saíram melhor. Em um dia ensolarado de outono, no fim de outubro, o Fleetwood Mac chegou à Hollywood Boulevard para comemorar sua nova estrela na Calçada da Fama. Foi uma loucura, com milhares de fãs sentados nas arquibancadas e os jogadores do USC Trojans completamente uniformizados berrando "Tusk". Assim que viu Stevie, a multidão começou a gritar , abafando o discurso de Mo Ostin sobre a importância da banda para a gravadora e para a indústria em geral. E quando Stevie deu um passo à frente no pódio, com seu vestido branco soltinho de cetim voando ao vento, a gritaria se intensificou. "Obrigada por terem acreditado na clarividência", disse ela aos fãs. "Clarividências sempre se tornam realidade."

A verdade é que nenhum membro do Fleetwood Mac estava a fim de passar um ano inteiro em turnê. Todos estavam emocionalmente exaustos e, em alguns casos, criativamente esgotados. Quando se reuniram na casa de Christine para uma sessão de fotos para a divulgação dos shows, ninguém sorriu. Além disso, Stevie continuava sem conversar com Mick. Lindsey — agora de cabelos curtos e terno Armani — não fez questão nenhuma de ser legal com ela. Christine estava namorando Dennis Wilson e convencida de que vinha sendo traída — o tempo todo. John tinha voltado a beber. Mick e John Courage até tentaram aplacar o desânimo do pessoal fretando um jatinho, assim ninguém precisaria pegar voos comerciais. Também convenceram alguns dos hotéis mais caros do mundo a repintarem suas suítes presidenciais e a instalarem pianos brancos de cauda para Stevie e Chris. O guarda-roupa de shows de Stevie — seis trocas de roupa por apresentação — custava uns bons seis dígitos. O responsável pelo contrato de refeições da turnê estipulou bufês colossais nos bastidores (e que normalmente seguia intocado porque a banda usava a mais cara cocaína peruana, e, assim, mal conseguia olhar para a comida, que dirá degustá-la). Já a conta do bar nos bastidores de cada apresentação era capaz de bancar a faculdade de alguém por um ano. Após a aterrissagem dos voos, eram tantas limusines pretas à espera — uma para cada membro da banda e algumas, inclusive, para o pessoal de apoio — que a chegada ao hotel parecia um cortejo funerário. Soava como pura esbanjação?, comentara Mick mais tarde, bom, certamente era: "Mas também nos ajudou a segurar as pontas durante os anos mais desafiadores e exaustivos de nossas vidas".

Ainda assim, a banda muitas vezes soava cansada durante as várias semanas de ensaios no venerável complexo Sunset Gower Studios, onde Fred Astaire dançava e Busby Berkeley filmara produções musicais ultracomplexas para o cinema. Stevie (que se recuperava de uma cirurgia de canal em um dente e estava tomando analgésicos) e sua sempre crescente comitiva de mulheres chegariam por volta das oito horas. As noites de outono eram frias, e Stevie ensaiava usando longas saias de tweed e leggings de lã. Quando sua presença não se fazia necessária, ela saía do palco e se encorujava com as amigas, segura no abraço delas. Em certa ocasião ela comentara com Mick que, na maioria das noites, sequer tinha vontade de ir aos ensaios. Para ela, parecia mais trabalho do que diversão. Ele então a lembrou de que o Fleetwood Mac era trabalho, um trabalho divertido, mas, em todo caso, exigia dedicação.

Stevie jamais mencionara a Mick que, enquanto eles estivessem na estrada, seus novos parceiros, Paul e Danny, estariam trabalhando para ela por debaixo dos panos. Isso ia mudar as coisas de maneira definitiva e irreversível. Steve vinha sendo bem informada. A Modern Records seguia de vento em popa.

4.6 Not That Funny

No fim de outubro de 1979, Stevie Nicks e o Fleetwood Mac se embrenharam em um jatinho fretado e a partir de então realizaram 32 shows até meados de dezembro. As primeiras apresentações, em Utah e no Colorado, foram meros aquecimentos, não lotaram (o que preocupou Mick), e se assemelharam mais a ensaios pagos. Então, em novembro, a banda encontrou forças na rotina da turnê e as coisas se encaixaram. "Monday Morning" abria os shows, com Stevie na frente do palco tocando pandeiro, e "Say You Love Me" vinha logo depois para dar uma agitada nos fãs. Eles tinham de esperar "Dreams", a terceira música, para Stevie finalmente aparecer no palco com longos cabelos cacheados, boinas volumosas, echarpes azul-cerúleo e trajes transparentes nas cores bege e azul-petróleo. A introdução de "Dreams" arrancava aplausos, e no final sempre vinha uma ovação intensa. Em seguida, quando Lindsey mandava ver em "Oh Well", as garotas aproveitavam para ir ao banheiro. Algumas músicas depois, após uma troca de figurino, era a vez de "Sara", apresentada com echarpes carmesim-escuro sob luzes vermelhas. Os arranjos de "Sara" agora eram oceânicos e botavam o público num turbilhão melancólico que poderia durar dez minutos, mostrando a nova obra-prima de Stevie (e, para ser justo, de Lindsey também) tanto como um encantamento oculto quanto como uma devota canção de amor.

Então Christine, ainda a porta-voz do Fleetwood Mac no palco, cumprimentava o público. Lindsey tomava a frente em algumas músicas. A seguir vinha "Landslide", com Stevie de echarpe azul de seda e o cabelo penteado num amontoado volumoso, tal como a pintura de uma náiade de Edward Burne-Jones. Em geral, "Rhiannon" incitava as reações mais fervorosas. A fim de preservar sua voz, a apresentação de Stevie tornou-se menos anárquica. Lindsey tinha uma folga após seu eletrizante solo de guitarra antes de a marcha dramática em 4/4 de "Rhiannon" parar bruscamente com a reverência de Stevie — que se curvava tanto que quase tocava a ponta de suas botas de plataforma — em meio à balbúrdia na plateia.

O restante do show reprisava os maiores sucessos do *Rumours*. Em "Gold Dust Woman", uma echarpe dourada cobria Stevie sob a luz âmbar. Foram necessários alguns shows para a banda achar o rumo da assustadora e monótona "Sisters of the Moon", mas os fãs passaram a reagir ruidosamente a essa nova música de Stevie, e ela logo encontrou seu lugar na lista como primeiro bis. Quando cantava essa música, Stevie a acompanhava de um badalo, e exibia sua postura descolada e equilibrada, entoando a história da canção, comunicando-se com as meninas e mulheres embasbacadas adiante que a admiravam em puro êxtase feminino. Seus movimentos sutis, inspirados no balé, as cadências xamânicas e as majestosas mãos erguidas eram hipnotizantes. As garotas da frente se esforçavam para ouvir os versos inéditos que Stevie cantava longe do microfone, como se temessem perder algum conhecimento especial demais para ser compartilhado com tanta gente. Já no clímax de "Sisters of the Moon", Stevie berrava e uivava, e sempre era recebida com gritos efusivos quando finalizava e agradecia profusamente aos fãs, às vezes, chorando da beira do palco. (Um crítico astuto teorizou que o dragão em "Sisters" seria a raiva que Lindsey sentia de Stevie por ela tê-lo abandonado.) Como sempre, o Fleetwood Mac encerrava com "Go Your Own Way".

Quando a banda chegou a Saint Louis, onde seriam filmadas duas apresentações no Checker Dome, ficou evidente para todo mundo quem era a estrela do show. O público reagia por muito mais tempo e muito mais alto a Stevie do que aos outros. As novas canções de Lindsey eram sobretudo ignoradas. Quando ele começava sua irada "Not That Funny" ou a rancorosa "What Makes You Think You're The One?", provavelmente os lençóis freáticos do país secavam, pois era a hora que milhares de fãs aproveitavam para ir ao banheiro das arenas para desaguar a primeira cerveja da noite. E é claro que isto causava ressentimento e silêncio nos voos entre os shows. Stevie, que tinha Robin como fonoaudióloga e Sharon Celani como estilista,

podia se dar ao luxo se retirar com as amigas nas belas suítes de hotel recém-
-redecoradas e assim tentar ignorar a bizarrice de fazer parte do Fleetwood
Mac. (Nessa turnê, Stevie usou o pseudônimo Katherine DeLongpre para se
registrar nos hotéis. A Delongpre Avenue é uma rua de West Hollywood.)

Quando a turnê *Tusk* chegou no Noroeste dos Estados Unidos, os shows começaram a lotar de novo. "Sara" havia sido lançada como single no início de dezembro, recebendo uma remixagem mais rápida e mais curta (mas
ainda com quatro minutos e meio de duração) para poder tocar nas rádios, e
chegou ao sétimo lugar. O álbum *Tusk*, em si, chegou ao quarto, mas na Inglaterra era o álbum número um. Lindsey contou ao jornal musical britânico
Melody Maker que estava sob muita pressão e questionando as suas decisões
em relação ao álbum. "Eu estava fazendo algo dotado de profundidade, mas
aí percebi que as pessoas não captavam a mensagem. Nessa hora você se pergunta se andou se iludindo, sobretudo quando o restante da banda começa a
lhe dizer que é hora de voltar ao formato padrão."

Após esgotar os ingressos de duas noites no Madison Square Garden,
em Nova York, a turnê prosseguiu pelo Meio-Oeste, daí retornou à Califórnia, em cinco shows lotados no The Forum, em Los Angeles. Em seguida
vinham três apresentações no Cow Palace em São Francisco, produzidas por
Bill Graham, um grande fã da banda. No entanto, a venda de ingressos ficou abaixo da expectativa; necessitando de mais divulgação, Graham então
organizou uma coletiva de imprensa, em que as mesmas perguntas foram
basicamente repetidas durante uma longa e incômoda hora: "Stevie, quem
é Sara?", "Stevie, quando você vai sair da banda?", "Stevie, quando você vai
fazer um álbum solo?", "Stevie, e o filme *Rhiannon*?", "Stevie, você está livre
para jantar comigo hoje à noite?".

Os críticos de São Francisco repararam que Lindsey parecia um pouco
estranho. Estava com um brilho desvairado no olhar e encarava a multidão,
como se procurasse um amigo. E durante "What Makes You Think You're
the One?", ele ficava apontando para Stevie Nicks, coisa que a deixava muito
desconfortável. O último show no Cow Palace foi em 16 de dezembro de
1979. Depois o Fleetwood Mac foi para casa e tirou seis semanas de folga.

E quanto a Stevie Nicks, assinou um contrato com a Atlantic Records, ligou para Tom Petty (com quem nunca tinha se encontrado até então) e iniciou sua carreira solo.

Janeiro, 1980. Quando Paul Fishkin e Danny Goldberg foram até o poderoso Mo Ostin na Warner Bros. para contar em primeira mão sobre a carreira solo de Stevie, eles foram praticamente expulsos do prédio. "Eu até poderia fazer um álbum solo de Stevie Nicks", disse Ostin a eles, "mas pode apostar que não estou interessado em outra parceria". Era o fim do segredo. Mais tarde naquela noite, Danny conversou com Stevie para saber se ela havia contado seus planos a Mick. Ela o fitou com melancolia e disse: "Não... não. Eu não contei. Você pode contar?" E aí ela deu a Danny o número de Mick.

Mick só retornou a ligação no dia seguinte. Sua voz estava calma, mas Danny percebeu que ele estava chateado. "Bem, na verdade temos um plano, veja, para um contrato novo, que é claro que inclui Stevie, e estávamos *prestes a* contar para ela." Danny reiterou que já tinham feito um acordo para os álbuns solo dela. Mick agradeceu a Danny por mantê-lo informado, e Danny por sua vez avisou Stevie que Mick já estava ciente de tudo. Ao que parece, foi um alívio e tanto para ela.

Então o advogado do Fleetwood Mac ligou para Danny e lhe disse que aquela nova empreitada com Stevie ia impedir a banda de conseguir um acordo melhor de *royalties*. O também advogado ridicularizou a ideia de Stevie fazer um álbum solo "rococó" por conta própria. Houve mais alguns termos pejorativos por parte dos executivos horrorizados da Warner e de alguns membros do Mac para menosprezar a ideia do álbum de Stevie ("romantiquinho" e "pretensão fantasiosa"). O senso comum era que o valor comercial de Stevie era exclusivamente atrelado à fórmula de vendas platinadas do Fleetwood Mac.

Em seguida, Mick telefonou para Stevie e eles brigaram, fazendo-a chorar. Mas qualquer papo de traição e punhalada era bem incoerente vindo do homem que a abandonara e roubara sua melhor amiga. Ela então encerrou a conversa dizendo a Mick que telefonasse para Danny, e desligou. Quando

Danny atendeu o telefone, toda a reservada polidez inglesa desapareceu da voz de Mick, que começou a gritar: "VOCÊ NÃO ME CONTOU QUE ELA JÁ TINHA ASSINADO!". Danny lembrou a Mick de que dissera que eles tinham feito um acordo com ela. *"MAS VOCÊ NÃO ME DISSE QUE ELA TINHA ASSINADO!"*, berrou. Danny então percebeu que Mick provavelmente imaginava que qualquer pessoa que passasse tempo demais na casa de Stevie (tal como o próprio Danny) era avoada demais para fazer render um contrato com assinatura válida.

Stevie, é claro, ficou ofendida com a reação desdenhosa e condescendente a suas aspirações artísticas. E se a Warner não gostava, pior para eles. Se Mick não gostava, só lamento. "Ela era imune a qualquer pressão do grupo", recorda-se Danny. E o Fleetwood Mac ficou *bem* surtado diante da perspectiva de uma Stevie Nicks independente. Em uma reunião-teste com a banda em meados de janeiro de 1980, ela disse aos outros membros que *não* estava prestes a abandonar ninguém. Com calma, contou que precisava de outro escape para uma lista imensa de músicas rejeitadas pelo grupo. Ela tentou tranquilizá-los, dizendo "não vou gravar um disco solo para virar artista solo". E Stevie também era favorecida pelo fato de Lindsey se recusar igualmente a abandonar sua potencial carreira solo para conseguir uma renegociação de contrato para o Fleetwood Mac. Também não fazia mal o fato de Stevie agora ser representada por Irving Azoff, o poderoso agente de talentos cujos clientes incluíam Don Henley e os Eagles. Agora que tudo estava em pratos limpos, recorda-se Danny, "Stevie desfrutava do empoderamento proveniente de fazer as coisas do seu jeito. Ela ia mostrar para todos eles quem era 'rococó'".

4.7 Rhiannon Está em Progresso

No fim de janeiro de 1980, Stevie escreveu uma carta (coisa rara) para Mick. O Fleetwood Mac ia voltar para a estrada em fevereiro, com dez apresentações no Japão e 16 na Austrália e Nova Zelândia, e Stevie queria pôr os pingos nos is antes de voar. Na carta, ela escreveu que o senador Ted Kennedy havia vencido o presidente Jimmy Carter na eleição presidencial em Iowa; que os russos estavam invadindo o Afeganistão; e que os diplomatas norte-americanos haviam sido mantidos como reféns no Irã por 78 dias. "São tempos assustadores", escreveu ela. "As coisas estão ficando menos empolgantes e mais reais." Ela também contou a Mick que havia dado o pontapé inicial em seu novo álbum: "As gravações começaram, e *Rhiannon* está em progresso". Também mencionou que estava vendendo a casa em El Contento Drive e que se mudara para um duplex na praia, perto de Marina Del Rey. Daí disse a Mick que ele era um mão de vaca, e que enviaria às garotas do escritório um extra de US$ 250. A carta estava assinada por "K. DeLongpre".

Em 3 de fevereiro, o Fleetwood Mac fez o primeiro show das três noites reservadas em Budokan, a famosa arena de artes marciais em Tóquio. Na entrevista coletiva, a banda foi bombardeada por perguntas sobre drogas. Recentemente, o ex-Beatle Paul McCartney, em turnê com sua banda Wings, havia amargado duas semanas em uma cadeia japonesa (sendo deportado em seguida) depois que encontraram maconha em sua bagagem no aeroporto. O Fleetwood Mac jurou aos repórteres japoneses que a banda *nunca* mexia com essas coisas. Em seguida, tomaram um dos famosos trens-bala até os shows em Kioto, Sapporo, Yokohama e Osaka. Stevie ficou encantada quando a Sony Corporation presenteou todos os membros com os então novos toca-fitas portáteis da Walkman. (Ela comprou mais um monte deles para levar aos amigos.) O maior problema era que não havia drogas disponíveis no Japão, ou eram impossíveis de se achar, e, por conta do caso Paul McCartney, ninguém queria ajudá-los. Pela primeira vez em anos, o Fleetwood Mac estava fazendo shows sem a telemetria da cocaína. Todo mundo estava de péssimo humor. Mick confidenciou a Stevie que ele e Sara — que fora obrigada a ficar em casa, ou Stevie não faria a turnê — estavam brigando feito cão e gato, passando horas berrando um com o outro em ligações telefônicas caríssimas via satélite. Na saída de um hotel, a conta de Mick por uma única e infeliz ligação para Sara que durou a noite toda foi de mais de US$ 2 mil.

Depois a turnê seguiu para a Austrália, iniciando em Perth no dia 21 de fevereiro. O país era um grande mercado para o Fleetwood Mac, pois milhões de australianos de ascendência galesa se encantaram com aquele conceito de "bruxa galesa", adquirindo avidamente os discos e ingressos para shows. As plateias eram imensas: Mick afirmou que foram 48 mil pessoas em Sydney e 60 mil em uma pista de corrida em Melbourne, que teve o guitarrista Santana fazendo a abertura. Enquanto isso, a polícia estava convencida de que a banda contrabandeava drogas. As malas de rodinha de Stevie foram revistadas por aduaneiros mais de uma vez.

As cláusulas contratuais australianas viraram lenda: estipulavam uma tenda medieval, bebidas de marca, seis dúzias de caixas de cerveja Heineken, cigarros ingleses e norte-americanos, um farto bufê de carnes assadas, queijos, frutas, saladas e flãs. A banda deveria ser recebida no aeroporto de Sydney com pelo menos 50 g de cocaína de alta qualidade. Após os shows desprovidos de drogas no Japão, as apresentações ficaram notavelmente mais vívidas e mais longas.

Em seguida, tudo ruiu na Nova Zelândia, próximo ao fim da longa turnê pelo Pacífico. O primeiro show aconteceu em 20 de março, em Wellington, diante de 60 mil pessoas no Athletic Park, um estádio de rúgbi. O show de abertura foi do neozelandês Hammond Gamble e sua banda, a Street Talk. Eles tocaram bem, e até foi solicitado que estendessem a apresentação, já que houve um problema com o Fleetwood Mac. No vestiário, Mick notou que Lindsey estava secando uma garrafa de uísque escocês, mas não deu muita bola. A apresentação prosseguia normalmente, até notarem que Lindsey estava tocando fora do tom. Então ele começou a zoar, tentando fazer Stevie tropeçar enquanto ela girava e rodava no palco. Em seguida, se pôs a imitar seus movimentos e danças. O pessoal da frente riu, como se aquilo fosse parte do show. Quando Stevie se curvou durante o interlúdio silencioso de "Rhiannon", Lindsey parou de tocar e puxou sua jaqueta para cobrir a cabeça, em uma paródia ridícula da pose dela. Depois, ele tentou chutá-la enquanto ela se esforçava para salvar a apresentação. Por fim, ele atirou uma bota nela, que teve de se esquivar. Os outros membros da banda ficaram envergonhados e furiosos, e não paravam de olhar fixamente para Lindsey, que ria histericamente.

"Foi a noite da derrocada para o Mac", disse Gamble, mais tarde. "Eles se deterioravam diante de nossos olhos. Ouvíamos a multidão entoando 'Tragam de volta o Street Talk!' Foi minha pior experiência ao vivo — de todos os tempos."

Naquela noite, não houve bis. A banda estava em choque. Havia milhares de pessoas lá fora, pedindo mais música, mas Lindsey mal parecia saber onde estava. De repente, Christine McVie invadiu o vestuário masculino, uma violação inédita dos hábitos pós-show. Com um coquetel na mão, ela caminhou até Lindsey, que estava de olhos vidrados e escarrapachado em um banco; com a mão direita, lhe deu um tapão na cara. Em seguida, o molhou com a bebida que tinha na mão. Daí disse a ele, em voz baixa: "*Nunca mais faça isso com a banda*", e saiu em disparada. Christine passou o restante da turnê sem falar com Lindsey. Mais tarde, ele culpou seu "temperamento" pelo incidente, mas nunca pediu desculpas a Stevie ou a qualquer outro membro.

Duas noites depois, o Fleetwood Mac fez outro grande show no estádio Western Springs, em Auckland. Os caras do Street Talk foram instruídos a fazer uma apresentação curta e a não permanecer na área dos bastidores. Eles ouviram um bate-boca nos vestiários. "Eles estavam discutindo", recordou Hammond Gamble. "Recebemos ordens de não perturbar, de nem sequer nos aproximarmos. Saímos e ficamos observando das barracas, se não me engano. Stevie Nicks subiu no palco e usou de todo seu charme, conquistando a multidão, e provou ser a deusa do rock que tínhamos vindo ver. Mas, de alguma forma, achávamos aquilo meio forçado".

E aí a banda tomou um longo voo para o Havaí, para três noites de shows em Honolulu. Todo mundo já estava de saco cheio de fazer parte do Fleetwood Mac. Mick então convocou uma reunião. Stevie reiterou que não ia deixar a banda, mas que ia fazer o próprio disco em breve. Disse também que, mesmo se sua carreira solo decolasse (e muita gente do Fleetwood Mac torcia por isso), ela ainda teria uma ótima banda para fazer parte. Todos foram lembrados de que a turnê *Tusk* estava agendada para até o fim de 1980. Mick fez com que todos os cinco concordassem em negociar com a Warner e, só a partir daí, fazer seus planos. Desta vez, haveria álbuns solo, o que era salutar, mas haveria forças dispostas a separá-los, afirmou Mick, porém, *era preciso* que permanecessem unidos. Ninguém podia romper a corrente.[40] A banda fez um juramento.

Quando Stevie voltou a Los Angeles no fim de março de 1980, em vez de seguir para casa, ela foi morar com seu atual namorado e futuro produtor, Jimmy Iovine. Eles estavam juntos mais ou menos secretamente desde o início do ano.

Em 1979, depois que a Warner Bros. dispensou uma parceria com a Modern Records, Paul Fishman e Danny Goldberg continuaram em busca de apoio. Havia uma meia dúzia de gravadoras importantes que talvez estivessem interessadas no pacote multimilionário que eles propunham, mas era importante que uma gravadora aceitasse logo o acordo, já que múltiplas rejeições poderiam prejudicar o esquema. Paul conhecia um executivo chamado Doug Morris, então presidente da Atco, uma seção da Atlantic Records, a primeira empresa de R&B a se ramificar para o rock e que tinha o

---

40 "Chain" é uma palavra em inglês que pode significar corrente, encadeamento, vínculo. Em "The Chain", cujos créditos de composição vão para os cinco — Stevie, Lindsey, Christine, John e Mick —, eles cantam: *And if you don't love me now /You will never love me again /I can still hear you saying /You would never break the chain* (Em tradução livre: Se você não me amar agora /Você nunca mais vai me amar de novo /Ainda ouço você dizendo que jamais vai romper a corrente). (N. E.)

Led Zeppelin como um de seus maiores trunfos. Stevie aprovou a Atlantic, e assim eles marcaram uma reunião. A causa deles levava grande vantagem devido ao ciúme corporativo; a Warner e a Atlantic faziam parte da mesma gravadora gigante, e Doug Morris era considerado pela diretoria um sujeito de segunda linha que por sorte conseguira alguns sucessos únicos. Isso o magoava, e um grande acordo com Stevie Nicks seria uma pedra no sapato de Mo Ostin, da Warner. Morris conseguiu que seu chefe Ahmet Ertegun, o tranquilo filho do diplomata turco fundador da Atlantic em 1950, aprovasse o acordo com a Modern caso Stevie concordasse com cinco álbuns solo em vez de dois como constava na proposta original. Após hesitar um pouco, ela aceitou. A Modern Records seria distribuída pela Atlantic. (Duas décadas depois, Doug Morris viria a se tornar o executivo mais importante da indústria fonográfica.)

A essa altura, Stevie já estava no estúdio com Tom Moncrief, seu produtor de demos, que também já havia trabalhado nas faixas que ela editara com Walter Egan. Uma noite, Danny levou Doug Morris ao estúdio quando eles trabalhavam em uma das novas canções de Stevie, "Outside the Rain". Morris era um empresário inteligente, mas na juventude também havia sido compositor. (Seu maior *hit* era "Sweet Talkin' Guy", cantado pelos — *hahaha!* — Chiffons.) Danny recorda-se: "Depois de algumas horas no chão, ouvindo o que a gente fazia, Doug se inclinou e sussurrou para mim 'Estamos fodidos. Ele [Moncrief] nem notou que ela está cantando fora do tom. Precisamos de um produtor *de verdade*'. De imediato, percebi que ele estava certo".

Stevie ficou muito chateada. Tom Moncrief era um velho amigo de confiança da época do Fritz que usava um de seus pingentes de lua crescente. Mas, por fim, não foi preciso muita persuasão para fazê-la concordar com a troca. E ela estava um tanto ansiosa em relação à sua música. Nunca tinha feito nada sem Lindsey Buckingham, que moldara habilmente suas canções e a conhecia até do avesso. Será que ela teria sucesso sem o ouvido brilhante e a sensibilidade sônica sutil de seu ex-parceiro? (E muita gente duvidava disso.) Mas aí ela teve a ideia de chamar Tom Petty para produzir o álbum. Stevie era fã de Tom, e fez de tudo para que a parceria acontecesse.

Tom Petty e sua banda, The Heartbreakers, haviam migrado da Flórida para Los Angeles em 1975, e por causa de sua mistura de influências rapidamente conseguiram um contrato de gravação. Eles misturavam com maestria as guitarras estridentes do The Byrds, o soul das bandas sulistas, e o boogie do Creedence Clearwater Revival, que latia como um cão de caça. Eles eram uma banda de rock sulista irredutível em uma era do punk e do new wave, e foram heróis das rádios FM praticamente desde o início. Seu álbum atual, *Damn the Torpedoes*, estava cheio de petardos radiofônicos como "Refugee" e "Don't Do Me Like That". Os Heartbreakers eram uma das bandas responsáveis por trazer o suingue para o rock norte-americano.

"Me apaixonei pela música e pela banda dele", lembrou Stevie. "[Pensei que] se um dia chegasse a conhecer Tom Petty e caísse nas graças dele, se ele me pedisse para largar minha banda e entrar na dele, provavelmente eu largaria. E isso inclusive foi antes de conhecê-lo." Agora lá estava Stevie fazendo propostas para Petty, telefonando para seu empresário, no entanto, não houve retorno. Petty era um sulista truculento e frequentemente deprimido de Gainesville, na Flórida (vulgo Redneck Riviera.) Tinha quase 30 anos, era casado com a namoradinha de infância, Jane Benyo Petty, e, a princípio, não tinha interesse em se associar a astros do rock veteranos de L.A., pois estava ocupado com a turnê de *Damn the Torpedoes* e elaborando o álbum seguinte.

Stevie então se encontrou com Irving Azoff, seu novo empresário — um gritalhão notório, um sujeitinho barbudo frequentemente apelidado pelas costas de "o Anão do Veneno". Nicks dissera a ele: "Já que não posso fazer parte de Tom Petty and the Heartbreakers, quero fazer um disco que soe o máximo possível como o deles". Azoff disse a ela que não se preocupasse. Na verdade, ele ia dar um jeito de fechar com Tom Petty. E com a banda dele, também. E ia fazer Tom Petty entregar o próximo single de sucesso para ela. E ia fechar com o produtor de Petty também.

Tom Petty protestou que já tinha muito o que fazer, mas Stevie se ofereceu para flexibilizar sua agenda a fim de encaixá-lo. No fim, Petty concordou em produzir uma faixa para Stevie, para ver se ia dar certo. Ele também trouxe o organista Benmont Tench e o guitarrista Mike Campbell, dos Heartbreakers. Eles editaram a nova música de Stevie, "Outside the Rain", sob o olhar vigilante de dezenas de pessoas de sua comitiva, que, para Petty e cia., parecia composta majoritariamente por mulheres demasiadamente emperiquitadas e maquiadas.

Petty não ficou tão impressionado. Mais tarde, recordou-se: "Percebi que não poderia fazer aquilo. Havia muitos *habitués*, mais do que daríamos conta. Nunca tínhamos convidados no estúdio. Eu não estava acostumado com isso". Tom Petty então sentou-se para conversar com Stevie Nicks e explicou suas motivações. Ela ficou decepcionada, mas aceitou. Em seguida, ele lhe recomendou fortemente o produtor que havia colaborado em *Damn the Torpedoes*: Jimmy Iovine, das profundezas do Brooklyn, Nova *Yorrrrk*.

4.8 Is This What You Want from Me?

Tom Petty sabia estar se arriscando. Primeiro, Jimmy Iovine deveria estar trabalhando no quarto álbum dos Heartbreakers, e não no primeiro de Stevie Nicks. Segundo, o urbano Jimmy Iovine tinha uma personalidade e estilo que não lhe permitiriam acreditar em fadas. Era o oposto de Nicks. Clarividências não eram a praia de Jim, que além de tudo também não curtia drogas. No entanto, se Stevie Nicks realmente queria um álbum que soasse como Petty, não havia outra pessoa capaz de fazê-lo. E Petty gostava de Stevie o suficiente para tentar auxiliá-la.

Jimmy Iovine era nascido no Brooklyn, em uma família greco-americana de imigrantes. Seu pai era estivador e trabalhara na famosa orla de Nova York. Durante a infância de Jimmy, seu pai fora um grande apoiador, treinando seu time da liga Júnior de beisebol e até empresariando sua bandinha de garagem formada no Ensino Médio. Jimmy era um bom músico, mas gostava mais dos sons do que de tocar. Em 1973, quando ele estava com 19 anos, uma tia lhe arrumou um emprego no Record Plant, o estúdio de elite no West Side de Manhattan. Ali Jimmy Iovine varria o chão e esvaziava cinzeiros. Porém, seu talento foi notado rapidamente. Em meados dos anos 1970, ele se viu ajudando o engenheiro de som nos álbuns solo de John Lennon. E assim Lennon se tornou amigo e mentor de Jimmy, que jamais sequer sonhara que um dia trabalharia com um Beatle. Em 1975, ele colaborou com Bruce Springsteen e seu empresário Jon Landau no épico álbum *Born to Run* (que por sinal foi a salvação da carreira de Springsteen). Daí Iovine passou a trabalhar oficialmente em produção e fez "Because the Night", composto por Springsteen e pela roqueira Patti Smith (o único single de sucesso da cantora, por sinal).

Iovine era reconhecidamente Street — um nova-iorquino impetuoso e cáustico de 25 anos cuja ideia de estilo era moletom e boné de caminhoneiro. Ao chegar em Los Angeles para fazer *Damn the Torpedoes* com Tom Petty no Sound City, em 1978, ele deu uma olhada no estúdio decrépito com seu lendário console Neve e afirmou, em alto e bom som, que tudo ali deveria ser bombardeado.

Inicialmente, Stevie precisou ser convencida de que era uma boa se encontrar com Iovine, pois tinha outras ideias sobre a produção, mas Danny pediu a Tom Petty que fosse ao estúdio para persuadi-la. Tom descreveu Jimmy como um produtor detalhista que seria ótimo para ela, porque — Tom Petty não tinha papas na língua — não ia aturar nenhum chilique dela. "Quer ligar para John Lennon? Ele vai gostar de listar suas recomendações sobre Jimmy." Quando não estava deprimido ou irritado, Tom Petty tinha lá seu charme sulista, e Stevie era suscetível a esses encantos. Por fim, ela concordou em se encontrar com Jimmy Iovine — que por sua vez tinha suas reservas em trabalhar com a bruxa galesa; ele achava brega toda aquela parafernália de encantamento rock 'n roll, era algo que não fazia seu estilo. Afinal de contas eram os anos 1980, cara! Em Nova York, os pesos-pesados da indústria lhe diziam que ninguém ouviria mais do que quatro músicas seguidas de Stevie Nicks. De acordo com Danny, "sem Stevie saber, Petty chamou Iovine para comparecer ao estúdio e dissipando assim quaisquer dúvidas remanescentes sobre sua ida Los Angeles. 'Levanta a bunda daí e venha pra cá', grunhiu Tom. 'O timbre vocal dela… *é exatamente como no rádio.*'"

Stevie havia instalado seu precioso piano no novo apartamento na praia. Danny levou Jimmy até a Marina. Stevie gostou do que viu — um baixinho magricela, cerca de 1,65 m, não muito mais alto do que ela, cabelos bem pretos, postura de macho-alfa, respostas prontas ao estilo Brooklyn, histórias engraçadas e risada aguda. E aí Stevie tocou para Jimmy algumas de suas ideias, depois o convidou para dar uma volta no calçadão com ela e seu cachorro. Após algumas horas, quando voltaram, Danny ficou aliviado ao saber que Jimmy tinha topado produzir o álbum de Stevie.

Mas foi mais do que isso. Em poucos dias, Stevie começou a ficar com Jimmy Iovine na casa que ele alugava no Valley. No ano seguinte, eles seriam colegas e amantes. Às amigas surpresas, Stevie contou que estava fascinada pelo "corpinho grego" de Jimmy. Pelas costas dele, chamava-o de "o pequenino".

Danny Goldberg soube do relacionamento e ficou espantado. Eles pareciam tão antagônicos. Stevie diria a Jimmy — basicamente um garoto das ruas do Brooklyn — que ele era "muito Rhiannon" e Iovine retrucaria: "Não sou, não!". Stevie também deu uma lua crescente dourada a Iovine, que nunca a usou. Ele dizia, debochando, que as coisas místicas dela eram pretensiosas e assustadoras. Mesmo assim, Jimmy abandonou de vez sua namorada de longa data, uma famosa locutora de rádio de Nova York, para ficar Stevie Nicks. Mas foi tudo muito sigiloso. Stevie dissera a Danny que o caso era secreto, e que era para manter silêncio. Na verdade, ela não queria era que Tom Petty soubesse.

"Jimmy tinha uma casa em Sherman Oaks", recorda-se Stevie, "e eu estava meio que morando lá, mas toda vez que Tom chegava, eu me escondia no quarto no andar de baixo. Jimmy sequer mencionava meu nome para Tom". Iovine sabia muito bem que o temperamental Tom Petty ficaria muito irritado por Jimmy estar mais concentrado em Stevie do que na finalização do novo álbum dos Heartbreakers. O disco já estava atrasado há meses. Aquela farsa se prolongou por semanas. "Aí comecei a me sentir uma prisioneira na masmorra", lembrou Stevie. Quando ela voltou da turnê do *Tusk* pelo Pacífico e recomeçou a sair com Jimmy, insistiu que Tom devia ficar sabendo a respeito deles. Porém, disse ela, "Não creio que ele tenha revelado a Tom que a gente já vinha se vendo há coisa de três meses". Mas isso pelo menos explicaria por que Stevie Nicks havia começado a frequentar cada vez mais as sessões de gravação dos Heartbreakers, ao menos até o Fleetwood Mac voltar para as turnês em maio de 1980.

Eles alugaram de um cassino de Las Vegas o Caesar's Chariot, um ostensivo jato 707, e tocaram pelo Canadá e pelo Meio-Oeste norte-americano. Algumas noites foram mágicas, outras, uma merda. Stevie e Chris dominaram algumas apresentações, enquanto Lindsey transformou outras em virtuosos recitais de guitarra. Eis as manchetes típicas em Vancouver, Minneapolis, Buffalo, Detroit: FÃS PERDOAM ERROS ENQUANTO O FLEET-WOOD MAC EXALA FÁBULA. Stevie se entregava de corpo e alguma a algumas dessas apresentações, e isto às vezes era interpretado pelos críticos como rituais hippies datados. Mas a banda percebia o elo incrível que ela desenvolvia com os fãs, que lotavam o palco de flores, bilhetes e bichos de pelúcia após suas canções.

Em junho, a turnê *Tusk* fez 16 shows na Europa, e aquela era a primeira vez que muitos fãs do velho continente viam Stevie Nicks. Públicos colossais faziam silêncio quando ela cantava "Landslide", e irrompiam em êxtase com o ritual da deusa galesa. Para evitar que lhes revistassem as cavidades nas fronteiras europeias, a banda viajava em um trem particular caríssimo. Dizia-se que sua antiga cabine havia sido usada por Hitler quando estava no exército. Stevie achou assustador, e passou a maior parte do tempo no vagão de refeições com Robin, Sharon e a maquiadora Christie Alsbury.

No dia 1º de junho, Bob Marley and the Wailers abriram o show do Fleetwood Mac no estádio olímpico de Munique sob fortes temporais. A chuva parou bem quando o Mac entrou no palco com "Say You Love Me". Mick Fleetwood diz que se lembra de ter visto a tropa de choque dançando. Os shows terminaram com seis noites lotadas em Wembley Arena, no norte de Londres. Stevie estava no auge da forma, apesar de alguns problemas vocais. Porém, durante a última apresentação, quando cantava "Rhiannon", Stevie perdeu totalmente a voz; aí foi para o lado de Lindsey no palco e se escondeu atrás dele, que concluiu a música para ela.

Julho, 1980. Todos voltaram para Los Angeles e Stevie tirou um mês de folga, daí começou a montar sua banda solo. Benmont Tench, tecladista dos Heartbreakers e arquiteto de som, concordou em ser o diretor musical. O heartbreaker Mike Campbell compartilharia o trabalho na guitarra base com Waddy Wachtel. Russ Kunkel, considerado o melhor baterista do sul da Califórnia (ao lado de Jim Keltner), arruinou as esperanças de Mick Fleetwood de ser convidado para tocar no disco de Stevie. Roy Bittan, da E Street Band, de Bruce Springsteen, contribuiria no teclado e nos arranjos. A assistente de Stevie, Janet Weber, visitou seu Rolodex[41] e angariou membros dos Eagles e da banda de Elton John para participar das faixas.

As primeiras gravações de 1980 foram dedicadas principalmente ao material mais antigo de Stevie. "Think About It" era de 1974, e originalmente feita para o segundo álbum do Buckingham Nicks. "Kind of Woman" havia sido deixada de fora do *Fleetwood Mac*. "After the Glitter Fades" não chegou a aparecer em *Rumours*. O mesmo aconteceu com "The Highwayman". Todas estas faixam estavam no formato de demos e receberiam novas letras e arranjos conforme o andamento do trabalho.

Mas Jimmy Iovine ainda estava trabalhando com Petty, e no fim do verão de 1980, Stevie precisou retornar ao cansativo trecho final da turnê *Tusk*. Em meio ao calor intenso, a maior parte dos shows eram a céu aberto; Stevie se apresentava com trajes transparentes, quase todos de chiffon bege, com longas faixas diáfanas em vez de echarpes. Frequentemente, uma fita preta de crochê ornava seus cachos loiros que batiam na cintura. (Desta vez Lindsey deixou seus ternos elegantes em casa, se apresentando principalmente de camiseta e chapéu caubói de palha.) Versões longas e estendidas de "Sara", de Stevie, incitavam a maior manifestação dos fãs. O single "Sara" havia sido lançado no fim de 1979, chegando ao sétimo lugar, e naquele verão ainda estava nas rádios, sobretudo a pedidos de ouvintes. Quando Stevie finalizou "Sara" em Lakeland, Flórida, entre a miríade de flores, ursinhos, coelhos de pelúcia e roupas atiradas no palco, havia também um par de muletas.

Ali ela mal estava conseguindo cantar. Depois de oito meses de turnê, todos os elixires e poções de Robin — conhaque, chá quente, suco de limão — não eram de grande ajuda mais. "No palco, ela é a rainha da porra toda", dissera Christine sobre Stevie, "mas fora do palco mais se assemelha a uma velhinha gripada". No entanto, às vezes Stevie precisava se apresentar, inde-

---

41 Dispositivo de arquivos giratórios utilizado para armazenar informações de contatos comerciais. (N. T.)

pendentemente de qualquer coisa, sobretudo depois que Lindsey tivera um colapso em sua suíte de hotel quando estavam na cidade de Washington. Ainda havia aquela suspeita de que ele sofria de alguma forma de epilepsia, mas os médicos não conseguiam fechar um diagnóstico (nem mesmo uma punção lombar ofereceu um laudo conclusivo). Houve um incidente no avião e Lindsey se viu engatinhando pelo Caesar's Chariot em completa agonia. Naquela noite, John Courage teve de ir até a frente do palco e dizer a 60 mil fãs em Cleveland que Lindsey estava sem condições de tocar, pedindo o favor de *não* causarem tumulto porque eles voltariam para fazer o show. Na verdade, o Fleetwood Mac voltou e lotou três shows em estádios, em vez de apenas um.

Em estado de constante movimento e exaustão, a equipe da turnê apelou para o amor. Algumas pessoas notaram que Curry Grant vinha passando várias noites nas suítes de Stevie. Sharon Celani estava se encontrando com o técnico de guitarra de Lindsey, Ray Lindsey. Era um festival de idas e vindas afetivas e sexuais entre o grupo principal da turnê, algumas com duração de uma noite, outras, até menos.

Uma vez que Lindsey estava só o pó da rabiola, Stevie teve de assumir o protagonismo e roubar a cena de vez, começando em Atlanta, em agosto. Em San Antonio, o público ficou tão comovido com a versão melancólica de "Landslide" que ovacionou a banda espontaneamente, e todos do grupo acharam aquilo tão comovente quanto a música em si. Em Dallas, Lindsey se recuperou o bastante para transformar "Rhiannon" em uma tempestade capaz de atiçar o Cotton Bowl enquanto Stevie, possuída, cantava *"Is this what you want from me? Is THIS what you want from me?"* durante o grito final para a deusa galesa. Perto do fim, a turnê foi para Tucson e Phoenix, onde todos os membros possíveis da família Nicks se reuniram na arena do Compton Terrace e foram brindados com uma afetuosa serenata e vários paparicos de sua parente superestrela, a pequena Teedie.

Os últimos shows dessa turnê foram duas apresentações no Hollywood Bowl, o famoso anfiteatro na Sepulveda Pass, que separava Hollywood do Valley. O *The Los Angeles Times* e o *The Hollywood Reporter* publicaram rumores de que o Fleetwood Mac acabaria logo depois, já que boatos sobre a carreira solo de Stevie começavam a vazar. Próximo ao fim do último concerto, Lindsey anunciou: "Este é nosso último show" — gritos do público — "por tempo indeterminado". Quando cantou "Landslide", uma canção sobre envelhecimento que Stevie entoava com uma voz seca que passeava entre semitons, ela se perguntou se ali estaria cantando com a banda pela última vez. Depois, houve momentos de júbilo nos bastidores, com o melhor champanhe, abraços afetuosos, e sensação de alívio e plenitude temperados por muita exaustão. Todos sentiam que era o fim de uma era — e mal eles sabiam o quanto de coisa se concluiria ali.

Mas a banda e seus negócios ainda não tinham acabado. Mick Fleetwood queria um disco ao vivo da turnê, que capturasse os momentos especiais de Roterdã até Kansas City, de Baton Rouge, na Louisiana, até Zurique, na Suíça. Ninguém mais estava empolgado com a ideia de fazer um novo álbum, mas Mick insistia que venderia como se fosse um disco de Maiores Sucessos, e que, pessoalmente, ele sempre comprava discos de Maiores Sucessos. Os empresários de Stevie também eram contra, já que isso poderia reduzir as vendas de seu disco solo, mas ela era voto vencido e o projeto foi adiante. Cada apresentação (e a maioria das checagens de som precedentes) havia sido gravada por Ken Caillat, e eles tinham ali um ótimo acervo de excelentes registros. A quinta noite no Wembley, em Londres, invocou a "Rhiannon" mais feroz. A sexta noite ofereceu uma "Landslide" particularmente melancólica. A checagem de som no Palais des Sports em Paris proporcionou versões cristalinas e temperamentais de "Dreams" e "Don't Stop". A trilha sonora em estéreo do segundo show filmado de Saint Louis proporcionou uma "Sara" acelerada, tilintante, com sete minutos de duração e especial distinção, e assim por diante.

A Warner Bros. insistiu que o álbum duplo ao vivo (que alguns executivos já estavam chamando de *O Encalhe de Tusk Vol. II*) contivesse material novo, sendo assim, o Fleetwood Mac montou um palco no Civic Auditorium de Santa Monica, convidou funcionários, familiares e amigos para um farto jantar, cheirou quantidades imensas de cocaína, da melhor qualidade que JC conseguiu, e editou duas músicas novas: a épica "Fireflies", de Stevie (uma de suas melhores, afirmam muitos fãs), com arranjo arrepiante de Lindsey e lindamente cantada por ambos; e "One More Night", de Christine. Naquela noite, Dennis Wilson, o namorado irremediavelmente malandro de Christine, estava em Santa Monica; Denny era conhecido de todos (que também estavam bem cientes do tanto que ele vinha enrolando Chris.) Durante um intervalo, em homenagem a Dennis, Lindsey tocou a parte de guitarra-surf de "Farmer's Daughter", uma bela melodia celta do irmão de Dennis (e ídolo de Lindsey), Brian Wilson. Stevie pegou um microfone e cantou junto. O som ficou ótimo, então eles inseriram outros instrumentos e gravaram a música inteira, que foi um dos destaques do *Fleetwood Mac Live*, lançado em dezembro de 1980. As vendas foram surpreendentemente altas, e o álbum atingiu um milhão de cópias bem depressa, chegando ao 14º lugar nas paradas — e batendo de frente com a forte concorrência de uma banda nova da Inglaterra chamada The Police. O entusiasmo de Mick por um álbum ao vivo se provou correto, mas Stevie e os outros membros do Mac não ficaram tão felizes assim com o resultado daquele trabalho.

No fim de 1980, houve um motim no Fleetwood Mac. Algumas semanas depois do fim da turnê *Tusk*, os contadores da banda afirmaram que a turnê não tinha rendido dinheiro algum. Oito meses na estrada e o lucro havia sido bem pequeno. Tinha sido uma das turnês mais caras de todos os tempos, já que a banda viajara de jatinho fretado e se entregara a toda sorte de loucura perdulária imaginável. Vez ou outra, o jatinho vazio era enviado a L.A. só para buscar um traficante de cocaína, tudo por conta do caixa da banda, a fim de reabastecer fornecedores nas cidades do Meio-Oeste. Diz-se que milhões de dólares ficaram de fora da contabilidade, pois em três continentes os comerciantes de cocaína ficavam relutantes em fornecer recibos quando JC pagava quantias vultosas em espécie pela droga. Havia quem inferisse que Mick Fleetwood abusava de seu cargo de confiança como gerente da banda. Certas pessoas achavam que ele tirava dinheiro das contas coletivas para pagar coisas como seu apartamento livre de impostos em Mônaco ou o rancho de milhões de dólares comprado por capricho enquanto o grupo estava na Austrália, dentre outras extravagâncias de estrelas do rock.

Houve uma reunião horrorosa na casa de Mick. Stevie trouxe seu empresário *pit-bull*, Irving Azoff, que dominou aquele encontro já um tanto tenso entre banda, gerentes, contadores e alguns funcionários. Torta de climão. Onde tinha ido parar todo o dinheiro, porra? Não era possível que tivessem cheirado tudo. "Era para ter mais dinheiro", Azoff provocou Mick. "Como é que não tem mais dinheiro depois de um ano na estrada?"

Mick tentou se defender, mas foi pífio. Sim, os lucros tinham sido imensos, mas as despesas gerais foram de matar. A turnê rolou à base de cocaína, maconha de alto nível, vinho francês, cerveja holandesa e vodca russa. Ninguém tinha coragem de dizer a Stevie Nicks que ela não podia ter um piano de cauda na suíte presidencial repintada do Waldorf, do Ritz ou do Four Seasons Hotel em Tóquio. Isso era algo que você jamais faria no Holiday Inn. E o uso do jatinho por meses a fio — quanto custou? Será que nenhum dos advogados ou dos contadores sabia gerenciar uma turnê de rock da maior banda do planeta?

No fim, é claro, Mick não foi capaz de responder pela maior parte do dinheiro. Na verdade, ninguém o acusou de roubo, mas esse escândalo permaneceria em segredo por muito tempo. John Courage foi demitido no fim da reunião. Ninguém achava que JC era desonesto, e nenhuma acusação formal foi feita; JC era um gerente de turnês altamente qualificado, que havia cuidado muito bem da banda na estrada. No entanto, era hora de ele ir embora.

Mick foi o próximo. Alguns acham que foi vingança de Stevie Nicks. (Sara Recor, por sua vez, estava farta das insanidades dele, e havia fugido para o Havaí com um dos técnicos da turnê, deixando Mick desconsolado.) Em uma reunião posterior na mansão de Mick em Bel Air, com todos os membros sentados em círculo como em uma conferência igualitária, Irving Azoff lia o ato de revolta quando Mick percebeu, com estupidificado horror, que Stevie havia outorgado poder a Azoff para alavancar uma posição dentro do Fleetwood Mac. Ele disse algo do tipo: "Ei, Mick... Acabou. Eu represento

Stevie aqui, e ela não vai fazer mais nada se as coisas não mudarem. De agora em diante, não vamos pagar nenhuma comissão de gestão, despesas gerais de escritório, honorários legais ou de contabilidade... Nada. Ela vai fazer um disco e, por ora, estamos saindo de cena, tchau-tchau".

Mick se lembra de ter pensado que aquele também era o empresário dos Eagles, seus grandes rivais. Talvez Stevie não fosse a única pessoa se vingando ali. Mick: "Eu tinha sido destituído do trono. Era a democratização do Fleetwood Mac. Desde então, tivemos uma revisão de comitês... empresários, advogados, contadores. A Gangue dos Quatro".

Quando a reunião terminou, Mick foi até o jardim de casa e chorou. Os outros membros saíram e se juntaram a ele. Stevie segurou sua mão e disse que não estavam bravos com ele. O motivo era só porque não havia dinheiro, nenhum fluxo de caixa da longa turnê. Stevie disse que sabia que ele só estava tentando dar tudo o que eles precisavam, como um *sugar daddy*. Sem mágoas... Tá, talvez algumas.

Diante disso, um humilhado Mick Fleetwood pôs sua enorme casa à venda e voou para o Havaí a fim de convencer Sara Recor a retornar ao lar. Quanto a Stevie, sua carreira solo e muito trabalho árduo despontavam no horizonte. Mas alguns de seus fãs de longa data sentiam que o melhor trabalho de Stevie Nicks já tinha ficado para trás.

Capítulo 5

5.1 Stevie Encara a Morte

O ano de 1980 está no fim. Ronald Reagan, o ex-governador arquiconservador da Califórnia, é eleito presidente dos Estados Unidos. Os anos 1980 nos Estados Unidos não seriam nada parecidos com as décadas 1960 ou 1970. Para uma estrela do rock ambiciosa e belicosa como Stevie Nicks, os anos 1980 equivaleriam a cabelão, peitões, visual novo, gingado e pompa. A música seria mais pop do que rock — sintetizadores, bateria sintetizada, sequenciadores, Duran Duran, Michael Jackson, Cyndi Lauper. Em 1981, a MTV começaria a transmitir clipes o dia todo, o que abriria espaço para guarda-roupas mais claros, com mais tons pastel, ombreiras, contornos rígidos. O novo estilo oitentista de Stevie exploraria as implicações do feminino revertidas em poder e força, e seus trajes de palco tornar-se-iam parte ainda mais icônica do eu que ela projetaria aos fãs através da música e de apresentações.

Em 8 de dezembro de 1980, Jimmy Iovine estava em casa com Stevie, em San Fernando Valley, quando alguém ligou para contar que John Lennon havia sido baleado em frente ao prédio onde morava em Nova York. Jimmy ficou em choque. Eles ligaram a TV e confirmaram a morte do ex-Beatle, assassinado por um fã. Jimmy havia sido um dos engenheiros de estúdio favoritos de Lennon em seus projetos solo nos anos 1970, e os dois haviam se tornado um tanto próximos. Obviamente Jimmy ficou inconsolável.

Stevie estava morando há seis meses com Jimmy quando o fatídico evento aconteceu. "Ele estava finalizando o álbum de Tom Petty", recordou ela, "e, já que ninguém sabia de fato onde eu estava, comecei a me coçar de vontade de trabalhar no *Bella Donna*, que parecia fazer parte de um futuro impossível. Jimmy já tinha me contado um monte de coisas sobre sua amizade incrível com John Lennon. Foi um conto de fadas da vida real que terminou em um dia cinzento. Uma tristeza terrível tomou conta da casa; eu não conseguia dizer nada, simples assim." Stevie então arrumou suas coisas e foi para casa. Jimmy precisava de um tempo sozinho para digerir a notícia.

Mas a própria também Stevie teria de encarar a morte nas semanas seguintes. Sua mãe telefonou para dizer que tio Bill estava no hospital com câncer, sem esperança de sobreviver. Stevie pegou o primeiro avião para Phoenix, onde se juntou a seus parentes, tia Carmel e o primo John, junto ao leito de morte do tio. Certa noite, bem tarde, Stevie e John estavam de vigília quando tio Bill teve uma parada cardíaca. Eles chamaram a enfermeira, mas não houve resposta. Stevie então correu até a recepção, acelerada pelo corredor comprido e sombrio, mas, ao que parece, não havia ninguém de plantão. Ela então desceu algumas escadarias escuras, mas a porta que dava para o andar de baixo estava trancada. Em pânico, voltou a subir. Retornou pelo mesmo corredor até o quarto do tio, mas, ao entrar, ele já havia partido. Bill Nicks era seu tio favorito, e agora era Stevie quem ficaria de luto, adotando o preto como cor padrão de suas vestes por um bom tempo.

As mortes de Lennon e de tio Bill foram um baque para Stevie. Aquele corredor vazio de hospital logo apareceria em uma de suas melhores canções.

Com uma força de vontade inabalável, Jimmy Iovine assumiu o controle das sessões de gravação de Stevie. A expectativa era que ela cumprisse o horário religiosamente, para que permanecessem no orçamento. A maioria das garotas de sua comitiva foi banida do estúdio. Iovine também instruíra os rapazes dos Heartbreakers e os músicos do estúdio a ignorarem as investidas sedutoras de Stevie. Jimmy disse a ela: "Olhe, se vamos fazer isso, não vai ser tipo um emprego de meio-período. Vamos encarar como se você nunca tivesse feito um disco. Essa banda não vai cair nos seus truques. Não se pode enganar músicos experientes. Eles precisam *acreditar* no projeto. Se pressentirem que isto aqui é um passatempo para você, vão tratar como um passatempo, e todo mundo ao redor vai tratar como um passatempo".

Além da meia dúzia de músicas das sobras de gravações com o Fleetwood Mac, Stevie trouxera várias ideias novas. "Outside the Rain", com os Heartbreakers, originalmente produzida por Tom Petty, ganhou uma reformulação de Jimmy Iovine que suavizou a guitarra de Petty. "Bella Donna" abriria o álbum como uma espécie de reflexão nebulosa sobre amor místico e uma súplica para "sair da escuridão". A faixa que tinha sobrado de *Tusk*, "How Still My Love", era quase uma homenagem aos acordes celestiais de Lindsey Buckingham.

"Edge of Seventeen", originalmente uma balada mais lenta para piano, reunia elementos dos diários de Stevie: a pomba branca alada era o espírito de John Lennon e o arquétipo da pomba da paz; também havia uma espécie de pomba branca que ciscava nos cactos Saguero do deserto do Arizona. O chamado do pássaro noturno era a Morte no corredor onde não havia ninguém. Em seguida, o baterista Russ Kunkel tocava uma faixa mais pesada de rock. Waddy acrescentou um *stutter* de guitarra em ziguezague, e Jimmy Iovine fez de "Edge of Seventeen" uma música poderosa, poeticamente comovente sobre um amadurecimento romântico (ao menos, era o que os fãs pensavam).

Mas o título na verdade nascera de um mal-entendido. Foi um acidente. O negócio era que Stevie sentia não estar recebendo tanto acolhimento dos músicos que vinham trabalhando em suas canções. E não estava habituada a isso. Benmont Tench e Mike Campbell meio que a ignoravam. Shelly Yakus, que Jimmy tinha trazido de Nova York para ser o engenheiro de som, mal olhava para ela. Até Tom Petty parecia ter resolvido tratá-la com mais frieza. (Stevie obviamente não sabia das instruções de Jimmy.) Habituada aos reis do drama do Fleetwood Mac, Stevie não estava acostumada a esse tipo de profissionalismo neutro. Mas ela ainda queria fazer parte dos Heartbreakers, e não iria ceder ou ir embora. Portanto, conforme Tom Petty lembrou mais tarde: "Stevie começou a fazer a cabeça de Jane".

Jane Benyo Petty tinha sido namorada de Tom no Ensino Médio em Gainesville. Por insistência da família dela, eles se casaram antes de irem para a Califórnia em busca de fama e fortuna, em 1975. Ela era esbelta e bonita, alta e loira como Tom, e falava com um sotaque sulista ainda mais marcado do que o do marido. Stevie convidou Jane para seu mundinho encantado e privativo de abajures Tiffany e tapetes persas, velas e incensos, amigas de vestidos longos e especulações metafísicas noturnas sobre várias questões de ocultismo, tudo registrado pela onipresente Polaroid de Stevie. Jane Petty também curtia a cocaína que batia rápido.

Certa noite, Stevie perguntou a Jane quando ela conhecera Tom. "Ah, eu o conheci quanto a gente estava na casa dos 17".

Confusa, Stevie devolveu: "Você disse 'com quase' 17?"

Jane riu. "Não, eu disse na casa dos 17 mesmo. Na época, ele era praticamente um bebê."[42]

Stevie comentou com Jane que "Edge of Seventeen"[43] seria um título ótimo para uma canção. Jane a incentivou a seguir adiante. Coisas do destino. Stevie passou a convidar a esposa de Tom para ir às gravações e, aos poucos, o clima foi se amenizando. Stevie até conseguiu fazer os irredutíveis Ben Tench e Mike Campbell sorrirem para ela no fim de um bom *take*.

Fim do inverno, 1981. A Warner Bros. lançou um single do *Fleetwood Mac Live*, "Over My Head" e "Fireflies," esta última de Stevie. Além disso, as estações de rádio receberam um single de 12 polegadas de 45 rpm, a estreia de uma música de Stevie nesse formato. No entanto, compacto ficou em 60º lugar e foi considerado um fiasco.

---

42 No original, *at the **edge** of*, na pronúncia de Jane compreendida por Stevie, e *at the **age** of*, correção feita por Jane. Talvez devido ao sotaque sulista de Jane, Stevie entendeu que a amiga havia dito *edge* ("limite", "fronteira") em vez de *age* ("idade"). (N. T.)

43 "À beira dos 17", em tradução livre. (N. T.)

Nessa época, Stevie começou a se cansar da tal "camada marinha", a neblina quase diária que vinha do Pacífico na maioria das manhãs e cobria as cidades litorâneas — Santa Monica, Venice e Marina Del Rey. Assim, saiu à caça de casas — talvez sua atividade favorita, tirando a música — e foi apresentada a uma mansão cheia de pilastras nas colinas sobre Pacific Palisades, com uma vista incrível de Santa Monica e do oceano. Ficava em um imenso terreno, alcançada por uma longa estrada, e as grandes colunas brancas que sustentavam a entrada fizeram Stevie se lembrar de Tara, a casa da personagem de Scarlett O'Hara no filme *E o Vento Levou*. Ela comprou a casa pelo preço sugerido e, um mês depois, se mudou para lá com seu piano.

Suas sessões de gravação continuavam, agora com uma nova presença inspiradora.

Ao ouvirem os *playbacks* vocais no estúdio, Stevie e Jimmy sugeriram que o canto poderia ser mais forte, mais visceral e de timbre mais profundo. Stevie e Sharon Celani faziam um ótimo som juntas, mas era necessário um terceiro elemento para completar a tríade da convergência feminina harmônica que tinham em mente.

Dois anos antes, durante uma pausa na turnê, Stevie havia gravado a demo para piano de "Sara" no estúdio de Gordon Perry, em Dallas. Na mesma sessão, ela gravou uma demo inacabada de uma nova canção, "Beauty and the Beast", sobre sua relação com Mick. O título fora extraído de um de seus filmes antigos favoritos, a obra-prima surrealista de 1946 de Jean Cocteau, *La Belle et la Bête*. Enquanto estava em Dallas, Stevie conheceu a esposa de Perry, Lori, uma bela ruiva que cantava em rádios e fazia *jingles* comerciais no estúdio. Stevie ficou encantada com Lori Perry — todo mundo ficou. Ela era de Los Angeles, havia crescido em San Fernando Valley e trabalhara no ramo musical como assistente de produção e secretária. Ela tinha um estilo próprio (discreto, mas sexy), era uma cantora nata e se movimentava com a graciosidade suave de uma dançarina experiente. Aos 30 anos, Lori era um pouco mais jovem do que Stevie, mas rapidamente foi considerada vibrante e *muito* Rhiannon.

Quando o Fleetwood Mac saiu de Dallas, Stevie deixou a demo para piano "Beauty and the Beast" com Gordon Perry e sugeriu que Lori trabalhasse na música, acrescentando vocais de fundo e instrumentação. Lori recorda-se, "Fiquei muito lisonjeada, mas um pouco relutante... Na verdade, eu não achava que tivesse talento para cantar uma música de Stevie Nicks". Mas Gordon insistiu que Lori deveria pelo menos tentar, logo, convocou sua melhor amiga e também cantora, Caroline Brooks, para trabalharem juntas. Elas fizeram *overdubs* de harmonias e executaram um *vamp* simples de teclado sobre a demo para piano de Stevie. Enviaram a fita a Stevie e ficaram esperando retorno, até que um dia ela ligou para dizer que havia começado seu álbum solo e que queria contratar Lori para cantar junto a ela e Sharon Celani no disco e na turnê. Lori Perry não tardou a aparecer no estúdio e foi absorvida pela panelinha hermética e insular de mulheres fortes e criativas — aquelas que cantarolavam todas as noites e com quem Stevie Nicks vivia uma fantasia californiana rock and roll de diversão e sucesso, além da promessa infinita de que sempre haveria mais na noite seguinte.

5.2 Vingança

Primavera, 1981. Jimmy Iovine estava preocupado.

Eles estavam sequenciando o álbum de Stevie. Por insistência dela, a nova música, "Bella Donna", difícil e quase dissonante, abriria o lado A; em seguida, viriam "Kind of a Woman", "Think About It" e "After the Glitter Fades". No lado B entrariam "Edge of Seventeen", "How Still My Love", "Leather and Lace", "Outside the Rain" e "The Highwaiman", a balada à moda antiga em que Don Henley fora convencido a tocar bateria e cantar. Também havia três músicas novas e marcantes de reserva: "Blue Lamp", sobre anjos da guarda e "um abajur que eu trouxe da casa de minha mãe"; "Gold and Braid", basicamente movida a teclado, um pastiche estilo Allman Brothers sobre um homem forte que "gostaria de confortá-la e abraçá-la como a uma criança"; e "Sleeping Angels", uma balada apaixonada que destilava pérolas de sabedoria duramente conquistadas — "casos de amor verdadeiros e feitiços pesados/para uma mulher e um homem".

Mas Jimmy Iovine não enxergava um single de sucesso em nenhuma das músicas. Que tal "Edge of Seventeen?", perguntou Stevie. Não daria certo, dissera ele. "Era uma aposta alta demais para primeiro single." Mas Stevie queria apostar. Danny explicou que álbuns solo de membros de grupos grandes geralmente tinham um desempenho morno no mercado, a menos que impulsionados por transmissões massivas nas rádios em todo o país. *Tusk*, apontou ele, era uma "decepção multiplatinada" em comparação a *Rumours*, portanto, na opinião dos diretores de programação das rádios, o valor de mercado do Fleetwood Mac havia decaído. Stevie precisava de um estouro instantâneo de rádio, ou o trabalho duro de todos teria sido em vão.

Jimmy queria que Stevie gravasse duas novas músicas que Tom Petty e Mike Campbell haviam composto para os Heartbreakers. Ela foi resistente e disse, sem rodeios, assertiva e se impondo fisicamente: "Não *preciso* tocar músicas alheias". Mas Jimmy retrucou — sua carreira estava potencialmente em risco — e logo Stevie e Petty estavam no estúdio com a banda. Eles gravaram uma música chamada "The Insider", um olhar *noir* sobre o mundo da música, e foi a primeira vez que alguém ouviu a mistura emocionante de ambas as vozes. Ainda assim, afirmou Jimmy, não servia para ser o bendito single.

Sabe-se lá como, Jimmy Iovine conseguiu fazer Tom Petty gravar "Stop Draggin' My Heart Around" com Stevie: uma música sobre separação, em formato de dueto e com órgão, que "cativava à primeira escuta", e que originalmente estava destinada para o próximo álbum de Petty. O mestre do baixo de Memphis, Donald "Duck" Dunn, tocou na faixa, sob um dos vocais mais potentes de Stevie. A letra de Petty descrevia alguém que ele deve ter conhecido bem, uma pessoa bonita, sexy, sedutora e inatingível; depois, desprezível e indesejada, mas, ao fim e ao cabo, assustadora. Quando Petty finalmente cedeu à intensa pressão e deu a faixa a Stevie, aquele foi o momento em que ela conseguiu tudo a que se propusera após se livrar da dominação de Lindsey e Mick. Astúcia feminina: agora, ela era quase uma Heartbreaker. Alguns deles até estavam em sua banda. Ela havia cooptado seu produtor e roubado sua melhor música. *Belladonna* (inicialmente assim, com esta grafia), o novo álbum, seria lançado naquele verão. Ironicamente, o primeiro disco solo de Lindsey chegaria às praças poucos meses depois. Ambiciosa e supercompetitiva, Stevie Nicks estava obrigando todos eles a correrem atrás do dinheiro.

Então, alguém na Atlantic Records implicou com o título do álbum: *Belladonna*. Danny Goldberg também. O submundo de Los Angeles estava lotado de rumores sobre consumo de drogas na casa de Stevie Nicks, além histórias sobre experimentos com ervas e plantas que, dizia-se, continham efeitos mágicos ou psicotrópicos. O fruto preto venenoso e as folhas em formato de pera da planta beladona (*Atropa belladonna*) eram tradicionalmente associados a bruxaria, usados para induzir visões e alucinações, mesmo se houvesse apenas o contato com a pele. O presidente Reagan e sua esposa, em busca de notoriedade, faziam ávidas campanhas antidrogas ("*Just Say No*", ou seja, Apenas diga não), e Danny alertou que o título poderia chamar atenção no sentido negativo para um ótimo álbum. Por fim, ele persuadiu uma Stevie ainda hesitante a mudar o título (e a faixa do álbum) para um mais neutro *Bella Donna*, "mulher bonita", em latim e italiano.

Antes do lançamento, fizeram um clipe com Stevie e Tom tocando a música com os Heartbreakers. Isso foi alguns meses antes de o novo canal a cabo, a MTV, começar a transmitir clipes musicais 24 horas por dia; logo, o vídeo era voltado para os programas de rock sindicalizados que passavam tarde da noite. O diretor disse a Stevie para dublar o playback e flertar com Tom. Stevie usava uma roupa de renda off-white com legging prateada e sapatos de salto quadrado, um novo visual que ela e Margi Kent haviam bolado para o trabalho solo. Esse estilo havia sido parcialmente inspirado em uma jovem fã do Fleetwood Mac que Stevie, do palco, vira na plateia no Hollywood Bowl. A garota dançava usando camadas de chiffon creme e rendas cor de neve, os longos cabelos estavam presos sobre a cabeça como uma Gibson Girl, as pernas envoltas por botas prateadas de cano longo. Ela era *bem* Rhiannon. Stevie apontou a garota para Margi Kent. Era assim que ela queria ficar à frente da própria banda, e foi assim que ela apareceu no clipe de "Stop Draggin'". (Quando a MTV foi ao ar, em agosto de 1981, "Stop Draggin'" foi um dos poucos clipes de músicos famosos a ser exibido na programação, e durante o primeiro ano de existência febril, estimulante e imperdível da emissora, foi tocado quase de hora em hora.)

As fotos do álbum foram feitas no estúdio de Herbie Worthington. Stevie se retratou como uma bruxa branca adornada de joias contra uma tela azul-escuro, segurando no alto a cacatua albina de seu irmão Chris (a ave se chamava Max). Outros adereços incluíam bola de cristal, o pandeiro de Stevie e algumas rosas brancas. O encarte mostrava uma belíssima Stevie de renda preta ao lado de Sharon Celani, que parecia uma Mona Lisa de pele bronzeada e vestido preto, e também Lori Perry, com os longos cachos castanho-acobreados caindo sobre um vestido azul de seda. O álbum continha a seguinte dedicatória: "E mais uma vez/Esta música é dedicada/a meu Avô/e a todos os filhos dele".

Diferentemente da maioria dos músicos de bandas de rock, Stevie era uma espécie de celebridade norte-americana, e Danny usou isso na mídia convencional em contraste à imprensa especializada em música. Stevie voou para Nova York e apareceu no *Good Morning America*, da ABC, então o matinal televisivo mais bem-conceituado da época. Isto, e a grande quantidade de transmissões nas rádios ajudou a catapultar "Stop Draggin'" para o topo das paradas em rádios de rock e no Top 40 quando o single foi lançado pela Modern Records em junho de 1981.

O álbum *Bella Donna* saiu no fim de julho e foi recebido com críticas positivas (porém cautelosas). Doug Morris assegurou que as equipes de publicidade e de vendas da Atco se dedicassem de corpo e alma ao álbum. As vendas começaram a subir com força quando legiões de fãs do Fleetwood Mac passaram a comprar as cópias, e o disco ficou em terceiro lugar nas paradas, atrás de álbuns importantes do Foreigner (número um) e do Journey (número dois), pilares do rock corporativo da época. Naquele período, antes de as verificações por código de barras possibilitarem a contagem precisa das vendas dos álbuns, a *Billboard* e outras listas dependiam de pesquisas por ligação telefônica para lojas de discos e outras fontes semiconfiáveis. Mas Danny Goldberg e Paul Fishkin estavam decididos a levar *Bella Donna* ao topo. Dois longos anos antes, eles praticamente haviam prometido isso a Stevie.

Danny: "Centenas de lojas receberam telefonemas em busca de informação, mas a lista definitiva acabou sendo feita por um cara chamado Bill Wardlow. Doug [Morris] levou Stevie para jantar com Wardlow, e, como um toma-lá-dá-cá por atenção pessoal, na semana seguinte *Bella Donna* era oficialmente o álbum número um no país, de acordo com a Billboard, muito embora os relatórios indicassem que, na verdade, ele era o número três". Furiosos, membros do Foreigner e do Journey protestaram, mas sem efeito. "*Bella Donna* ficou em primeiro lugar somente por uma semana", observou Danny sabiamente, "mas o que importa é que ainda foi o número um".

Júbilo e alívio reinaram nos QGs de Stevie em L.A. e Phoenix, bem como nos escritórios da Modern Records em Los Angeles e Nova York. Eles tinham conseguido. Falando de si mesmo e de Paul, mais tarde Danny disse que ambos arriscaram as próprias carreiras por Stevie, e que sua confiança rendera frutos. *Bella Donna* venderia mais de três milhões de cópias até o fim do ano. E com a MTV apresentando o clipe continuamente, vendeu uma nova remessa de três milhões. Agora, aos 31 anos, Stevie Nicks era uma estrela estabelecida e por mérito próprio.

No dia em que *Bella Donna* ficou em primeiro lugar, conforme lembrou Stevie, "minha melhor amiga [Robin Anderson] me ligou e disse que estava com leucemia já em estado terminal, e que talvez não vivesse mais do que três meses. Logo, sem sombra de dúvidas, ficou patente que o sucesso tinha altos e baixos. Nunca consegui aproveitar *Bella Donna* por inteiro, pois minha amiga estava morrendo. Alguma coisa... foi embora naquele dia. Algo simplesmente, sumiu.

"Disseram que Robin tinha o pior caso de leucemia que o Centro Médico da UCLA já vira", lembrou Stevie. "Ela estava mais doente do que você acreditaria." Os médicos disseram a Robin que não poderiam fazer muito por ela. E aí Robin engravidou — sendo aconselhada a interromper a gravidez caso quisesse prolongar sua vida. Robin ignorou o conselho, e deu início a uma busca desvairada por terapias alternativas e curandeiros, bem como a meses de preocupação e angústia para Stevie. Robin Snyder Anderson estava decidida a viver o bastante para carregar o filho.

Danny Goldberg também adorava Robin, que chegara inclusive a trabalhar para sua firma de RP, e se sentiu péssimo por Stevie. "Ela estava em meio a todo aquele sucesso de *Bella Donna* enquanto tentava lidar com a própria tristeza pela situação da melhor amiga. Foi uma época de muita provação para todas as pessoas envolvidas com Stevie e seu projeto."

Quando recebeu as primeiras cópias prontas do álbum, Stevie escreveu e desenhou dedicatórias elaboradas para cada membro do Fleetwood Mac, e as levou ao estúdio onde eles remixavam possíveis singles futuros do álbum *Live*. Deu uma cópia para Lindsey, com uma dedicatória piegas agradecendo-o por toda a inspiração ao longo dos anos. Já Lindsey parecia preocupado com os puxadores na mesa de mixagem; mal olhou para o *Bella Donna*, apenas pôs o álbum no chão, encostando-o no console. Stevie ficou esperando que ele lesse o que ela escrevera com tanta gratidão. Ele mal deu duas horas de atenção para o disco, daí foi para casa sem ele. Alguém contou a Stevie que Lindsey apelidara seu single do Top 10 de "Stop Dragging My Career Around" (Pare de arrastar minha carreira por aí, em tradução livre). Ela ficou irada. "Nunca o perdoei por essa", disse, furiosa.

"Meus diários antigos contam como as coisas mudaram quando *Bella Donna* saiu", disse Stevie, mais tarde. "Nenhum membro da banda disse sequer uma palavra sobre minha carreira solo. Eles estavam em silêncio, cuidando dos próprios interesses. Ninguém sequer mencionou ter ouvido meu disco. Eles sabiam que, se detonassem o *Bella Donna*, eu não lhes daria mais nenhuma música. Nada de 'Dreams' — o único single número um que o Fleetwood Mac já teve. E por minha causa."

Stevie ficou verdadeiramente magoada. Sentiu-se de fato atingida pela maneira como seus amigos reagiram ao disco.

Talvez ela tenha notado (e ficado levemente satisfeita) quando o álbum solo de Lindsey foi lançado em outubro de 1981. O primeiro single, "Trouble", chegou ao nono lugar, mas o disco *Law and Order* estagnou na trigésimo-segunda posição das paradas, enquanto o segundo single de *Bella Donna*, "Leather and Lace", aquele adorável dueto com Don Henley, não parava de tocar nas rádios e atingiu o sexto lugar.

Vingança é um prato que se come frio.

Stevie provoca Lindsey, quando o Fleetwood Mac foi convidado a entrar no Hall da Fama do Rock & Roll, em 1988. (*Foto: Timothy A. Clary/AFP/ Getty Images*)

Stevie com o produtor Jimmy Iovine, em 1983. (*Foto: Arquivos de Michael Ochs*)

Stevie com Don Henley, em 2002. (*Foto: Ray Mickshaw*)

Stevie e sua mãe, Barbara, no Grammy Awards de 1998. (*Foto: Ron Galella*)

Em 1980, cantando "Sara" com Lindsey, na Tusk Tour. (*Foto: Richard E. Aaron*)

Stevie cantando no primeiro dia do ano de 1990. (*Foto: Mick Hutson*)

Stevie e Taylor Swift, uma das muitas estrelas femininas da nova geração que declaram ter Stevie como inspiração desde a infância. (*Foto: Kevin Mazur*)

Stevie com seu marido Kim Anderson, março de 1983.
(*Foto: Ron Galella*)

O Fleetwood Mac em 1982, na época do álbum *Mirage*.
(*Foto: David Montgomery*)

Rhiannon ganha vida em 1975.
(*Foto: Fin Costello*)

Alguns sites de fãs são dedicados aos xales performáticos de Stevie. Este da foto foi usado em 2012, em um show para arrecadar fundos para o combate à AIDS, realizado em Nova York. *(Foto: Kevin Mazur)*

Este xale dourado foi usado em um baile de gala beneficente em Los Angeles, em 2012. *(Foto: Jason Merritt)*

A Fada-Madrinha do Rock em 2013. (*Foto: Danny Clinch*)

Stevie e Mick Fleetwood na Broadway, em 2015. (*Foto: Walter McBride*)

Stevie com Waddy Wachtel, seu diretor musical de longa data, em apresentação no *The Late Late Show with James Corden*, do canal CBS, em outubro de 2016. (*Foto: arquivos da CBS*)

Stevie Nicks ao microfone durante uma homenagem a Tom Petty, Los Angeles, fevereiro de 2017. (*Foto: Michael Kovac*)

Stevie e Tom Petty em fevereiro de 2017. (*Foto: Lester Cohen*)

5.3 A Rainha do Rock & Roll

No início de novembro de 1981, o diretor musical recém-contratado de Stevie Nicks, Waddy Wachtel, começou a ensaiar a primeira banda da cantora. Todos ali haviam tocado em *Bella Donna*. Waddy fez a guitarra solo, com Bob Glaub no baixo. O suingueiro Russ Kunkel foi o baterista perfeito para uma vocalista dançante como Stevie, com Roy Bittan, da E Street Band, nos teclados. O heartbreaker Benmont Tench tocou órgão e sintetizadores, o que fez a banda de Stevie Nicks ter um som muito semelhante ao de Tom Petty. Bobbye Hall, uma mulher negra impressionante, tocou congas, com Sharon e Lori cantando no lado direito do palco. Waddy ficou preocupado com a possibilidade de Lori roubar a cena de Stevie, com sua beleza incomum e movimentos sensuais enquanto cantava como *backing vocal*. Ele disse às garotas, em termos precisos, que ficassem na frente dos microfones e não distraíssem a atenção da plateia de Stevie. "Desçam um degrau", mandou. Ele também não queria que as garotas gesticulassem ou abanassem os braços. "*Abaixem* esses braços, porra", insistiu, "ou vou cortá-los fora".

Enquanto a banda ensaiava, aconteceu algo que fez Stevie dar um sobressalto. "Saí pela porta do palco e havia uma garota chorando histericamente. Não consigo ignorar uma pessoa chorando, então perguntei o que estava acontecendo. Ela disse: 'Autografa meu braço?' E eu autografei. Na noite seguinte, ela voltou com meu nome tatuado!" Stevie repreendeu a menina, que se desfez em mais choro. Outra noite, uma segunda mulher pediu a Stevie que autografasse seu braço. Stevie comentou 'fiz isso outro dia e a garota foi embora para tatuar o braço'".

"Era minha melhor amiga", retrucou a fã. Stevie: "Então eu disse a ela 'Não vou tocar no seu braço. Tire o meu da reta. Eu te processo! Isso é *dor*. Não estou aqui para trazer dor. Estou aqui para *tirar* vocês da dor. Isso não tem graça... é burrice'. Aquilo acabou comigo. Senti que estava tomando o rumo errado".

Stevie e sua banda fizeram um show para um *Especial HBO* transmitido várias vezes no canal a cabo mais importante dos Estados Unidos, aumentando as vendas do *Bella Donna*. (A direção foi de Marty Callner, da nova geração de autores de videoclipes cuja visão da telinha — muitas vezes galgada em comerciais de TV — viria a dominar a mídia visual ocidental na década seguinte.) Stevie estava vestida de branco, como uma noiva, com uma legging cobrindo as botas de salto agulha. Seu cabelão ficava solto nos bastidores, entre uma música e outra. Para a última música do show, "Edge of Seventeen", ela se enrolou em uma echarpe branca. A canção era um aviso de morte iminente, agitado, repetitivo, como o alerta de uma sacerdotisa — "*I hear... the call... of the nightbird*"[44] — entoado pelas três vocalistas. Ao fim da canção, com a banda andando atrás de si, Stevie inaugurou uma tradição — "The Walk" (A Caminhada, em tradução livre) — em que ia até a frente do palco, recebendo buquês, brinquedos, bilhetinhos e fotos emolduradas enquanto, discretamente, era seguida por Dennis Dunstan, um segurança australiano experiente e musculoso (e casado), que trabalhava com o Fleetwood Mac. Ele era popular com a banda, não bebia nem usava drogas, e agora cuidava da turnê de Stevie.

A *White Winged Dove Tour* consistiu em apenas 11 shows no Texas, Arizona e Califórnia no fim de novembro e início de dezembro; a turnê passou depressa e todos se divertiram. Os shows começaram com "Gold Dust Woman", e apresentaram "Think About It" e "Outside the Rain" para o público de Stevie. Gritos de êxtase das arquibancadas saudavam "Dreams", do *Tusk*, e depois "Angel". Três músicas novas vinham em seguida: "After the Glitter Fades", "Gold and Braid" e "I Need to Know". Mais êxtase para versões longas e arrebatadoras de "Sara", acelerada por Russ Kunkel, seguida de "Blue Lamp" (que acabara de sair na trilha sonora do filme *Heavy Metal*)

---

44 "Ouço... o chamado... da ave noturna", em tradução livre. (N. T.)

e "Bella Donna" — estas últimas canções desconhecidas que faziam o público ir ao banheiro. De volta a seus lugares, eles ouviam "Leather and Lace" (com a parte de Don Henley cantada por Benmont Tench), "How Still My Love" e "Stop Draggin' My Heart Around". Daí encerravam com "Edge of Seventeen" (após um *stutter* de guitarra heroico e doloroso de três minutos de Waddy enquanto Stevie recuperava o fôlego e trocava de echarpes no camarim.) "Rhiannon" era o bis na maioria das noites. A apresentação final foi no Fox Wilshire Theater em Hollywood, no dia 13 de dezembro, diante de uma multidão ávida por Stevie Nicks e sua banda.

Logo depois, Stevie foi passar o Natal em Phoenix, e, em seguida, ela e sua assistente voaram para Paris pela Air France. Foram recebidas por uma limusine preta Citroën e conduzidas durante uma hora para um castelo remoto no interior, o Château d'Hérouville, no meio do inverno, para ajudar a fazer o próximo álbum do Fleetwood Mac.

Mick Fleetwood chegou no dia seguinte. Ele se lembra da longa estrada arborizada até o castelo, de sair do carro, olhar para cima e ver Stevie espiando-o das janelas de vidro chumbados de seu quarto com torre, parecendo a rainha Guinevere em meio à luz matinal enevoada do interior. Ele havia pedido à banda para gravar fora dos Estados Unidos por causa de suas dívidas fiscais avassaladoras e problemas financeiros cada vez mais desesperadores. Escolhera então o estúdio no Le Château, um castelo francês do fim do período medieval próximo à cidade de Hérouville, a cerca de 100 km de Paris. Elton John ficou famoso por gravar lá, e o renomeou de "Honky Chateau". Outros astros do rock (com problemas fiscais) que trabalharam lá incluíam David Bowie, Pink Floyd, BeeGees e Dead. O moderno estúdio de gravação oferecia a privacidade de um parque de vinte mil hectares, boa comida e a atmosfera romântica condizente com o que o Fleetwood Mac queria — basicamente tentar refazer o *Rumours*. A banda reservou o castelo por um mês. Os quartos de Stevie e Christine haviam sido redecorados à custa da banda, como sempre. Stevie descobriu que o castelo era gelado e úmido, sombrio, algo assustador, e ficou gripada e com coriza durante a maior parte do tempo em que esteve lá.

Ninguém estava feliz. Stevie, Christine e Lindsey tinham interrompido seus trabalhos solo para ir à França ajudar Mick. Christine estava triste após o recente pé na bunda de Dennis Wilson, um verdadeiro cafajeste que usava os cartões de crédito dela para comprar coisas para outras jovens mulheres e que maliciosamente espalhara que tivera um caso com Stevie Nicks. (Uma mentira, ao que parece. Mais tarde, Dennis morreria afogado em um trágico acidente de barco em Marina Del Rey.) Não havia muita droga à disposição. Sem os excelentes contatos de JC e experiência internacional com narcóticos, Mick teria de ser levado a Paris em incursões perigosas atrás de cocaína, muitas vezes voltando ao castelo com um pó duvidoso que poderia muito bem ser composto de laxante infantil misturado com anfetamina. A maioria das deliciosas refeições, com vinhos espetaculares, eram feitas em silêncio na antiga cozinha do castelo. Mais tarde, Mick se lembrou de que os únicos momentos leves eram quando Stevie "pegava emprestada" a égua cinza que ele costumava alugar, e galopava pela longa estrada em meio à névoa matinal, uma esvoaçante capa castanho-avermelhada esvoaçando atrás dela.

E, no entanto, lá estava ela — a mulher que a *Rolling Stone* acabara de colocar na capa e a quem proclamara "A rainha do rock and roll" — de volta à... lei e ordem de Lindsey Buckingham. Ela estava doente, com problemas respiratórios, e não sabia se tinha asma ou bronquite. Stevie brincava que era uma inválida na carreira.

Ela levara à França três músicas para a análise de Mick. (Eles haviam pedido quatro.) "That's Alright" era um rock lacônico estilo country, uma canção sobre rompimento com *groove* de órgão e banjo, originalmente intitulada "Design of Love" e datada das gravações de 1974 do Buckingham Nicks. "Straight Back" era nova, e parecia fundir o enfraquecimento do romance com Jimmy Iovine com a angústia de ter de se reunir com o Mac na França em meio à sua épica e nova carreira solo. Era cantada em voz baixa e potente, com a contramelodia inteligente de Lindsey, uma cantora de alma irada em busca de sonhos perdidos.

Em seguida vinha "Gypsy", considerada por alguns a mais heroica colaboração musical entre Stevie e Lindsey. Esta era uma metáfora visionária:

inocência juvenil flutuante, incipiente, clamando, mas então apenas um eco ou talvez um desejo. Visível somente sob os relâmpagos, a cigana da canção era elusiva, fugitiva, apenas um sentimento e um desejo expresso num arranjo brilhante para guitarra e teclado, baixo e bateria. Para muitos, "Gypsy", do Fleetwood Mac, abarcava um momento, o início dos anos 1980 cristalizado em uma canção sombria.

Lindsey estava com a namorada, Carol, que mais tarde contou que ele passou todo o aquele tempo na França de mau humor. O encargo do Fleetwood Mac de recapturar o *groove* "soft rock/contemporâneo adulto" de *Rumours* era um tapa na cara, de acordo com ele, por conta das experiências nada mágicas com *Tusk*. Lindsey acabou descarregando algumas de suas frustrações na estressada e doente Stevie, que aturou seu sarcasmo insensível e indiferença tóxica até não aguentar mais. Em algum momento ela ligou para a Front Line Management em Los Angeles e mandou chamar Jimmy Iovine, que logo apareceu no Le Château. A presença dele fez Lindsey calar a boca. Stevie já tinha sido visitada por namorados no estúdio, mas agora era outro nível: um namorado que era um produtor respeitado, até mesmo um rival, e que tinha acabado de tornar o álbum solo de Stevie um disco de sucesso, o número um nas paradas, provando — em definitivo — que ela não dependia comercialmente de Lindsey para produzir suas músicas.

Stevie e Jimmy costumavam ficar juntinhos no confortável sofá do estúdio do Château, bebericando champanhe, sussurrando entre si como numa conspiração... *ssss, ssss...* o que deixou maluco o já profundamente estressado Lindsey, enquanto tentava mixar faixas no console. Quando o mês no castelo expirou, Stevie ficou aliviada em ir para casa e começar a trabalhar no próximo álbum solo para sua gravadora, a Modern Records.

Los Angeles, 1982. Enquanto Lindsey, Christine e Mick passam os sete meses seguintes no Record Plant trabalhando no álbum do Fleetwood Mac, Stevie tenta compor o próprio disco, o que vinha se provando uma tarefa difícil, pois ela estava preocupada em ajudar a cuidar de Robin Anderson, agora visivelmente grávida. Os oncologistas de Robin insistiam que levar a gravidez até o fim provavelmente encurtaria sua vida, mas ela queria a criança e havia encontrado um pouco de força e consolo na fervorosa fé cristã de seu marido. Todas as músicas e versos que Stevie bolava pareciam ser sobre ou para a pobre Robin. No fim do inverno, Stevie levou a amiga para umas semanas de descanso no Havaí, e, ao que parece, isso foi bom para ambas.

Naquele ano a Modern Records lançou mais dois singles de *Bella Donna*, o que manteve o álbum nas lojas e vendendo bem. "Edge of Seventeen" ficou em 11º lugar, e mais tarde "After the Glitter Fades" figurou na 32º posição. "Sleeping Angel", que não apareceu no álbum, seria lançado na trilha sonora do filme *Picardias Estudantis*, em junho.

Em março, o Fleetwood Mac gravou seus primeiros clipes para a MTV. Stevie já era um pilar do canal por conta da onipresença de "Stop Draggin' My Heart Around". (O clipe de "Edge of Seventeen" foi um recorte de seu especial na *HBO*.) Stevie sabia muito bem que o canal musical era o futuro para transmitir sua música ao mundo. "Eu estava morando em Pacific Palisades [quando a MTV foi ao ar em agosto de 1981], e ficava sentada na ponta da cama, assistindo a um clipe atrás do outro, estupefata", recorda-se. O primeiro clipe que a MTV passou foi "Video Killed the Radio Star", do The Buggles. "Quando a mensagem veio à tona, a recebemos com certa desconfiança. Pensamos *Bem, o clipe não vai apagar a estrela das rádios*. Mas apagou! A música era profética."

Russell Mulcahy tinha dirigido ambos os clipes de *Mirage*. Stevie apenas figurou no primeiro, "Hold Me", de Christine. A filmagem foi no calor de quarenta e tantos graus do deserto. Stevie se recusou a andar na areia de salto alto, e na verdade ela parecia tão chapada que mal conseguia caminhar. John McVie ficou bêbado e tentou socar o diretor.

Logo depois, Jimmy Iovine internou Stevie em uma clínica de reabilitação devido ao vício em cocaína. Ela recorda-se: "Eu estava em Corona del Mar [Califórnia], para uma reabilitação autoimposta de duas semanas. Queria parar de usar pó. Mas aí agendaram o clipe de 'Gypsy', e não tinha como escapar". A filmagem durou três dias. No fim do primeiro dia, Stevie ficou cansada e pediu um pouco de cocaína, que logo foi providenciada. Ela enrolou a pequena ampola em um lenço umedecido e a escondeu atrás do espelho da penteadeira. Quando a chamaram de volta para o set, alguém limpou o vestiário e jogou fora o lencinho batizado. "Eu disse à pessoa que a comprou para mim 'você precisa ir até o depósito de lixo e achar a garrafinha'. Mas a pessoa se recusou." Stevie não quis mais retornar para a reabilitação.

O clipe de "Gypsy" ficou a cara de Stevie: um estúdio de balé com bonecas e cristais; em outra cena, um refeitório em preto e branco em meio à chuva, tal como um filme dos anos 1940; depois, um clube noturno chique, com os outros membros do Mac como figurantes; em outra cena, Stevie em um Nirvana maníaco, dançando na beira de uma falésia com fadinhas infantis girando ao seu redor. Stevie: "Há uma cena no Gypsy em que Lindsey e eu estamos dançando. E, na época, não estávamos nos dando muito bem. Eu não queria ficar perto de Lindsey, e sem dúvida não queria estar nos braços dele. Se você prestar atenção, vai ver que não estou feliz. E ele nem era um bom dançarino".

O longo clipe de "Gypsy" (cinco minutos e meio), o mais caro da história até então, como diziam, foi o primeiro "World Premier Video" da MTV. Ele ajudou a catapultar *Mirage* para um legítimo número um na *Billboard*, quando o álbum foi lançado naquele verão. "Gypsy" gerou montes de pedidos de reexibição pelos telespectadores na história recente da MTV quando, em setembro de 1982, ele foi transmitido em alta rotação. *Mirage* passaria 18 semanas no Top 10 dos EUA, cinco semanas em primeiro lugar — a primeira vez em cinco anos. Mick Fleetwood recorda-se: "Foi ótima a sensação de voltar ao topo... mesmo tendo sido por um tempo".

Mas ele ficou desanimado quando Stevie lhe contou que faria apenas uma turnê curta com o Fleetwood Mac, somente shows na América do Norte: nada de Europa ou Pacífico. Daí lhe revelou que sua amiga estava doente, que ela mesma não se sentia bem, e que agora tinha o próprio álbum para fazer. Era outra forma de Stevie informar que o Fleetwood Mac tinha muita sorte por tê-la como membro.

5.4 A Lua de Mel de Kim e Sara Anderson

A turnê *Mirage*, originalmente composta de trinta shows no verão de 1982, foi programada em torno de dois festivais grandes a céu aberto, um na Flórida, outro no *US Festival*, um concerto colossal no deserto da Califórnia produzido por Steve Wozniak, inventor do computador Apple II. (A banda recebeu US$ 800 mil — mais de US$ 4 milhões nos valores de hoje — pelo único show que fecharia o festival de três dias.)

Para Stevie Nicks, a turnê foi um suplício. Ela havia sido diagnosticada com o que chamou de asma brônquica espasmódica. Contou a um repórter da revista *Playboy* que tinha de "tomar uns remédios horríveis que dão aquela sensação de que botaram algo estranho em sua água mineral". Sua voz estava gasta e espicaçada, e sua fonoaudióloga de confiança estava perecendo de câncer. A fim de evitar ainda mais o desgaste vocal, Stevie passou a cantar em um tom mais baixo e por causa disso ganhou um monte de críticas ruins da imprensa. Mas *Mirage* ainda era o nº 1 na terceira semana de lançamento, e muitos dos shows estavam esgotados. Duas noites foram filmadas por Marty Callner, e suas câmeras captaram alguns momentos memoráveis. Em um deles, Stevie estava olhando com ódio para Lindsey durante "The Chain" (ela usava maquiagem branca, rímel preto, blush e batom carregados, além de um vestido preto com lantejoulas prateadas sob uma echarpe preta, como se estivesse de luto). Outro mostrava uma Stevie quase incapaz de cantar "Gypsy", com legging de lã e um top de malha rosa sobre uma bata bege com decote revelador. Enquanto cantava, ela se inclinava para enfatizar a emoção, as pernas bem afastadas, olhos chapados mirando na câmera, vidrados. Há também uma cena de Stevie cantando "Rhiannon" de echarpe branca, mal se mexendo, fazendo apenas uma dança furtiva e discreta no final. Ao cantar o verso *"dreams unwind"*, ela olhou Lindsey de cima a baixo e cantou, *"You don't change/I don't change/All the same, Rhiannon"*[45], encerrando a canção em um movimento trôpego diante do pedestal do microfone. Para "Go Your Own Way", ela usou a cartola, sua marca registrada, e uma jaqueta cropped preta, caminhando até a beira do palco para pegar presentes e flores, tal como fazia em suas apresentações solo. O primeiro bis foi "Sisters of the Moon", Stevie de echarpe preta de seda, com um ar de arrasada, ferida, olhos marejados, exibindo um canto translexical, como se estivesse falando em línguas com uma voz quase inexistente. O encerramento de todos os espetáculos ficou por conta de Christine, com "Songbird". Alguns desses shows renderam a Stevie Nicks uma das piores críticas de sua carreira.

Em geral, o Fleetwood Mac ficava um ano inteiro na estrada para promover um álbum novo. Mas a gerência de Stevie notou sua condição fragilizada e basicamente cancelou a turnê após somente 18 shows, a maioria deles apáticos. Quando a breve turnê *Mirage* terminou, o álbum — que havia passado cinco semanas em primeiro lugar — quase imediatamente despencou nas paradas, e aí foi o fim. Mick Fleetwood disse a Stevie que estava de coração partido por não poderem continuar em turnê para promover seu melhor álbum em anos, mas ela simplesmente retrucou que tinha outros problemas para resolver.

Quando Stevie chegou em sua mansão com vista maravilhosa para Pacific Palisades, o lugar estava escuro. A turnê Mac tinha se encerrado depressa demais e ninguém tivera tempo para preparar a casa para ela. O casarão estava frio, não havia aquecimento nem lareira. A geladeira estava vazia, e Stevie sequer podia pedir uma pizza, pois o telefone não funcionava. Ela concluiu então que odiava aquela casa. "Eu estava lá, sozinha, sem nada, como uma eremita. Aí surtei e compus 'Sable and Blond', e os versos de 'Wild Heart', só eu e meu piano."

---

45 "Você não muda/Eu não mudo/Mais do mesmo, Rhiannon", em tradução livre. (N. T.)

* * *

No dia 5 de setembro de 1982, um domingo, Stevie fretou um helicóptero para ela e Robin voarem até um lugar deserto próximo a San Bernardino, onde o Fleetwood Mac encabeçaria o último dia do *US Festival* diante de mais de 600 mil fãs. Robin já era parte da família Mac desde os dias chuvosos em Sausalito, e os músicos e a equipe foram informados de que, provavelmente, aquela seria a última vez que a veriam. Grávida, ela estava um tanto frágil, porém continuava bonita enquanto o destino começava a fechar o cerco ao seu redor. O show do Fleetwood Mac foi um pouco mais curto do que o habitual, e depois dele Stevie e Robin entraram no primeiro helicóptero de volta a Los Angeles. Mick Fleetwood encomendou a um joalheiro um crucifixo de ouro e rubis para Robin; ele conseguiu entregá-lo pouco antes de ela ir embora do festival. Robin Anderson morreu segurando o pequeno crucifixo um mês depois, em outubro de 1982, logo após dar à luz o filho, Matthew.

Stevie ficou um trapo, e ninguém conseguia confortá-la. Passava horas falando com a mãe pelo telefone, soluçando por interurbanos. Ninguém nunca a tinha visto daquele jeito. Stevie conhecera Robin na Arcadia High School quando elas estavam no décimo ano. Mais tarde, tentou descrever para a revista de alunos da escola a perda que sentiu.

[Robin] faz parte da minha vida desde os 14 anos. Ela era a única pessoa que me conhecia como eu era, e não pela minha fama, e era bom ter alguém que conhecesse seu verdadeiro eu além de sua mãe e pai. Ela meio que me acompanhou pela vida. Robin também era minha fonoaudióloga, e a mulher que viajava com o Fleetwood Mac numa época em que minha voz parecia estar entregando os pontos. Minha amiga salvou minha voz, com muita paciência e amor. Ela me ouviu cantar a primeira música que compus. Ela me ensinou a cantar. Ela me ensinou a usar a voz. E antes de deixar este planeta, buscou assegurar que eu estivesse bem. Agora não tenho nenhum problema na voz, mas já tive muitos, e foram necessários anos para saná-los... Robin era uma dessas pessoas que chamam a atenção sempre que entram em algum lugar. Ela era de tirar o fôlego, e por isso é uma loucura conceber a ideia de que ela se foi. Não faz o menor sentido, simples assim.

Sem saber o que fazer, Stevie foi morar com Kim, o viúvo de Robin, explicitamente para ajudar a cuidar do bebê, com quem Stevie tinha um supervínculo emocional. Então, confusa e entorpecida pelas drogas, ela acabou pedindo Kim Anderson em casamento e, para horror de todos, sobretudo dos familiares, ele aceitou. Ninguém conseguia acreditar. Mick se acabou de chorar quando Stevie ligou para contar as novidades. (A primeira coisa que ela perguntou foi se ele estava sentado.)

Todo mundo achou aquilo uma loucura. "Estávamos naquele luto insano", revelou Stevie mais tarde, "completamente descompensados. Na opinião de muita gente, era uma blasfêmia. Mas eu não dei a mínima". As famílias ficaram ultrajadas. Alguns amigos sequer foram à cerimônia, em janeiro de 1983. A noiva parecia entorpecida e desconectada do evento. O noivo, com sua barba densa, parecia desamparado. A mãe e o irmão de Stevie compareceram. Da banda, apenas Mick e Christine McVie foram à festa simples, em um lugar que Mick descreveu como "um tipo de igreja reformada. O véu de noiva de Stevie era de lamento. Estava escrito na testa dela que aquilo era um erro".

Naquela noite, Stevie e Kim partiram em lua de mel para San Ysidro Ranch, perto de Santa Barbara, um resort popular entre recém-casados. Quando estavam a caminho, ao longo da costa, começou a tocar no rádio a nova música de sucesso de Prince, "Little Red Corvette", e Stevie, espontaneamente, começou a cantarolar "Stand Back" junto com a letra de duplo sentido de Prince. "A música inteira", disse ela mais tarde, "se escreveu imediatamente". Stevie então disse a Kim que eles teriam de sair da estrada e comprar um gravador — e precisava ser naquele exato instante. Eles também compraram uma fita do álbum *1999*, que continha "Little Red Corvette".

Eles se registraram em uma das suítes do rancho como Kim e Sara Anderson. Stevie passou a primeira noite da estadia compondo e gravando os quatro versos de "Stand Back", que descreve a aproximação-rejeição entre um homem e uma mulher, ou, como ela escreveu depois, "algum tipo de briga maluca". No fim, ela pede empatia, depois se conforma ante o inevitável (ou simplesmente está de saco cheio), e diz ao seu homem, "Leve-me para casa", o que — explicou Stevie, mais tarde — significava "Vamos fazer isso dar certo".

De volta a Los Angeles, Stevie soube que havia encontrado a música--chave de seu próximo álbum. As canções do *Bella Donna* tinham sido compostas ao longo de mais de uma década. O novo disco teria músicas compostas somente durante o torturante e tumultuado ano anterior. (E certamente Tom Petty não ia lhe entregar mais nenhum sucesso, pois seu álbum fora ofuscado pelo *Bella Donna*.) E assim Stevie seguiu para o Sunset Sound Studios com Jimmy Iovine, que conseguiu o número de Prince por meio da Warner Bros. Records. Stevie ligou e ficou espantada porque o próprio Prince atendeu. Então ela lhe contou que ouviu "Little Red Corvette" e tentou explicar que, em sua lua de mel, "se tornou" a mulher de "Stand Back" durante a longa noite em que ficou compondo, como se uma personagem totalmente nova tivesse tomado conta de seu ser por meio de uma música inspiradora. Stevie ficou ainda mais espantada quando Prince aceitou ir ao estúdio e ouvir o que ela estava fazendo.

Danny Goldberg também foi à gravação naquela noite. "Cheguei no estúdio e encontrei um guarda-costas gigante e grisalho pendendo sobre o superastro espevitado, pequenino e com olhos de gazela [Prince] enquanto ele acrescentava um beat de sintetizador em 'Stand Back'.

"Prince é *exatamente* igual a Jimmy", anunciou Stevie. Danny olhou para Iovine, que se limitou a dar de ombros e revirar os olhos.

Stevie: "Ele colocou um sintetizador incrível em 'Stand Back'... E aí simplesmente se foi, e meio que perdemos contato". Quando "Stand Back" foi lançada como primeiro single de *The Wild Heart*, em 1983, Prince se recusou a receber os créditos. Os *licks* de sintetizador ardentes e orquestrais então foram creditados à mais nova colaboradora de Stevie, Sandy Stewart, uma cantora e compositora talentosa do coração do Texas.

STEVIE NICKS - GOLD DUST WOMAN

* * *

Mais tarde, Stevie confessou a seu guarda-costas de confiança, o australiano Dennis Dunstan, que soube que seu casamento não daria certo assim que, certa noite, saiu do estúdio para casa e descobriu que seu marido instalara uma aparelhagem gigante de TV da Sony ao pé do leito conjugal. Kim explicou que gostava de ver TV antes de dormir. Stevie então foi para outro quarto. Com o decorrer das semanas no início de 1983, Kim começou a se queixar que Stevie passava muito tempo trabalhando no estúdio. "Ele ficava, tipo, 'Você não tem tempo para ninguém na sua vida. Você não tem tempo para Matthew e para mim'. E eu pensava com meus botões: 'Bem, rapaz... Você está certo. Não tenho.'"

Então ela teve a sensação de que, do além-túmulo, Robin não estaria nem um pouco contente com aquela situação. "Um dia, fui ao quarto de Matthew e o berço não estava balançando", comentou ela mais tarde. "Sei que parece loucura, mas o berço sempre começava a balançar um pouquinho quando eu entrava no quarto, e era assim que eu sabia que Robin estava lá. E um dia ele não balançou, e o quarto ficou muito escuro e o bebê, muito quieto. E eu disse 'Robin quer que isso acabe... *agora*'. Senti aquilo tão forte, como se ela tivesse colocado a mão no meu ombro. Era um sinal, sem sombra de dúvida."

Após cerca de seis semanas, Stevie se mudou de volta para a própria casa e orientou seus advogados a entrarem com o pedido de divórcio. Daí instruiu Kim a pegar o bebê e voltar ao seu estado natal, Minnesota, onde ele teria a família como rede de apoio. Stevie tentou explicar que tinha vendido sua alma ao diabo há muito tempo, conforme ela mesma colocava, "para poder seguir meu sonho por inteiro e não me enrolar com filhos, maridos e tudo o mais". Nicks disse a ele: "Kim, sou uma estrela do rock. É isso o que sei fazer, é isso o que sou". O casamento com Kim Anderson durou cerca de três meses. Mais tarde naquele ano, Stevie conseguiu a anulação por um juiz da vara familiar da Califórnia. Legalmente, o casamento nunca aconteceu.

Alguns anos mais tarde, em 1990, Stevie contou uma versão dessa história a um repórter da revista *US*: "Robin foi uma das poucas mulheres a conseguir engravidar após desenvolver leucemia. E o bebê nasceu por uma cesariana emergencial aos seis meses e meio. Robin morreu dois dias depois. E, quando ela morreu, enlouqueci. Surtei. E o marido dela também. E aí nos casamos três meses depois de sua morte. E foi um erro terrível, pavoroso. Não nos casamos porque estávamos apaixonados, nos casamos por estarmos de luto, e foi o único meio que nos deu a sensação de estar fazendo alguma coisa. E nos divorciamos três meses depois. Desde esse dia, não vi mais Kim nem Matthew. Acho que Matthew vai me procurar... quando estiver pronto." (Os anos se passaram e Matthew Anderson de fato entrou em contato com Stevie; mais tarde, ela o ajudou a entrar na faculdade.)

5.5 Wild Heart

Durante esse período triste e difícil, Stevie continuou trabalhando em seu próximo álbum, gravando em Los Angeles, Dallas e Nova York. Reconhecendo que os eventos traumáticos recentes andavam afetando sua escrita, pela primeira vez ela aceitou ajuda de um colaborador, e a parceria criativa com a cantora/compositora texana Sandy Stewart foi crucial para finalizar seu segundo álbum, na primeira metade de 1983. As expectativas por esse disco eram muito altas, tanto que algumas estações de rádio tocavam a faixa "Straight Back", do *Mirage*, só para manter a voz de Stevie no ar durante a primeira parte do ano.

Sandy Stewart tinha 25 anos e morava em Houston quando foi apresentada a Stevie por Gordon e Lori Perry. Sandy era uma bela morena de quadris largos e olhos pretos, tinha um timbre agudo incomum e um estilo diretamente texano. Ela veio a L.A. imediatamente após o término do casamento bizarro de Stevie e Kim, e foi rapidamente assimilada como uma Irmã da Lua por Stevie e suas iniciadas, provando-se um pilar de calma e inspiração artística bastante necessário. Com Stevie, Sandy Stewart coescreveu e cantou três das melhores canções de *The Wild Heart*.

O álbum foi feito na correria entre um clipe e outro. As líricas "Wild Heart" e "Gate and Garden" foram produzidas no estúdio de Gordon Perry, em Dallas, e depois trabalhadas por Jimmy Iovine no Studio 55 em Los Angeles, onde *Bella Donna* havia sido gravado. O mesmo aconteceu com a versão final de "Stand Back", com sua homenagem improvisada à suave e pulsante música *jùjú*, oriunda da Nigéria; e "Nightbird", em coautoria com Sandy, que tinha uma função solo e até uma contramelodia própria, e a qual Stevie muitas vezes afirmou ser sua música favorita do álbum. Ela também disse que "quem canta à noite" o faz porque está ocupado demais para cantar durante o dia.

A majestosa, monótona e ligeiramente celta "If Anyone Falls", uma das canções favoritas de todos os tempos dos fãs, também foi composta com Sandy Stewart. Foi editada no Record Plant, em Hollywood, com vocais de apoio de Carolyn Brooks, cantora de formação clássica. (A música foi dedicada a Waddy Wachtel, e a letra é um hino à amizade entre ele e Stevie.) Ali também foi produzida a terceira colaboração com Sandy Stewart, "Nothing Ever Changes", com sua ponte suplicante que soa como uma canção de Carly Simon. "Sable on Blond" também foi gravada em Los Angeles, uma réplica do Fleetwood Mac com o próprio Mick na bateria, e orquestrações sintetizadas de Sandy *"in the sacred name of love"*.[46]

As canções restantes foram editadas em estúdios de Nova York recomendados por Jimmy Iovine, que vez ou outra tinha de encaixar as gravações de Stevie entre outros projetos. "Enchanted", o divertido rock *cheerleader* de Stevie, foi feito por sua banda de turnê no Record Plant em Manhattan. Ela também gravou a música de Tom Petty "I Will Run to You" com os Heartbreakers na Hit Factory, no West Side. E, para a orquestra em "Beauty and the Beast" — violinos, violas, violoncelos, harpa —, Jimmy reservou a sala grande do venerável A&R Recording.

A fábula do "noivo feral" é um dos contos de fadas mais antigos da Europa. O mais famoso, *La Belle et la Bête* — "A Bela e a Fera" — foi escrito na França em 1758 por uma mulher, Jeanne-Marie Leprince de Beaumont. (Alguns acadêmicos acreditam que a história foi elaborada para tranquilizar as garotas que encaravam um casamento arranjado ou por dinastia, que com o tempo elas acabariam amando o marido, ainda que ele parecesse bestial. A referência de Stevie era mais voltada à versão do filme surrealista; em anos posteriores, ela projetaria cenas do filme de Cocteau num painel atrás de si enquanto entoava a canção.)

---

46 "No sagrado nome do amor", em tradução livre (N. T.)

"Beauty and the Beast" encerrava *The Wild Heart*, e era a grande declaração do álbum. Composta originalmente em 1978 para ilustrar sua relação com o gigante e barbudo Mick Fleetwood, a música viu a luz pela primeira vez no formato de uma demo para piano em Dallas. Mais tarde, Stevie afirmou que aquela música estava mais para um retrato genérico sobre o modo como a família Fleetwood Mac se relacionava entre si. Para perceber as emoções que Stevie queria expressar, Jimmy Iovine trouxe um arranjador/maestro, o jovem inglês Paul Buckmaster, célebre pelo seu trabalho com os Rolling Stones, Elton John e Miles Davis. Ele deu às letras desconexas de Stevie uma plataforma romântica de *vamps* e escalas crescentes, revelando a sensibilidade transparente da peça — transformando-a em um sentimento quase palpável, mas ainda assim inatingível. Mais tarde, Stevie escreveu: "Gravamos ao vivo em Nova York, com Roy Bittan tocando piano de cauda e Paul Buckmaster regendo a orquestra [de 17 instrumentos], e eu e as *backing vocals*. Foi como voltar no tempo. Todas usamos longos vestidos pretos e bebemos champanhe, e gravamos tudo no mesmo ambiente. Quando acabou, saí com um dos violinistas, que era mais velho, e a diferença geracional deixou de existir".

Algumas músicas deixadas de fora do álbum foram reaproveitadas pela Modern Records, sendo encaixadas na trilha sonora dos filmes de Hollywood ao longo dos 18 meses seguintes. "Battle of the Dragon", sobre uma alma em dificuldades com amigos em excesso, com base programada e Mike Campbell na guitarra, seria usada no filme *Salto para a Glória*. "Violet and Blue", produzida por Jimmy Iovine, estaria em *Paixões Violentas* no ano seguinte. E "Garbo" era uma valsinha triste sobre Hollywood — "uma cidade cheia de tolos" — que fazia referência aos ícones Marlene e Marilyn de forma chorosa e saudosa. "Garbo" seria o lado B de "Stand Back" (este single matador foi lançado em maio de 1983, um mês antes do álbum).

"Stand Back" era outro enorme arroz de festa das rádios, alcançando o quinto lugar e permanecendo por semanas na lista das dez melhores. Da mesma forma, *The Wild Heart* ficou dois meses em quinto lugar ao longo do verão, e o álbum ainda renderia mais dois singles entre os quarenta melhores hits: "If Anyone Falls" e "Nightbird". As críticas foram respeitosas e, muitas vezes, incandescentes, o que fez Stevie Nicks, agora com 35 anos, sentir-se um pouco melhor com seu crucial segundo disco; ela era reconhecidamente um sucesso enorme, e sua carreira solo estava firmemente consagrada.

Agora a transmissão na MTV era tão decisiva para a vendagem de um disco quanto as rádios. A primeira tentativa de um clipe para "Stand Back" foi intitulada "Scarlett", um caríssimo drama de fantasia envolvendo a Guerra Civil Americana, o incêndio de Atlanta, fantasmas da mansão em Beverly Hills que foi alugada para servir de locação (e a qual a equipe de filmagem incendiou por acidente) e uma cavalgada louca em um cavalo branco que literalmente fugiu com Stevie durante a gravação. "Quase morri naquele cavalo", riu ela. "Ele disparou para um bosque, e a equipe do carro que me acompanhava ficou gritando para que eu saltasse." O enredo era confuso, a iluminação, amadora, e o custo do clipe foi imenso. "Esse clipe não pode ver a luz do dia", disse Stevie a seu empresário. "Não ligo se custou um milhão!" Irving Azoff disse que ela era idiota. Era preciso fazer um novo clipe depressa, e assim, Jimmy descobriu Jeffrey Hornaday, que havia coreografado *Flashdance*, um sucesso de bilheteria recém-lançado, e agora sua ambição era dirigir. Ele e Stevie criaram uma performance simples para um clipe, entrecortada com um grupo de dançarinos. Stevie cantava diretamente para a câmera, com cabelão e olhos límpidos, seu olhar mais intenso, usando a "echarpe de 'Stand Back'", de tule preto translúcido e aplicações de bolinhas prateadas. Os dançarinos faziam movimentos coordenados e rápidos, quase militares na sincronia, atrás do bailarino principal, Brian Jeffries.

Alguns dias depois da filmagem, houve uma reunião na sala de edição com Jimmy, Paul Fishkin e Danny Goldberg. Hornaday — um jovem de 26 anos, cabelos loiros compridos, autocentrado — exibiu a edição e, para sua irritação, Jimmy meteu o pau no vídeo, acabando com ele, e comentou as modificações que Stevie iria querer. Hornaday ficou furioso, pois tinha uma visão, um *conceito*, sobre como deveria ser o clipe de "Stand Back". Pouco depois, quando Stevie chegou e viu a edição, repetiu as mesmas modificações que Jimmy havia sugerido. Hornaday começou a contrariá-la, tentando explicar seus ideais cinematográficos mais altivos.

Jimmy, o barraqueiro do Brooklyn, levantou-se e meteu o dedo na cara de Hornaday: "Você *não tem* argumentos. Isto não é um filme, porra. É o disco *da Stevie*. É o clipe *da Stevie*. Você faz o que *Stevie* quiser".

Hornaday ficou em choque e retrucou com um "Vá *se foder*, cara". Jimmy então lhe deu um soco no rosto, nocauteando-o. Todos os outros separaram os combatentes e uma chorosa Stevie se pôs entre eles, e a briga acabou. Mais tarde, Danny disse que "assim que foram feitas as modificações que Stevie queria, a coreografia de Hornaday trouxe o efeito moderno de que a música carecia" para ir ao ar na MTV.

O encarte do álbum *The Wild Heart*, com as três fotos de Stevie, foi feito por Herbie Worthington depois que ele e Stevie resolveram que ela queria uma tríade de *personae*. (Uma não era o suficiente.) A figura triste e agachada à esquerda, com o cabelo shag, é a Stevie enlutada. Aquela à direita, de vestido longo, cachos esvoaçantes, decote e lábios fazendo biquinho, é a Stevie real, a Rainha do Rock. A figura do meio, de roupão com capuz e fazendo um gesto esotérico com as mãos, é a alma transmigrada da amiga falecida Robin, sempre presente no mais profundo ser de Stevie. A contracapa continha uma imagem de Stevie nos braços de Lori, com Sharon logo atrás, e a dedicatória: *E... "Tal como a pomba branca alada"/Esta música é dedicada a Robin — por seu coração valente, selvagem/E aos ciganos — que subsistem*. E, no topo do verso do encarte, Stevie escreveu: *Não ponha a culpa em mim...* (O encarte interno listava os créditos da responsável pelo penteado, unhas, maquiagem, vestuário, botas e inspiração: Sulamith Wulfing.)

Stevie Nicks e sua banda passaram o restante de 1983 em turnê. A formação era quase a mesma, porém o baterista nova-iorquino Liberty DiVito substituiu Russ Kunkel. (Jimmy Iovine queria um baterista mais animado para trazer efeito visual, para que o público não ficasse olhando só para Stevie.) Caroline Brooks se juntou ao coro. Os shows de duas horas (introduzidos por "Every Breath You Take", do The Police) começavam com "Gold Dust

Woman" e variavam entre músicas do Fleetwood Mac (sobretudo "Gypsy"), os singles de sucesso do *Bella Donna* (e "Outside the Rain"), e apresentavam novas canções como "If Anyone Falls" e o *thriller* "Stand Back". As cláusulas contratuais da turnê com os promotores solicitavam cem velas de hibisco para os bastidores, cortinas brancas para o camarim de Stevie, cinco garrafas de conhaque francês, seis garrafas de vinho, cinco de vodca russa e sete caixas de cerveja.

O primeiro show foi o carro-chefe do segundo *US Festival*, no dia 30 de maio de 1983, mais uma vez no deserto da Califórnia próximo a San Bernardino, e continuou pelo Meio-Sul e pelo Nordeste dos Estados Unidos. Em junho e julho, a banda tocou quase todas as noites no Meio-Oeste. Em 15 de julho, após um show lotado no Met Center, em Minneapolis, Stevie foi "sequestrada" da turnê por Prince e levada ao estúdio dele para uma gravação e *jam session* que durou a noite toda. Na época, Stevie era adepta dos relacionamentos casuais e disse a amigos que ficou um pouco decepcionada quando Prince a acompanhou até o carro dela antes do amanhecer.

A turnê teve um mês de folga em agosto, mas a veia criativa de Stevie aflorou naquele período na estrada, aí ela se pôs a encher diários com pinturas de anjos cabisbaixos cercados por mantos coloridos e trejeitos florais. Ela também trabalhou em poemas e letras de canções, algumas inseridas em demos naquele mesmo mês. Alguns dos títulos foram sacados mais tarde, outros, arquivados. Entre eles, "Mirror Mirror", "Running Through the Garden", "Greta", "Listen to the Rain", "Thousand Days" e outros. Foi um período altamente produtivo, e todo aquele trabalho ainda trazia a vantagem de manter seus pensamentos afastados de aflições consideráveis. Stevie vinha passando bastante tempo em casa, aninhada em seu grupo de mulheres, assistindo a sucessos como *Fome de Viver (*um filme de vampiro com Catherine Deneuve e David Bowie) e *Negócio Arriscado* (com Tom Cruise dançando de cueca). Stevie gostou tanto deste último que comprou um Porsche 928 de 1979 igual ao que Cruise dirigiu no filme.

Enquanto isso, "If Anyone Falls" estava em 14º lugar nas paradas, e o clipe passava o tempo todo na MTV. O vídeo era um negócio caótico, com

Sandy Stewart tocando um órgão gótico, Mick Fleetwood como um monge gigante, muitos rodopios e balé (com o mestre da dança Brad Jeffries erguendo Lori porque Stevie era muito mais pesada), sombras contra a parede e nenhum roteiro ou direção de qualquer tipo. A decoração do cenário incluía o abajur azul de Stevie e a urna contendo as cinzas de sua avó. "Tenho que mantê-la comigo sempre", explicou Stevie. "Naquela época, os clipes não precisavam fazer muito sentido. E esse não fazia sentido algum".

Setembro de 1983, de volta à turnê. A banda apresentou uma performance matadora de "Stand Back" no *Saturday Night Live* da NBC, com Brad Jeffries em ação durante a pausa da guitarra e dançando um tórrido solo ao redor de Stevie no pequenino palco do programa. Eles também dublaram o novo single "Nightbird" para o programa de rock *Solid Gold*. Tom Petty fez uma aparição em dois shows no Radio City Music Hall, de Nova York, e cantou "I Will Run to You" com Stevie. No dia 2 de outubro, ela lotou o Fabulous Forum, em Los Angeles , mas os críticos do *LA Weekly* e do *The Los Angeles Times* não foram nem um pouco gentis. Pela primeira vez notaram o ganho de peso de Stevie (e isso ficaria pior). Sua postura de "cisne moribundo" e tamboriladas entre músicas eram desprezadas ou ridicularizadas. "Sempre existirá espaço para grandes tolices disfarçadas de *insight* poético", opinou a crítica do *Times*.

Nessa época, um amargo Lindsey Buckingham vinha dando entrevistas para divulgar um novo álbum solo, *Go Insane*. "Assisti ao show de Stevie", comentou ele em determinada ocasião. "Para mim, é quase uma apresentação de salão." Ele passou a afirmar que Stevie estava surfando nos louros do Fleetwood Mac e que ela devia mais empenho aos fãs.

Lindsey, a outro entrevistador: "Stevie nunca foi muito feliz, e não creio que o sucesso de seus álbuns a tenha deixado mais feliz. Na verdade, talvez a tenha deixado menos feliz. Ela está flexionando alguma espécie de músculo emocional que pensa ser capaz de controlar — agora que está em uma posição de maior poder. Seu sucesso a faz pensar que consegue coisas que antes não se sentia à vontade para conseguir. Ela está desabafando... solidão, infelicidade, algo assim." (Quando foi lançado, em 1984, *Go Insane* não passou do 45º lugar na *Billboard*.)

A *Wild Heart Tour* seguiu pelo restante do mês, e a maior parte de novembro de 1983, se apresentando em anfiteatros, centros cívicos e arenas universitárias por todo o Sul. O encerramento se deu com dois shows em Iowa, antes do Dia de Ação de Graças. Nessa fase, Stevie estava exausta e loucamente apaixonada pelo cara que abria os concertos, Joe Walsh.

5.6 O Caso com Joe Walsh

Nos primeiros dias de setembro de 1983, foi iniciada a segunda parte da *Wild Heart Tour*. Irving Azoff queria que um dos clientes da Front Line Management abrisse a turnê, e assim ele e Stevie escolheram Joe Walsh, guitarrista do Eagles, que estava promovendo seu álbum solo, *You Bought It – You Name It*. Walsh tinha 36 anos, um a mais que Stevie. Ele era de Ohio, onde originalmente tocava com os heróis locais, The James Gang. Chegou em Los Angeles e foi convidado para fazer parte dos Eagles quando o guitarrista original, Bernie Leadon, saiu da banda em 1975.

Joe Walsh era um notório bonachão, com sorriso largo e longos cabelos castanhos. Quando entrava em algum lugar, a expectativa era que ele sempre faria uma grande cena. Ele era um astro da guitarra solo, muito respeitado pela musicalidade e, portanto, capaz de segurar o rojão no palco entre os egos monumentais dos colegas [dos Eagles] Don Henley e Glenn Frey. Até o enigmático Jimmy Page, do Led Zeppelin, era amigo de Joe, e os dois jantavam juntos com frequência quando Page estava em Los Angeles, e se presenteavam com guitarras elétricas antigas e raras.

Em geral, Stevie preferia descansar em sua suíte de hotel após os shows, mas no dia 5 de setembro, em Dallas, decidiu trocar de roupa e descer até o bar do The Mansions Hotel e cumprimentar seu velho conhecido e novo músico de apoio, Joe Walsh. Ela deixou os óculos na suíte, imaginando que ficaria por pouco tempo lá embaixo. Mas acabou ficando mais.

Nesse dia Joe Walsh estava sozinho no bar. "Atravessei o salão até ele", lembrou ela. "Ele estendeu as mãos para mim, e fui de encontro a elas." Daí ela se acomodou na banqueta perto dele. "Dois segundos depois, rastejei para o colo dele, e aí, pronto." Aninhada nos braços fortes de Joe enquanto ele sorria para ela, Stevie percebeu muita dor naquele olhar. "Eu me lembro de pensar, *nunca mais vou conseguir ficar longe dessa pessoa.*" Só depois de muitas horas de amor, quando finalmente pegaria seus óculos, Stevie voltaria a enxergar bem.

Conforme a turnê prosseguia naquele mês por Rhode Island, Nova York e o Meio-Oeste norte-americano, o caso de Stevie com Joe Walsh permanecia um segredo bem guardado, e que sempre ganhava vida após a meia-noite em idas e vindas entre suítes de hotel. Dennis Dunstan costumava escoltar Stevie entre os andares, daí ficava à espera do sinal para trazê-la de volta. Ao conversar com membros da equipe de Joe, Dunstan soube que o sujeito estava em seu terceiro casamento. Daí mencionou a informação para Stevie, e ela — ecoando o jargão australiano de Dennis — apenas comentou: "Sem problemas, colega". Os especialistas em cocaína da turnê também estavam cientes de que a demanda tinha dado um salto drástico; Stevie e Joe pareciam praticamente competir para ver quem conseguia cheirar mais sem morrer.

Stevie ficou surpresa com a paixão que sentia por Joe. "Por que você ama alguém?", perguntou ela, anos depois. "Por que você ama tanto essa pessoa a ponto de o coração saltar quando ela aparece? Eu não sei, mas me apaixonei por Joe à primeira vista assim que o vi do outro lado do salão. Isso durou de 1983 a 1986. Louco, não é?"

O sentimento mais intenso do caso — a compaixão de Stevie por Joe — resultou de uma viagem após um show em Denver, Colorado, em 19 de setembro. Stevie vinha reclamando de algumas condições da turnê, e Joe a chamou para que fossem dar um passeio juntos. O gerente de turnê então lhes arrumou um jipe alugado e Joe levou Stevie para Boulder, a algumas horas de distância. (Esse episódio deixou a equipe de Stevie muito tensa, sobretudo Dennis Dunstan. Joe Walsh era um maluco que vivia no mundo da lua. Será que dava para confiar que ele a traria de volta em segurança? Dennis tinha lá suas dúvidas, mas sua chefe estava decidida a ficar a sós com Joe.)

Quando uma neve discreta de outono começou a cair aos pés das Montanhas Rochosas, Joe contou a Stevie sobre a filhinha que tivera com sua segunda esposa. O nome da menina era Emma; em 1974, aos três anos, ela morreu em um acidente na estrada, quando sua esposa a levava ao jardim de infância. Stevie: "E aí ele me levou ao parque [North Boulder Park], e eu sabia que ia me mostrar uma coisa que me faria pirar, porque eu já estava totalmente mexida quando chegamos em Boulder. Atravessamos o parque, e lá havia uma pequena fonte de águas cristalinas. Tinha uma placa nos arredores: PARA EMMA KRISTIN, POR TODOS AQUELES QUE NÃO TÊM TAMANHO SUFICIENTE PARA BEBER".

Joe explicou que costumava levar Emma àquele parque, seu lugar favorito para brincar, mas ela era pequena demais para alcançar a fonte de água potável, e aquela foi sua homenagem à pobre criança. De pé ao lado da fonte, Stevie se pôs a chorar, a cabeça apoiada no ombro de Joe, e ele também chorou. Ainda nevava. Após ficarem um tempo no parque, eles voltaram em silêncio para Denver. "Thriller", de Michael Jackson, tocava no rádio.

Houve uma pausa curta na turnê, e Stevie foi para sua casa perto de Phoenix, pois queria ver a mãe e se dedicar a compor um pouco. Ela estava apaixonada por Joe Walsh, e sentiu imensamente a ausência dele. E afinal de contas, ela própria não havia acabado de perder uma criança — o bebê Matthew —, o filho de Robin? Ao entrar em sua casa suntuosa em Paradise Valley, ela acendeu velas, sentou-se ao piano e em cerca de cinco minutos compôs a maior parte de "Has Anyone Ever Written Anything for You?", uma de suas canções mais mordazes. Foi a única maneira de reagir ao sofrimento ao qual fora exposta. A música era ostensivamente sobre Joe Walsh, mas também sobre si mesma.

Stevie também estava ali por causa de uma reunião de negócios. Já há algum tempo, ela vinha investindo em promoção de shows com o pai e o tio Gene. Dizem que Jess Nicks ficou estupefato com o dinheiro que a filha estava ganhando e quis entrar no ramo por um tempo; ele, inclusive, chegara a ir à *Bella Donna Tour* para observar e aprender um pouco, porém ficou consternado ao ver o modo como certas coisas eram administradas. Começou a reclamar e foi gentilmente aconselhado a cair fora. "Aí ele foi para casa", comentou Stevie mais tarde.

Stevie entrou com o dinheiro, e seu pai e tio compraram (ou alugaram) um anfiteatro (um "galpão", no jargão dos shows) chamado Compton Terrace, em um cerrado perto de Tempe, Arizona, e daí começaram a agendar shows de rock. O Aerosmith tocou no Compton Terrace, e também Bruce Springsteen. Em determinado momento de sua turnê Stevie tirou uma noite de folga e fez um show beneficente para a American Heart Association, instituição apoiada por seu pai. Joe Walsh e Kenny Loggins também tocaram de graça. (Em geral, o Compton Terrace Amphitheater era considerado um lixo pelas bandas e equipes que tocavam lá, com acústica ruim, visibilidade ruim e instalações inadequadas tanto para os artistas quanto para o público. Por fim, o local foi demolido.)

Ao longo dos anos, Stevie muitas vezes afirmou categoricamente que, para ela, Joe Walsh era *o cara certo*. "Provavelmente éramos o casal maluco, perfeito, completo", disse ela. "Ele era o homem com quem eu teria me casado, e por quem provavelmente eu teria mudado minha vida... um pouco, vai. Não muito. Mas ele também não teria mudado de vida." No restante da turnê, ela tentou mimar o maluco Joe, comprando roupas para ele, garantindo que tivesse aquilo de que precisava, afinal de contas, as bandas de abertura — mesmo que você fosse membro dos Eagles — eram frequentemente maltratadas ou negligenciadas pelos promotores e pela equipe da banda principal. "Eu o amava", contou ela depois a um entrevistador. A outro: "Eu cuidava dele de verdade, e provavelmente foi isso que o assustou mais. Eu estava sintonizada *demais* em Joe, já ele não sintonizava em *nada*!"

E as drogas também interferiram. A cocaína pura era um energético potente que abria grandes perspectivas de produção e ajudava a fazer tudo acontecer. Stevie: "Éramos superastros ocupados, e nós — todo mundo — usávamos drogas a dar com pau. Nós [ela e Joe] éramos viciados mesmo. Éramos um casal na rota do inferno."

O maior problema de Stevie com Joe era a falta de atenção da parte dele. Quando estavam juntos, ele parecia sempre distraído, sempre brincando com algum joguinho recém-adquirido. Na primeira vez que ela foi à casa dele, a primeira coisa que ele lhe mostrou foi sua sala de música, que na verdade era um laboratório de informática. Lotada de caixas de metal, mostradores e luzes piscando, Stevie achou o lugar parecido com a nave espacial dos *Jetsons*.

Joe tinha equipamentos novos, "samplers" que logo substituiriam o OBX-A programável, as baterias eletrônicas DMX e os sintetizadores pós-modernos que haviam aparecido nos álbuns de Stevie. Joe quis fazer uma demonstração do futuro do eletropop. Pediu a Stevie que tocasse uma nota em um teclado de um sampler; então ele girou um botão e ela ouviu a melodia — totalmente orquestrada. Stevie: "Olhei para ele e disse 'Então... Acabamos de ser substituídos por... esse negócio aí'"?

A pior coisa a ser dita a um nerd das engrenagens. Joe Walsh a ignorou pelo restante do dia, perdido em meio à novidade dos samplers. Stevie ficou apavorada. Trinta anos depois, ela revelou à revista inglesa *Mojo* que, desde aquele dia, nunca confiou em computadores.

Pelo menos agora havia mais um "muso inspirador" para suas letras além de Lindsey, e o caso com Joe Walsh certamente lhe rendeu muito material amoroso de qualidade ao longo de três anos, nos quais Stevie disse ter passado a maior parte do tempo trabalhando em canções e esperando ao lado do telefone para o caso de Joe ligar, coisa que ele raramente fazia. Ela também começou a comer e a ganhar peso. Uma amiga lhe disse que ela estava "empanturrando seus sentimentos", usando a comida como antidepressivo, mas Stevie retrucou que não dava a mínima. Perto do fim da *Wild Heart Tour*, o show de abertura de Joe Walsh foi reduzido para meia hora, logo, se houvesse alguma pausa curta na turnê, Joe e sua banda seriam contratados para um show solo — duas horas de músicas dos Eagles e rock de estrada. Após alguns shows nesse formato no Meio-Oeste, alguns jornalistas locais foram levados para os bastidores para uma reuniãozinha. Para espanto deles, Stevie Nicks também estava à espera de Joe na sala de recepção. Quando ele saiu, ignorou totalmente Stevie, que, chateada, se serviu de uma lauta fatia de torta cremosa de chocolate do bufê. Os jornalistas ficaram observando, incrédulos, enquanto Stevie devorava a sobremesa inteira sozinha ao longo de uma hora.

Muito mais tarde, Stevie conversava com sua colaboradora Sheryl Crow sobre essa fase, e, ao falar de Joe Walsh, lembrou: "Ao revisar todos os homens de minha vida, houve apenas um com quem, afirmo com sinceridade, eu poderia ter vivido todos os dias pelo restante da minha vida, porque havia respeito e adorávamos fazer as mesmas coisas. Com ele, eu estava contente o tempo todo. Isso só me aconteceu uma vez. A questão é: esse tipo de amor é factível. Se esse homem tivesse me pedido em casamento, eu teria aceitado."

À revista *People*: "Não houve nada mais importante do que Joe Walsh — nem a música, nem minhas canções, nada. Ele foi o grande amor da minha vida".

Eles romperam no meio do ano de 1986, quase publicamente. Joe havia saído em turnê, e Stevie trabalhava no estúdio com Waddy. Um dia Joe chegou, ficou chapado e entreteve a equipe do estúdio enquanto Stevie aguardava, pacientemente, para passar alguns instantes com ele. Por fim, ela se cansou do fato de ser ignorada, disse que estava indo embora e pediu que ele a acompanhasse. Joe falou: "Ah, queria te contar... Não vou poder ficar com você... Amanhã volto para a estrada".

Stevie o fitou por um momento e murmurou: "Acho que isso não está dando certo". Enquanto ela se dirigia à saída, Joe gritou que "Se sair agora, você não existe mais para mim". Ela saiu assim mesmo. (E, mais tarde, usou essa fala em uma canção.) No dia seguinte, Joe Walsh voou para a Austrália, mas não sem antes deixar um recado para Stevie (por meio do empresário deles): não era para ela segui-lo ou sequer tentar contatá-lo. Era o fim. Joe foi para o outro lado do mundo "basicamente para se afastar de mim", disse Stevie. "Ele pensava — ou assim me contaram — que um de nós fosse morrer, e que nenhum ia ser capaz de salvar ao outro. E eu realmente achei que fosse morrer — com certeza."

"Aquele rompimento quase me matou", contou ela a outro entrevistador. "Mas era preciso romper, ou morreríamos de fato, era o que achávamos. Vivíamos no excesso. Mas não houve um encerramento formal. Levei anos para superar... se é que superei. É muito triste, mas pelo menos sobrevivemos."

Vinte anos depois, em 2007, Stevie ainda era apaixonada por Joe Walsh. "Não houve outro homem no mundo para mim", disse ela ao jornal londrino *The Daily Telegraph*. "E continua igual hoje em dia, embora Joe esteja casado e tenha dois filhos. Ele conheceu uma pessoa na reabilitação e se casou. E acho que está feliz."

Capítulo 6

6.1 Battle of the Dragon

Stevie Nicks passou a maior parte de 1984 trabalhando e se preocupando com seu terceiro álbum solo, um projeto crucial para sua carreira em longo prazo, cujo título provisório era o ultrabruxesco *Mirror Mirror*. Ela começou a gravar com Jimmy Iovine, mas quando ele percebeu que sua namorada de ocasião havia se apaixonado pelo aguado Joe Walsh (quase todo mundo em Nova York odiava os Eagles), deu um ponto final no relacionamento. No entanto, eles ainda trabalharam em algumas das músicas novas que Stevie já tinha, principalmente "Battle of the Dragon", "Reconsider Me", "Violet and Blue" e "Love is Like a River". Além disso, retrabalharam "Sorcerer", originalmente "Lady from the Mountains", e a gravadora a colocou na trilha sonora do filme *Ruas de Fogo*, de 1984. Então Stevie cismou que odiou todas as músicas novas que tinham gravado. "Não pareciam boas", afirmou ela. "Não sei dizer o porquê; simplesmente não estavam boas". Aí resolveu guardar todas as músicas e recomeçar.

Jimmy Iovine ligou para a casa de Tom Petty e pediu uma música nova para Stevie. Petty sugeriu que Iovine telefonasse para o cara do Eurythmics — o novo duo de synth pop que estava a todo vapor na MTV, formado pela cantora escocesa Annie Lennox e por Dave Stewart (ele era de Sunderland, no extremo norte da Grã-Bretanha). Dave Stewart e Annie Lennox tinham sido um casal marcante tal como Stevie e Lindsey, mas o sucesso imenso terminara por separá-lo. Então Dave Stewart se mudou para Los Angeles, comprou um imenso Cadillac antigo e começou a dar festas de arromba em uma casa alugada em Hollywood Hills. Ele era um sujeito franco, extremamente inteligente e engraçado. Deixava todo mundo encantado, e além disso era um músico, arranjador e produtor realmente talentoso. Jimmy tinha ouvido o grande sucesso do Eurythmics, "Sweet Dreams (Are Made of This)", e percebeu que Dave Stewart poderia compor com Stevie.

Uma noite, Stewart foi visitar Stevie. Ela perguntou sobre o rompimento com Annie Lennox e ele acabou passando a noite lá. Na tarde seguinte, Stevie pareceu surpresa ao vê-lo em sua cama. Já ele a achou atordoada, de outro mundo, fora de si. Stevie então lhe disse para não voltar em sua casa, que ela o veria mais tarde no estúdio. (Décadas depois, quando voltaram a trabalhar juntos, Stewart lembrou a Stevie que eles já tinham feito amor uma vez. Não, retrucou ela, foram duas vezes.)

E assim Dave Stewart começou a trabalhar com Stevie e Jimmy. Ele tinha uma bateria eletrônica, e o trio tentou fazer uso dela em seus arranjos, porém sem muito sucesso. Stewart então telefonou para Tom Petty e o convidou para ir ao estúdio, só para conversar e emprestar seu talento auditivo. Contente por sair de casa, Petty concordou. Ele chegou no estúdio por volta das duas horas da manhã.

Stevie: "Tom gostou do material no qual estávamos trabalhando. Eu estava compondo feito louca. Tinha meu caderninho. Escrevia sem parar. Mas eram cinco da manhã e eu estava bem cansada". Stevie foi para casa, e Dave e Jimmy trabalharam a manhã toda, produzindo uma faixa que Dave intitulou "Don't Come Around Here No More" — inspirada na ordem de Stevie para que não voltasse à casa dela depois da noite juntos. Tom gravou um vocal guia para a faixa: afinal, era para ser uma música de Stevie Nicks.

Stevie: "Quando voltei no dia seguinte, às três da tarde, a música inteira já estava escrita. E não foi só isso — estava um espetáculo. Dave, em pé, me disse: 'Bem, aí está… É uma música muito, muito boa, e agora *você* mesma pode cantá-la'. [Mas] Tom fez um trabalho vocal excelente — *excelente*. Eu só olhei para eles e perguntei *Eu sou a cereja do bolo? Mesmo?* Me levantei, agradeci Dave, Tom, demiti Jimmy e fui embora. Tudo isso aconteceu em cinco minutos, mais ou menos."

"Don't Come Around Here No More" seria um grande single de sucesso de Tom Petty and the Heartbreakers. (No clipe psicodélico produzido para a MTV, Petty notoriamente interpretou o Chapeleiro Maluco, de *Alice no País das Maravilhas*.) Foi um belo troco por Stevie ter roubado "Stop Draggin' My Heart Around".

Após a saída de Jimmy Iovine, Stevie teve um bloqueio criativo e foi aconselhada a tirar uma folga. E aí Mick telefonou para perguntar se ela faria alguns shows com um moribundo Fleetwood Mac para ajudá-lo a escapar da falência iminente. Stevie tinha ouvido falar que ele estava em apuros, havia rumores de cheques sem fundo e cartões de crédito cancelados, e sua casa em Malibu enfrentava execução. Dizia-se que ele havia perdido US$ 8 milhões, a maioria parte nariz adentro. Stevie até queria ajudar Mick, mas como ela vinha ignorando as ligações dele, seus representantes tiveram de informar a Mick que ela não estava em condições de fazer shows com o Fleetwood Mac naquele ano ou mesmo no ano seguinte.

Stevie precisava de inspiração. Então sua assistente, Rebecca Alvarez, contatou Sandy Stewart, mas por motivos desconhecidos (supostamente relacionados aos créditos de composição em *The Wild Heart*), Sandy não se mostrou disponível. Na mesma época, Stevie acabou descobrindo certa magia no novo álbum de Don Henley, *Building The Perfect Beast*, cheio de músicas ótimas, aquele fastio contemporâneo de Los Angeles e uma sensibilidade inteligente e cansada do mundo. "Boys of Summer", o single de sucesso, se inspirava em uma faixa que do guitarrista dos Heartbreakers, Mike Campbell, e assim Stevie tomou nota para futuros projetos.

Nessa época também, Stevie foi ver um místico que lhe fez uma "leitura de vida", e que supostamente revelava encarnações passadas de uma pessoa. Ela levava esse tipo de coisa muito a sério, e ficou comovida com o que lhe foi revelado. Houve coisas interessantes. Ela havia sido uma alta sacerdotisa no Egito, vivendo em um templo de pedras. E uma pianista famosa. Em outras vidas, havia sido uma alemã "que vivenciara certas atrocidades. *Sei* que vivi isso. Sempre que vou à Alemanha, sinto isso". Stevie também foi informada de que sua vida atual seria a última de seu ciclo cármico.

No início de novembro de 1984, sofrendo de vários males e considerando-se um espírito cativo acorrentado a um contrato de gravação, Stevie voltou a trabalhar com sua música, aceitando a ajuda de outros colaboradores para reunir uma quantidade de composições suficiente para encher um álbum que continha só duas canções marcantes até então. A primeira delas era "I Can't Wait", desenvolvida a partir de uma trilha de fundo enviada a ela por um amigo de adolescência chamado Rick Nowels. Ele também era amigo do irmão caçula de Robin Snyder, e agora trabalhava em *jingles* para comerciais em Los Angeles. Jimmy Iovine ouviu a música e achou que poderia funcionar bem nas rádios e pistas de dança. Era uma típica faixa oitentista, com mais sons eletrônicos do que instrumentais. Havia bases computadorizadas sob as camadas de sintetizadores Oberheim 8, Prophet e Emulator II. A letra é cantada por Stevie de forma bem impaciente — Joe Walsh sempre a deixava esperando —, com uma voz espicaçada e gasta, o melhor que ela podia oferecer naquela fase. Tudo isso sobreposto por chicotadas distintas de glockenspiel, naquela batida de banda marcial ao estilo Bruce Springsteen, tão popular naquela época.

A outra faixa marcante disponível era "Talk to Me", composta por Chas Sanford, um produtor inglês que havia escrito, em coautoria, o enorme sucesso "Missing You", de John Waite. "Talk to Me" era basicamente a mesma música, mas meio que cantada num estilo Cyndi Lauper. A música chegara até Jimmy, que imediatamente a considerou um possível sucesso para Stevie. A trilha de fundo tinha sido gravada na França, e contou com o mestre parisiense do jazz Barney Wilens no solo de saxofone. Mais uma vez, a letra era um recado a Joe Walsh: "Pode liberar seus segredos, meu bem". Enquanto gravava a faixa vocal, Stevie teve problema com a letra, tentando várias vezes encaixá-la na faixa, sem sucesso. (Isso acontecia frequentemente quando ela cantava letras escritas por outra pessoa.) Naquela noite, também estava trabalhando no estúdio o excelente baterista Jim Keltner. Stevie conversou com ele, contou seus problemas, e Keltner disse a ela: "Vamos, tente de novo. Eu vou ser sua plateia". Confiante pela presença e incentivo do músico, Stevie tentou outra vez, com garra. Deu tão certo que "Talk to Me" se tornaria uma das músicas mais populares e solicitadas de Stevie: uma expressão de sua postura empática para com seus fãs.

Outra favorita dos fãs é "Has Anyone Ever Written Anything for You?". Quando esta faixa estava sendo desenvolvida, ali em torno de 1985, Jimmy Iovine tinha saído da produção, portanto, Stevie, desesperada, recorreu a seu antigo produtor, Keith Olsen — que por acaso estava trabalhando com Joe Walsh em um álbum solo naquele momento. Stevie suplicou a Joe e a Olsen que lhe ajudassem, e Joe concordou em lhe dar uma força — por uma semana. Eles então trabalharam no novo estúdio de Olsen, que estava totalmente projetado para produzir música digital para o novo formato em *compact disc* que estava substituindo o antigo disco analógico. Infelizmente, Olsen havia construído o estúdio bem próximo ao Sound City, roubando a clientela de seus velhos amigos e gerando um ódio constante da parte deles. Olsen também ficou bem puto nas sessões porque Stevie cheirava tanta cocaína que não conseguia cantar no tom. Uma noite, ele ficou tão nervoso que a mandou sair do estúdio ("Ou você volta sóbria, ou não volta nunca mais"). Quando a música ficou pronta, Olsen abandonou o projeto, e a velha amizade entre eles nunca se recuperou.

Keith Olsen também havia adaptado "Has Anyone" (originalmente uma demo no piano tocada por Stevie e composta em Phoenix na primeira fase com Joe Walsh) e ajudado com os versos. O fundo orquestral sintético foi produzido por Rick Nowels. Olsen também foi coautor de "No Spoken Word", a única faixa de *Rock a Little* que soa como uma música *sui generis* de Stevie Nicks.

A faixa-título, uma melodia com pegada reggae cantada no tom mais frágil de Stevie, foi composta a partir de fragmentos, coagulando-se, por assim dizer, como ingredientes em uma sopa turva. "Hora de agitar um pouco", incentivava seu pai-perdigueiro antes de ela entrar no palco durante a *Wild Heart Tour*. Usando o então pseudônimo de hotel da filha, Jess Nicks dizia "Vá em frente, Lily — hora de agitar um pouco".

As faixas restantes do álbum foram, em sua maior parte, bem menos relevantes, praticamente encheção de linguiça, algo incomum em um disco de Stevie Nicks gravado por estúdios profissionais e informatizado por estilos de produção similares aos de Michael Jackson, The Police, Duran Duran e outros astros da MTV. Dentre as faixas, havia músicas pouco memoráveis como "Sister Honey", composta com o guitarrista Les Dudek; "I Sing for the Things", outra balada de rompimento; "Imperial Hotel", um rock genérico com letra de Stevie e base melódica de Mike Campbell e (pela primeira vez) montagem de Jimmy Iovine; "Some Become Strangers"; "The Nightmare", escrita com seu irmão Chris; e "If I Were You", outra colaboração com Rick Nowels.

Três músicas boas foram gravadas nesse período, mas não foram lançadas. Uma única gravação rendeu "Are You Mine", um dueto com Billy Burnette (jovem astro rockabilly) em uma canção que o avô de Stevie lhe ensinara quando ela estava com cerca de 5 anos de idade. "Reconsider Me" era um rock de Warren Zevon, que Jimmy Iovine trouxera para ela nas fases finais das gravações de 1985; eles gravaram com os vocais de Don Henley e uma banda completa; e que depois Stevie passou a chamar de *Rock a Little*, sobretudo porque ela e Jimmy andavam brigando de novo (ele passou um bom tempo puto com Stevie por causa disso.) Por fim, havia "One More Big Time Rock and Roll Star", uma canção sarcástica e raivosa sobre Joe, que tocou um solo de guitarra sinfônica na música amarga que evocava velas e cristais, uma mulher abandonada e a observação sagaz "Eu era a fantasia de qualquer pessoa". A faixa se revelou boa o bastante para aparecer no lado B de "Talk to Me" quando o primeiro single de *Rock a Little* chegou no mercado no fim de outubro de 1985.

A MTV rapidamente levou ao ar os novos clipes de "Talk to Me" e do segundo single do álbum, "I Can't Wait". As danças trouxeram coreografias perfeitamente sincronizadas dirigidas por Marty Callner, e estreladas por

Stevie e suas amigas ao lado do dançarino Brad Jeffries e de seu irmão Chris. (Inicialmente, a gerência de Stevie queria que ela trabalhasse com um diretor diferente, Bob Giraldi, que havia feito os primeiros clipes de Michael Jackson. Giraldi chegou a ir à casa de Stevie, conforme recordou-se mais tarde: "Tive uma reunião com Stevie Nicks, nós dois sentados na cama dela. Eu nunca tinha visto uma mulher tão chapada na minha vida. Ela estava tão detonada que não conseguimos nos comunicar".

Marty Callner gravou "Talk to Me" em um cenário claustrofóbico, como se fosse uma clínica de reabilitação em um parque comercial. Uma das cenas trazia Stevie e sua comitiva caminhando no mesmo ritmo e dando um passinho simples para trás. Ela teve de subir e descer uma escada precariamente íngreme, e quase caiu. Também houve cenas gravadas em uma esteira, e em uma armadilha claustrofóbica, onde ela esmurrada as paredes pedindo para sair. Ambos os clipes (de enorme sucesso) irradiavam uma peculiar falta de contato com o espectador e uma ansiedade incomum (para os moldes da MTV).

Mais tarde, Stevie deu sua opinião sobre esses trabalhos: "'I Can't Wait' é uma de minhas músicas favoritas, e o clipe ficou bem famoso. Mas hoje em dia olho aquele clipe, olho nos meus olhos e digo a mim mesma: *Será que você não poderia ter passado três dias sem maconha, pó e tequila para ter ficado com uma cara um pouco melhor?* Porque seus olhos parecem estar nadando no vazio. Esse clipe me faz querer voltar no tempo e me estapear".

6.2 Não se Cancela com Bob Dylan, Porra!

Fim de 1985. *Rock a Little*, que custara a Stevie Nicks quase US$ 1 milhão, foi lançado na época de férias. O álbum teve boas vendas tanto no formato em vinil quanto em CD, mas não tão bem quanto os primeiros dois discos solo de Stevie. *Rock a Little* atingiu o 12º lugar nas paradas da *Billboard*, enquanto o primeiro single, "Talk to Me", teve boa repercussão nacional e galgou o 4º lugar. As críticas foram divididas, a maioria favorável, exceto à imagem no encarte do álbum, uma foto fortemente retocada de Stevie com o rosto branco de maquiagem e usando um vestido preto em camadas e um chapéu cloche. (A foto tinha sido feita em Londres pelo fotógrafo de moda Tony McGee. A contracapa continha uma imagem fantasmagórica e abatida de Stevie, feita por Herbie Worthington.) O encarte também mostrava uma bola de cristal sustentada por um par de dragões de bronze, bem como uma dedicatória esquisita a todos os sobreviventes da Guerra do Vietnã. Um crítico observou que Stevie — tanto na música como nas apresentações — agora havia atravessado um portal para o rock *mainstream* corporativo, afastando-se do peculiar e semideformado Fleetwood Mac e da unidade temática de seus primeiros dois álbuns. Agora com 37 anos, Stevie Nicks era vista por alguns como uma nova engrenagem em uma megacorporação que considerava a música um "produto" e despejava tolices desprovidas de alma para consumo em massa com hora marcada. Vez ou outra Stevie Nicks deve ter perguntado aos seus botões se ela própria sentia-se assim.

Agora, o problema era o cronograma. A equipe de gestão de Stevie na Front Line Management meio que não sabia o que fazer com ela. Stevie queria fazer a turnê durante verão norte-americano, que estava a meses de distância. De repente ela anunciou que partiria para a turnê australiana de Bob Dylan, que começaria no fim de fevereiro de 1986. Dylan usava os Heartbreakers como banda, depois que Tom Petty abria o show. Mas Petty começara a ter problemas com a esposa, Jane, e dizia que não sairia em turnê sem ela. Uma noite, Stevie estava na casa deles em Encino e disse a Petty que era loucura ele pensar em cancelar. "Eu disse a ele *Ah, você vai, sim. Não se cancela com Bob Dylan, porra!*" Petty disse a ela que estava vivendo um momento complicado e que precisava ficar com Jane, que não queria ir porque vinha passando por transtornos mentais, e que ela também tinha mais liberdade para ser quem era quando Tom estava fora fazendo turnê. Bancando a mediadora, Stevie negociou um esquema no qual ela iria à Austrália e cuidaria de Tom. Eles não seriam um casal, garantiu ela a Jane (que, por fim, pareceu não se importar). Stevie agiria mais como a irmã mais velha de Tom, uma assistente. E deu muito certo assim. Stevie, sua assistente Rebecca Alvarez, e um grande armário de rodinhas cheio de trajes de palco voaram para Wellington, Nova Zelândia, para o primeiro show da *True Confessions Tour*, de Bob Dylan, no dia 5 de fevereiro de 1986.

Nas três semanas seguintes, Stevie e Rebecca cuidaram de Tom, o mantiveram na linha, fizeram com que ele chegasse pontualmente nos shows e o ajudaram a gostar dos momentos no palco. Enquanto permanecia nos bastidores e assistia aos shows, Stevie estava sempre impecável, com cabelo e maquiagem feitos. Vez ou outra ela cantava com as *backing vocals* de Dylan — três mulheres negras — enquanto elas se aqueciam. (Essa turnê foi tão breve que a equipe não teve tempo de conseguir a licença de trabalho para Stevie na Nova Zelândia e na Austrália. Ela sequer tinha um passaporte válido quando resolveu ir, e foi uma luta para colocá-la no avião.) Certa noite, Stevie viu Dylan acenando para ela do palco, chamando-a para cantar com ele, e só lhe restou acenar de volta, afinal de contas não tinha um visto de trabalho. Mas ao menos ela pôde mandar ver no bar do hotel, quando Ben Tench assumiu o piano e liderou uma cantoria de músicas antigas até altas horas, com ela, Dylan, Tom e as três meninas do coro.

Conforme a turnê avançava e os shows melhoravam, todos iam ficando cada vez mais contentes com a presença de Stevie Nicks. Até o enigmático

Dylan sorria quando a via nos shows, toda embonecada. "Tendo a me vestir bem todas as noites", disse ela, "para que todos saibam que, quando eu chego, o negócio é sério — mesmo que eu esteja com cinco quilos a mais. Se estou bem-vestida e bonita, todo mundo diz 'Uau! Ela saiu pronta para arrasar'".

"Foi muito bom para mim ter a presença de Stevie", disse Petty ao seu biógrafo posteriormente. "O clima mudou. Stevie era alegre e adorava música. E ela descobriu, antes de mim, que tínhamos química como cantores. A gente cantava músicas antigas e o som ficava muito bom. Ela também sabia, melhor do que todo mundo, que meu estado mental era delicado."

Também foi uma fase bastante criativa para ela. Em um dia de folga, Stevie escreveu "Whole Lotta Trouble" com Mike Campbell, uma de suas melhores canções em anos.

Os melhores momentos da turnê foram as quatro noites em Sydney, a maior cidade da Austrália. Na segunda noite, Stevie não aguentou mais ficar esperando nos bastidores, arrumadíssima da cabeça aos pés e sem lugar para cantar. A banda fazia o primeiro bis do show, "Blowin' in the Wind" (que ela costumava cantar com sua banda de folk, The Changin' Times, no primeiro ano do Ensino Médio). Daí subiu no palco para soltar a voz, mas percebeu que o único pedestal para microfone no palco era o de Dylan. Então subiu no *riser* da bateria e fez o vocal de apoio usando o microfone de Stan Lynch em duas músicas. Por fim, foi convidada para ir ao centro do palco com Dylan e Tom para a última canção, "Knockin' on Heaven's Door".

Após o show, Stevie foi ameaçada por um representante discreto, porém firme, das autoridades australianas por estar trabalhando sem licença. Ela então alegou que, por não estar sendo remunerada, não era considerado trabalho, mas não fez diferença. Stevie foi advertida que, se voltasse ao palco como convidada da turnê, ela jamais mais cantaria profissionalmente na Austrália outra vez.

Assim como muitos casais, platônicos ou românticos, Stevie e Tom tinham suas discordâncias, muitas vezes musicais, durante as conversas pós-show tarde da noite. "Certa noite, na Austrália, ela ficou muito brava comigo", lembra ele. Eles estavam conversando sobre o Fleetwood Mac, e Petty fez um comentário desdenhoso do tipo: "É, só que os Heartbreakers são uma banda de *rock 'n roll*".

Stevie ficou bem ofendidíssima. E o Fleetwood Mac era o quê? "*Eu faço parte de uma banda de rock and roll*", insistiu ela. "Na verdade, não", alertou Petty, mexendo na ferida. Para Petty, o Fleetwood Mac era um grupo inglês comercial que tocava rock suave para mocinhas, muito diferente de uma banda de rock que poderia tocar em uma festa de formatura de Ensino Médio. Stevie ficou furiosa, e disparou: "Como *ousa* dizer isso para mim"?

Petty insistiu. "E essa longa discussão sobre as credenciais de um roqueiro de verdade continuou. E eu adoro o Fleetwood, nutro imenso respeito por Lindsey e Mick, mas não os considero uma banda de rock 'n roll. Eu achava a jornada deles diferente da minha. Nem sempre concordava com o gosto musical de Stevie, e vice-versa. Minha frustração com ela era: 'Você precisa de alguém para lembrá-la do que você do que é capaz. Você se distrai demais com falastrões doidos por um hit. Não sei por quê fica fazendo esse rock com sintetizadores.'" Foi uma alfinetada em *Rock a Little*, que Stevie deveria estar promovendo nos Estados Unidos, sobretudo o novo single de sucesso "I Can't Wait", em vez de ficar bancando a babá de Tom Petty no outro lado do planeta.

Houve certo frisson sobre essa questão nas sedes da Modern Records em Los Angeles e Nova York. "I Can't Wait" era um single Top 20 nos Estados Unidos, e o clipe era constantemente transmitido pela MTV. Também foi lançado um single de 12 polegadas com três remixes, mirando as pistas de dança, que estava vendendo bem e era popular principalmente em boates gays; para surpresa de Stevie, sua versão madura estava se tornando um ícone de empatia feminina no meio dos homens gays, que já viviam a ameaça da epidemia de AIDS nos anos 1980. O comediante David Letterman, apresentador do programa *Late Night* da rede televisiva NBC, também estava de olho em Stevie. *Letterman* exibia vezes seguidas os clipes de Stevie com decotes discretos (editados de seus clipes), e insistia que ela fosse a Nova York e cantasse "I Can't Wait" com a banda do programa. Stevie: "Mas eu estava fora, sem contato com o mundo, e os jornais começaram a dizer que eu tinha desaparecido. E eu na Austrália com Tom Petty e Bob Dylan, me divertindo horrores — *alheia a tudo*. Isso mostra como Tom Petty and the Heartbreakers são importantes para mim. Eu estava totalmente disposta a atrapalhar meu próprio single".

Então Irving Azoff conseguiu contatar Stevie por telefone e, literalmente, mandou que ela voltasse para casa. Stevie obedeceu, voou para Nova York e cantou "I Can't Wait" no programa de Letterman, que teve a melhor audiência do ano. Dali em diante, Stevie sempre pôde contar com a quedinha de David Letterman por ela toda vez que precisava promover um novo álbum.

Quando Stevie voltou para casa, ninguém ficou mais feliz do que os traficantes de cocaína que dependiam dela, sua melhor cliente — de todos os tempos. Mas menos contente ficou seu diretor musical, Waddy Wachtel, especificamente quando Stevie compareceu aos primeiros ensaios da banda para a turnê *Rock a Little*, no verão de 1986. Stevie parecia detonada e largada sem a maquiagem de palco, e sua voz necessitava urgentemente de cuidados. Ela ia pegar a estrada com um grupo de seis pessoas ancorado pelo baterista nova-iorquino Rick Marotta, que trabalhara várias vezes com Carly Simon e outras cantoras. Bobbye Hall, na percussão, era o único remanescente da antiga banda; Elisecia Wright, uma poderosa cantora negra da turnê Dylan/ Petty, reforçava os vocais de Lori e Sharon. Margi Kent havia feito novas echarpes e roupas bonitas: um vestido e echarpe pretos para "Talk to Me", destacados por um cachecol vermelho; uma echarpe carmesim para "I Need to Know"; uma capa branca com lantejoulas para "Beauty and the Beast"; uma echarpe preta e dourada para "Stand Back".

Naquele verão, Stevie conseguiu afastar seus demônios o suficiente para entregar bons shows. Só que algumas pessoas não ficaram lá muito encantadas. Stevie estava obviamente intoxicada, tropeçando nas palavras, dançando tão perto da beira do palco que chegou a cair algumas vezes, sempre apanhada por Dennis Dunstan, que precisava vigiar Stevie constantemente do vão de segurança em frente ao palco para que ela não se machucasse. (Outra tarefa de Dennis era ajudar a colocar Stevie na cama, já que ela precisava dormir sentada por conta de um problema nas costas e do refluxo.) A equipe brincava que era possível passar o caminhão de equipamentos pelo buraco do nariz dela. Obviamente já tinham ouvido os rumores galopantes em Los Angeles sobre a relação de Stevie com as drogas: que sua cara estava caindo, e que ela absorvia cocaína por aplicações não ortodoxas — pelo ânus ou pela vagina.

A última apresentação foi no início de setembro, no Red Rocks Amphitheater, ao pé das Montanhas Rochosas perto de Denver, Colorado. Mick Fleetwood se juntou à banda na percussão e Peter Frampton, por sua vez, emprestou seus dotes à guitarra. Mick ficou alarmado com a quantidade de bebida, maconha e pó que Stevie vinha usando para conseguir se apresentar. Ele assistira a alguns de seus shows, e estava assustado com seus giros cada vez mais alucinados, com medo de ela cair do palco. Antes da apresentação em Red Rocks, ele conseguiu conversar com ela em particular.

"Eu disse a ela 'Stevie, você vai se machucar. Você precisa tentar não ficar tão chapada quando estiver no palco'. E ela chorou, dizendo: 'Ah, Mick... Eu sei disso. Não quero ser assim. Não quero ficar dependente dessas coisas. Vou tomar providências para resolver.'"

O show de Red Rocks foi gravado pelo diretor Marty Callner, para ser lançado em vídeo no ano seguinte. A equipe acrescentou novos arranjos às canções mais antigas de Stevie — "Dreams", "Sisters of the Moon", e principalmente "Stand Back" e "Talk to Me". Durante "Beauty and the Beast", Stevie olhou Mick de cima a baixo e cantou "Eu mudei, meu bem/Ou, pelo menos, estou *tentando* mudar". E cantou "Has Anyone Ever Written" com uma afetação aparentemente genuína, e o público reagiu com gritinhos de admiração e afeto. O show terminou com a épica "Edge of Seventeen", com flores frescas ornando o pedestal do microfone e Stevie rodopiando em um xale creme com franjas e luvas de renda, cantando em línguas malucas, trazendo a casa abaixo antes de finalizar com sua caminhada épica pelo palco (e começou a chover imediatamente).

O clima esfriou e todos foram para casa, exceto Stevie, que teve a maquiagem retocada e ficou para filmar algumas cansativas horas de *close-up* e acréscimos para o clipe comercial. Ela estava aliviada e muito grata por Mick ter ficado para lhe fazer companhia no palco do Red Rocks, agora vazio. Na verdade, ele queria ter ido embora com os outros, mas ficou ao perceber como sua amada Stevie parecia solitária e frágil, com mais trabalho pendente para aquela noite: ela parecia fantasmagórica, um lampejo distante de seu antigo eu, entocada no abrigo de entorpecimento que mal era capaz de mantê-la de pé.

Depois disso, a turnê *Rock a Little* seguiu para a Austrália. Sem cocaína, Stevie começou a beber mais, e caiu do palco duas vezes.

Mais tarde, naquele mesmo mês, de volta a Pacific Palisades, as pessoas mais próximas de Stevie — amigos, músicos, gerentes — esquematizaram uma intervenção em sua casa, e ela foi relutantemente persuadida de que sua vida corria perigo, de que seu rosto corria perigo devido a uma perfuração no septo nasal (que poderia resultar em hemorragia cerebral), e de que precisava de reabilitação e desintoxicação imediatas. Dentro de poucos dias, ela deu entrada no Betty Ford Center, a famosa clínica em Rancho Mirage, Califórnia, usando seu nome de casada para se registrar.

Parecia nítido para todo mundo que Nicks ficaria algum tempo sem trabalhar. Dennis Dunstan então abandonou o cargo e foi trabalhar para Mick Fleetwood, que estava tentando reformular o Fleetwood Mac, confiando que Stevie se recuperaria e se juntaria a eles naquela missão para voltar a ganhar muita grana. Waddy juntar-se-ia à X-Pensive Winos, a banda solo de Keith Richards. Sharon e Lori agora eram do vocal de apoio de Mick Jagger e outros. Irving Azoff estava fora de vez porque, ainda que Stevie admitisse ser a coisa certa para si, não havia gostado de ser forçada a fazer o tratamento. E Danny Goldberg vendeu sua cota na Modern Records (e mais tarde se tornou presidente da Warner Bros. e de outras gravadoras importantes). Por fim, a Modern lançou "Has Anyone Ever Written Anything for You?" como single e foi um fiasco, atingindo apenas o 60º lugar nos Estados Unidos.

No início de 1987, foi lançado o show *Stevie Nicks Live at Red Rocks*, um vídeo de 57 minutos de duração fortemente adulterado com *close-ups* e cortes refilmados, além de redublagem dos vocais. A fita em VHS até que vendeu bem, e hoje sua edição em DVD fornece evidências visuais gritantes de uma velha bruxa galesa atingindo o fundo do poço de sua carreira.

6.3 Palavras Não lhe Bastam?

Quando "Sara Anderson" deu entrada no Betty Ford Center, mal estava respondendo por si. Entorpecida, acompanhou uma sessão de orientação. Alguém explicou que Betty Ford era a esposa do ex-presidente Gerald Ford. Alcoólatra há muitos anos e viciada em calmantes, após chegar ao fundo do poço, Betty acabou em um hospital da Marinha porque não havia outro lugar viável para ela além das clínicas particulares voltadas ao combate ao vício das drogas e da bebida, porém, o local foi de pouca ou nenhuma ajuda depois. Devido à sua experiência pessoal, em 1982, a sra. Ford e alguns médicos fundaram o Betty Ford Center, onde agora Stevie Nicks estava cercada de pessoas como ela própria: adictos desamparados que necessitavam de ajuda e redenção. Os então garotos-propaganda da sobriedade entre astros do rock eram os rapazes do Aerosmith, a famosa banda de Boston, que há um ano se recuperavam do vício em tudo quanto é coisa e, naquele momento, faziam singles e álbuns que atingiam o topo das paradas após uma década de lama e desespero. Ouçam, diziam os conselheiros a seus clientes resistentes, se esses *junkies* do Aerosmith conseguem ficar sóbrios e voltar a fazer música, qualquer um pode ficar sóbrio e ter sua vida de volta.

Após os procedimentos de admissão, uma pessoa com trajes de enfermeira ajudou Stevie a encontrar o recinto espartano onde ela passaria as 28 noites seguintes. A enfermeira abriu a porta e disse "Bem-vinda ao quarto, Sara".

"A clínica Betty Ford não era bolinho", recordou-se Stevie mais tarde. "Eu chamava aquele lugar de Campo de Treinamento Betty Ford." Stevie logo se flagrou secando pisos com um rodo e limpando banheiros ao lado de empresários cansados, donas de casa desesperadas, jovens ricos, alguns atletas e uma das *backing vocals* de James Taylor. Ninguém tinha tratamento preferencial. (Stevie nem se importava em fazer limpeza, pois já havia trabalhado com isso.) Todo mundo tinha que trabalhar faxinando, fossem os prédios ou os jardins. "É como eu imagino que seja no exército", lembrou ela. "Eram quatro dormitórios, vinte pessoas em cada um. Todo mundo lavava louça, fazia café, passava aspirador no carpete. E era dureza. Mas em duas semanas lá, você começa a pensar *Ah, meu Deus, estou melhorando...* Porque quando uma pessoa chega na Betty Ford, ela praticamente ouve da equipe que está morrendo. E não é uma coisa fácil de se ouvir."

Nas reuniões em grupo, Stevie era sincera com o lance da cocaína. "Era possível passar um anel grande pelo meu septo [nasal]," confessara ela mais tarde. "E aquilo afetou meus olhos, minhas narinas. Por muito tempo foi bastante divertido, porque não sabíamos que fazia mal. Só que, mais cedo ou mais tarde, o pó domina, e você não consegue pensar em mais nada, só fica querendo saber de onde virá a próxima carreira."

"Todos nós éramos viciados em drogas", explicou ela. "Mas chegou um ponto em que eu era a mais viciada. Eu era uma garota, era frágil e usava muito pó, estava sob risco de dano cerebral."

Mais tarde, perguntaram a ela sobre os rumores constantes de que ela usava cocaína pelo ânus. "Bem, não é verdade", insistiu. "Sou uma mulher fina, nunca faria uma coisa dessas. O que posso afirmar é que, quando ouvi esse rumor, decidi, *Tá! Já deu!* Pouco depois, dei entrada na clínica Betty Ford Center."

Stevie dividia o quarto com uma mulher alcoólatra de 55 anos cujo ronco não a deixava dormir à noite. Certa manhã, o alarme tocou às sete horas. Era a vez de Stevie esfregar o pátio interno de seu dormitório. Ela se vestiu em silêncio, amarrando os cachos loiros desbotados atrás da echarpe que ornava seus ombros. Ficou contente por ter trazido suas botas plataforma de camurça marrom, assim seus pés não encharcariam com o sereno desértico matinal. Às 7h30, ela molhou o esfregão no balde e se pôs a trabalhar. De volta ao quarto, passou um pouco de batom, blush e delineador em um rosto que mal reconheceu.

Durante o dia, havia sessões de psicoterapia, terapia em grupo e palestras. O almoço era a principal refeição do dia, um farto bufê que superava até mesmo as lendárias refeições intocadas nos bastidores dos shows do Fleetwood Mac. Depois vinha a caminhada diária pela lagoa dos patos. Mais tarde, ela tomava chá com sua nova turma: três beberrões milionários do Texas, dois petroleiros e um magnata do gado, velhos na casa dos 60 anos com olhos remelosos e mãos ásperas e grossas devido ao trabalho no rancho e nos campos petrolíferos. Ela costumava escalar seus camaradas para ajudá-la a distribuir as dezenas de buquês, plantas, cactos e flores que começaram a chegar diariamente no Betty Ford de amigos e fãs desde que correram notícias de que Stevie estava na clínica. E assim os quatro iam passando pelos dormitórios e entregavam os presentes aos pacientes solitários que sentiam tanta saudade de casa.

Ninguém na Betty Ford já tinha visto tamanha profusão de presentes para um paciente. Alguns membros da equipe culparam a própria Stevie por ter vazado à mídia informações sobre seu paradeiro; eles preferiam manter o tratamento confidencial. Além disso, havia uma enfermeira maldosa que parecia não gostar de Stevie; sempre que recolhia sua pilha de flores e bichos de pelúcia, ela dizia: "Minha nossa, palavras *não* lhe bastam?"

Mas não importava. Quatro semanas após sua chegada, Stevie Nicks finalmente deixava a Betty Ford e voltava para casa em Phoenix, sóbria. Seus traficantes ficaram arrasados por estarem perdendo sua melhor cliente. Mas todos ao redor de Stevie (com exceção de sua mãe) tinham certeza de que ela recairia. Era apenas uma questão de tempo, não havia dúvida. Mas não aconteceu.

Três meses se passaram; era o início de 1987. Stevie não usava mais a caspa do diabo, como dizia Dennis Dunstan. Agora, Dennis gerenciava a carreira de Mick Fleetwood, que estava desesperado para sair da falência e aparentemente vinha sendo bem-sucedido em sua missão de recompor o Fleetwood Mac, numa nova tentativa de angariar fãs. A verdade é que deu muito certo. Foi a deixa para *Tango in the Night*.

O Fleetwood Mac estava inativo desde o fim da truncada turnê *Mirage*, em 1982. Os cinco membros da banda só voltaram a se encontrar de novo quando Stevie e seus músicos fizeram um show beneficente em 1985 (a causa era ambiental, "Mulholland Tomorrow"), e mesmo assim o clima entre eles permanecera bem tenso. Depois, quando Stevie estava promovendo *Rock a Little*, quatro membros do Fleetwood Mac ajudaram Christine a editar uma música do Elvis para uma trilha sonora de filme, e gostaram bastante do resultado. Christine havia largado a cocaína, e Mick estava quase lá. John McVie vinha bebendo cada vez menos após o susto de um coma alcoólico. Até o ótimo gerente de turnês JC havia sido chamado de volta do exílio no Havaí e estava cuidando dos negócios de Christine. E assim, durante seu período na Austrália Stevie foi reconvocada para reformular a banda, só que ela não retornava as ligações diretamente. O que ela fez foi avisar Mick, por intermédio de Dennis Dunston, que tentaria fazer de tudo para ajudá-lo quando a banda tivesse voltado.

Lindsey era o mais reticente sobre o Fleetwood Mac, pois estava gostando de ser um artista independente, compondo músicas novas como "Big Love", e no momento vinha trabalhando em seu terceiro álbum solo. Então um dia Mick tocou para ele algumas das canções novas de Christine — as melhores da carreira dela —, e disse a Lindsey de que eles tinham impulso suficiente para continuar sem ele. Lindsey passou alguns dias pensando a respeito e assim renovou sua participação. Eles começaram a gravar — sem Stevie — no Rumbo Recorders (recentemente desocupado por uma nova banda chamada Guns N' Roses) no Valley, e depois migraram para o estúdio na garagem de Lindsey para fazer as sobreposições e mixagem das faixas.

Logo Stevie começou a receber cassetes das novas músicas do Fleetwood Mac em sua casa, em Paradise Valley. Ficou estupefata com o que ouviu. Christine tinha "Little Lies", "Everywhere" e "Isn't It Midnight", todas em coautoria com seu novo marido, Eddie Quintella. Lindsey havia composto suas melhores canções em dez anos: "Big Love", "Caroline" e "Tango in the Night". Se conseguissem algumas músicas dela, percebeu Stevie, o novo álbum poderia ser outro número um.

Ela então começou a trabalhar ao piano e gravou algumas demos de qualidade. "Welcome to the Room Sara" era um relato vacilante e digno de pesadelo sobre sua experiência na reabilitação. "When I See You Again" era outra de suas delicadas canções de despedida, intimamente relacionada a "Silver Springs". Sandy Stewart enviou a Stevie uma demo de "Seven Wonders". Stevie inseriu uma nova letra e dividiu o crédito com os compositores. Também houve um rock mais agitadinho chamado "What Has Rock & Roll Ever Done for You", mas não chegou a entrar no álbum.

Na noite anterior em que Stevie deveria trabalhar no estúdio com o Fleetwood Mac pela primeira vez em cinco anos, ela ligou para Mick e disse que temia as tiradas e cortadas sarcásticas de Lindsey sobre sua capacidade de produção. Não foi preciso lembrá-lo de que ela era uma estrela maior do que qualquer um deles e que não toleraria nenhum desrespeito.

"Só passamos alguns dias breves com Stevie", lembrou Mick, "sendo que já vínhamos trabalhando naquele álbum há uns seis meses. Quando ela finalmente chegou, Lindsey se esforçou para não ser tão caxias como era conosco. Ele estava meio tenso com esse projeto, e vez ou outra perdia a paciência, mas era nosso desejo que ele fosse mais objetivo e profissional com Stevie. Ele tentou deixá-la à vontade no estúdio, gravou alguns bons vocais dela e acho que deu tudo certo". Stevie e Lindsey até escreveram uma música juntos (na verdade uma melodia sem letra) chamada "Book of Miracles" (Livro dos milagres, em tradução livre). Mas o verdadeiro milagre mesmo foi eles terem conseguido ficar no mesmo recinto sem grandes conflitos.

A verdade era que Lindsey estava saturado do Fleetwood Mac. Ele foi obrigado a remixar todas as fitas para que dessem a impressão de que era Stevie cantando em músicas que ela sequer tinha ouvido (segundo ele, a nova Stevie pós-reabilitação parecia um zumbi dopado); e o toxicodependente Mick Fleetwood passara a maior parte das gravações cochilando em seu Winnebago estacionado diante da garagem.

No fim de março de 1987, Stevie foi ao estúdio para ouvir a mixagem do novo álbum, *Tango in the Night*. Para a surpresa de ninguém, houve uma briga. Após os acordes finais da última faixa do disco, Stevie parecia prestes a explodir. Ela se levantou e saiu do estúdio em disparada, lutando para conter as lágrimas.

Mick: "Tá bom, Stevie, fala pra gente o que tá errado."

"É como se eu nem estivesse na porra do disco. Não consigo me ouvir de jeito nenhum!"

Mick: "Stevie, você só ficou alguns dias no estúdio. Nosso prazo está apertado."

"Beleza", retrucou ela, desta vez com muita raiva, "talvez eu não tenha conseguido comparecer o suficiente no estúdio. Você sabe que eu estava doente pra caralho".

Silêncio. Ela continuou: "Mas como vai ser quando o disco sair e eu tiver de contar à *Rolling Stone* que eu não trabalhei nele?"

Christine McVie, macaca velha e durona, não estava habituada a ameaças. Além disso, ela já tinha tomado duas taças de vinho naquele dia. "Tá, Stevie. Com o quê *especificamente* você está tão chateada?"

"Eu deveria ter cantado a harmonia de 'Everywhere'", disse ela, com amargura. "Era pra vocês me ouvirem cantando a harmonia dessa música."

"Eu também queria que você cantasse nela", disse Christine, "mas você não estava presente. Na verdade, trabalhamos quase um ano nesse álbum, e você só ficou alguns dias com a gente. Agora, por que você não pede desculpas e damos um jeito?"

Stevie não ficou lá muito animada, mas entregou os pontos. E aí eles voltaram para o estúdio e dublaram os vocais de harmonia dela na mixagem final do álbum. "Foi bom", disse Mick mais tarde, "pois o álbum soou muito mais como o Fleetwood Mac. No fim das contas, Stevie estava certa, e Christine também."

6.4 O Último Tango

No início do verão de 1987, *Tango in the Night* entrou na lista dos Dez Melhores álbuns. O Fleetwood Mac fez um empréstimo de US$ 250 mil para produzir o clipe surreal do primeiro single, "Big Love", que tocou bastante nas rádios e atingiu o quinto lugar. *Tango* recebeu as melhores críticas da história da banda. O tintinabular brilhante dos arranjos de Lindsey contrastava nitidamente com o pop eletrônico contemporâneo, e a imprensa notou. "A Luz do Fleetwood Mac Volta a Brilhar", suspirou a *Rolling Stone*. O *The New York Times* observou, cirúrgico, que "Os arranjos do sr. Buckingham (...) evocam os membros do grupo chamando uns aos outros do alto de suas torres envoltas pela névoa, através de amplas distâncias".

O segundo single de *Tango* (cujo encarte ilustrava uma paisagem de selva africana em homenagem ao surrealista francês Henri Rousseau) foi "Seven Wonders", de Stevie, animada com as surpresas da vida e da esperança pelo futuro. "Seven Wonders" foi sucesso na MTV e, em julho, ficou entre os vinte melhores clipes. Uma versão em disco de 12 polegadas foi remixada por Jellybean Benitez, o produtor das coreografias de Madonna. *Tango in the Night* venderia milhões, reestabelecendo o Fleetwood Mac como uma das principais produtoras de hits nas rádios.

A partir daí, os membros da banda começaram a conversar sobre uma turnê mundial, como nos velhos tempos. Mais uma vez, Lindsey foi o menos empolgado, pois queria finalizar o próprio disco. Stevie topou, mas era considerada o elo mais fraco ali. Houve várias reuniões a esse respeito, algumas sem o conhecimento dela. Agora Stevie era representada pelo advogado Tony Dimitriades, agente da Front Line Management que atuara por dez anos como gerente de Tom Petty e que presenciara, horrorizado, o declínio de Stevie. (Tom Petty pedira a ele para telefonar imediatamente caso Stevie fosse encontrada morta por overdose.) Tony estava preocupado com ela e ninguém — nem ele mesmo — conseguia imaginar Stevie, aos quase 40 anos, sobrevivendo a um longo percurso na estrada sem recair na cocaína e, provavelmente, morrendo no processo.

Seguiram-se mais reuniões entre aqueles que Stevie intitulava de "poderes constituídos" — sua gerência, o pessoal do Fleetwood Mac, seus médicos e conselheiros, "as pessoas ao meu redor" —, e todos decidiram que ela deveria ser medicada caso quisesse continuar no ramo; e Stevie queria muito continuar trabalhando. Era jovem demais para se aposentar, dizia. Subir no palco, cantar para as pessoas, ser uma estrela e o centro das atenções ainda era o que ela queria da vida. E é lógico todo mundo ao seu redor concordava que era melhor — para todos os que ganhavam dinheiro com ela ou que dependiam de sua generosidade — que Stevie Nicks não parasse.

Aí então Stevie começou a ver um psiquiatra — "o terapeuta do momento", como dissera ela mais tarde — cujo consultório ficava na Robertson Boulevard, em Beverly Hills. Esse médico atendia muitos pacientes do mundo da música e do cinema, e além disso era sociável, sagaz e gostava de bater papo com Stevie. Ele deu a entender que ela estava um tanto vulnerável a uma recaída com a cocaína e ofereceu medicamentos eficazes. Posteriormente, ela se lembrou daquela época. "Quando saí [da clínica Betty Ford], eu estava feliz e me sentia bem. Mas como não frequentei o AA [Alcoólicos Anônimos], meus amigos insistiram que eu fosse a um psiquiatra, que quis me prescrever calmantes. Primeiro foi Valium, depois, Xanax, e em seguida veio o Clonazepam. Perguntei por que eu tinha de tomá-los. Ele respondeu: 'Porque sim'. Então, fiquei sete anos tomando — até virar um zumbi."

Assim, Stevie Nicks passou os sete anos seguintes — entre os 39 e 45 anos — habituada a potentes drogas antipsicóticas, prescritas por um médico que mais tarde ela chamou de "terapeuta de groupies", e em doses cada vez maiores. Posteriormente, ela afirmaria que isso acabou com sua vida.

Em julho de 1987, o Fleetwood Mac começou a fazer reuniões sobre uma possível turnê de *Tango in the Night*. A Warner Bros. Records insistia que a banda tinha de passar pelos Estados Unidos, além de cidades europeias selecionadas, Austrália e Japão. Todos estavam ansiosos, exceto Lindsey, que ainda dizia querer ficar em casa e fazer o próprio disco. O que não se mencionava nas reuniões era a recusa de Lindsey em ficar em segundo plano em relação a Stevie Nicks (sua gerência agora insistia que o Fleetwood Mac disponibilizasse duas *backing vocals* para ela, e que todas as noites tocasse "Stand Back" e "Edge of Seventeen" nas apresentações. Sem isso, deixaram claro: nada de Stevie Nicks.)

Ninguém estava ligando muito para as exigências de Stevie — valia tudo para encher os assentos de fãs — com exceção de Lindsey, que dissera a Mick que não tocaria o esmagador *stutter* de guitarra de três minutos de Waddy Wachtel em "Edge of Seventeen" enquanto Stevie faria sua habitual pausa para dar um teco nos bastidores. Ele sequer gostava de "Stand Back", insistia. Recentemente, Lindsey havia sido citado na revista *Creem* afirmando não acreditar que conseguiria voltar ao auge de sua criatividade com o Fleetwood Mac. Foi uma heresia — um golpe baixo. "Para o restante de nós", disse Mick mais tarde, "era como se ele estivesse alertando a imprensa, o que foi muito baixo".

Ultimamente, ao longo daquele primeiro semestre de 1987, para se desenferrujar no palco, Stevie vinha se apresentando com a Mick Fleetwood('s) Zoo, uma banda eventual que Mick, por alguns anos, ora ativava, ora desativava. O Zoo havia lançado um álbum na RCA Records, e os shows rendiam o dinheiro tão necessário para Mick continuar cheirando e mantendo um teto sobre a cabeça. Stevie gostava do principal vocalista e guitarrista deles, Billy Burnette, um simpático jovem músico de Memphis. Billy tinha estilo, uma juba impressionante de cor azeviche e credenciais impecáveis como filho de Dorsey Burnette que, ao lado do irmão Johnny, fez parte do original Rock & Roll Trio na metade dos anos 1950. (O terceiro membro do Trio era o guitarrista Paul Burlison. Seu maior sucesso era o extremamente lendário "The Train Kept a-Rollin'".) Billy Burnette era uma realeza do rockabilly, além de um cara realmente gente boa e um ótimo compositor.

O Mick Fleetwood('s) Zoo tocava principalmente em bares de primeira linha, em lugares como Lake Tahoe, Las Vegas e Aspen. Certa vez, no Havaí, a banda estava programada para tocar em um restaurante em Maui, e correram rumores de que Stevie daria as caras. Três mil pessoas apareceram, o restaurante abriu todas as janelas e o Zoo tocou. Quando Stevie entrou no palco no meio do show, as garotas foram à loucura; eram como macacos na selva após uma explosão de bananas.

No fim de julho, o Fleetwood Mac se reuniu na casa de Stevie em Pacific Palisades. A banda, John Courage e os gerentes (Dennis Dunstan, Tony Dimitriades) se acomodaram nos grandes sofás de couro branco na sala de estar. O assunto era a turnê do *Tango*. Mick começou: "Lindsey, como você sabe, queremos voltar a trabalhar, e acho que é hora de você... nos deixar a par de suas intenções".

Lindsey parecia triste. Ele não estava gostando daquela olhadinha sorrateira de Stevie por sobre os óculos. Inquieto, respondeu que estava sob pressão, e que não gostava disso. Ele tinha acabado de finalizar o *Tango*; dera ao Fleetwood Mac todas as suas melhores ideias, e agora precisava fazer o próprio disco. "Por que eu deveria sair para me acabar numa turnê?", perguntou.

Mick continuou pressionando, dizendo a Lindsey que, ao que parecia, ele vinha falando à imprensa coisas diferentes das que dizia à banda. Mick voltou a perguntar, "Por que não nos dá uma pista"?

Lindsey: "Mick... Você não vai parar de insistir, né"?

"Não, Lindsey. Não vou. Não é justo com os outros membros. Aquele prazo de cinco anos entre um álbum e outro acabou, cara. Somos músicos... Queremos voltar ao trabalho."

Stevie meneava a cabeça, concordando.

Lindsey suspirou. Não sabia o que fazer. "Não quero sair em turnê. Não preciso. Mas me sinto mal em deixar a banda. Acho que vou me arrepender disso... depois."

Stevie comentou: "Claro que vai." Lindsey a encarou. Em seguida, perguntou a Mick: "Vocês vão pegar a estrada sem mim?"

Mick disse que iriam.

"Tá, tá", disse Lindsey, tentando ganhar tempo. "Hum... Quanto tempo vocês querem ficar em turnê?"

Eles olharam para John Courage, que respondeu "Oito meses. É pegar ou largar".

Mick sugeriu a ele que fizesse a turnê com a banda e depois saísse.

Lindsey repetiu "Eu não *preciso* disso." Seu argumento era que ele não precisava fazer nenhum grande favor ao corrompido e insanamente falido Mick Fleetwood.

Stevie engoliu o orgulho e fez uma tentativa. "Ei, Lindsey, poxa vida. Não vai ser tão ruim. Podemos passar *ótimos* momentos fora. Vamos dar uma chance, pelos velhos tempos... Só mais uma vez!"

Ela parou, as bochechas coradas. Todos riram. Que brega. Até Lindsey sorriu. Todos sabiam que a turnê do *Tango* seria outro exaustivo show de horrores.

Stevie prosseguiu: "Lindsey... Eu *prometo*, solenemente, que esta turnê não vai ser um pesadelo."

Mas Lindsey pediu um tempo para pensar, e aí foi embora, dizendo que encontraria todos mais tarde para jantar. Naquela noite, aguardando na sala de jantar privativa de um restaurante, eles viram Lindsey chegando de carro ao local, no entanto, ele deu meia-volta e se mandou. Durante uma ceia tardia, Mick mencionou substituir Lindsey por Billy Burnett, do Zoo, mas os outros membros queriam continuar insistindo com Lindsey. Finalmente, alguns dias depois, Mo Ostin — que tinha grande influência sobre Lindsey por mantê-lo sob as rédeas do contrato de seus álbuns solo — o persuadiu a passar dez semanas em turnê com o Fleetwood Mac. A turnê ia rolar! Todos ficaram empolgados, principalmente Stevie Nicks, que estava louca para voltar para a estrada. Houve uma reunião de reconciliação na casa de Christine, e até Lindsey se animou em botar o best-seller *Tango in the Night* na estrada. Eles começaram a ensaiar, a contratar roadies, confirmar reservas, fretar jatos mais novos e mais velozes.

Uma tarde, o telefone tocou na casa de Stevie (a residência perto de Phoenix), era a assistente de Mick, querendo falar com ele. Algumas noites antes, ela havia cantado com o Zoo em Salt Lake City, e Mick fora para casa com ela como convidado. (Mick e Sara se separaram quando ele passou a viver em relativa frugalidade durante seus problemas financeiros.) Assim que Mick desligou a ligação, parecia atordoado.

"Era o Dennis", disse Mick a Stevie. "Olha... Eu percebi que estávamos fodidos quando ele me perguntou se eu estava sentado."

"O que foi?"

"A turnê foi cancelada", respondeu Mick, enterrando o rosto nas mãos. Lindsey simplesmente telefonara para John Courage anunciando que mudara de ideia. Ele não ia continuar. JC tentou dissuadi-lo, e Lindsey reiterou que não tocaria "Edge of Seventeen", "Stand Back" ou nenhum trabalho solo de Stevie durante um show do Fleetwood Mac. E teria ficado por isso mesmo se JC não tivesse dito a Lindsey que a banda merecia uma explicação da parte dele, e que ele deveria se lembrar de seu passado precário — quando ele estava pouco acima dos novatos no circuito de bandas cover surf-and-turf —, quando Mick o conhecera Sound City, em 1974. E assim, marcaram uma reunião na casa de Christine. Qualquer um seria capaz de prever o que aconteceu em seguida.

6.5 Shake the Cage

O dia 7 de agosto de 1987 sempre trará lembranças tristes para o Fleetwood Mac.

Foi uma reunião das grandes na casa de Christine — com a banda inteira e toda a família da banda —, naquele ambiente decorado com pinturas de paisagens e móveis antigos, como uma casa de campo inglesa. Mick apontou que já fazia quase vinte anos que o Fleetwood Mac tinha sido fundado em um *pub* londrino por Peter Green.

O clima estava tenso. A humilhação pela turnê cancelada era um eco perturbador do agora distante passado da banda, e já havia sido deixado antecipadamente claro que, se Lindsey Buckingham deixasse a turnê, ele seria substituído. Com ele ou sem ele, o Fleetwood Mac ia fazer shows.

A reunião correu bem por uns cinco minutos. Então Stevie Nicks não aguentou mais e decidiu interromper a lenga-lenga. "Lindsey", disse ela, tentando manter a calma. "Você não pode fazer isso. Por que está fazendo isso, porra?"

Ele respondeu que lamentava. "É só que não aguento isso mais… Foram 12 anos da minha vida na banda… Já fiz de tudo… Arranjei, produzi, toquei guitarra, compus, cantei… Só que... não *dou conta mais*."

Christine ficou puta da vida. Eram as músicas dela, não as de Lindsey, que vinham tocando nas rádios. Então ela disse, com um tom de voz comedido, porém vacilante. "*Fez de tudo*, Lindsey? O que você quer dizer com fez de tudo?"

Ele ficou em silêncio, olhando para o chão. Ele já tinha dado sua resposta definitiva.

Stevie tomou a palavra. Mick percebeu lágrimas em suas bochechas. Ela disse "Lindsey, não acredito nisso. Você partiu meu coração, porra".

Ele respondeu: "Ei... Pode parar. Não venha me atacar."

"Cuidado", retrucou ela, levantando-se. "Tem mais gente na sala."

Agora ele estava aos berros. "Ah, merda! *Tirem essa vadia da minha frente. E fodam-se todos vocês.*" Foi o fim da reunião. Lindsey pegou a jaqueta e saiu da casa, Stevie foi atrás dele, suplicando que mudasse de ideia. Os dois trocaram palavras breves, intensas, quase se tocando em meio ao pátio cheio de carros. Os outros não ouviram o que diziam, mas, por fim, Stevie gritou: "Ei, cara, você nunca vai ser capaz de amar ninguém além de si mesmo!"

Posteriormente, Stevie descreveu a cena: "Levantei do sofá e parti para cima dele, disposta a atacá-lo. Eu não sou exatamente assustadora, mas sei ser bem feroz, e aí o agarrei, e quase morri ali."

Lindsey segurou Stevie, lhe deu um tapa no rosto e a acuou sobre o capô do carro. Ele agarrou o pescoço dela e começou a sufocá-la.

Stevie: "Gritei obscenidades terríveis para ele, e achei que fosse me matar. E creio que ele provavelmente pensou que me mataria também. Eu disse a ele que, se me machucasse, minha família ia acabar com a raça dele. Meu pai e meu irmão o matariam."

Mick viu a cena e saiu correndo de dentro da casa, mas Dennis e Tony Dimitriades chegaram primeiro. Dennis agarrou Lindsey pelo colarinho, tirou-o de cima de Stevie e o afastou, com veemência. O australiano corpulento, que gostava de Stevie, pensou em quebrar o braço de Lindsey, mas achou melhor não.

Lindsey entrou de novo na casa, onde basicamente todo mundo queria matá-lo. Stevie ainda estava na calçada, alisando o pescoço. Lindsey estava enlouquecido, desorientado, alienado. Ele berrava, olhando para cima: "Tirem esta mulher da minha vida, *essa vadia esquizofrênica!*"

Christine o encarou com desprezo genuíno. Bebericou o vinho e disse: "Jesus Cristo, Lindsey, veja o seu estado, gritando feito um louco."

Ninguém falou nada, até John McVie dizer a Lindsey que era melhor ele ir embora — *imediatamente.* O ataque a Stevie fora cruel demais, e havia homens ali que não se fariam de rogados em levar Lindsey para um cantinho e lhe dar uma lição.

Lindsey parecia atordoado. (Havia o lance da epilepsia, pensaram todos, mais tarde.) Ele olhou pela sala, disse aos amigos que eles não passavam de um bando de desgraçados egoístas, e saiu. Daí ficou no carro por 15 minutos, mas ninguém foi lá para consolá-lo. Por fim, eles o ouviram ligar o motor e se afastar lentamente.

Stevie estava em frangalhos, muito irada. Mas havia algo de bom, que os outros finalmente perceberam — a violência desvairada que Lindsey era capaz de lhe infligir, o motivo de Stevie tê-lo abandonado. Todos sabiam que não era a primeira vez que Lindsey a machucava. McVie afirmou que, mais cedo ou mais tarde, isso aconteceria na frente deles. Mick reuniu todos os membros e falou: "Temos um ótimo álbum, e vamos fazer papel de idiotas se não pegarmos a estrada. Vamos manter o ânimo e usá-lo para encontrar novos músicos."

Mick já havia previsto que Lindsey não mudaria de ideia, por isso já tinha reservado uma sala privativa no Le Dome, o bistrô francês *au courant* na Sunset Boulevard, e convidado Billy Burnett e o ás da guitarra Rick Vito para sondar se gostariam de fazer o primeiro ensaio com o Fleetwood Mac no dia seguinte, sem Lindsey Buckingham. Dennis Dunstan comentou com Stevie sobre o jantar, e ela perguntou se podia ir junto.

Stevie recorda-se: "Entrei no restaurante, me sentei e fui apresentada a Rick Vito, que eu tinha visto tocar com Bob Seger, mas que ainda não conhecia pessoalmente. [Ela já havia gravado "Are You Mine" com Billy Burnette.] E aí quando nos encontramos, todo mundo começou a sorrir… Pensei, *esses aí vão virar meus amigos íntimos*. Eu queria que aquilo desse certo".

Billy e Rick se juntaram ao Fleetwood Mac na tarde seguinte. Alguns dias depois, eles foram convidados para uma festinha na casa de Stevie para comemorar a chamada Convergência Harmônica, um evento astronômico amplamente badalado comemorado no dia 16 de agosto. "Queria que todos nós convergíssemos", afirmou ela mais tarde. "Então, se houvesse alguma coisa acontecendo lá em cima, seríamos os primeiros na lista de prioridades." Questionada sobre Lindsey, ela respondeu: "Nunca se pode 'substituir' alguém, sua alma ou valor histórico para o Fleetwood Mac; o que *dá* pra fazer é seguir em frente."

Mais tarde, refletindo, Stevie disse a um entrevistador, com tristeza: "Eu deveria ter saído também."

Início de setembro, 1987. Stevie foi levada a Venice Beach para ensaios secretos da turnê com a décima-primeira formação do Fleetwood Mac. Ela comentou com Mick que estava muito satisfeita com a maneira como Billy vinha lidando com os clássicos do Mac, como "Oh Well", e com Rick Vito tocando blues em "I Loved Another Woman" e "Rattlesnake Shake". Sharon Celani e Lori Perry (que logo se divorciaria do marido e se casaria com Chris, irmão de Stevie) também estavam disponíveis para cantar com a banda.

Quando o Fleetwood Mac começou a turnê *Shake the Cage* mais tarde naquele mês, "Stand Back" viria a se tornar parte crucial dos shows — mas "Rhiannon" não mais. Para Stevie, esta música era intimamente relacionada à direção e ao ritmo de Lindsey. Na verdade, Mick achou difícil convencê-la totalmente de que aquele ainda era o Fleetwood Mac, pois ela estava muito habituada a ter Lindsey por perto. Agora o público se concentrava integralmente em Stevie e Christine, e nenhuma das duas parecia se importar com isso. Stevie estava feliz por estar saindo em turnê, porque em casa ficava em meio a uma nuvem de Clonazepam e tendia a ficar entocada o dia inteiro, sem se exercitar, assistindo a novelas e pedindo comida do Jerry's Deli. Havia atingido os setenta quilos — devidamente comentados na maioria das resenhas de seus shows. Stevie se apresentava de cabelão e bustiês com espartilho sob túnicas largas, ou com anáguas brancas estilo boho-chic. A maioria dos trajes de palco incluía crucifixos de prata e luvas pretas. Críticos observavam seu apelo e sua resistência duradouros, desde que a reabilitação no Betty Ford fora amplamente divulgada. Em meados de outubro, sua confiança foi reforçada por alguns elogios, e ela começou a solicitar ensaios no meio da turnê para repensar a harmonia vocal em novas músicas como "Little Lies", que estava disparando para o topo das paradas.

Após um mês na estrada, Stevie começou a reparar em uma coisa. Em todas as entrevistas que ela concedia, ninguém perguntava "Cadê o Lindsey?".

Na verdade, sem o guitarrista mal-humorado e tenso, o clima da turnê estava leve e revigorante. O vocal de Billy e a guitarra de Rick tomaram efetivamente o lugar de Lindsey. Nenhum público pedia, aos gritos, por "I'm So Afraid" ou "Second Hand News". Ninguém sentia falta de Lindsey Buckingham, o que aparentemente deixava Stevie satisfeita e nem um pouco triste.

O único entrevistador que perguntou a ela sobre Lindsey foi um cara da BBC, que filmava um documentário sobre a banda chamado "a epítome do rock adulto".

"Desisti de Lindsey", contou ela ao entrevistador. "Ele é coisa do passado. Espero que ele encontre o que está procurando, e espero que seja feliz, desejo tudo de bom a ele. Não há mais nada a dizer."

A turnê foi interrompida no recesso de Natal. Na véspera do Ano-Novo, Stevie cantou com o Mick Fleetwood('s) Zoo em um pequeno clube em Aspen, aquele mesmo onde ela havia composto "Landslide" num momento que agora lhe parecia outra vida. (Eddie Van Halen mandou ver na sua guitarra elétrica supersônica. O palco era do tamanho de um colchão de um hotel chique.)

A turnê *Shake the Cage* estava marcada para prosseguir na Austrália e na Nova Zelândia ao longo de março de 1988, mas a saúde de Stevie a impediu. Agora, ela estava com 40 anos, e dizia a amigos que sentia o peso da idade. Estava o tempo todo cansada, fatigada. Um médico diagnosticou febre glandular, uma doença semelhante à mononucleose. Outro disse que ela sofria da síndrome debilitante de Epstein-Barr. A turnê no Pacífico foi cancelada.

Mas o Fleetwood Mac foi à Inglaterra em maio, tocou em Manchester e Birmingham, diante de um recorde de dez noites lotadas na Wembley Arena, de Londres. O álbum *Tango in the Night* havia chegado ao primeiro lugar no Reino Unido, e havia altas expectativas em relação ao retorno da venerável banda de blues londrina que partira para o Oeste e conquistara o mundo. Até membros mais jovens da família real solicitavam ingressos. Havia altas apostas de que Diana, a Princesa de Gales, compareceria, mas ela era mais fã de Duran Duran e coisas do tipo. Em vez disso, seu cunhado e filho caçula da rainha, o príncipe Edward, apareceu na noite de abertura e foi recebido com toda a pompa nos bastidores por Stevie, a Rainha do Rock, com uma modesta reverência após a apresentação.

Posteriormente, Stevie comentou que essa passagem por Londres foi um dos destaques de sua carreira com a banda. Nos bastidores, os ânimos eram estimulados pelas injeções de vitamina B_{12} receitadas pelo cômico médico inglês da turnê. Ali a banda também ganhou um tecladista invisível, que adicionou drones atmosféricos ao som. As garotas de Stevie deram profundidade vocal às cristalinas "Isn't It Midnight" e "Little Lies" de Christine, além de "Seven Wonders" e "Gold Dust Woman", de Stevie. Durante "World Turning", Mick foi acompanhado pelo percussionista Isaac Asante, que trazia elementos culturais de sua África ocidental e se adornava com búzios e um capacete com chifres, num dueto de bateria *hoodoo* que sempre atraía aplausos. Os fãs ficaram encantados pelo solo plangente de Stevie em "Has Someone Ever Written Anything for You?". E se levantaram e dançaram para valer quando o Fleetwood Mac entrou com todo o seu peso prodigioso em "Stand Back" e "Edge of Seventeen".

Rhiannon, a velha bruxa galesa, nunca apareceu em Londres, a despeito de constantes pedidos de fãs. Ziggy Marley cuidava do sistema de áudio dos shows. Depois, enquanto os fãs aproveitavam a refrescante noite de primavera, Ziggy tocou "Albatross", o eterno sucesso Top 10 do Fleetwood Mac.

Depois das dez noites em Wembley, todos estavam aliviados e mais relaxados. Stevie Nicks não sabia disso na época, mas as correntes do tempo iriam avançar e recuar, e após a era tensa, bem-sucedida e altamente criativa turnê de *Tango in the Night*, ela ficaria vários anos sem subir no palco para cantar com o Fleetwood Mac.

Capítulo 7

7.1 O Biógrafo

Enquanto o Fleetwood Mac estava em Londres, Stevie Nicks se desconcertava pela presença de um certo escritor que vinha auxiliando Mick Fleetwood com sua autobiografia. Não era praxe permitir que escritores se misturassem à banda. "Não creio que ninguém do grupo tenha gostado muito disso", afirmou Mick mais tarde.

Naquela época, ele havia decretado falência pela segunda vez e precisava desesperadamente de dinheiro. Seu advogado, Mickey Shapiro, conhecia um agente literário que por sua vez conhecia um biógrafo, ex-editor da *Rolling Stone*, que atualmente era um escritor best-seller especializado em rock e que estava trabalhando com Michael Jackson em uma biografia. Mick se encontrou com o tal sujeito, que elaborou uma proposta para diversas editoras de Nova York propondo um contrato de seis dígitos para o livro de Mick sobre o Fleetwood Mac. E assim, no início de 1988 o biógrafo começou a gravar entrevistas com Mick, na casa alugada do músico perto de Zuma Beach, em Malibu. Alguns meses depois, Mick finalmente se casou com Sara Recor, que vinha morando em outra casa em Burbank. Stevie foi ao casamento na casa de Mick, junto aos outros membros do Fleetwood Mac (menos Lindsey).

Aos poucos, o biógrafo pediu para conversar com os outros membros da banda. Christine concordou, concedendo uma entrevista divertida nos bastidores de Boston Garden. Com uma taça de vinho e um cigarro na mão, ela repetiu a velha piada de que era perfeita (Perfect, seu sobrenome de solteira) antes de se casar com John McVie. John, por sua vez, fez um gesto de estrangulamento com as mãos ao ser perguntado por que Lindsey tinha saído da banda. Bob Welch descreveu o complicado período de desastres e fracassos do grupo. Richard Dashut — que convivera anos com Stevie e Lindsey, quando eles ainda eram um casal — ficava repetindo como ela era uma mulher grandiosa. John Courage contou sobre as incansáveis provocações de seus companheiros de estrada nos primeiros dias, pois JC tinha duas garotas na banda. (Esses piratas do rock achavam que trazia azar, como mulheres em uma fragata.) Dennis Dunston deixou escapar que Mick tivera um tórrido caso com Stevie Nicks. E também havia o lance de Sara...

"Não podemos colocar isso no livro", disse Mick, arregalando os olhos.

"Precisamos", disse o biógrafo. "É sucesso de bilheteria." Mick enterrou a cabeça nas mãos. O jornalista afirmou: "Você vai ter um *best-seller* gigante. Vai ganhar muita grana."

"Ou ela vai me matar ou sair da banda", disse Mick.

"Não, não vai." retrucou o escritor. "Não vamos criar nenhuma imagem de vilã para ela. Ninguém quer ler coisas ruins sobre Stevie Nicks, acredite."

Semanas se passaram. Mick então convidou o biógrafo para ir à residência londrina da banda em Wembley Arena. Christine voltou a falar exaustivamente, assim como Billy Burnette e Rick Vito, sujeitos encantadores, dez anos mais jovens do que a banda, emocionados por finalmente estarem fazendo parte de uma das maiores bandas do mundo. Ninguém estava a fim de falar de Lindsey. O biógrafo gostava de escutar os ensaios vocais nos bastidores enquanto Stevie, Chris e Billy trabalhavam harmonias diferentes para novas canções como "Little Lies" e "Isn't It Midnight".

Uma noite, Stevie Nicks perguntou a Mick sobre o biógrafo. Todos estavam conversando com ele. As pessoas andavam contando tudo. Por que ele não pediu para entrevistá-la? Porque, respondeu Mick, ele sabe que você negaria. Certo, respondeu ela, acrescentando que um dia escreveria seu próprio livro. Ele sabe do nosso relacionamento amoroso?, perguntou ela. Mick fez que sim com a cabeça. E sobre você e Sara? Outro sim. No dia seguinte, Stevie mudou de hotel.

"Ela ficou bufando por um tempo", comentou Mick mais tarde. "E eu falei: 'Stevie, você tem que confiar em mim. Estou *trabalhando* com você. Eu teria que estar fora de mim para afundar alguém próximo, de uma forma muito degradante.'"

O biógrafo e Stevie se cruzaram algumas vezes nos corredores estreitos nos bastidores da Wembley Arena. Ela lhe daria um sorrisinho e, em seguida, baixaria os olhos. Ele notou que Stevie era baixinha, estava acima do peso e parecia um pouco vesga, como se estivesse sendo medicada. Seus olhos, atrás de lentes grossas, estavam vermelhos, e ela cheirava a spray para cabelo. Apertava-se em espartilhos que ressaltavam um generoso decote siliconado, e cambaleava desconfortavelmente em botas de salto, usando lenços e joias de metal nos cabelos de penteado volumoso. Mesmo bastante madura em seu estado atual, ainda havia algo profundamente sedutor em sua presença.

Após a última apresentação em Londres, o biógrafo se apresentou a Stevie na glamorosa festa da banda no Kensington Roof Gardens. Ela estava usando um vestido preto estilo cigana roqueira, segurando com cuidado uma taça de vinho branco e fumando um cigarro com filtro. "Tudo o que falam de mim é verdade", alertou-o. Atrás dela, Sharon Celani e Lori Perry-Nicks, como agora era chamada, encaravam o escritor, olhares vidrados e frios após uma longa noite de trabalho. O biógrafo se perguntava o que aquelas cantoras veteranas estariam pensando a respeito dele.

Quando o Fleetwood Mac partiu para os shows na Europa, o biógrafo foi para casa e se pôs a datilografar suas anotações. Então, no verão de 1988, recebeu um telefonema de John Courage, que queria saber se ele poderia escrever o livreto do *Fleetwood Mac/Greatest Hits*, uma compilação das melhores músicas da banda atual, acrescida de novas faixas de Stevie e Christine, a ser lançada nas férias nos três formatos: CD, vinil e fita cassete. A Warner Bros.

tinha pedido um adiantamento imenso de tiragens, afirmou JC, e a banda queria o biógrafo para esse trabalho. Eles fecharam um preço, e o escritor solicitou uma fita com a ordem das faixas no álbum e as músicas novas.

Ele não se surpreendeu ao verificar que cinco das 16 músicas do álbum eram de Stevie: "Rhiannon", "Dreams", "Gypsy", "Sara" e "No Questions Asked". Esta última era uma narrativa complexa, emparelhada com uma faixa instrumental de Kelly Johnston, com quase cinco minutos de duração, sobre um homem fascinante — esquivo e solitário, e desejado por ela. Ele é resistente — parece Joe — e ela cede às próprias necessidades, regredindo em seguida até a infância: "*I need you... now... no questions asked... like a little girl*".[47] Seus vocais parecem enterrados em um arranjo genérico a la Lindsey Buckingham dirigido por Greg Ladanyi, um visado produtor e um dos favoritos de Jackson Browne e Don Henley. A música triste de Stevie era compensada pelas composições mais esperançosas (e melodiosas) de Christine, "As Long As You Follow", designada para ser o primeiro single do pacote.

O escritor prontamente enviou a JC um ensaio de 1500 palavras sobre a convivência com o Fleetwood Mac em Londres durante o retorno triunfal e com lotação esgotada da banda à sua terra natal. O texto foi aceito, com apenas uma alteração. O biógrafo havia apelidado as fãs mais tribais de Stevie — jovens mulheres de miniblusas pretas, lenços de tecidos brilhantes e transparentes, e vestidos de estilo cigano — como "Nixies", em referência às fadas celtas mitológicas das Ilhas Ocidentais. Isso foi vetado por Stevie Nicks, que não queria esse cognome ligado ao seu pessoal.

O *Fleetwood Mac/Greatest Hits* foi lançado em novembro de 1988. O álbum chegou em 14º lugar na *Billboard* e vendeu oito milhões de cópias ao longo dos anos seguintes. O biógrafo sentiu orgulho por ter feito uma pequena parte desse enorme sucesso. Alguns meses depois, John Courage lhe enviou um álbum de platina emoldurado, mimo assinado por todos os membros da banda (com exceção de Lindsey Buckingham.)

---

47 "Preciso de você... agora... sem perguntas... como uma menininha", em tradução livre (N. T.)

7.2 Alice

Após voltar da Inglaterra no verão de 1988, Stevie Nicks saiu do Fleetwood Mac e passou a maior parte do ano seguinte elaborando seu quarto álbum solo. Mais tarde, afirmaria que esse disco de canções foi ultraespecial: "*The Other Side of the Mirror* é provavelmente meu álbum favorito. Foi um disco realmente *intenso*. Eu havia me livrado da cocaína. Passei um ano compondo as músicas. Eu estava livre das drogas e feliz."

Stevie também estava apaixonada, ou ao menos empolgada, por seu novo produtor.

Inclusive, levou um tempo até a Modern Records encontrar um produtor, já que não havia exatamente uma fila de gente querendo trabalhar com Stevie Nicks, que aos 40 anos era considerada pelo setor fonográfico, de modo geral, uma diva envelhecida. Jimmy Iovine tinha caído fora definitivamente. Ela quis chamar Tom Petty, mas ele estava envolvido em seus próprios problemas. Keith Olsen a demitira, por assim dizer, na última vez que trabalharam juntos. Gordon Perry se mandara porque a esposa havia se casado com o irmão de Stevie. Rick Nowels estava fora também. Ela gostava de Greg Ladanyi, o belo engenheiro húngaro de fala suave que trabalhara no *Fleetwood Mac/Greatest Hits*, mas ele estava com a agenda cheia. Fãs de longa data estremeceram quando o assessor de Stevie anunciou que o astro do saxofone do pop-jazz brega Kenny G. estaria no estúdio com Stevie. Houve certo alívio quando foram informados de que o robusto pianista Bruce Hornsby também estaria presente. (Stevie havia gostado de seu sucesso "The Way It Is", de 1986.)

Por fim, Doug Morris sugeriu que contratassem Rupert Hine, um inglês responsável por produzir alguns dos maiores grupos pop britânicos da década — The Fixx, The Thompson Twins e Howard Jones. Mas sua maior fama vinha da composição dos sucessos do extremamente popular álbum de reestreia de Tina Turner, *Private Dancer*. Rupert Hine tinha 41 anos, era bonitão, alto, um intelectual da música com ar de mandachuva, tal qual um piloto veterano sobrevivente de uma guerra. Ele preferia trabalhar no próprio estúdio no interior, próximo a Londres, mas concordara em editar as faixas básicas em Los Angeles caso fechassem um acordo. Stevie concordou em encontrá-lo para jantar no Le Dome, e aí deu no que deu — um *coup de foudre*.[48] Ela se recorda: "A noite em que encontrei Rupert Hine foi perigosa. Ele era diferente de todo mundo que eu conhecia. Era mais velho, mais inteligente, e ambos sabíamos disso. Eu o contratei para fazer o álbum antes mesmo de começarmos a falar sobre música. Parecia que tínhamos feito um acordo espiritual para elaborar um álbum mágico, simples assim." Stevie contou a amigos que sentia que aquilo seria mais que uma relação de trabalho.

Rupert Hine preferia não gravar em estúdio, e Stevie queria uma atmosfera intimista porque *Rock a Little* havia sido gravado em um monte de cidades diferentes, e assim ela alugou por seis meses um castelo falso no topo de Hollywood Hills por US$ 25 mil por mês. Construída em 1974, a casa ameada era locação principalmente para filmagens e gravações, sobretudo de filmes pornográficos. Stevie colocou a própria cama no quarto principal; no imóvel, também estavam seu irmão Chris e a cunhada Lori, além do produtor de longa data, Glenn Parish, e sua nova assistente pessoal, Karen Johnston. Herbie Worthington ficou na garagem em anexo.

Paul Fishkin convenceu Jimmy Iovine e o engenheiro Shelly Yakus a ajudarem a montar um estúdio de gravação na extensa sala de jantar do castelo, onde havia montes de pinturas a óleo antigas e solenes dos antepassados de alguém. O console de gravação ficou no meio da sala, sob o candelabro. O estúdio passou a ser chamado de "Castle Studios" (Estúdios Castelo, em tradução livre), onde as faixas básicas do novo álbum foram editadas com uma seleção de músicos locais acompanhados por Waddy Wachtel, que estava de licença de seu show principal com o X-Pensive Winos, de Keith Richards.

---

48 Paixão à primeira vista, em francês. (N. T.)

Stevie queria um tema que unisse suas músicas novas, mas estava com dificuldade para se concentrar. O sucesso de *Rock a Little* fora há três anos, e desta vez ela não tinha muitas canções de reserva. Ele sempre ficava muito ansiosa ao compor, revelara ao psiquiatra a quem via duas vezes por mês, e por causa disso ele aumentou sua dosagem de Clonazepam. Isso a deixou apática no estúdio e ultratranquila no andar de cima. Os pedidos de comida na Jerry's Deli aumentaram, e assim Stevie ganhou mais peso. Posteriormente, Mick Fleetwood observou que toda aquela medicação com o intuito de deixá-la produtiva na verdade só estava servindo para torná-la inútil.

Mas daí, em outubro de 1988, sob pressão para criar, ela encontrou seu tema.

Em 1862, um excêntrico matemático da Universidade de Oxford, chamado Charles Dodgson, levou uma garotinha de nome Alice Liddell e suas irmãs para um passeio de barco a remo no Rio Tâmisa, num trajeto que ia de Oxford até Gostow. Charles era amigo íntimo da família Liddell, e na verdade fotografara Alice nua quando ela contava apenas 7 anos. Enquanto remavam, ele contou às crianças uma história sobre a queda de Alice num buraco de coelho, e sua descida a um mundo subterrâneo povoado por criaturas fantásticas: o Chapeleiro Louco, a Lebre Maluca, Humpty Dumpty, a Rainha de Copas, Tweedle Dum e Tweedle Dee. Em uma cerimônia do chá no País das Maravilhas, Alice tomou poções que alteraram seu corpo, primeiro deixando-o grande e, em seguida, pequeno. Alice sempre mantivera a dignidade enquanto passava por várias provações, tal como uma jornada assustadora através de um espelho, ou por uma parede de vidro, mas tudo deu certo no fim. Dodgson, mais tarde, contou que a verdadeira Alice lhe implorou que escrevesse essa história para ela poder ouvi-la de novo. Em 1865, sob o pseudônimo Lewis Carroll, ele publicou *Alice no País das Maravilhas*, obra com ilustrações de John Tenniel, e que foi seguida por uma continuação em 1871, *Alice Através do Espelho*. Os livros se revelaram extremamente populares, e assim continuaram por 150 anos. As ilustrações de John Tenniel do País das Maravilhas, com sua paisagem de tabuleiro de xadrez e personagens caricatos, se tornaram icônicas para várias gerações, sobretudo depois que a versão animada de Walt Disney passou na televisão durante a infância de Stevie. Em seguida, a contracultura dos anos 1960 focou nas visões protopsicodélicas de substâncias psicotrópicas, conferindo às fantasias de Lewis Carroll uma nova vida cem anos depois de escritas. (Ninguém dessa geração se esquece da lagarta inchada fumando narguilé sentada em um cogumelo gigante.)

Stevie conhecia as histórias de *Alice no País das Maravilhas* porque sua avó, Alice Harwood, lia as narrativas de Carroll quando ela era criança, durante as visitas de verão em Ajo, no Arizona. Alice e Stevie gostavam de desaparecer juntas no buraco do coelho, num mundo em que o espelho duplica tudo e também reverte as coisas. Era um mundo que agora fazia total sentido para uma Stevie Nicks cada vez mais medicada, que entendia a descoberta de Alice no País das Maravilhas que "Eu digo o que quero dizer não é o mesmo que quero dizer o que digo".

Além do mais, a avó de Stevie — Alice, a Doida — havia morrido recentemente. Stevie disse a amigos que até então nunca tinha ouvido a própria mãe (cujo nome do meio também era Alice) tão chateada ao telefone, porque Alice Harwood havia tido uma vida muito dura e difícil. Assim, as aventuras de Alice no País das Maravilhas forneceram o contexto para algumas das músicas novas que refletiriam as aventuras estonteantes da própria Stevie do outro lado do espelho enquanto elaborava seu novo álbum.

Logo de cara, Stevie gostou de trabalhar com Rupert Hine. Ele era tranquilo, educado e gostava de tirar ideias dos diários e anotações dela para compor arranjos. Eles se sentavam juntos ao piano; ele tocava e ela cantava com base nas anotações. Eles trabalhavam embaixo dos montes de retratos antigos que se alinhavam na sala escura. "Nunca nos sentíamos sozinhos", divagou ela mais tarde. Logo ela se mostrou disposta a se aproximar daquela energia sagaz que ele emanava. Parecia que um brilho de empatia pairava ao redor dele, sobretudo considerando-se a atmosfera sombria e de clausura do castelo. Mais tarde, ela escreveu: "Sempre tive a impressão de que, quando Rupert entrava em uma das salas escuras do castelo, elas pegavam fogo. Havia uma conexão entre nós que todos ao nosso redor percebiam instantaneamente, e todo mundo era bastante cuidadoso em respeitar nosso espaço".

Stevie não ficava reticente ou reservada em expressar seus sentimentos por Rupert Hine, que relatou essa fase para um entrevistador. "Stevie é tão acessível que é impossível não ficar caído por ela. Ela é tão natural, que você se entrega a essa autenticidade. A 'qualidade mágica', a frase que todo mundo usa, é simplesmente porque ela é fiel a si. Se ela se importasse com a maneira como chegou até ali, não daria tão certo. É tudo autêntico."

Uma noite, depois do jantar, Stevie trabalhava com Rupert em um novo e apaixonado hino amoroso, "Rooms on Fire". Sentada ao seu lado ao piano enquanto ele tocava um possível arranjo, ela lhe disse: "Sabe que esta música fala de *você*, né"? Ele ficou tão comovido que teve de dar uma pausa no trabalho. Stevie e Rupert então selaram sua intimidade nos quatro meses seguintes em que moraram e trabalharam no castelo, no outono de 1988.

Mas nem tudo era trabalho. Energizada pelo novo relacionamento, Stevie começou a emergir de seu mundinho medicado e passou a sair mais. Rupert Hine era sua companhia constante pela cidade, em restaurantes, inaugurações e eventos da indústria musical. No fim de outubro, ela deu uma festa de Halloween para a família Fleetwood Mac. A fantasia era obrigatória. Stevie encontrou a dela na Western Costume, em Hollywood: um vestido escarlate de baile em camadas, com mangas curtas bufantes e um colarinho de vampiro. Stevie adorou aquele vestido a la Scarlett O'Hara; tanto que também usou o traje vermelho para a foto do encarte de seu novo álbum, e no clipe do primeiro single. (Rupert Hine foi de piloto de aeronave da Primeira Guerra Mundial. Mick Fleetwood chegou de Jesus Cristo entrando em Jerusalém. "Mick veio montado em um burro de verdade", lembrou Hine. "Essa gente não brincava em serviço.")

Depois, no início de novembro, Stevie deu uma festa no castelo só para a nata de Hollywood, um evento em homenagem à banda irlandesa U2, então a maior banda de rock do mundo. Eles tinham vindo a Los Angeles para divulgar o novo álbum, *Rattle and Hum*. Stevie — toda embonecada e com ótima aparência — assistiu ao show do U2 no Wiltern Theater de braços dados com Rupert Hine, que uma semana depois se flagrou na revista *People*. A festa de Stevie para o U2 começou às sete horas da noite seguinte ao concerto. Rupert estava à porta da frente quando Jack Nicholson, o maior astro de Hollywood, entrou pontualmente. Mais tarde, Hine notou que, após dez anos fazendo discos no ritmo corrido de Buckinghamshire, ele percebeu que finalmente chegara ao ápice quando se pegou orientando Nicholson até o bar.

Rupert Hine ficou realmente encantado com a naturalidade de Stevie. Ele disse a um entrevistador: "Saíamos pra jantar, e de repente ela começava a cantarolar suas ideias musicais ao meu ouvido, ou apenas ideias... [ela só] conseguia me contar o que estava pensando se cantasse."

Rupert voltou para a Inglaterra em dezembro. Stevie foi encontrá-lo após passar o Natal em Phoenix com a família. Seu novo álbum seria finalizado e mixado no estúdio rural de Rupert, longe das tentações de Londres. No mês de janeiro subsequente, Stevie chegou com uma pequena comitiva e vinte mobiliários, planejando uma estadia de alguns meses na Inglaterra no início de 1989. Todos foram levados ao Farmyard Studio, a casa de Rupert perto do vilarejo de Little Chalfont, em Buckinghamshire, cerca de uma hora de carro a norte de Londres. Rupert queria recriar a atmosfera familiar das gravações no castelo, mas no contexto de uma antiga fazenda inglesa romântica. Ele providenciou uma reforma e modernização de uma das cabanas da fazenda para Stevie, e contratou umas alegres senhoras da igreja local para manter a cozinha do estúdio aberta a qualquer hora.

No início, Stevie ficou desorientada, confusa, enfeitiçada pelas antigas paisagens do condado rural silencioso. O inverno inglês é ameno na maioria das vezes; ela fazia longas caminhadas pelos campos áridos e pastagens não cultivadas, atravessava os mata-burros com os cães da fazenda, e escrevia no diário sobre as névoas rodopiantes e os nevoeiros matinais do campo suavemente ondulante, sobre as colinas azuladas dos Chilterns que se erguiam ao longe. Logo os músicos entraram em uma rotina de trabalho, dedicando a maior parte do tempo às composições mais marcantes: "Whole Lotta Trouble", "Alice", "Rooms on Fire" e "Ooh My Love". Rupert trouxe músicos britânicos, como o guitarrista Jamie West-Oram, do The Fixx, para acrescentar cores e tons onde necessário, a fim de preencher as faixas do castelo.

Após um mês, para manter um cronograma de produção, eles tiveram que dublar Bruce Hornsby, que deveria estar em duas faixas, "Juliet" e "Two Kinds of Love". Mas Hornsby vinha repensando sua participação no mesmo disco que o temível Kenny G., considerado um picareta pela maioria dos músicos mais sérios da era. (Talvez também estivessem com inveja, já que seus álbuns de "smooth jazz" açucarados valiam ouro.) A gerência de Hornsby então disse que sua agenda estava apertada, logo, ele não conseguiria trabalhar na Inglaterra naquele momento. Mas isso não seria um problema: Stevie (muito chateada) e Rupert fretaram o Concorde supersônico no Heathrow Airport, de Londres, e voaram até Nova York para dois dias de trabalho na Hit Factory com o sr. Hornsby. (Rupert notou que Stevie viajara com apenas seis malas para a visita de duas noites.) Hornsby era truculento, e as gravações foram tensas. Mas eles conseguiram seus *stylings* para piano e os vocais e, em seguida, voltaram de Concorde para Londres, tudo isso em apenas três horas.

Então, aconteceu uma coisa que até hoje permanece um mistério. De repente, Stevie e seu pessoal deixaram o estúdio de Rupert em uma frota de carros alugados. A comitiva deu entrada em um hotel londrino, depois voou de volta para Los Angeles. O motivo da saída rápida de Stevie nunca foi explicado — houve rumores de um diagnóstico médico —, mas dois anos depois, Stevie comentou o seguinte sobre aquele período com Rupert Hine na Inglaterra: "[Ficava] em algum lugar fora de Londres. Era como estar em uma cabana em Gales, um pouco assustador... O clima era diferente de tudo que eu conhecia. Então aconteceu uma coisa com ele [Rupert] que simplesmente impossibilitou que voltássemos a ficar juntos. Eu o deixei lá... Os cômodos ainda estavam incendiados, mas o fogo nos fora roubado. Não foi amor, na verdade, não teve nada a ver com amor. Foi apenas uma situação ruim. Quando voltei para Los Angeles, eu era uma mulher totalmente diferente."

7.3 Glória: a que Preço?

Quando as fitas das novas músicas de Stevie voltaram para Los Angeles, o som não estava lá essas coisas, portanto, foram remixadas por Chris Lord-Alge, um jovem engenheiro em ascensão muito requisitado por seus "ouvidos". Dizem que Rupert Hine ficou ofendido, mas Stevie não retornou suas ligações. Algumas de suas novas canções eram marcantes, e potenciais sucessos. "Rooms on Fire", composta com Rick Nowels, era uma narrativa em versos sem rima com refrão que ecoava a versão do The Searchers de "When You Walk in the Room". Continha paleta orquestral e violão flamenco, e seria o primeiro single do álbum.

A letra de "Whole Lotta Trouble" foi composta no quarto de hotel de Mike Campbell, na Austrália, durante a turnê Dylan/Petty, cinco anos antes. O verso "Você não está vivendo no mundo real" fora dito a Stevie por Tom Petty em uma de suas acaloradas discussões nas noites de folga. Stevie e Campbell haviam feito uma demo da música com o gravador de quatro faixas de Mike, com Stevie no violão. Então ele compôs uma ponte e expandiu a demo para uma trilha de apoio, desenvolvida posteriormente por Rupert Hine. Para Stevie, soava como uma velha canção de John Lee Hooker. "Whole Lotta Trouble" era uma mensagem de término, uma demonstração de ameaça, um jogo de poder. "Quando eu quero uma coisa", afirma Stevie, "*eu consigo*". Os LA Horns, um trio de músicos de estúdio, foram inseridos no *overdubbing* como homenagem ao som clássico de R&B da Atlantic Records.

Igualmente marcante era "Ooh My Love", com base semelhante a "If Anyone Falls", e uma letra sobre lembranças românticas a confecção da arte com um novo amante em quartos escuros de um castelo. Outras faixas incluíam o rock de cowgirl "Long Way to Go", "Ghosts", "Fire Burning" (ambas, mais uma vez, com Mike Campbell) e "Alice", uma *séance* sonhadora no modelo de "Sara", com uma jornada para o outro lado do espelho. "Salve sua vida, disse o Chapeleiro Louco", cantava Stevie enquanto Kenny Gorelic gorjeava suas insípidas cadências de saxofone solo.

"Two Kinds of Love" e "Juliet" eram dois duetos com Bruce Hornsby. No primeiro, Stevie é uma viúva contemplando um amor fatal. "Juliet" (um dos apelidos de Stevie para Robin Anderson) é um rock sobre um choroso céu azul e a vida de volta aos eixos. Mais três músicas completam o álbum. "Cry Wolf", um cover de Laura Branigan, uma cantora da Atlantic que, dizem, era íntima do presidente da gravadora, Ahmet Ertegun. "Doing the Best I Can (Escape from Berlin)" é um retrato sombrio de estresse e vício. *Paguei um preço por isso*, canta Stevie, com tristeza. O álbum termina com uma versão reggae de "I Still Miss Someone (Blue Eyes)", tacitamente dedicada a Lindsey Buckingham, de acordo com Stevie em uma entrevista posterior.

Herbie Worthington fotografou a capa de *The Other Side of the Mirror* em seu estúdio, usando um pano de fundo preto e um piso quadriculado para simular o País das Maravilhas. Stevie usou seu vestido de Halloween escandalosamente vermelho, com um chapéu *fascinator* carmesim brotando de seu cabelo volumoso do final dos anos 1980. Diamantes reluziam em seus dedos. O (belo) retrato do encarte mostrava uma estrela do rock melancólica de boina escura, revelando um decote profundo e sedutor. Stevie dedicou o álbum à sua avó Alice, "a Rainha de Copas".

Stevie fez um clipe caro para "Rooms on Fire" (a maior parte filmada no castelo falso), com cenas de *boudoir*, o espectro de Stevie dançando nas águas de uma piscina, uma adorável menininha, e Stevie — como uma idosa — sendo conduzida na luz branca da paisagem mística por um estranho encapuzado. Ela o chamou de "o clipe E Se," isto é, *e se* ela tivesse se casado com Rupert Hine, algo que aparentemente cogitou. Mas quando exibiram "Rooms on Fire" na reunião de editoria semanal da MTV em Nova York, alguém sugeriu que Stevie estava gorda demais no clipe, e que isso prejudicaria sua carreira. Alguém na sala lembrou que, quando a MTV começou dez anos antes, o único clipe bom que tinham era "Stop Draggin' My Heart Around". Stevie Nicks tinha amigos na MTV, que, por sabe-se lá qual motivo, não transmitiram o clipe de "Rooms on Fire" o tempo todo.

The Other Side of the Mirror, o quarto álbum solo de Stevie, foi lançado em maio de 1989, quando ela estava com 41 anos, e foi um grande sucesso. O primeiro single atingiu o 16º lugar, enquanto o disco em si chegou aos Dez Melhores em julho. Foi um estouro na Europa, o primeiro álbum de Stevie que vendeu realmente bem no velho continente. Ele atingiu o 3º lugar na Inglaterra após Stevie voar para Londres e cantar "Rooms on Fire" no *Top of the Pops* da BBC. Sua primeira turnê solo europeia aconteceu durante o verão e o outono, tocando na Inglaterra, França, Suécia e Holanda. O cantor Richard Marx e a banda The Hooters abriram para ela, e ambos obtiveram melhores críticas do que Stevie, descrita como desajeitada e distraída. O trecho norte-americano da turnê de *Mirror* se estendeu para os meses de outono, com Russ Kunkel na bateria e Carlos Rios na guitarra. Sara Fleetwood, agora separada de Mick, juntou-se a Sharon e a Lori nos *backing vocals*.

Os fãs ainda estavam loucos para ver Stevie, e assim ela conseguiu esgotar os ingressos de arenas e anfiteatros que bandas importantes como Tom Petty e Bon Jovi não vinham conseguido encher nem até a metade (naquele ano, a economia nacional estava em recessão), especialmente no Sul e no Meio-Oeste dos Estados Unidos. As apresentações de duas horas incluíam várias trocas de roupa e a maioria das canções favoritas dos fãs (mas não "Rhiannon"). Stevie e a banda recriaram arranjos para várias músicas novas. Russ Kunkel impulsionou o hino "Rooms on Fire" com uma batida de hard rock quatro por quatro, e tocou "Whole Lotta Trouble" com rufares ameaçadores, como tambores de guerra. "Ooh My Love" se tornou praticamente uma música de *strip-tease*, e Stevie, Lori, Sharon e Sara gostaram do novo ritmo. Os fãs de Stevie pareciam estar prestando atenção e gostando muito das primeiras novas músicas que ouviam dela em quatro anos.

Mas também houve uma enxurrada de críticas horríveis a alguns dos shows, observações indecorosas sobre o aumento de peso de Stevie, sobre sua cinta ou os espartilhos apertados, sobre sua maquiagem carregada, os cabelos duros. Alguns críticos acusaram Stevie de decepcionar os fãs com performances nada mágicas. Houve, inclusive, uma polêmica coletiva de imprensa na Europa em que repórteres desrespeitosos ficaram perguntando, aos berros, quais drogas ela estivera usando durante sua reabilitação na Betty Ford. Stevie se recusou a responder, ficou irritada e disparou: "Não fui lá para curtir. Fui porque quis". Em seguida, ela abandonou a entrevista.

"Two Kinds of Love" (com Kenny G) foi lançada como segundo single do álbum, mas foi um fiasco: foi o primeiro single de Stevie Nicks a não figurar nas paradas das revistas *Billboard* e *Cashbox*. Como forma de punição, a indústria manteve silêncio nas rádios. (Alguns dizem que foi culpa da maldição de Kenny G.) Eles fizeram outro clipe, filmando "Whole Lotta Trouble" quando tocaram em Houston naquele outono. Fãs veteranos notaram que a banda de Stevie estava muito mais animada sem Waddy Wachtel no comando. Sharon e Lori acenavam e dançavam mais à vontade. Os músicos se jogavam pelo palco, fazendo pose e brilhando. "Era muito mais uma banda de R&B do que aquela que eu tinha normalmente", afirmou Stevie.

No fim de 1989, Stevie foi para casa em Phoenix, onde a mãe se recuperava de uma cirurgia cardíaca. Havia sido um ano longo e difícil. Até a própria civilização ocidental tinha sofrido um abalo sísmico com a queda do Muro de Berlim naquele ano, seguido pelo colapso da União Soviética e do restante das nações comunistas. A própria Stevie Nicks era uma trovadora da tradição romântica ocidental, e o fato de ela ter sido afetada por importantes mudanças políticas logo se refletiria em sua composição musical.

Quando familiares perguntaram como havia sido a turnê *Mirror*, Stevie respondeu que sequer tinha lembranças de ter estado na estrada. Ela afirmou não se lembrar de nada.

Porém, mais tarde, ela escreveu que tinha boas lembranças de *The Other Side of the Mirror*: o castelo falso assustador, os retratos antigos nas paredes, jantares em restaurantes bons com o arrojado Rupert Hine, a festa para o U2 lotada de astros do cinema; e, depois, a paisagem de inverno assombrada na rural Buckinghamshire. Anos depois, ela contou à *Rolling Stone* que *Mirror* era o álbum favorito de sua carreira solo. E escreveu: "Agora me lembro das salas, da música e da magia da coisa toda… 'Tudo bem, disse Alice, vou voltar… para o outro lado do espelho'". Seguido de "A que preço o amor… a que preço a glória…'".

STEPHEN DAVIS

7.4 Desert Angel

Agora era 1990, e o Fleetwood Mac retornava marcando presença. O novo álbum do Mac seria uma sequência de *Tango in the Night*, o disco mais vendido da banda depois de *Rumours* e *Greatest Hits*, que também vendera milhões. Mick Fleetwood estava ansioso com o novo disco, o primeiro álbum sem o controle do produtor obsessivo-compulsivo Lindsey Buckingham. Mick pedira a Stevie que lhes desse três ou quatro músicas novas, só que agora ela vinha passando a maior parte do tempo em Phoenix, preocupada com a saúde da mãe, e sobrevivendo em meio a uma névoa de medicamentos psicotrópicos. Stevie estava esgotada devido aos espasmos corporais, e às vezes suas mãos tremiam, o que a deixava assustada. Era quase impossível escrever coisas novas naquelas condições.

Pouco depois, Stevie voou para Los Angeles e se encontrou com Greg Ladanyi, que produzia o Fleetwood Mac. Ela queria compor com Rick Vito e Billy Burnette, e os convidou para sua propriedade alugada no Valley para longas sessões de guitarras e de leituras de seus diários. Disse a Rick e a Billy que gostava daquele esquema, pois nunca conseguia trabalhar assim com Lindsey. Em primeiro lugar, ele nunca iria à casa dela, e, mesmo que fosse, os encontros quase sempre se resumiam a discussões acaloradas sobre o rompimento deles anos atrás e de quem era a culpa.

Durante o inverno de 1990, Stevie conseguiu fazer músicas novas. Ela compôs "Love Is Dangerous" com Rick Vito e cantou a letra guia com ele. Aperfeiçoou também "Freedom" para uma melodia matadora enviada por Mike Campbell. A letra agora remetia à fase atordoada e dolorosa em que Mick a trocara por Sara: *"My intentions were clear/I was with him/Everyone knew/Poor little fool"*.[49]

---

49 "Minhas intenções eram claras/ Eu estava com ele/ Todo mundo sabia/ Pobre tolinho", em tradução livre. (N.T.)

"Affairs of the Heart" foi creditada exclusivamente a Stevie, uma apropriação apaixonada de um velho ditado que, provavelmente, Shakespeare tirara do fundo do coração: "É melhor ter amado e perdido/do que nunca ter amado". No entanto, com um ataque apaixonado e arroubos da guitarra de Rick Vito, Stevie de certa forma foi capaz de transformar o sentimento atemporal do bardo em algo novo e agitado. Ela também compôs (com Vito) a triste e doce balada "The Second Time", sobre uma mulher que tinha arrependimentos, mas nunca olhava para trás.

Stevie ficou um tempo ali em Paradise Valley, evitando o sol invernal durante a produção do álbum. Quando chegou a hora de acrescentar seus vocais, Greg Ladanyi foi a Phoenix e a gravou no estúdio da Vintage Recorders. Em abril de 1990, *Behind the Mask*, o décimo quinto álbum do Fleetwood Mac, foi lançado pela Warner Bros. e as críticas se dividiram, a maioria notando que a ausência de Lindsey fazia a banda soar mais homogênea, como uma equipe. A *Rolling Stone* (que na verdade nunca engolira o cáustico Lindsey) afirmou que Rick e Billy foram a melhor coisa a acontecer ao Fleetwood Mac. Desta vez, o grupo não apareceu no encarte do álbum — o que talvez significasse alguma coisa.

Mas as vendas decepcionaram. *Behind the Mask* mal raspou na lista de Vinte Melhores álbuns. O single de Christine, "Save Me", chegou aos Quarenta Melhores das rádios, e "Skies the Limit" obteve o formato adulto/contemporâneo para rádios FM, mas nenhuma das canções de Stevie chegou a tocar muito. Enquanto isso, Stevie Nicks se juntou ao Fleetwood Mac para uma longa e bem-sucedida turnê que, de forma intermitente, durou até o fim de 1990. Mais uma vez, alguns fãs sentiram falta da apresentação impecável e da guitarra inteligente de Lindsey Buckingham, mas a banda concordou que o clima da turnê estava menos tenso e mais divertido. Quanto a Stevie, ela ainda usava a icônica cartola durante os bis, mas na maior parte do tempo preferia cantar com boinas pretas molengas adornadas com joias, penachos ou miçangas. "Rhiannon" nunca estava na lista, portanto, as capas finas da velha bruxa galesa permaneciam nos armários.

Entre um show e outro o Fleetwood Mac voava pela Europa num avião particular, e um dia Mick Fleetwood saiu do lavatório e viu a banda e a equipe inteira lendo a edição britânica de sua recém-publicada autobiografia, *Fleetwood: My Life and Adventures in Fleetwood Mac*. Mick engoliu em seco. Daí olhou para Stevie, avidamente absorta no relato gentil do *affair* entre eles. Ninguém sequer ousou fitá-lo. A verdade é que aquilo foi majoritariamente uma pegadinha encenada por John Courage, que conseguira uma caixa de livros, mas a verdade é que em algum momento todos se concentraram no relato de Mick sobre a história da banda, muitas vezes dramática. A preocupação imediata de Mick foi a reação de Stevie. Será que ela iria surtar?

Mick: "Quando ela pegou o livro para ler, estávamos no jatinho particular e ela disse: 'terminei o livro'. E fiquei com medo. Achei que ela me daria um tapa na cara, ou algo do tipo. Mas ela falou: 'Bem, você poderia ter colocado *mais coisas* sobre a gente. E aquele beijo atrás da cortina na Austrália, com Jenny a centímetros de distância?'"

Mick riu e olhou para ela. Stevie lhe ofereceu uma piscadela.

Mas a amizade deles estava prestes a virar inimizade e vingança — mais uma vez — por causa daquela canção que Stevie cedera para sua mãe, "Silver Springs". Quando a poeira baixou, em 1991, Stevie Nicks havia deixado o Fleetwood Mac, e só voltaria sete anos depois.

Tudo começou no fim de 1990, quando o Fleetwood Mac ainda estava na estrada. A saúde de Stevie vinha piorando, e assim seu empresário a convenceu a parar a turnê com a banda. Stevie fora persuadida de que precisava apenas de uma carreira — seu trabalho solo. Christine McVie concluiu que também queria abandonar a turnê. (Era melhor deixar a turnê para a concorrência, que na época significava o trio Wilson Phillips, as filhas de Brian Wilson e John Phillips.) No dia 7 de dezembro, antes do último show da turnê em Los Angeles, anunciaram que Stevie e Christine gravariam com a banda, mas parariam de fazer turnê com o Fleetwood Mac. Naquela noite, Lindsey Buckingham se juntou à sua antiga banda para um emocionante "Landslide" com Stevie, e depois a "The Chain" com a banda toda. Depois, no camarim, Stevie chorou de alívio e tristeza diante da possibilidade de aquele ter sido seu último show com sua antiga banda.

No início de 1990, a Modern Records pretendia lançar a primeira compilação de sucessos da carreira solo de Stevie, acrescida de algumas músicas novas feitas em coautoria com famosos e de alguns remixes de canções conhecidas. Então Stevie teve a ideia de incluir "Silver Springs", sua música de 1977 que havia ficado de fora do *Rumours*. "Silver Springs" nunca tinha sido lançada em um álbum (ficara limitada a ser o lado B do single "Go Your Own Way"). Tal como já sabemos, Stevie concedera os rendimentos desta música à sua mãe. Se "Silver Springs" aparecesse em sua compilação solo (um possível megassucesso de vendas), sua mãe teria uma renda considerável e todo mundo ficaria feliz. Stevie então pediu a seu novo empresário, Howard Kaufman, que propusesse essa ideia a Mick Fleetwood.

Mick negou. Ele simplesmente se recusava a deixar Stevie usar "Silver Springs." Suas palavras exatas foram que ela só usaria "Silver Springs" *por cima de meu cadáver*. A música era do Fleetwood Mac, ele tentou lembrá-la, e Mick pretendia lançá-la em uma compilação que sairia em 1992 para comemorar o vigésimo quinto aniversário da banda. Isso deixou Stevie muito puta. Ela simplesmente não tinha sorte com "Silver Springs". Houve muita súplica, bajulação e insistência, mas Mick estava decidido a manter o controle sobre o legado do Fleetwood Mac.

Stevie ameaçou sair do Fleetwood Mac. Mick não reagiu. Howard Kaufman disse a Stevie que a decisão de deixar o grupo cabia inteiramente a ela. Isso poderia fazer seus rendimentos caírem, alertou ele, mas Stevie não arredou o pé. E assim, no início de 1991, ela anunciou sua partida. Rick Vito também saiu. Em seguida, Christine McVie informou à imprensa londrina que também estava indo embora. "O Fleetwood Mac, tipo, desmoronou por vários motivos", disse Rick na época. Anos depois, Stevie contou a um repórter: "Eu não deixei o Fleetwood Mac. Foi meu cérebro que me deixou".

* * *

Inverno de 1991. Stevie trabalhava em sua compilação de sucessos e passou duas semanas no estúdio, trabalhando em uma música da qual não gostava muito, "Sometimes It's a Bitch", composta por Jon Bon Jovi, o fotogênico astro do rock de Nova Jersey. Ela nem mesmo queria cantar a palavra "bitch" ("vadia" ou "merda", em inglês), mas seu pessoal a convencera de que a canção era um produto do Garden State digno do poderoso Bruce Springsteen, e certamente iria estourar nas rádios. "Tiveram de me convencer", explicou Stevie, mais tarde. No início, ela não entendeu muito bem o tema da música. O que "Bem, percorri arco-íris e castelos de doce" realmente queria dizer? Posteriormente, ela afirmou que pensou se tratar de uma versão inicial de si mesma — "a notória Stevie Nicks", conforme ela colocou. (Stevie e suas vocalistas gostavam de olhar a bundinha de Jon Bon Jovi quando ele se inclinava sobre o console de mixagem. "Ele era bacana com todas as mulheres", comentou Stevie mais tarde a respeito dele, "e tinha a melhor bunda de todos os tempos.")

Em seguida, houve uma colaboração (e certa paixonite semimaternal) por Brett Michaels, o bonitinho vocalista de 27 anos do Poison, a banda de glam rock de Los Angeles que todos os adoradores do Guns N' Roses adoravam odiar. Michaels e Stevie trabalharam na canção "Love's a Hard Game to Play", que seria um acréscimo posterior ao pacote de sucessos quando precisassem de uma faixa extra. Stevie realmente curtiu o rapaz. Logo após editar a música, ela escreveu (ou ditou): "Essa canção me foi trazida há quase duas semanas por um jovem fora do comum. Um desses homens que têm de tudo... beleza, sensibilidade, calor, e um amor pela vida que há muito eu não presenciava. Gravei sua música, cantando-a para ele da melhor maneira que consegui... na esperança de que as pessoas gostem dela na mesma proporção em que adoramos fazê-la."

Stevie compôs "Desert Angel" num estado de espírito hiperpatriota durante a Operação Tempestade no Deserto, na Guerra do Golfo de 1991, travada entre os Estados Unidos e o Iraque após a invasão iraquiana ao Kuwait (país aliado dos EUA). Foi sua primeira canção abertamente política, narrando acontecimentos recentes como a queda do Muro de Berlim. Ela escreveu a letra em casa, em Paradise Valley, após ler sobre um grupo de apoio ao exército chamado Operação Anjos do Deserto, e gravou os vocais com Sharon Celani na Vintage Recorders em Phoenix, em fevereiro. O episódio também lhe deu inspiração para escrever uma carta emocionada em apoio aos militares, a qual acabou publicada no jornal do exército *Stars and Stripes*. Descrevendo-se como uma das pessoas que se sentiam "indefesas e assustadas" com o início da guerra, a motivação daquele fervor patriótico de Stevie Nicks se deu, em parte, pela hipnótica faixa que Mike Campbell lhe enviara, além de um senso crescente de dedicação à terra natal norte-americana, sobretudo, o politicamente conservador estado do Arizona. A letra, com os versos sem rima, fala da convocação de unidades da Guarda Nacional e da ansiedade de famílias cujos membros vão lutar em uma guerra estrangeira. "Vocês deveriam saber como nós amamos vocês", canta Stevie aos soldados que partem, e depois, simplesmente, "Voltem para casa".

"Desert Angel" foi a faixa de encerramento de *TimeSpace/The Best of Stevie Nicks*, quando o CD foi lançado mundialmente em setembro de 1991, dez anos depois de *Bella Donna* ter lançado Stevie ao estrelato solo. O primeiro single de *TimeSpace*, "Sometimes It's a Bitch", foi uma decepção, e o videoclipe pouco inspirado que misturava fotos de infância com cortes rápidos de momentos da carreira de Stevie não ajudou. Ao que parece, as rádios não queriam tocar uma música com "bitch" no título. O álbum atingiu o 30º lugar na *Billboard* e ficou entre os Vinte Melhores na Inglaterra, onde o interesse pela música de Stevie continuava crescendo. (A imprensa londrina, a BBC e as redes televisivas estavam felizes e propensas a ajudar Stevie a promover sua música; um pouco disso se devia à sua imensa popularidade na Austrália e na Nova Zelândia. Ela também tendia a ser falante e sincera ao conceder entrevistas aos repórteres ingleses.)

O restante de 1991, foi dedicado à turnê *Whole Lotta Trouble/TimeSpace*, de Stevie, mas aqueles meses do outono foram bem esquisitos. Les Dudek, velho amigo de Stevie que havia trabalhado em *Rock a Little*, precisou tocar guitarra com a mão quebrada após um acidente. O gerente da turnê quebrou a perna. Outras coisas estranhas aconteceram, como quedas de energia e microfones mudos. Houve rumores de que a turnê estava amaldiçoada, mas os shows até que foram bem, com Russ Kunkel mandando ver nos ritmos dançantes para as garotas no palco e na plateia. Quando tudo acabou, Stevie voltou para casa e desabou. Muito mais tarde, ninguém entendeu como ela conseguira se apresentar naquele nível após cinco anos tomando doses cada vez maiores de Clonazepam. Quem a conhecia bem, sabia que era a força de vontade que mantinha Stevie Nicks na arena. Para ela, nenhum outro tipo de vida valia a pena. Glória: a que preço?

7.5 Don't Stop

Após um período de descanso e uns tempos no Havaí, Stevie estava inquieta e com intenção de fazer outro disco. Era 1992, Bill Clinton concorria às eleições presidenciais contra George Bush. Ao longo de todo o ano, Clinton usou a esperançosa e chamativa "Don't Stop" do Fleetwood Mac como tema de campanha, e, quando ganhou a disputa para a presidência, em novembro, quis que a banda tocasse a música em sua posse em Washington, em janeiro.

O problema era que o Fleetwood Mac não existia mais. A banda se resumia a Mick e John, mas a Casa Branca queria a formação clássica do *Rumours*, com Stevie e Lindsey. Quando Mick consultou os membros da banda, Lindsey o lembrou de que havia saído do grupo há cinco anos. Stevie ainda estava brava com Mick por causa de "Silver Springs", que finalmente havia aparecido na compilação *Fleetwood Mac: 25 Years — The Chain*, em novembro de 1992. Christine também estava fora. Mas Mick enfatizou o tamanho daquela honraria para a banda, e assim conseguiu convencer Stevie e Christine. Só que Lindsey não queria ir. Disse que não dava a mínima para Clinton e que estava fazendo um álbum solo.

Stevie então telefonou para Lindsey e jurou que se ele a privasse daquele momento ilustre, ela jamais mais voltaria a lhe dirigir a palavra. Lindsey cedeu. Pessoas próximas da banda especulam que ele foi induzido a ceder porque talvez precisasse fazer parte do fluxo de caixa garantido das turnês do Fleetwood Mac em algum belo dia no futuro.

E assim o Fleetwood Mac tocou para os Clinton em janeiro de 1993. Bill disse a Stevie que ouviu "Don't Stop" pela primeira vez em um táxi, em 1977, e percebeu como a canção daria uma ótima música de campanha. Clinton destacou que a esposa, Hillary, e ele eram grandes fãs de música;

inclusive, a única filha deles se chamava Chelsea por causa de uma canção de Joni Mitchell. A reunião presidencial do Fleetwood Mac foi transmitida em rede nacional e fez o público ficar de olho em uma banda que na verdade não existia. Levaria mais quatro anos para que voltassem a tocar juntos.

O trabalho no quinto álbum solo de Stevie começou em meados de 1992, o sexto ano dela à base de Clonazepam. Ela perguntou ao psiquiatra sobre a possibilidade de reduzir a dose diária, já que o medicamento estava gerando efeitos colaterais que a faziam aparentar mais do que seus 44 anos. O médico lhe disse que ela ficaria "nervosa" sem os comprimidos, e não achava uma boa ideia cortá-los se Stevie quisesse continuar trabalhando. Daí ele fofocou para ela uma lista de astros do rock que, supostamente, tomavam Clonazepam, como Bruce Springsteen, Prince, Michael Jackson e *aquele sujeito maluco do Aerosmith*. Inclusive, ele sugeriu aumentar a dose de Stevie. Ela estava em um beco sem saída.

Stevie tinha gostado de trabalhar com um determinado produtor inglês, assim, a banda contratou Glyn Johns, que começara nos álbuns dos Rolling Stones em 1965 e passara a trabalhar com os Beatles, Led Zeppelin, The Who, Rod Stewart, Linda Ronstadt e quase todos os músicos importantes do rock. Johns (50 anos, atraente, cabelos longos e grisalhos) chegou em Los Angeles e encontrou Stevie com muita vontade de trabalhar, porém atrapalhada, sem foco e, às vezes, confusa. Stevie não tinha muito material novo. Ela e seu produtor local, Glenn Parish, andaram revirando fitas antigas, em busca de sobras e demos de músicas, algumas de quase 30 anos atrás. Acharam algumas canções deixadas de fora de *Rock a Little*: "Mirror Mirror", "Greta", "Listen to the Rain" e "Love Is Like a River". Encontraram "Destiny" em uma fita cassete datada de 1973. Originalmente, "Rose Garden" era um fragmento de outra música que Stevie compusera em 1965. "Unconditional Love" vinha das demos de Sandy Stewart para *The Wild Heart*. Materiais mais recentes incluíam "Street Angel", o hard rock "Blue Denim" (escrita para uma faixa instrumental de Mike Campbell), "Kick It" (também com Campbell) e "Jane". Glyn Johns trouxera "Docklands" (de Trevor Horn e Betsy Cook) e sugerira pedir a Bob Dylan a autorização para tocar um cover de sua clássica "Just Like a Woman".

Eles ficaram trabalhando nessas canções até novembro de 1992. O lançamento do álbum, agora intitulado *Street Angel*, estava originalmente programado para março de 1994. Mas então, em 12 de dezembro de 1993, uma Stevie Nicks quase moribunda e desesperada se trancou em uma clínica de reabilitação por um mês e meio. Glyn Johns voltou para Londres, e *Street Angel* — álbum que Johns pensava estar pronto — foi suspenso. Ninguém sabia o que aconteceria a seguir.

Esses eventos começaram numa noite em que Stevie estava se divertindo em casa. A essa altura ela já estava pesando em torno de oitenta quilos e fumava três maços de cigarro mentolado por dia. Sentia frio o tempo todo, logo, sempre havia uma chama acesa na lareira a gás. Ora ela estava de pé ao lado da cornija, taça de vinho em uma das mãos e cigarro aceso na outra, ora quase caía em cima do fogo.

Ela se lembra disso com amargura: "Eu estava dando um chá de bebê na minha antiga casa. Tínhamos uma garrafa de Lafite Rothschild, uma safra incrível, e provavelmente havia umas 15 pessoas lá. Todo mundo provou o vinho. E eu não me lembro de mais nada. Devo ter capotado. As garotas disseram que me acharam no carpete, enroscada ao lado da lareira. Bati a cabeça, mas não senti dor. Me levaram para a cama. Mais tarde, me olhei no espelho e percebi um pouco de sangue na lateral da cabeça. Nunca me machuco, então fiquei horrorizada quando vi o sangue. Eu não tinha tomado tanto vinho a ponto de apagar daquele jeito. Eu sabia que era o Clonazepam.

"Passei de duas pílulas azuis de manhã para quatro pílulas azuis. Depois, foram duas pílulas brancas de manhã e mais duas na hora de dormir. Ele [o psiquiatra] continuava aumentando a dose. Se eu ficasse dois dias sem tomar, começava a tremer. Eu tremia tanto que as pessoas me olhavam como se eu tivesse mal de Parkinson. E aí comecei a pensar: será que tenho alguma doença neurológica e estou morrendo?"

Então Stevie teve uma ideia. Seu assistente, Glenn Parish, que estava com ela desde 1980, era um amigo de confiança. Ela pediu a Glenn que tomasse sua dose diária de Clonazepam, para ver que tipo de efeito a droga exercia nele.

"Eu disse 'Isso não vai matar você, pois não me matou, mas só quero ver o que você acha'. Porque Glenn estava terrivelmente preocupado comigo. Todo mundo estava. Naquele ponto, se eu encontrasse Oxicodona eu também teria tomado, já que estava em frangalhos.

"E aí Glenn começou a tomar todos os meus remédios. Ele era um ótimo amigo. Eu falei que ficaria ao seu lado caso ele morresse. Ele começou a consertar um estéreo na sala de estar e, após meia hora, só ficou sentado ali. E disse: 'Não consigo consertar o som, e acho que não dou conta de voltar para casa dirigindo'. E eu respondi: 'Tá bem. Só fique aí, porque estou estudando você'. E ele quase entrou num estado alucinatório. Foi péssimo. Aí ele simplesmente apagou.

"Liguei para meu psiquiatra e contei: 'Dei ao Glenn tudo o que você me prescreveu'. E as primeiras palavras que saíram da boca dele foram: 'Você quer matá-lo?' E aí eu respondi: *'Você quer me matar?'* E foi assim que eu decidi parar com o Clonazepam."

No dia seguinte, ela foi ao médico pela última vez. "Eu disse que iria para a reabilitação e ele falou: 'Não, posso reduzir sua dose drasticamente.' Mas eu estava decidida. A sensação era de que aquele babaca havia roubado oito anos da minha vida." Pouco tempo depois, Stevie deu entrada no Daniel Freeman Memorial Hospital, em Venice Beach, onde ficou durante os 47 dias seguintes.

Em algumas sociedades, xamãs são intermediários acompanhados por seu reino invisível de espíritos e fantasmas, curandeiros que muitas vezes tomam para si os sofrimentos e doenças de seus pacientes. Vez ou outra, auxiliados por poções e ervas, os xamãs precisam "morrer" no mundo material e adentrar o submundo perigoso, sobrenatural e frequentemente infernal a fim de restaurar e recuperar as energias curativas para o mundo cotidiano. Alguns fãs especulam que basicamente foi isso o que aconteceu com Stevie Nicks naqueles 47 dias, que ela ficou purgando seu corpo do vício em benzodiazepínicos antes de voltar a compor suas canções sobre esperança e consolo.

Ela recorda-se: "Disseram que quase morri. Meus cabelos ficaram grisalhos e caíram. Minha pele amoleceu e começou a descascar. Tive dores terríveis. Não conseguia sair da cama. Não conseguia ficar em pé no chuveiro. Pensei que fosse morrer *mesmo*. A sensação era que alguém tinha aberto a porta e me jogado no inferno. Mas depois de 47 dias, saí reluzente do outro lado. Eu tinha um novo sopro de vida.

"Aprendi muito naquele hospital. Escrevi durante todo o tempo em que estive lá, algumas de minhas melhores composições. Aprendi que podia me divertir, rir e chorar com pessoas incríveis, sem drogas. Aprendi que podia viver minha vida e ainda ser bonita, me divertir e ir a festas sem tomar sequer uma taça de vinho. E nunca mais voltei a fazer terapia."

E mais tarde: "Para mim, foi fácil ficar sóbria. Eu ainda podia beber álcool socialmente, pois não sou alcoólatra. Mas tomo um remédio chamado Neurontin, para a menopausa. Ele controla extremamente bem [os sintomas da] menopausa, mas, se você tomar com um gole de tequila, fica muito mal." (Depois disso, o assessor de Stevie sugeriu que ela parasse de falar com a mídia sobre questões de menopausa, conselho que ela ignorou solenemente.)

Depois disso, e durante o restante de sua vida profissional, Stevie passou a expressar constantemente profunda amargura sobre o que descrevia como uma etapa desperdiçada da vida. Ela contou ao jornal londrino *Telegraph*: "Acho muito bom falar sobre isso, levar ao mundo a mensagem sobre o vício nessa droga em particular. Foi a pior fase da minha vida. Eles roubaram meus 40 anos. Eu poderia ter conhecido alguém, ter tido filhos, me tornado mãe, composto músicas excelentes. Foram oito anos completamente desperdiçados. Foi muito shakespeariano, muito trágico."

"Foram oito anos da minha vida jogados fora", repetiu ao *The New York Times*. "Os 40 anos são o último resquício da juventude, e os meus foram arrancados de mim." Quando perguntaram se ela ainda tinha raiva do psiquiatra, ela respondeu: "Se eu estivesse de carro e ele atravessasse na minha frente, talvez eu o atropelasse". O entrevistador perguntou o nome do médico. "Doutor Bela Bosta", respondeu ela.

Em 27 de janeiro de 1994, Stevie Nicks saiu do hospital e voltou para casa . Após uma gravação-teste do supostamente finalizado *Street Angel*, ela disse que queria retornar ao hospital, pois havia odiado o novo álbum. Afirmou que aquela música era a mais triste e desanimadora que ela já tinha feito.

A Atlantic foi informada de que o álbum atrasaria, enquanto Stevie tentava arrumá-lo. Glyn Johns ficou na Inglaterra e tirou seu nome do disco. Tom Panunzio, sócio dos Heartbreakers, foi contratado para supervisioná-lo. Stevie também recrutou Waddy Wachtel e Bernie Leadon, ex-guitarrista dos Eagles, para fazer *overdubbing* de algumas faixas. Benmont Tench forneceu ancoragens pictóricas do majestoso som de seu órgão. Ao longo dos meses seguintes, eles catapultaram a potência das melhores faixas ("Blue Denim", "Listen to the Rain" e "Street Angel", um retrato em pastel de uma menina sem-teto, harmonizado por David Crosby), e revisaram por inteiro canções como "Greta", conferindo a ela um senso épico, com ritmo de reggae. Letras inteiras foram alteradas para refletir experiências amargas recentes, referentes a vício, desespero e reabilitação. Em "Just Like a Woman", Stevie substituiu "pills" (pílulas) por "pearls" (pérolas), cantou em primeira pessoa e conseguiu que Bob Dylan tocasse guitarra e gaita (inaudível) na faixa. Ela também reeditou seus vocais na baladinha bonita "Rose Garden", de 1965, porque sua voz estava rouca na original. (Na verdade, há quatro ou cinco tons de voz diferentes ao longo de *Street Angel*.) E ela também compôs uma nova música, "Thousand Days", agraciada com uma produção fantástica de Chris Lord-Alge — *"Why does the greatest love/become the greatest pain?"*[50] — mas a canção ficou de fora do álbum.

No fim, Stevie desistiu, em parte por conta do alto custo do projeto. *Street Angel* acabou sendo lançado em maio de 1994, quando ela estava com

---

50 "Por que o maior amor/se torna a maior dor?", em tradução livre. (N. T.)

46 anos. Stevie e Tom Panunzio foram creditados como coprodutores. Ninguém tinha lá muita esperança em relação ao disco. Ele continha algumas músicas boas, mas uma sobrecarga de baladas tristes: "Destiny", "Maybe Love Will Change Your Mind" e "Jane". Stevie foi retratada na capa do CD da Modern Records com uma aparência abatida e envolta numa névoa cor-de-rosa, como uma garotinha muito frágil. O primeiro single deveria ser "Blue Denim", mas foi substituído por "Maybe Love Will Change Your Mind", que estacionou em 57º lugar. Naquele verão, enquanto ela estava em turnê (com Rick Vito na guitarra), Marty Callner dirigiu um clipe para o segundo single, "Blue Denim", mostrando Stevie com uma túnica preta beduína para disfarçar sua silhueta, ofuscada pela estonteante Sara Fleetwood, que cantava no palco com Sharon Celani e Mindy Stein.

Street Angel, o álbum de Stevie que teve as piores vendas, atingiu o 45º lugar na lista da Billboard. O single "Blue Denim" — um dos melhores rocks de Stevie — sequer chegou às paradas quando lançado durante a turnê de verão.

Naquele ano, enquanto vendia seu álbum e promovia a turnê Street Angel, Stevie deu várias entrevistas explicando seus problemas de saúde e por quê sua nova música não correspondia aos padrões habituais. "Fiquei quase oito anos tomando Clonazepam", contou ela ao *Time Out* mais tarde. "*Street Angel* ficou pronto nos últimos dois anos desse período, quando o medicamento chegou ao ponto de roubar minha alma e criatividade." Quando ela voltou da reabilitação, "ouvi o álbum — hoje não uso mais nenhuma droga — e percebi que ficou um horror. Tinha custado uma fortuna. Então recuei e tentei dar um jeito. Quando você toma um monte de tranquilizantes todos os dias, faz sentido a música ficar [ela arrasta a fala] bem cal-mi-nha. Tentar arrumar o álbum foi como reformar uma casa. Você acaba gastando mais dinheiro do que se tivesse simplesmente demolido e recomeçado. Não foi possível consertar. Então tive que dar entrevistas a respeito, e 'Odeio o álbum' era a única coisa que eu *não* podia dizer aos entrevistadores."

Não obstante, e apesar de uma enxurrada de períodos de fadiga extrema, Stevie e sua banda passaram os três meses de verão de 1994 em turnê. Com oitenta quilos, Stevie sabia que o público a acharia gorda. Margi Kent elaborou e costurou um novo guarda-roupa que enfatizava a liberdade corporal para uma estrela *plus size* do rock. Seus cabelos foram tingidos de loiro e frisados em uma "permanente desde a raiz", que levava duas horas por dia para ficar pronta.

Já que *Street Angel* não decolara, a turnê foi reduzida de shows em arenas para teatros, anfiteatros, galpões, centros de música e artes, ou auditórios. (Os fãs adoraram ficar mais perto da banda e, vez ou outra, as fileiras da frente ficavam ruidosas.) Os shows começavam com "Outside the Rain" e continuavam com "Dreams" e "Rooms on Fire". "Rhiannon" estava de volta à lista, com a Velha Bruxa Galesa aparecendo em uma rendição mais curta e sem histeria, cada segundo cronometrado por Rick Vito. Eles tentaram várias músicas do *Street Angel*, mas a maior parte do *setlist* ficou nos sucessos: "Gold Dust Woman", "Stand Back" e "Edge of Seventeen". Em geral, os bis eram "I Need to Know" e "Has Anyone Ever Written Anything for You?".

Para economizar, a banda viajava de ônibus de uma cidade para outra. Os dois ônibus — um para Stevie, outro para a banda — custavam US$ 700 por dia, em vez de os usuais US$ 5 mil do avião. Eles começaram no Noroeste dos Estados Unidos em julho, indo para o Sul e em seguida para o Meio-Oeste em agosto. No dia 2 daquele mês, em Nova York, Stevie cantou "Blue Denim" no programa de TV *Late Night*, de David Letterman. Posteriormente, ela disse que vinha gostando da nova rotina de guardar suas toneladas de equipamentos no ônibus e só levar algumas coisas para o hotel: xales para as lâmpadas, megahairs, lanches, velas e incensos. Também afirmou que teve um tórrido romance com um membro comprometido da banda, e que passava um bom tempo das viagens dando uns amassos atrás do saguão. E revelou que o sujeito perguntou se deveria largar a namorada por ela, mas Stevie disse que não. "Não teria dado certo fora da estrada", lembrou ela mais tarde.

Em seguida a turnê foi para o Oeste, com shows na Califórnia, Texas e no Arizona, onde Stevie se apresentou no galpão Compton Terrace, aquele de sua família. Eles encerraram com duas noites no The House of Blues, na Hollywood's Sunset Strip. O último show foi transmitido em uma rádio FM e teve ótimas resenhas. Stevie estava exausta e com dores musculares, mas arrasou, e Rick Vito, com sua chamativa jaqueta vermelha, manteve o balanço, um verdadeiro herói do rock blueseiro. O público — agora de duas gerações, antigos fãs do Mac e suas filhas — aplaudia, e algumas pessoas choravam de alívio por Stevie ter se livrado da morte, assim como todos os outros astros do rock detonados. Stevie e seu pessoal ficaram maravilhados com a paixão que perceberam nos fãs; isso era um sinal de que Stevie podia reaver seu lugar quando organizasse a vida e recomeçasse a compor músicas de sucesso.

A turnê *Street Angel* foi lucrativa, mas Stevie ficou superchateada quando as críticas deram igual ênfase ao seu ganho de peso e problemas pessoais que foi dada aos seus shows. Stevie já estava ciente de que *havia morrido*, e que essa nova persona, sóbria e muito mais sábia, teria de se estabelecer caso quisesse retomar sua carreira adequadamente. Ela recorda com amargura: "Quando saí do palco após o último show, disse a meu assistente que nunca mais cantaria com aquela aparência na frente das pessoas". Portanto, no início de 1995, Stevie parou de fumar cigarros (de novo) e instalou esteiras em suas casas em Phoenix e Los Angeles. Ela começou a dieta *low-carb* do dr. Atkins, a febre da época, e conseguiu perder 15 quilos até o meio do ano. Ela contou à revista *People*: "Aceitei o fato de que não serei perfeitinha. Só quero ser forte".

Então, ela encerrou essa etapa de transformações — menopausa, desintoxicação, reabilitação, melhoria na postura — fazendo uma cirurgia nos seios. Sua mãe vinha desconfiando que a fadiga crônica de Stevie talvez não fosse causada pelo vírus Epstein-Barr. Barbara havia lido que o vazamento de silicone dos implantes mamários (Stevie os colocara em 1976) poderia ser o culpado. Stevie: "Era como cocaína — todo mundo estava usando [implantes] na época, e diziam que era seguro". O médico disse que o procedimento era doloroso, e que não valia a pena retirar as próteses. Stevie insistiu e fez a cirurgia, e foi a melhor decisão. "Meu silicone tinha rompido completamente", comentou ela, que preservou e guardou as próteses no freezer do médico, para o caso de resolver processar o fabricante num futuro próximo.

CAPÍTULO 8

8.1 Problemas no Paraíso

"Você precisa correr o máximo que puder para permanecer no mesmo lugar", disse a Rainha de Copas para Alice. "Se quiser chegar em outro lugar, você precisa correr pelo menos duas vezes mais rápido."

Nos dois anos seguintes, Stevie Nicks teria de correr duas vezes mais rápido para fazer sua carreira voltar aos eixos. No início de 1995, ela retornou para sua casa de duas alas no condomínio ao pé da Camelback Mountain, em Phoenix, vivendo aos cuidados de seu irmão Chris, sua cunhada Lori e a filhinha deles, de 5 anos, Jessie Nicks (e mais dois cachorros). Ela experimentou várias dietas e terapias corporais, como exercícios e massagem. Disse aos amigos que sequer pensava em cocaína. Ela queria se dedicar a compor, mas sua recuperação estava lenta, e os médicos lhe diziam para não se preocupar com trabalho. Stevie tinha 47 anos, muito dinheiro e o apoio da família toda. Ainda assim, estava desesperada para compor, mas se sentia bloqueada e sem qualquer inspiração. Ela dizia a todo mundo que precisava de um colaborador.

No fim de 1994, Stevie havia cantado em "Somebody Stand By Me", uma música nova de uma cantora nascida no Missouri, Sheryl Crow, cuja "All I Want to Do" era uma favorita de Stevie dentre as canções recentes.

Com Don Was na produção e Ben Tench nos teclados, Stevie apresentou um vocal incomum (para ela) no estilo soul, mais Mavis Staples do que bruxa galesa. A música entrou na trilha sonora do filme *Somente Elas*, lançado em fevereiro de 1995. (Era um *road movie* quase lésbico, com o HIV como tema de fundo.) Stevie Nicks percebeu que a glamorosa e talentosa Sheryl Crow daria uma boa parceira, e prometeu transformar isso em realidade.

Em abril de 1995, Stevie gravou músicas na Vintage Recorders em Phoenix, com Lori e o guitarrista Jesse Valenzuela. Ela achou o ex-*front man* do Gin Blossems um estímulo para sua depressão pós-reabilitação. Ela conta: "Eu estava triste e tentando descobrir como recuperar a voz, se é que era possível". Eles editaram uma demo de seis músicas, que mais tarde rendeu uma versão elegante do clássico rockabilly "It's Late", de Dorsey Burnette (um sucesso dos anos 1950 de Ricky Nelson), mas, quando Stevie ouviu a gravação em casa, não ficou impressionada com o que tinham feito. "Foi aí que Jesse entrou em cena. Ele era tão descolado, uma força realmente potente que me tirou da negatividade. Jesse só disse 'Não seja boba. Isto está *bom*. Vamos recomeçar a cantar e recuperar a empolgação.'"

Então, no dia 24 de abril, os Heartbreakers tocaram em Phoenix e Stevie jantou com Tom Petty no Ritz Carlton Hotel. Petty havia se divorciado da esposa em meio a tiro, porrada e bomba, sua casa fora incendiada, e havia rumores de que não fora um acidente. Petty disse a Stevie que não estava em condições de compor com ela. Em vez disso, lhe entregou o que Stevie mais tarde descreveu como "uma palestra motivacional", lembrando-a de seu profundo compromisso com os fãs e a incentivando a criar seu próprio material. Petty sabia como era ter uma banda, uma equipe e cerca de cem pessoas dependendo dele para botar comida na mesa. Tom foi empático, porém firme; Stevie tinha de continuar trabalhando ou tirar o time de campo de vez.

"Voltei para casa", escreveu ela posteriormente nas anotações para o próximo álbum solo, que sairia dali a cinco anos, "e comecei a compor umas músicas". Seu irmão e sua assistente, Karen, começaram a ajudá-la a encontrar temas. Uma das primeiras ideias que apareceu foi intitulada "problemas no paraíso", referindo-se a Paradise Valley, onde ela morava. Ao longo dos cinco anos seguintes, Karen Johnston e Chris Nicks gravaram dezenas de demos no estúdio caseiro de Stevie. Algumas delas apareceriam no *Trouble in Shangri-La* em 2001.

Em meio a todos esses acontecimentos, Stevie continuava de olho no Fleetwood Mac. Ela sabia que a banda tinha gravado um álbum de inéditas, algumas de Christine e do marido. E também havia feito uma turnê (abrindo para o Crosby, Stills & Nash) com o antigo colega de Mick, Dave Mason (ex-Traffic) na guitarra, e a impressionante Bekka Bramlett nos vocais, liderando a banda ao lado de Billy Burnette. Bekka tinha 27 anos e era a filha bonitinha de Delaney e Bonnie Bramlett, astros do rock dos anos 1960. Ela havia cantado com o Zoo e trabalhava constantemente como *backing vocal* sob demanda nos estúdios de Los Angeles. Bekka tinha voz excelente, mas, no verão escaldante de 1994, metade do público foi embora do galpão quando percebeu que a beldade magrinha de conjunto de couro vermelho colante à frente do Fleetwood Mac não era Stevie Nicks, e que Christine McVie também não estava no palco. Mick suplicou a Bekka que cantasse "Dreams" e "Rhiannon", mas ela se recusou sabiamente a usar as botas de salto com que Stevie entrava no palco. (Mas Bekka se permitiu cantar "Gold Dust Woman".) Na temporada de turnês de 1995, o seminaufragado Mac embarcou em uma viagem bem humilhante com as bandas REO Speedwagon e Styx.

Em outubro, a Warner Bros. lançou um álbum de 12 músicas do Fleetwood Mac chamado *Time*, que se tornou o primeiro disco da banda a não atingir nenhuma posição nas paradas. Depois disso, ninguém teve coragem de fazer turnê. Billy, Bekka e Dave Mason saíram da banda no fim do ano. Na imprensa, a situação foi descrita como uma reviravolta impressionante para a megabanda com vinte anos de estrada.

Stevie Nicks adorava o Natal, e, com uma garotinha em casa, dedicou muita atenção a decorações e tradições do Yule.[51] Em seguida, fez sua pri-

---

51 Comemoração pagã, originária do norte da Europa, do início do solstício de inverno — que no hemisfério norte abrange desde o fim de dezembro até o começo de janeiro. (N. T.)

meira aparição pública desde a reabilitação, no Herberger Theater, em Phoenix, onde interpretou o Fantasma do Natal Passado na transmissão anual da rádio KTAR de "Um Conto de Natal", de Charles Dickens. Posteriormente, Stevie contou a um repórter do semanário *Phoenix New Times* que tinha certeza de que 1996 seria um ano bom, pois ela já começava a se sentir melhor.

Então no início de 1996, a princípio bem devagarzinho, começou a surgir um impulso para reunir a banda do *Rumours*. Começou com um simples telefonema de Lindsey pedindo a Mick que tocasse no álbum solo que ele estava elaborando. Mick topou, desligou e teve uma de suas premonições. Desta vez, ele *precisava* fazer esse trabalho. E precisava trazer Stevie e Christine de volta à banda. "Pelo Fleetwood Mac, é vencer ou morrer", comentou ele com o amigo Richard Dashut.

Stevie conheceu Sheryl Crow em uma festa pós-Grammy em Los Angeles, onde Crow (que havia começado como *backing vocal* de Michael Jackson) era um ativo pop de alto valor. Sheryl descreve o encontro "Stevie tinha acabado de gravar 'Somebody Stand By Me', uma música minha. Gostei dela logo de cara, e ela disse 'A gente podia se encontrar para trabalhar algum dia'. Pensei, Maravilha! Mas depois fiquei dois anos sem notícias dela."

Enquanto isso, Stevie e Lindsey tentavam um novo contato, pisando em ovos. (Os espiões de Stevie contaram que Lindsey tinha uma nova namorada, Kristin Messner, uma fotógrafa loira bonita, e que estavam morando juntos.) Em abril, quando Stevie alugou uma casa com vista panorâmica para a Sunset Boulevard e o oceano, ela enviou a ele uma demo da canção "Twisted", que havia composto para o filme-catástrofe *Twister*. Ele concordou em produzir a faixa e tocar na música, cuja letra falava em "perseguir os demônios/clamar por amor". (A canção não foi usada no filme, mas apareceu no disco da trilha sonora.) Então, em maio, ela e Mick se apresentaram juntos em Louisville, Kentucky, em uma festa particular antes do Kentucky Derby.[52]

---

52 Competição de corrida de cavalos disputada anualmente no estado do Kentucky desde 1875. (N. T.)

Stevie devia mais um álbum à Atlantic Records, depois estaria livre para fechar contrato com outra gravadora. Ficou acordado que seu último disco pela Atlantic seria uma compilação. Porém, para os álbuns solo seguintes, ela acabou persuadida a assinar com a Warner Bros. depois que os dois executivos que geriam a gravadora foram à casa da cantora e lhe depositaram uma boa dose de confiança. Também lhe ofereceram o que chamavam de "sinergia". Trocando em miúdos, poderiam anexar as músicas dela aos filmes da Warner Bros., aumentando seu fluxo de caixa. Stevie disse a Danny Goldberg que sentiria falta das pessoas com quem havia trabalhado na Atlantic durante 15 anos, mas que precisava de muita inspiração nova, logo, o momento era auspicioso para mudar.

Stevie ainda estava sofrendo de bloqueio criativo. E já que trocaria de gravadora beirando os 50 anos de idade, o próximo álbum solo teria de ser estupendo. Ainda assim, ela queria um parceiro de trabalho, uma pessoa supercriativa como Lindsey, Jimmy ou Rupert — alguém capaz de extrair o melhor dela. Stevie ainda estava convencida de que a melhor pessoa para essa função seria Tom Petty.

Mas ele havia acabado de deixar a família e sair de casa; estava sozinho, imerso em um miasma de dor culposa e drogas pesadas em uma cabana isolada e rústica em algum matagal em Pacific Palisades, perto de onde Stevie estava morando. Além disso, ele tinha uma filha de 14 anos e não estava sabendo lidar com ela. Sequer sabia fazer compras de supermercado. Certo dia, Stevie foi visitá-lo e flagrou um homem despedaçado. Ela resolveu que poderia ser útil para ambos se tentassem compor juntos, mesmo após Petty ter dito, um ano antes que ela tirasse isso da cabeça.

Stevie contou a Warren Zanes, biógrafo de Petty, o que aconteceu em seguida: "Eu disse 'Vamos compor algumas músicas juntos. Eu não costumo compor com ninguém, e, na verdade, você também não. Vamos compor juntos.'

"Ele respondeu 'É, tá bom. Pode ser.'

"Aí fui para casa, pensando *vou para lá todos os dias até as seis da tarde e vamos compor*. No dia seguinte, chego com sacolas de supermercado, com calda de chocolate Hershey's, café instantâneo e meu leite preferido. Ele me olha como se eu estivesse louca."

Petty ficou horrorizado. Parecia que Stevie estava indo morar com ele.

"Eu falei: 'Vou ficar aqui, então preciso de suprimentos'. E ele, tipo, 'Suprimentos?'. Respondi: 'Suprimentos! Como em um acampamento'. Nunca vou me esquecer da expressão dele. Aí eu disse 'Tá bom, então não vamos escrever juntos. Mas virei para umas visitinhas, e manterei contato.'"

Stevie ficou decepcionada e alarmada com o estado mental e o isolamento quase total do amigo. Mas ainda estava determinada a encontrar alguém para ajudá-la a reencontrar sua voz. E logo ficou aliviada em saber que Petty tinha uma nova mulher em sua vida, e era alguém com quem Stevie podia fazer amizade.

8.2 The Dance

Lindsey Buckingham ficou quase oito anos sem ver Mick Fleetwood, exceto por algumas horas na cerimônia de posse de Bill Clinton em 1993. "Ele não queria que eu aparecesse na casa dele drogado", explicou Mick. Quando eles se trombaram em março de 1996, Lindsey percebeu que Mick estava limpo. Lindsey conta: "Eu estava prestes a entrar no estúdio com [o produtor] Rob Cavallo, e disse 'Por que não aparece, Mick? Vamos editar umas faixas'. Então começamos, e estava dando muito certo. Em seguida, conseguimos que John [McVie] aparecesse e tocasse baixo [em 'Bleed To Love Her', de Lindsey]. Então alguém da Warner Bros. falou — e provavelmente eles estavam pensando nisso o tempo todo — 'Querem fazer um álbum ao vivo do Fleetwood Mac?' Fiquei, tipo, 'Querer, eu não quero... mas eu topo'."

É claro que *The Dance*, nome que o projeto recebeu desde o início, seria mais do que um álbum de sucessos ao vivo gravado em um estúdio da Warner. Também seria uma excelente fonte de renda, uma turnê lucrativa, um vídeo e uma comemoração das realizações de um Fleetwood Mac que ressurgia duas décadas após *Rumours*. Stevie Nicks ficou extremamente aliviada com a reunião, já que isso colocaria seu próximo álbum solo em banho-maria. Ela não teria que dar conta de um monte de músicas logo de cara e poderia se esbaldar nos luxos de primeira classe de uma grande turnê do Mac sem ter que decidir ou assumir as intimidantes responsabilidades de uma líder de banda. (Christine McVie estava menos empolgada com *The Dance*, e confidenciara a Stevie que havia desenvolvido fobia de avião e morria de vontade de se aposentar.)

Assim que todos entraram num acordo, Mick levou a banda para ensaiar em um estúdio para ver como estava o som do Fleetwood Mac. Eles não tocavam juntos desde a saída de Lindsey dez anos antes. Não faziam turnê desde *Mirage*, em 1982. Christine começou a tocar "Say You Love Me", e Stevie foi até o microfone e começou a cantar. Quando acabaram, Lindsey sorriu e disse: "Muito legal!". Ele estava empolgado porque seria a primeira vez que tocaria as canções do álbum *Tango in the Night* — um de seus melhores trabalhos — com o Fleetwood Mac.

Como preparação para *The Dance*, Stevie começou a trabalhar com um novo fonoaudiólogo, Steve Real, que enfatizava controle tonal, respiração e preservação. Gentilmente, ele ensinava técnicas variadas para expandir o alcance e refinar os timbres variados que ela alcançava. Stevie também retomou uma dieta restritiva e perdeu mais 15 quilos. Daí compôs uma nova música chamada "Sweet Girl", e em março de 1997 editou uma demo em Phoenix com Big Al Ortiz na guitarra. A canção era autobiográfica: "Escolho dançar/pelos palcos do mundo". Foi essa música que Stevie levou para o primeiro ensaio (1º de abril de 1997) das duas apresentações em estúdio que seriam gravadas e filmadas para *The Dance*. Ela também levou suas vocalistas Sharon Celani e Mindy Stein; Mindy entrou no lugar de Lori, que ficou em casa para cuidar da filha.

Também ficaram de fora os produtores veteranos do Mac, Richard Dashut e Ken Caillat, já que Lindsey queria produzir o álbum por conta própria. Até Herbie Worthington foi preterido pelo fotógrafo de moda mais atual, David LaChapelle, que fez a banda posar em um estúdio pintado de rosa.

A preparação para a fase seguinte foi dureza, mas Stevie gostou de trabalhar sóbria pela primeira vez. Ela estava em sua zona de conforto: ensaios, repetições, aprender novas músicas, cabelo e guarda-roupa, a disciplina de uma nova campanha. Lindsey parecia ligeiramente mais tranquilo, e Stevie até gostou da namorada dele (embora tenha pedido para ela não fotografá-la com sua câmera onipresente). Ao mesmo tempo, Lindsey ainda seria sarcástico e condescendente com Stevie quando frustrado. Ela optou por ignorar o máximo possível as grosserias dele. Estava habituada.

E assim, após um hiato de dez anos, o Fleetwood Mac estava de volta, filmando duas apresentações em noites consecutivas no fim de maio de

1997 em Burbank, diante de um público fervoroso de amigos, familiares, funcionários de gravadoras e membros de fã-clubes. E a percussão da banda agora trazia sintetizadores. Os dois shows foram filmados por uma equipe da MTV, pois *The Dance* teria sua estreia em forma de clipe na TV a cabo. "Bem-vindos à nossa pequena *soirée*", disse Christine ao público após a segunda música.

Stevie apareceu como uma bruxa de luto, com longos cabelos loiros desgrenhados e olhar atento. Ela também usava correntes douradas e pulseiras. Um diamante brilhava na mão direita. Uma echarpe preta de seda pendia do pedestal do microfone. Ela ainda parecia um pouco inchada, mas muito bonita aos 49 anos, e seus movimentos se limitavam a rodopios e gestos discretos. O fonoaudiólogo havia aprimorado sua voz, e lhe devolveu um eco de seu timbre da juventude. Stevie adotou uma técnica de cantar recitando na hipnótica "Dreams", a qual extraiu da canção um sentimento muito maior. Fez um *backing vocal* brilhante com suas garotas em "Everywhere", do *Tango*. "Rhiannon" ganhou os tambores abafados de Mick, para expandir sua aura de coros destruídos e voo romântico. Cantando em um tom mais baixo, Stevie usou efeitos de vibrato na introdução para entoar *"and I still cry out for you — don't leave me — don't leave me"*.[53] O antigo final dionisíaco do "desenrolar dos sonhos" era agora um ritual mais tenso e vestal — *"Take me by the wind, child, take me by the sky, take me now — and he still cries out for her — Don't leave me – now…"*.[54]

Para "Gold Dust Woman", Stevie usou uma fantástica echarpe avermelhada de contas douradas e fez uma incrível paródia dançante do vício em drogas antes de grunhir o refrão "correndo nas sombras", como se tentasse ensinar uma dura lição ao público. A banda tocou "Gypsy" num ritmo rápido e direto, com Stevie girando em êxtase durante os solos de guitarra. (E é preciso dizer que o estilo astuto de Lindsey na guitarra atingiu algum tipo de

---

53 "E ainda clamo por você — não me deixe — não me deixe", em tradução livre. (N. T.)

54 "Leve-me com o vento, criança, leve-me pelos céus, leve-me agora — e ele ainda clama por ela — Não me deixe — agora…", em tradução livre. (N. T.)

ápice quando ele aprofundou o papel do guitarrista solo de impulso rítmico e impressão musical.)

Stevie e Lindsey tocaram "Landslide" sozinhos em um palco escuro, após Stevie olhar para o pai na plateia e dizer "Esta é para você, papai". Os fãs gritaram ao ouvirem o verso "Também estou envelhecendo". No fim, após uma interpretação vocal ligeiramente trêmula de "Landslide", Stevie abraçou Lindsey com um provável gesto de ternura genuína ou de reconciliação para os fãs e as câmeras. Alguns dias antes, Stevie tinha contado a um entrevistador que sabia que os fãs da banda valorizavam o épico romance entre ela e Lindsey Buckingham. Fazia parte da lenda e tinha que ser respeitado.

Lindsey tocou banjo em "Say You Love Me", depois retomou a guitarra e apresentou sua música nova, "My Little Demon". Em seguida, Stevie trouxe uma lenta e imponente "Silver Springs", que bateu asas e voou com cinco vozes no refrão. As câmeras capturaram Stevie olhando para Lindsey, rugindo para ele enquanto cantava o alerta sinistro de que ele nunca escaparia do som da mulher que o assombra (e ainda o ama). "Obrigada", disse ao público que aplaudia, "muitíssimo obrigada. 'Silver Springs' é das antigas e das boas". Em seguida, Stevie fez uma dança desajeitada com o pandeiro durante "You Make Loving Fun" antes de apresentar a próxima música, "Sweet Girl", que descreve suas viagens pelo mundo, "sempre a postos/sentindo falta de cidades inteiras".

Os shows foram finalizados com uma superenergizada "Go Your Own Way"; a chegada da banda usando o uniforme do USC Trojan para "Tusk"; o final de "Don't Stop" e o clássico bis do Fleetwood Mac: Christine McVie sozinha ao piano, embalando os ouvintes com "Songbird".

O lançamento do álbum e do clipe de *The Dance* foram adiados quando Lindsey cismou que a banda não se apresentara conforme os padrões dele nos dois shows. Depois que escolheram as melhores músicas, eles fizeram novos takes, tocando e cantando praticamente tudo outra vez. Usando o Pro Tools e a engenharia digital Auto-Tune, quase todo o show foi "arrumado, substituído e reajustado" (de acordo com o insatisfeito Ken Caillat) até ficar do jeito que o perfeccionista Lindsey queria. Mas compensou quando *The*

Dance foi lançado no mês de agosto seguinte. O álbum estreou no topo da lista da *Billboard*. "Silver Springs" foi lançado como single e também vendeu bem, o que significava que Barbara Nicks finalmente receberia os *royalties* da música que a filha lhe dera de presente.

Stevie Nicks e o Fleetwood Mac passaram o outono de 1997 em uma turnê de 44 shows, o que foi bom para ela. Paparicada e mimada com aviões particulares, hotéis cinco estrelas e uma equipe atenciosa, tudo o que Stevie precisava fazer era aparecer e cantar, e posteriormente ela afirmou que esse período foi crucial para sua recuperação. Dizem que a turnê também faturou US$ 36 milhões. Em geral, os críticos foram gentis com os músicos envelhecidos, mas alguns mencionaram o exibicionismo e os solos de guitarra ultraestendidos de Lindsey. Uma crítica a um show do Texas observou o seguinte: "Infelizmente, alguns momentos incrivelmente autoindulgentes arruinaram o encanto agradável, ainda que nostálgico, da banda, tecido sobretudo pela cigana tocadora de pandeiro que Stevie Nicks ainda é, aos 49 anos. Sempre que ela girava [em] suas roupas de chiffon e veludo e balançava com suas botas de camurça de plataforma, a arena ia à loucura".

Mais ou menos na metade da turnê, começou a chegar aos ouvidos de Lindsey que Stevie era o alvo de todo o amor dos fãs, que reagiam ao uivo atormentado das músicas dele saindo para pegar cerveja ou indo ao banheiro. Descarregando a raiva com a guitarra, os trechos de Lindsey foram comparados a um exorcismo por mais de um crítico de jornal. Nessa fase, Stevie parou de abraçar seu antigo namorado depois de "Landslide". Em vez disso, o duo trocava acenos superficiais e Stevie voltava para seu lugar no palco.

Montanhas de cocaína não eram mais servidas nos bufês pré-shows. John Courage estava aposentado, e agora a banda se mantinha mais distanciada da equipe. No fim da turnê, Stevie percebeu que Christine estava infeliz e bebendo mais do que o habitual. E comentou com seu pessoal que Lindsey quase sempre havia sido grosseiro ou maldoso com ela fora dos palcos. Após o último show, Stevie disse a Mick, intencionalmente, que aquela seria a última turnê dela com o Fleetwood Mac — por *muito*, muito tempo.

8.3 Hall da Fama

Em 11 de janeiro de 1998, Stevie Nicks e uma pequena comitiva voaram de Los Angeles a Nova York, onde deram entrada no Waldorf-Astoria Hotel, na Park Avenue. Na noite seguinte, todos com roupas de veludo preto e rendadas, Stevie pegou o elevador para o salão de festas no andar de baixo, onde ela e o Fleetwood Mac foram incluídos (por Sheryl Crow) no Hall da Fama do Rock & Roll. (O hall verdadeiro havia sido inaugurado em Cleveland, em 1995.) Entre os companheiros empossados, havia Santana, Eagles, Gene Vincent, The Mamas and the Papas e Lloyd Price. Foi aí que Stevie contratou Sheryl Crow para trabalhar em seu próximo álbum solo, e que Don Henley contratou Stevie para cantar em um show beneficente em seu projeto Walden Woods, que visava proteger áreas florestais adjacentes a Walden Pond, em Massachusetts, que ficaram famosas por conta dos escritos de Henry David Thoreau. No concerto pós-apresentações, Stevie e Lindsey cantaram "Landslide" e mantiveram a diplomacia antes de a banda inteira tocar "Big Love". O *guitar hero* fundador do Mac, Peter Green, tocou sua "Black Magic Woman" com Santana, que em 1970 entrara na lista das Dez Melhores com essa canção.

Agora a Warner Bros., a nova gravadora de Stevie, cobrava por um álbum solo, o sexto, no entanto ela postergou o assunto para passar o inverno reunindo uma megacompilação e finalizar seu contrato com a Atlantic Records. Stevie, seu irmão e os assistentes passaram vários meses na casa da cantora em Paradise Valley escolhendo desde singles de sucesso, edições intensas de álbuns a sobras de estúdio e demos; bem como lados B únicos, faixas ao vivo e trilhas sonoras de filmes; também escolheram uma série de fotos instantâneas (a maioria da Polaroid de Stevie) e imagens primorosas de Herbie Worthington e Neal

Preston, as quais retratavam Stevie em todas as suas *personae*: sacerdotisa hierática, *femme fatale noir*, princesa cítia, espírito Will o' the Wisp, abadessa satânica, Astarte, Alice, a Rainha de Sabá, primeira bailarina, vaqueira atômica, órfã, aparição, fada-madrinha etc. Stevie escreveu e ditou uma introdução e observações de produção expressivas para algumas das 46 faixas divididas em três CDs, que fariam parte do livreto de 64 páginas do box. Daí pediu a Danny Goldberg que escrevesse uma história curta sobre a Modern Records. Stevie remixou "Blue Denim" e outras mixagens do *Street Angel*, o álbum nunca aprovado porque ela havia acabado de sair da reabilitação e estava atordoada, e também editou uma nova versão de "Rhiannon" que possibilitaria um registro correto. Ela escreveu: "Com todas essas versões piratas de 'Rhiannon' por aí, decidi entrar em estúdio com um grande piano de cauda e tocar 'Rhiannon' para você agora, do jeito que ela soa hoje. Sinto que sua sabedoria evoluiu muito... E você ouvirá isso no piano e na minha voz. As pessoas dizem 'Você realmente quer passar por isso de novo?' E a única coisa que tenho a dizer é 'Para mim, é um prazer'".

Essa variação com solo para piano sobre um tema de Rhiannon é robusta e de acordes ricos, com Sharon Celani descantando uma melodia harmoniosa e mais algumas novas ideias: "Dream on silly dreamer/Try hard, try harder... you can't leave her".[55] Stevie acelera o tempo após repetir os primeiros três versos, oferecendo uma versão austera e minimalista da tresloucada dança de Rhiannon que ela reciclava toda noite no palco quando era uma vocalista ingênua do Fleetwood Mac. Eis a Rhiannon de 1998 — uma bruxa galesa mais velha e mais sábia.

Enchanted foi lançado pela Modern/Atlantic em abril de 1998, quando Stevie Nicks estava completando 50 anos. Foi uma das compilações em CD mais ambiciosas e caras que algum astro do rock já havia tentado, e, para um pacote de preço tão alto, o sucesso foi bem rápido, atingindo o 85º lugar na lista da Billboard. A tecnologia superior de mixagem digital conferiu magni-

---

55 "Continue sonhando, tolo sonhador/Tente, tente mais... você não consegue abandoná-la", em tradução livre. (N. T.)

ficência recém-assombrada a ótimas canções como "Nightbird". "If Anyone Falls" bramiu como uma leoa orgulhosa. "Stop Draggin'" e "Stand Back" ficaram assustadoramente mais brilhantes, e "Rooms on Fire" soou como se tivesse sido editada em uma catedral. "Reconsider Me" (de Warren Zevon, rejeitada no *Rock a Little*) foi lançada como single e não atingiu as paradas. No fim daquele verão, no dia 27 de maio, após uma empolgante "Stand Back" no programa *Tonight*, de Jay Leno na NBC, Stevie e sua banda começaram uma turnê solo de 37 shows, iniciada em Hartford, Connecticut. Mais magra, com longos cabelos lisos, viajando com a banda de sete membros e o fonoaudiólogo, e lutando contra um medo de palco incomum, Stevie conseguiu despender uma nova e gutural energia canora, a qual seus fãs jamais acreditavam que fossem voltar a ouvir da parte dela.

Ela também estava trabalhando em uma nova forma de apresentação. O palco era ultrafeminino, com tecidos cor de rosa e padrões de mandala. Ela começou com um corpete preto apertado, como se reivindicasse sua antiga forma, e então foi acrescentando camadas de echarpes, espartilhos e mais echarpes conforme a noite prosseguia. Em Hartford, ela deu aos fãs um colóquio sobre suas echarpes. A dourada, para "Gold Dust Woman", era tão antiga, disse ela, "que deveria estar caindo aos pedaços, mas não está... assim como eu". Isso provocou uma gargalhada geral. A echarpe carmesim de "Stand Back" era de seus primeiros dias com o Fleetwood Mac. (Seus fãs mais assíduos sabiam que era uma despedida, já que ela sempre cantara "Stand Back" com uma echarpe clássica de bolinhas.) Ela também revelou que suas botas de salto já tinham dado o que tinham que dar depois da turnê com o Mac no ano anterior. A partir de agora, ela cantaria com botas pretas de cano alto da Nike. Para muita gente, a atração do show era quando a banda "desplugava" e se acomodava em banquetas ao redor de Stevie para uma apresentação acústica que incluía músicas mais tranquilas, como "After the Glitter Fades" e "For What It's Worth". Em geral, o bis era "I Need to Know", dos Heartbreakers.

Fãs e críticos que tinham visto Stevie dando shows mequetrefes em suas respectivas cidadezinhas com o Fleetwood Mac no ano anterior agora estavam contentes em ver que ela voltava à ativa com sua própria banda. Um perspicaz crítico de Chicago cobriu seu show no World Music Theater:

> A eternamente loira diva do rock subiu a registros mais altos que até então não passavam de rumores, e girou e rodopiou livre de antigas rixas e colegas de banda teimosos, deslizando pelo palco visivelmente empolgada por se ver emancipada de mais uma lista de apresentações de maiores sucessos. Seu aniversário de 50 anos parece ter acendido uma chama sob os saltos de 12 cm e rios de echarpes flutuantes.

> Usando um antigo vestido preto de renda e adornada com finas camadas de lenços cor de terra, Nicks flutuou lentamente pelo palco, com os cabelos loiros na altura dos cotovelos, sua marca registrada, requintadamente escovados. Presenciar Nicks cantando a clássica "Rhiannon" seria capaz de convencer até o cético mais racional de que sua voz estaria perdida caso lhe cortassem os cabelos.

> Em turnê para promover um novo box set de CDs de retrospectiva, Nicks parecia inocente, até mesmo tensa, ao contar à multidão que pretendia apresentar algumas músicas ainda inéditas nos palcos. Se por um lado Nicks pareceu cansada e exausta no último mês de novembro [de 1997] junto ao Fleetwood Mac no Horizon [o local do show], por outro, estava radiante neste espetáculo no World, como se estivesse fazendo um teste para uma banda da qual morria de vontade de participar. E por isso a noite foi tão boa.

Em 21 de julho, um fã/stalker do Colorado foi detido pela segurança ao tentar entrar no show de Stevie em Englewood, próximo a Denver. Um juiz já havia concedido uma a ordem de restrição contra o tal fã, que estava obcecado por conhecê-la. Levado perante o juiz, o fã explicou à corte que Stevie Nicks era uma bruxa famosa e conhecida, e que teria o poder de curá-lo de suas vozes indesejadas e da homossexualidade.

Mais tarde, na turnê, Stevie e suas garotas desceram de helicóptero em um vasto campo na cidade interiorana de Bethel, no estado de Nova York, o mesmo onde acontecera o *Woodstock Festival of Art and Music* na fazenda de Max Yasgur, em 1969. Stevie disse às garotas que sempre teve vontade de posar ali desde que vira os helicópteros conduzindo grandes astros do rock até o local no filme *Woodstock*, de 1970. Ela era a atração principal da primeira noite de um festival de fim de semana chamado *A Day in the Garden*, com Don Henley, Ten Years After (que havia tocado em 1969) e Ziggy Marley & The Melody Makers. Mais tarde, Stevie disse que ficou arrepiada quando ela e Don cantaram "Leather and Lace" a centenas de metros de onde Jimi Hendrix dera uma versão em grito de guerra de "The Star Spangled Banner" ao amanhecer, quase 30 anos antes.

Quando a *Enchanted Tour* encerrou, Stevie voltou a Paradise Valley para descansar. Lá, soube que Christine McVie não somente deixara o Fleetwood Mac como também vendera sua casa em Beverly Hills, seus carros e piano de cauda; ela estava se divorciando do marido e voltando para a Inglaterra. Ela contou a Mick que, aos 55 anos, já estava "por aqui" do Fleetwood Mac. Seu pai morrera no ano anterior e havia uma antiga casa em ruínas em Kent que ela queria reformar (seu desejo era se aposentar ali, levando a vida de uma camponesa inglesa com roupas de lã úmidas e cachorros molhados). Em algumas entrevistas concedidas por Christine, ela deu a entender que se cansara de Stevie e de Lindsey. Inclusive ela chegou a se queixar dos interesses de Stevie por "astrologia e coisas do tipo" e dos "inúmeros namorados" da cantora. Disse que o problema com os "norte-americanos do Fleetwood Mac" era que tinham pouco senso de humor e se levavam "excessivamente a sério".

"Christine pulou fora, simples assim", recorda-se Stevie, "e disse 'Não aguento mais fazer isso. Estou tendo ataques de pânico'. Christine voltou para a Inglaterra, e por anos ficou reclusa. Todavia, Mick manteve contato com ela, logo, ele sempre sabia que Christine estava bem. Nunca esperei que voltasse, e senti muita saudade dela".

E então a namorada de Lindsey teve um bebê, o primeiro filho do guitarrista, e foi aí que Stevie afirmou finalmente aceitar que não haveria jeito de ela e Lindsey envelhecerem juntos em uma casinha antiga. Conscientemente, Stevie nunca havia desistido de Lindsey até então. Mas quando um entrevistador lhe perguntou sobre o antigo romance entre eles, ela respondeu: "Acabou. Não significa que não haja sentimentos. Só significa que... Sabe, éramos a bela e a fera. Significa que o amor sempre estará presente, mas nunca ficaremos juntos, então é ainda mais romântico". Questionada quando ela percebeu que realmente havia acabado, Stevie respondeu: "No dia em que nasceu o primeiro filho dele. Eu sabia que era o ponto final ali. *Aquele* foi o encerramento definitivo".

Durante pouco mais de um ano, Stevie andou saindo com um homem muito mais jovem, um garçom divorciado com dois filhos, vinte anos mais novo do que ela. Stevie gostava dele, mas o rapaz não era do tipo que poderia acompanhá-la ao Grammy Awards e outras funções do ramo que ela era solicitada a participar. Ela conta: "Durante pouco mais de um ano, saí com uma pessoa que estava bem apaixonada por mim. Só que ele era jovem demais. Eu tinha quase 50 anos, e ele, quase 30. Tivemos uma discussão, mas eu disse que, mais cedo ou mais tarde, ele faria eu me sentir muito, muito velha, então terminei. Mas nunca deixo de estar aberta à possibilidade de um romance". Aos amigos, ela disse que o garçom era uma situação constrangedora. "Ele gostava de mim de verdade", comentou.

Em seguida, Stevie começou a se encontrar com uma antiga paixão. "Tive um relacionamento com uma pessoa com quem havia saído há muito tempo. Não deu certo na época, e não deu certo de novo. Só comprovou minha teoria de que nunca se deve recuar em suas decisões." O namorado seguinte de Stevie foi um músico mais jovem cuja carreira estava empacada. Stevie agia como sua mentora, dando-lhe amor e incentivo. Então um dia ela recebeu um gordo adiantamento em dinheiro, referente um novo contrato, aí não se sentiu capaz de compartilhar sua alegria com essa pessoa. "Fiquei emocionada e empolgada, e cometi o erro de contar isso a uma pessoa que andava com dificuldades no ramo musical. Assim que as palavras saíram da minha boca, percebi que ele não achou graça nenhuma. Logo percebi que nunca teríamos um relacionamento, pois sou dessas que gostam de compartilhar momentos de alegria."

Nos três anos subsequentes, Stevie transformaria esse e outros amores em música: ideias e letras que viriam a se tornar inspiração para as 12 canções de *Trouble in Shangri-La*, e que levaram tanto tempo para serem feitas que só veriam a luz do dia em 2001.

8.4 Adulto Contemporâneo

Sheryl Crow tinha 36 anos quando começou a compor e produzir novas faixas com Stevie Nicks, no Havaí, no fim de 1998. Stevie adorava algumas músicas de Sheryl, como "Everyday Is a Winding Road" e "My Favorite Mistake", e pressionava Crow para que desse detalhes de sua vida. Tanto Sheryl quanto Stevie foram rainhas de baile adolescentes e balizas, que passaram a cantar em bandas locais. A diferença era que enquanto Stevie queria frequentar escolas de cabeleireiros, Sheryl foi para a Universidade do Missouri e deu aulas de música na escola primária enquanto aperfeiçoava suas habilidades como multi-instrumentista. Com tristeza, Stevie disse a Sheryl que, quando estava com 36 anos, em 1984, estava viciada em cocaína e prestes a ter um colapso, que por fim a levou à reabilitação. E contou que em mais uma ocasião poderia ter morrido de overdose de alguma coisa banal, como excesso de xarope para a tosse. Stevie comentou que, aos 36, sua vida estava se esvaindo, e o que a salvou foi a música. Isso lhe deu a força para não desistir e a fez perceber que queria ficar no mundo dos vivos, escrever mais músicas, sair em turnê e se divertir um pouco mais. Elas conversaram durante horas sobre ter filhos (ou não), Sheryl preocupada com seu reloginho biológico, e Stevie, aliviada pelo fato de seu tempo ter acabado. Stevie disse a Sheryl que tinha quase certeza de que teria conhecido alguém legal e, talvez, pudesse ter tido um filho, mas perdera oito anos tomando medicamentos fortíssimos.

Já Sheryl Crow enxergava a vida de Stevie de outro jeito: liberdade quase total, fama internacional, cada vez mais respeitada como uma roqueira sábia, uma lenda no Hall da Fama. Crow chegou à conclusão de que, para uma estrela do rock, ficar solteira e sem filhos não era a pior coisa que poderia acontecer.

* * *

Durante boa parte de 1999, a yorkshire terrier velhinha de Stevie, Sulamith, ficara no sofá do estúdio ouvindo Sheryl Crow ajudar sua tutora na produção das músicas novas. (Sulamith era uma fofura, mas havia quem detestasse a "voz" áspera e esganiçada que Stevie usava para se comunicar com a cachorrinha, e vice-versa.)

Essas músicas arduamente conquistadas eram uma mistura de melodias do passado de Stevie e algumas ideias novas de outros compositores. Dentre as relíquias de Stevie estavam "Candlebright", uma balada de bandolim e órgão sobre um errante sonhador em busca da tal vela acenando na janela. Começou como um poema de jornal chamado "Nomad", em 1970, continuou como uma demo para o segundo álbum do Buckingham Nicks e foi cogitada para o *Fleetwood Mac*, mas acabou sendo substituída por "Rhiannon". De maneira semelhante, "Sorcerer" havia sido escrita pela primeira vez em 1972. O Buckingham Nicks a tocou ao vivo sob o título "Lady from the Mountains". Também virou demo para o *Fleetwood Mac*, mas não foi usada. Por sua vez, "Sorcerer" se tornou um fervoroso hino sobre visões de correntes estelares e sonhos de neve, que ganhou novo impulso sob o toque da guitarra Telecaster de Sheryl. Também era uma canção sobre Lindsey e sobre controle. "Sorcerer — who is the master?"[56]

Essa música era importante para Stevie: "Sempre penso que algumas de minhas canções são premonitórias, e ['Sorcerer'] é uma delas. Ela previu o futuro. A mulher das montanhas era a mulher de São Francisco que se mudou para Los Angeles a fim de seguir seu sonho — tornar-se uma estrela do rock —, e ela de fato se tornou uma estrela do rock".

Sheryl Crow também teve função importante em "That Made Me Stronger", uma música agitada, com influência dos Beatles, inspirada nos conselhos de Tom Petty quando ele disse a Stevie que se levantasse, sacudisse a poeira e escrevesse material próprio. Stevie colocou letra em uma faixa

---

56 "Feiticeiro — quem é o mestre?", em tradução livre. (N. T.)

demo de outros compositores e Sheryl juntou tudo com um arranjo para rock. Sheryl também contribuiu com uma de suas próprias canções, "It's Only Love", que Stevie cantou com imensa empatia pela paixão contida na letra de Sheryl.

Quando Stevie sondou Sandy Stewart para lhe pedir uma música (Sandy jamais deixou sua amiga na mão, apesar de alguns conflitos e decepções), ela lhe enviou "Too Far From Texas", uma canção de amor hard rock na qual Sheryl mergulhou sem reservas, e que contou com a contribuição de Mike Campbell na guitarra solo. Daí eles a transformaram em um dueto entre Stevie e Natalie Maines, a vocalista esquentadinha do Dixie Chicks. E chamaram boa parte dos membros do Heartbreakers para tocar na faixa, com Steve Ferrone na bateria e Sheryl no baixo. A música era sobre uma garota texana com saudades de seu parceiro (que estava na Inglaterra sob circunstâncias questionáveis), e acabou sendo, sem tirar nem pôr, a melhor produção em que Stevie Nicks esteve envolvida há anos. Outra faixa coproduzida por Sheryl Crow foi "Touched by an Angel", que apareceu no filme *Doce Novembro*, de 2001. Outra, ainda, foi uma reformulação da antiga (e profética) canção "Crystal", de Stevie, que ela cantou no lugar de Lindsey Buckingham.

Elas trabalharam nessas músicas novas até o fim de 1999. Mas Sheryl Crow estaria com a agenda cheia em 2000 e, com pesar, teve de deixar o novo álbum de Stevie nas mãos de outros produtores. Stevie e sua banda embarcaram na chamada *Holiday Millennium Tour*, tocando a maioria de seus *hits* na Califórnia e no Sudoeste dos Estados Unidos.

Então Stevie passou a maior parte do ano 2000 se deslocando entre uns dez estúdios diferentes por Westwood, West Hollywood e também pelo Valley, escrevendo e reescrevendo, tirando novas músicas de suas anotações e registros. O músico/produtor John Shanks, sócio das cantoras Bonnie Raitt e Melissa Etheridge, agora era arranjador e amigo de Stevie. Eles começaram a trabalhar na faixa-título, "Trouble in Shangri-La", construindo um muro de coral militante em torno das letras de Stevie sobre um amante que vivia interferindo entre ela e suas amigas. Em seguida, eles editaram "Planets of the Universe", escrita durante as gravações do *Rumours* de 1976, quando Stevie percebeu pela primeira vez que precisava dar um fim a sua relação com Lindsey. "Planets" era uma canção complexa sobre o sentimento de vingança por ter sido enganada. "Você nunca mais/Vai mandar em mim daquele jeito." (O *lick* de guitarra ecoava o estilo característico de Lindsey.) "Planets" também abordava a resignação de uma mulher a uma existência romântica diferente: "Sim, viverei sozinha". A versão original tinha uma letra sobretudo rancorosa. Um verso irado seria removido no último instante por Stevie antes do lançamento, após concluir que, do jeito que estava, a música seria dolorosa demais para Lindsey.

"Fall from Grace" foi outra colaboração com John Shanks, e uma das mais ferozes expressões da força de vontade de Stevie. Com letra furiosa acompanhada por uma linha incendiária de guitarra, "Fall from Grace" foi composta em uma suíte de hotel em Nashville, no fim da *The Dance Tour*, quando Stevie sentiu que não estava obtendo o respeito que merecia. A canção lembra um amante — ou uma banda — que só chegara tão longe por causa dela. *"Maybe the reason I say these things/Is to bring you back alive/Maybe I fought this long and this hard/Just to make sure you — survive/Just to make sure you survive."*[57] (Outra música desse período e tema era "Thrown Down", que acabou arquivada para uso futuro.)

A nova canção de Stevie, "Every Day", ganhou um tom mais doce por causa dos *cellos* e violinos de John Shanks. Então Stevie procurou outro músico/produtor, David Kahne, para ajudá-la com "Love Changes", uma balada com versos sem rima, como na poesia beatnik. A bela e melancólica "I Miss You", também de Stevie, tornou-se uma balada exuberante sob a batuta do velho amigo Rick Nowles, que também acrescentou uma seção de cordas líquidas a uma música que questionava relacionamentos e viagens. Curiosamente, Lindsey Buckingham foi convencido a tocar guitarra em "I Miss

---

57 "Talvez o motivo pelo qual digo essas coisas/É para trazer você de volta à vida/Talvez eu tenha lutado tanto tempo e tão duramente/Só para garantir que você — sobrevivesse/ Só para garantir que você sobrevivesse", em tradução livre. (N. T.)

You", sua primeiríssima aparição em um álbum solo de Stevie Nicks. Ao vê-
-lo no estúdio, Stevie o parabenizou calorosamente pelo casamento recente
com a namorada, Karen, de 30 anos. (Lindsey tinha 51.)

Sozinha, Stevie escreveu e produziu "Bombay Sapphires". Era uma canção melancólica com ecos de samba, evocando as ilhas de Maui e Oahu,
visitadas por Stevie entre uma e outra sessão de gravação. O empresário de
Stevie pediu que sua cliente Macy Gray, a emotiva cantora de blues pop,
aparecesse na faixa. Segundo informações, Stevie não gostava muito da voz
de Macy Gray, mas concordou com o pedido sincero de Howard Kaufman.

Uma das últimas faixas a ficar pronta foi gravada em Vancouver. Era "Love
Is", uma lânguida balada sobre ficar maravilhado pelo poder do amor. Em
"Love Is", Stevie foi acompanhada pela cantora canadense Sarah McLachlan,
então com 32 anos, fundadora do *The Lilith Fair*, um importante festival de
música de verão composto só por mulheres. Stevie e Sarah (gravidíssima)
então se uniram para o trabalho em estúdio: Stevie com seus anjos de vitral,
Sarah com figuras e caracteres celtas. Mais tarde, Sarah desenharia a inicial "S"
no nome de Stevie no encarte do álbum, formando um dragão galês dançante.

No fim do ano 2000, Stevie Nicks foi para casa, em Paradise Valley, para passar o Natal, satisfeita com o fato de ter feito — junto de seus seis produtores
— seu melhor álbum em anos. "Trouble in Paradise" então se tornou *Trouble
in Shangri-La*. Stevie teve de se preparar para o lançamento e promoção do
novo trabalho, e depois para outra turnê com sua banda após três anos sem
subir nos palcos, desde a *The Enchanted Tour*. Mas, primeiro, o Fleetwood
Mac se reuniu (sem Christine McVie) e tocou para Bill Clinton por uma
última vez, antes de ele deixar a Casa Branca após oito anos de paz e prospe-
ridade, e também de lufadas nocivas de escândalos sexuais.

A primeira metade de 2001 foi empenhada em mais produção. Stevie
foi fotografada de tafetá transparente e chiffon, em um estúdio elaborado e
decorado em tons de sépia, montado pelo fotógrafo de rock/moda Norman
Seeff, que criava efeitos de nevoeiro, sua marca registrada, esticando uma
meia-calça transparente sobre a lente do ampliador fotográfico. Eles fizeram

dois clipes caros, primeiramente para o canal a cabo VH-1, a estação irmã da MTV para (supostos) adultos. Sheryl Crow voltou para aparecer no clipe de "Sorcerer". Sheryl dedilhava a guitarra e sorria enquanto Stevie desfilava de batom vermelho e vestido preto decotado. (A diretora Nancy Bardawill gravou o clipe todo em cinco horas.)

Stevie odiou o próximo diretor, Dean Carr, que pareceu levar cinco anos para fazer o clipe de "Every Day". Foi uma grande produção, com paisagem aquática, dançarinos e um casal de cisnes negros. Stevie usava um vestido Morgana le Fay horroroso e megahair cacheado; quando a orientaram a se deitar na água com os cisnes, ela se recusou secamente. Disse ao diretor, aos gritos, que *não* entraria na água com os malditos cisnes. "Ele me odiou", comentou ela mais tarde. "Eu fui muito desagradável". Ela apontou que cisnes ficavam juntos a vida toda, mas mesmo aqueles foram briguentos e maldosos um com o outro enquanto gravavam o clipe de "Every Day".

Trouble in Shangri-La foi lançado pela Reprise Records em maio de 2001. Stevie tinha 53 anos. Seu sexto álbum solo tinha sido mixado e equalizado por Chris Lord-Alge, que teve de transformar o trabalho de sete produtores diferentes em um único álbum perfeitamente fluido e sonoramente adequado. Foi um sucesso. *Trouble* estreou em quinto lugar na lista da *Billboard*, a melhor posição de Stevie desde *The Wild Heart*, em 1983. "Every Day" foi um dos Vinte Melhores singles na lista de "Adulto Contemporâneo", e depois "Sorcerer" chegou ao 21º lugar. Mas "Planets of the Universe", estrondosamente estendida e remixada para pistas de dança e lançada em dois LPs de vinil, atingiu o primeiro lugar na lista de "Hot Dance Music/Club Play". A música de Stevie, às vezes remixada sem autorização oficial, ficava cada vez mais presente nas discotecas. Também havia o tal do "The Night of a Thousand Stevies" (A Noite das Mil Stevies, em tradução livre), agora um rito fetichista anual na parte baixa de Manhattan, onde fãs do mundo todo dançavam até altas horas usando fantasias inspiradas no guarda-roupa de Stevie. (Bruxas semelhantes a Rhiannon apareciam aos montes; também princesas arturianas, Scarlett O'Haras, Damas das Montanhas e outras personagens. Algumas iam de Pombas Brancas Aladas.) Vez ou outra, nesses eventos, os fãs de Stevie do sexo masculino superavam as mulheres. Todo ano, os organizadores imploravam a Stevie que aparecesse, mas ela sempre recusava, enviando apenas algumas mensagens amorosas de incentivo.

Trouble in Shangri-La foi creditado como o salvador da carreira de Stevie. Sua volta foi auxiliada por um novo elo com a VH-1, que a colocou no rol de *Artista do Mês* ao longo de maio, exibiu todos os seus clipes o tempo todo e a agendou para episódios nos programas *Storytellers* e *Behind the Music*. Em seguida, ela figurou na lista das "50 Pessoas Mais Bonitas" da revista People, o que fez Stevie ser requisitada para aparições na TV e premiações. O grupo feminino mais famoso dos Estados Unidos na época, Destiny's Child (que lançou Beyoncé ao estrelato), usou o *riff* de guitarra de "Edge of Seventeen" no single de sucesso "Bootylicious" e convidou Stevie para aparecer no clipe, imitando o agora clássico *stutter* de guitarra de uma nota só de Waddy.

A *Trouble in Shangri-La Tour* começou em julho de 2001 e abriu caminho por todo o país, e Sheryl Crow foi a artista convidada em várias apresentações nos principais setores. O show de Stevie começava com "Stop Draggin'" e continuava com "Dreams" e "Gold Dust Woman", daí apresentava "Sorcerer". Sheryl aparecia para cantar "My Favorite Mistake" e ficava para "Every Day". "Rhiannon" surgia no meio do show, depois vinham "Stand Back" e "Planets of the Universe" com um arranjo para pista de dança. Sheryl voltava para "Everyday Is a Winding Road" e várias novas músicas do álbum *Trouble*. Stevie deu a "Fall from Grace" uma interpretação feroz, fazendo alguns fãs se perguntarem por que ela estaria com tanta raiva. "Edge of Seventeen" encerrava a apresentação, e "I Need to Know" e "Has Anyone Ever Written" entravam como bis.

Mas em determinado momento Stevie teve problemas na voz: os médicos disseram que era bronquite aguda, e vários shows foram cancelados. Stevie certamente ficou muito chateada, não só por causa de seus fãs que foram decepcionados, mas devido à mancha em sua reputação dentre agentes e promotores que geriam as apresentações. Um excesso de shows cancelados poderia significar que, numa próxima vez, não haveria turnê. Então Waddy Wachtel adoeceu, e depois os monitores do palco começaram a falhar no meio das apresentações. Estaria a turnê amaldiçoada?

No final de agosto, os shows retomaram o ritmo. Stevie estava inusitadamente tagarela com os públicos dessa turnê, passando longos minutos em monólogos aleatórios e alertas dedicados a medicamentos e vício. Ela começou a desfrutar das companhias da estrada, inclusive das sessões noturnas de maquiagem, que começavam com a cantora de cara limpa, progredindo por meio de uma camada de base, corretivo tópico, corretivo de olheiras, três tipos de blush para esculpir as maçãs do rosto, sombra para os olhos, rímel, kajal, delineador de lábios e — finalmente — batom, até surgir a máscara completa dos shows. Mas seu maior motivo de orgulho era estar tocando ao lado de uma de suas melhores bandas. Mas então aconteceu uma coisa que lançou uma sombra duradoura sobre todo o empreendimento.

8.5 Terror

O show de Stevie em Toronto tinha ido bem, e fora aplaudido efusiva-mente, inclusive as novas músicas, a plateia não queria deixar a noite acabar. Após a apresentação, Stevie e suas garotas correram para as grandes SUVs pretas, que as levaram ao Toronto International e ao jatinho particular de Stevie. Era 10 de setembro de 2001, uma noite tranquila de segunda-feira.

Stevie dormiu um pouco no voo curto até o LaGuardia Airport, em Nova York, descansando para o show seguinte da *Trouble in Shangri-La Tour*, no Radio City Music Hall. Stevie também tinha compromisso no programa *Today*, da NBC, uma aparição crucial para o sucesso da turnê. Após a meia--noite, mais carros pretos as levaram pelo sonolento Queens e até o Waldorf Astoria Hotel entre a Park Avenue e a 50th Street, em Manhattan. Às duas da manhã, Stevie se registrou em uma das suítes presidenciais, próxima à cobertura. Daí trocou de roupa, botando peças pretas simples, enquanto os lanches eram preparados na cozinha da suíte. Todos conversaram sobre a apresentação da noite, Stevie desenhando no diário e de olho no piano de cauda da sala de estar com vitrais da suíte. O novo álbum de Shawn Colvin estava tocando no aparelho de som. Stevie pensou em escrever uma nota de condolências a Gladys Knight, cuja sobrinha Aaliyah morrera um acidente de avião após gravar um clipe nas Bahamas. A TV estava ligada, sem som. Eles viram o sol nascer sobre Long Island a leste, uma exibição ao vivo da mudança de iluminação. Era terça-feira, 11 de setembro de 2001.

Stevie estava pensando em ir para a cama quando ouviu um grito, daí aumentou o som da TV. Um avião com passageiros havia atingido uma das torres do World Trade Center, na parte baixa de Manhattan. Em seguida, outra aeronave acertou a segunda torre. As imagens da TV eram instigantes e obscenas. Stevie não desgrudou da CNN, o canal a cabo de notícias, que exibia despudoradamente pessoas saltando dos prédios mais altos de Nova York. Algumas delas pareciam em chamas. Então outro jato se esmigalhou no Pentágono, na capital Washington. E outro avião — todos haviam decolado de Boston — estava desaparecido, presumivelmente por sequestro, e caiu em outro lugar. Então, a torre sul do Trade Center sucumbiu. Um pouco mais tarde, a torre norte também. Os apresentadores de TV disseram que as torres estavam cheias de pessoas e bombeiros quando caíram. O ar na suíte do hotel foi ficando pesado conforme a poeira das torres desmoronadas se espalhava pela cidade de Nova York como uma mortalha tóxica.

Os Estados Unidos estavam sendo atacados. Stevie Nicks ficou muito assustada. Para se acalmar, abriu o diário e começou a anotar os acontecimentos.

O ar piorava conforme uma névoa mortal pairava sobre a cidade. Os funcionários do hotel instruíam os hóspedes para fecharem todas as janelas e não irem às ruas. O Waldorf entrou em modo de quarentena, normalmente adotado apenas quando presidentes se hospedavam lá, com apenas uma entrada aberta e guardas a postos. Logo eles ouviram que a apresentação no Radio City estava cancelada. Os três principais aeroportos da região foram fechados, enquanto jatos da Força Aérea zuniam baixo sobre Manhattan, procurando intrusos e avisando às pessoas que a batalha tinha terminado — ao menos por enquanto. Até algumas pontes foram fechadas. Por ora, a *Trouble in Shangri-La Tour* estava presa em Manhattan.

Às 4h45 da manhã seguinte, uma Stevie Nicks emotiva pegou seu diário e escreveu: "Somos uma cidade arrasada/Sinto que faço parte desta cidade/ Somos uma cidade forte, reluzente/Observamos um trecho da história/Vivemos em meio a uma tragédia/Como ninguém — jamais viu". A esposa de um de seus executivos favoritos da Warner Bros. estava em um dos aviões de Boston, retornava de viagem após deixar suas filhas gêmeas na faculdade.

Stevie anotou no diário que o sol nascera às 6h10 no dia 12 de setembro. Ela escreveu: "Então hoje é um dia lindo e assustador, olhando para 36 andares acima, posso dizer quão inimaginável seria se eu olhasse para cima e visse um grande jato voando em minha direção, neste país? Minha pergunta — como foi que isso aconteceu?". E pouco depois: "Bem, acho que preciso dormir agora. Estamos todos traumatizados. Deus conforte a todos os que perderam alguém... e por todos... os que se foram... lamento muito... Stevie Nicks, 7h06 da manhã... P.S. O quarto ainda é rosa brilhante."

Quando Stevie acordou no fim da tarde, perguntou aos seus botões se deveria cancelar a turnê em respeito aos mortos na tragédia. Seus empresários alertaram que ela já havia cancelado alguns shows quando estava doente, e que deveria continuar se conseguisse. Então no sábado eles fizeram as malas e foram de carro até Atlantic City para um show no Borgata Hotel. Em seguida, viria Columbus, Ohio. Os fãs estavam saindo por causa dela, lotando shows que ainda tinham bastantes lugares disponíveis antes de os aviões atingirem os prédios. Mas ela estava angustiada por estar em turnê. Queria ficar em casa. Telefonou para Don Henley. Os Eagles estavam gravando, disse ele, mas todo mundo vinha passando por maus bocados.

Stevie: "No início, ele falou: 'Vá para casa, querida, e ponto final'. Mas depois ele perguntou: 'Tem gente indo aos shows'? Respondi que sim. Aí, ele disse: 'Bem, Stevie, se você der conta de fazer as pessoas felizes por um minuto, faça um esforço e continue'."

Ela telefonou para Barbara Nicks. "Quando minha mãe atendeu o telefone, eu caí no choro e disse: 'Não sei se consigo ficar aqui. Estou passando por um péssimo momento'. A mãe respondeu: 'Teedie, recebi pelo menos umas dez ligações da Atlantic City dizendo que adoraram o show, e que você trouxe alegria. Meu bem, se conseguir finalizar a turnê, pense em quantos corações você acalentou. Essa é sua dádiva. Sei que consegue. Você *é* forte, sim.'"

Então Stevie permaneceu na turnê, saindo do Ritz-Carlton para o próximo Four Seasons, e vice-versa. Em determinados dias ela precisava se obrigar a entrar no avião para o show seguinte. E pela primeira vez estava transcrevendo as anotações pessoais do diário em seu site, nicksfix.com, para que os fãs pudessem acompanhar suas viagens. O show na região de Washington D.C. lotou e foi emocionalmente doloroso, já que o Pentágono ainda ardia em chamas. Nos bastidores, Stevie recebeu a visita de crianças em cadeiras de rodas, e deu abraços demorados em todas elas.

Eles estavam para voltar a Nova York, mas o *Today* cancelara sua participação e o Radio City Musical Hall se recusava a reagendar o show. Foi uma decepção, já que Stevie queria cantar "Landslide" e "Has Anyone Ever Written Anything for You?" — que ela achava sua canção mais compassiva — para o público nova-iorquino. Aos fãs, ela escreveu que vinha tendo ataques de pânico, sobretudo em dias de show, e que a sensação só a abandonava quando ela estava a caminho do avião, depois dos shows. "É o único momento em que me sinto calma e segura. É quando reafirmo minha convicção de estar aqui e finalizar a turnê."

Nesse meio tempo, sua banda estava a todo vapor no palco, recanalizando a crepitante energia eletro-espiritual provinda de um animado público de rock. (Fãs que adquiriram gravações piratas dos shows afirmaram que aquelas foram algumas das melhores atuações da carreira de Stevie.) Stevie acolheu de bom grado: "De qualquer modo, os shows foram bons, e realmente acredito que faço as pessoas divagarem por um tempo, eu as vejo sorrindo, as vejo dançando, toco suas mãos, olho nos olhos delas, que até podem estar sofrendo, mas ao menos por alguns instantes, somos livres ali".

O show em Nashville foi difícil, mas Lori Nicks havia se juntado à turnê para dar apoio moral, então Stevie não chorou no palco, ainda que tivesse vontade. (Stevie ficou contente por não ter chorado, escreveu ela em seu diário.) Em São Francisco, alguns dias depois, ela se pegou compadecida pela transmissão televisiva dos funerais de bombeiros mortos no 11 de setembro. À 1h20 da manhã do dia 28 de setembro, enquanto assistia à CNN em sua suíte no Mandarin Oriental Hotel, ela escreveu: "Sinto que envelheci cinco anos desde o 11 de setembro. Minha pele está diferente; meus olhos estão diferentes — meu cenho está mais franzido". Duas horas depois, acrescentou: "Amanhã toco em Shoreline, San Jose, terra de Bill Graham, grandes shows de rock, Janis Joplin e Jimi Hendrix, todas as excelentes bandas de São Francisco para quem abrimos — o lugar onde o Buckingham Nicks nasceu. Então isso é o mais próximo possível de casa— meus amigos mais queridos estarão lá. São Francisco, aí vou eu."

* * *

No início de outubro, a *Trouble in Shangri-La Tour* migrou para o novo Aladdin Theater, em Las Vegas. Stevie estava rouca e às vezes não era fácil, mas nessa noite seus pais e a família de seu irmão estariam presentes, o que lhe daria mais segurança. Em outras vezes, ela entoava palavras de incentivo para si mesma: ela era uma rainha guerreira em uma cruzada para trazer auxílio e cura a seu povo aniquilado. Além disso, Stevie estava obcecada com os shows cancelados e sua reputação no ramo. Queria compensar todas as apresentações perdidas, mas a temporada de turnês de outono já tinha se esgotado.

As últimas apresentações foram em Los Angeles. Ao assistir as notícias em sua suíte de hotel em San Fernando Valley, onde Stevie faria dois shows no Universal Amphitheater, ela foi informada de que, embora todos os sequestradores dos aviões do 11 de setembro fossem da Arábia Saudita, o governo dos EUA agora bombardeava o Afeganistão, cujo governo Talibã apoiava Osama Bin Laden, o mentor dos ataques do 11/9. Los Angeles estava com medo de retaliações. As ruas estavam excepcionalmente desertas. A transmissão do Emmy Awards foi cancelada. Mas os dois shows de Stevie em Los Angeles estavam com os ingressos esgotados, e precisavam ser muito especiais. Naquela noite, ela escreveu uma oração:

"Querido Deus, permita que eu arrase amanhã — que eu esqueça o terrorismo e entoe as canções com fervor... que eu me sinta bem e feliz — que eu possa proporcionar isso a essas pessoas — esta é minha oração. E lembre-se, Stevie: caminhe como uma rainha."

Como sempre, Stevie sentia-se contente e aliviada por estar em casa, que na época era um apartamento com pé-direito alto em um prédio ao lado do mar, próximo à Pacific Coast Highway, onde Santa Monica se encontra com Pacific Palisades. Ficava em um andar alto, de grandes janelas com vista panorâmica para os belos e majestosos cenários de Palos Verdes, ao sul, e para todo o Point Dume, o imenso promontório a noroeste de Malibu. Sentada à janela com uma taça de vinho, observando as lanternas vermelhas dos carros serpenteando encosta acima, Stevie sentia-se em um crepúsculo pós-turnê.

"Agora estou em casa", escreveu. "Estou começando a me acalmar, sabendo que amanhã não há shows. Sorte a minha e da banda que vamos fazer um ou outro show entre agora e dezembro, ou estaríamos surtados. É sempre difícil voltar a entrar no clima após o término de uma turnê. Esse é um problema de roqueiros velhos de estrada — a estrada se torna normal, então voltar para casa é estranho."

O sol havia baixado, e Stevie se levantou e acendeu velas. Ela gostava de contemplar as luzes hipnotizantes da estrada, a luminosidade branca vindo em sua direção, os brilhos vermelhos se afastando, de sentir o apartamento preenchido pelo odor marcante de *nag champa*, uma especiaria indiana rara. O nome da vela era Illumé. Stevie olhou fixamente para a imagem duplicada da Illumé, a vela e seu reflexo na janela escura. Então sacou seu diário e escreveu quatro versos longos de uma nova canção sobre aquelas últimas semanas, uma balada sombria de trauma e remorso, e gratidão por todo o amor que a ajudou a suportar as provações. Ao terminar, ela registrou a data: 11 de outubro de 2001.

CAPÍTULO 9

9.1 O Deus-Mercado

No fim de novembro de 2001, Stevie Nicks voltou a Los Angeles após um descanso no Havaí, decidida a fazer outro álbum solo. Ela recorda-se: "O que aconteceu foi que, quando voltei para casa e fui passar o Natal em Phoenix, percebi que precisava dizer como estava me sentindo após minha turnê pavorosa. Do jeito que as coisas ficaram, só uma das músicas do novo álbum era de fato recém-saída do forno, e, como compositora, isso não é aceitável para mim. Então, voltei aos diários e compus 'Destiny Rules', depois 'Silver Girl', depois 'Illumé', e então 'Say You Will'." Isso aconteceu num período de seis semanas em Phoenix, com ajuda do baixista "Big Al" Ortiz. E assim a banda Stevie Nicks and Friends foi a atração principal de um show beneficente natalino para o Arizona Heart Institute, que contava com o pai de Stevie, Jess Nicks, na diretoria. Os amigos de Stevie incluíam Sheryl Crow, e Nicks retribuiu aparecendo no álbum *C'mon C'mon* de Sheryl, de 2002.

Enquanto isso, o Fleetwood Mac havia encerrado seu período na Warner Bros. e atualmente estava sem contrato com nenhuma gravadora. Só que a sala de reuniões da Warner Bros. não estava exatamente tranquila: com o advento das plataformas de compartilhamento de arquivos, como o Napster, as vendas de discos estavam despencando. Escreviam-se obituários e mais obituários para o esperado fim da indústria fonográfica varejista, prevendo que todas as músicas gravadas viriam a se tornar gratuitas para qualquer pessoa que apertasse uma tecla no computador. Ninguém tinha previsto isso, e agora toda uma geração de funcionários de gravadoras — aliados cruciais do Mac no ramo — estava sendo marginalizada e demitida, inclusive da Warner/Reprise, deixando os artistas na ansiedade da incerteza.

Um deles era Lindsey Buckingham, que havia trabalhado em um álbum solo recente para a Warner Bros. — aquele mesmo que atrasara por conta de *The Dance* — em seu estúdio caseiro enquanto construía outra casa nos arredores para sua família que não parava de crescer. Quando ele tocou as novas faixas para os executivos da Warner, eles não ficaram lá muito empolgados. "Eles simplesmente não deram atenção", relatou Lindsey, mais tarde. "Mas eu sabia que a AOL [America Online] estava prestes a comprar a Time Warner, então, em vez de lançar o álbum num esquema capenga, decidi esperar pelo que ia vir."

Mick Fleetwood estava confiante de que a Warner Bros. recontrataria a banda, mas também vinha conversando com Jimmy Iovine, então presidente da Interscope Records. (O garoto do Brooklyn — o "Pequenino" — agora era um dos altos executivos da indústria musical.) Logo de cara, Jimmy disse a Mick que a Interscope só se interessaria pelo Fleetwood Mac caso Stevie Nicks participasse.

Mas Stevie Nicks estava traumatizada pela exposição indesejada à realidade dos acontecimentos atuais. "Você não vive no mundo real", Petty a provocara anos antes. Mas, desta vez, ela sentia estar mais inserida nas coisas, sobretudo após os dias sombrios de setembro. Ela começou a pensar diferente. Lembrou-se de sua paixão por Jack Kennedy aos 12 anos de idade. E se perguntou: haveria algo que pudesse fazer por seu país? Agora, aos 54 anos, começava a surgir uma Stevie Nicks diferente e mais madura: uma mulher que queria e que precisava enxergar as coisas com mais clareza.

Mas era difícil enxergar com clareza de seu apartamento alto à beira-mar no início de uma tarde de dezembro. A "camada marinha" de neblina oceânica jamais abandonava Santa Monica se não houvesse vento, e naquela época o mar sempre ficava tomado por uma névoa espessa e fofa. Depois de uma xícara reforçada de chá, Stevie foi levada ao escritório de seu empresário, o "malvadão Howard Kaufman", como Lindsey se referia a ele. Após cumprimentar a equipe do escritório com abraços e presentes, Stevie foi conduzida a uma sala sem os habituais adornos nas paredes (álbuns premiados, frases emolduradas e fotos com clientes). O clima era descontraído, mas profissional.

Stevie queria conversar com Kaufman sobre seu próximo álbum solo. Ele ouviu seu discurso e aí disse a ela para esquecer o assunto. Explicou que computadores, a internet e a World Wide Web — na época, apenas conceitos nebulosos para Stevie — estavam destruindo a indústria fonográfica. Os jovens conseguiam ouvir música por meio do compartilhamento de arquivos, e logo seus pais também estariam nessa. Uma coisa chamada YouTube estava vindo aí, e então também seria possível ver vídeos de graça.

Ao ouvir isso, Stevie ficou nervosa. Não era justo, disse ela. E os artistas? Não temos mais nossos direitos? Kaufman explicou que paradigmas profissionais estavam mudando para os músicos. Artistas habituados a viver de gravações e *royalties* agora iam depender de turnês para terem renda. A época dos trovadores estava de volta, e os músicos teriam de sair e tocar para o público a fim de garantir sua reputação e valor na comunidade. Não havia muito sentido, reiterou Kaufman, Stevie passar um ano dando o sangue em um álbum solo que poderia ser ótimo, mas que poucos pagariam para ouvir, já que era possível consegui-lo de graça.

Em seguida, Kaufman foi direto ao ponto. Mick Fleetwood havia perguntado sobre uma reunião do Fleetwood Mac como um quarteto, sem Christine McVie. A banda era uma raridade e tanto no *show business* — isso era certo. As pessoas sempre estariam dispostas a ouvir ao vivo suas antigas canções de amor e ódio. Os rendimentos seriam divididos por quatro, em vez de cinco. Ela ganharia mais dinheiro. Ele também. Na verdade, os rapazes já vinham ensaiando na casa de Lindsey. Kaufman queria que Stevie dissesse "sim" à proposta de dois álbuns e duas turnês. Era um compromisso de quatro a cinco anos. Stevie sentiu seu coração esmorecer. Em vez de seu álbum solo, surgia no horizonte um novo cerco psíquico potencialmente horroroso com Lindsey Buckingham. Ela protestou alegando que o Fleetwood Mac sequer tinha um contrato de gravação, mas Kaufman afirmou que a banda conseguiria um — se fizesse um bom álbum... com ela. Porém, antes de assinarem, eles realinhariam a estrutura hierárquica do Fleetwood Mac. Agora Stevie tinha mais bala na agulha para ditar suas condições na banda. O acordo que Howard mais cedo ou mais tarde proporia a Mick tornaria o Fleetwood Mac a banda de Stevie Nicks.

Havia certa satisfação nisso, uma apologia nua das letras raivosas e provocantes de "Fall From Grace", sobre como Stevie trabalhara para garantir que todos eles — a família Fleetwood Mac — subsistissem por tanto tempo. Stevie disse a Howard que pensaria a respeito, mas no fundo sabia que, independentemente de qualquer coisa, acabaria aceitando o acordo.

Mas isso tinha um preço. A carreira de gravações solo de Stevie Nicks ficaria paralisada — por anos. Seria uma década entre *Trouble in Shangri-La* e *In Your Dreams*, de 2011.

E haveria maior ressentimento sobre a reestruturação financeira do Fleetwood Mac, que supostamente teria Stevie ganhando mais do que Lindsey, Mick e John. Era um reconhecimento tácito de que não existia Fleetwood Mac sem Stevie Nicks. (Alguns observadores notaram que nunca poderiam ter feito isso se Christine McVie ainda estivesse na banda. Ela jamais teria aceitado.) Outro fator era a composição. Lindsey queria que as gravações fossem lançadas em álbum duplo, como *Tusk*, pois queria usar seu álbum solo (rejeitado) como contribuição para o novo projeto. Sem Christine, todas as músicas teriam de ser escritas por Stevie e Lindsey, mas naquele momento Lindsey tinha muito mais material do que Stevie. Howard Kaufman insistiu que os dois compositores teriam paridade no próximo álbum do Fleetwood Mac. Ou seja, Stevie teria de compor mais músicas, e Lindsey, sacrificar algumas das suas.

Quando a poeira assentou, um Lindsey Buckingham disciplinado e manso contou ao jornal *The Guardian*: "Howard [Kaufman] tem suas fórmulas e muito controle de certos aspectos do lado empresarial... Ele está preocupado em fazer esse projeto andar, e em fazer Stevie ganhar o dinheiro que ele acha que ela deve ganhar. Esse projeto tem lá seus pontos fortes, mas também fracos… Digamos apenas que sinto algo grandioso no horizonte."

No dia 28 de janeiro de 2002, Stevie chegou no estúdio caseiro de Lindsey trazendo um gigantesco "apanhador de sonhos" do povo Navajo, oriundo de sua casa em Phoenix, sua contribuição para a decoração. Ela também tinha uma pilha de novas canções, e uma postura positiva em relação à elaboração das músicas ao lado de seu ex-namorado complicado. Um documentário sobre o novo álbum também estava em produção, por isso o estúdio estava repleto de holofotes, microfones e até algumas câmeras discretas para captar qualquer ação, isso sem falar nas situações caóticas. Isso também significava que Stevie precisava passar por indesejadas sessões de penteado, maquiagem e vestuário antes de ir ao estúdio todos os dias.

Nas reuniões da banda, Lindsey se reafirmava em seu papel como produtor após 15 anos de ausência das gravações do Fleetwood Mac. Queria que o novo álbum fosse duplo, e os outros membros faziam o possível para não reclamar. Insistia que o Fleetwood Mac tinha de se *redefinir* e apresentar novos estilos ao público. Mick retrucava que isso era ótimo, mas que ele era obrigado a louvar o deus-mercado. Mick tinha medo de fracassar e a ideia de um álbum duplo não parecia ideal. Lindsey compreendia, mas bateu o pé mesmo assim. "É minha ideia *egoísta*", comentou ele. Houve silêncio e revirar de olhos na sala. E em seguida: "Não… é minha ideia *ambiciosa*".

Stevie Nicks nem se deu ao trabalho de discutir com Lindsey. Ela sabia que um disco assim nunca seria realidade, pois se ela não quisesse, não seria.

9.2 Câmeras Escondidas

Em fevereiro de 2002, eles começaram a trabalhar nas canções de Stevie, iniciando com "Say You Will", "Silver Girl", "Illumé", "Thrown Down" e "Destiny Rules". Jimmy Iovine tinha ouvido a versão demo de algumas delas, e agora a poderosa gravadora Interscope estava interessada em contratar o Fleetwood Mac. Mas depois que Rob Cavallo, aliado de Lindsey e agora presidente da Warner Bros., foi ao estúdio e ouviu mixagens em andamento de "Say You Will" e "Destiny Rules", ele fez uma oferta financeira mais generosa. Cavallo demonstrou interesse em um álbum duplo caso houvesse músicas suficientes para preenchê-lo, mas enquanto as negociações começavam, o assunto ficou em aberto.

Lindsey vinha tratando Stevie com muita gentileza, talvez por causa das câmeras "escondidas". Certa noite, sentado ao lado dela, ele se emocionou por estarem unidos, "compensando alguns dos erros que cometemos no passado". Ele disse a ela que estava "muito empolgado, por você e eu estarmos fazendo isso". Stevie disse que ouvir tudo aquilo da parte dele era muito importante para ela.

Mas ainda havia a preocupação de a Warner recusar o contrato caso Lindsey continuasse a insistir em lançar um CD duplo. Certa noite, cochichando para não incomodar Lindsey, Stevie revelou sua opinião à equipe de filmagem. "Temos que vender nossa música às pessoas [mais jovens], não para gente da *nossa* idade, na casa dos 50 anos. Esse pessoal mais novo não está largado no chão fumando maconha e preocupado com o pagamento do aluguel... e *não* vai querer 22 músicas nossas."

Em uma reunião com a banda, ela repreendeu os outros membros: "*Todos* vocês têm familiares jovens. [Mick e McVie, como Lindsey, tinham filhos com a segunda e a terceira esposa.] *Temos* de ser comerciais nesse álbum."

Uma noite, as câmeras capturaram uma passagem de "Illumé", em que uma Stevie fumegante cantava totalmente maquiada e penteada, de vestido preto esvoaçante, unhas das mãos pintadas de branco e unhas dos pés pintadas de vermelho, sandálias vermelhas, um anel dourado no polegar e uma pulseira de conchas brancas delicadas. Ela ficou muito emocionada ao cantar os horrores das Torres Gêmeas, entoando os versos sobre os movimentos serpenteantes do tráfego da costa enquanto se lembrava dos pavores daqueles dias de setembro.

O dia 11 de março de 2002 marcou seis meses dos acontecimentos de 11/9. Stevie voou para Nova York, seu primeiro voo comercial desde então, para se apresentar ao lado de Sheryl Crow no evento beneficente Revlon Breast Cancer. Depois Stevie passou uma semana em Manhattan para ver "meu melhor amigo, Tom Petty" entrar no Hall da Fama do Rock & Roll no salão de festas do Waldorf Astoria. Dois meses depois, em maio, ela estava de volta a Manhattan para um show beneficente na Robin Hood Foundation, instituição voltada à concessão de bolsas de estudo para jovens em situação de pobreza. Em seu hotel, ela viu imagens na TV mostrando a última viga de aço do World Trade Center sendo baixada em um caminhão, coberta por uma bandeira gigante e levada embora. Ao mesmo tempo, uma maca vazia era levada a uma ambulância, gesto relacionado às várias vítimas que nunca foram encontradas. Stevie teve um *flashback* do desespero que devem ter sentido — "de como poderíamos nos salvar/de como poderíamos sair" dos prédios em chamas naquele dia: versos de seu poema "Illumé". Mais tarde, ela escreveu que teve sorte "por ter podido se embrenhar no cenário onírico das gravações um álbum de estúdio com o Fleetwood Mac. Era um bom lugar para se estar, depois do que eu tinha passado — uma enorme tragédia seguida por um belíssimo presente."

Outro presente foi a regravação muito bem-sucedida de "Landslide" pela banda feminina Dixie Chicks (hoje The Chicks), que chegou ao 2º lugar nas listas de rock e country, e que persistiu como uma das músicas-símbolo de Stevie nas rádios durante o verão de 2002. (Cumprindo a profecia em "Silver Springs", que dizia que Lindsey jamais conseguiria se livrar da voz da mulher que o ama.)

Foi bem nessa época que a frágil trégua entre Lindsey e Stevie começou a ruir. Tudo começou quando estavam trabalhando em "Thrown Down", de Stevie, que falava explicitamente sobre Lindsey e as humilhações sofridas por Stevie na turnê de *The Dance*. Ele reclamou que achava "estranho" cantar sobre si mesmo, e queria que Stevie trocasse alguns pronomes e tempos verbais da letra. Ela se sentiu insultada, e as câmeras captaram. "Você diria isso a Bob Dylan?", repreendeu ela, visivelmente ofendida. (Ela havia trabalhado com Dylan; Lindsey, não.) E Lindsey disse, tipo, "Er, não". "Bem", interrompe ela, "*é assim que escrevo*". Talvez isso tenha refrescado a memória de Lindsey sobre quem é que mandava no Fleetwood Mac. E provavelmente ficou bem desanimado. A partir daí foi só ladeira abaixo, com um climão horroroso e uma seriíssima contenda entre Nicks e Buckingham. (Pessoas próximas de ambos afirmam que eles jamais se recuperaram de *Say You Will* — um período tenso de competição acirrada e discórdias.)

Então certo dia, Mick chegou com um largo sorriso e anunciou: "Temos uma gravadora". A Warner Bros. tinha feito uma proposta — mas somente se a ideia do CD duplo fosse descartada — e, é claro, Lindsey cedeu. Mick ficou emocionado. Sussurrou para a equipe de filmagem que as novas músicas de Stevie eram as melhores já feitas para o Fleetwood Mac desde *Rumours*.

Outono de 2002: as nove músicas de Stevie ficaram prontas, algumas com ajuda de John Shanks, convocado quando a relação com Lindsey subiu no telhado. Então eles começaram a fazer a voz guia dos vocais de Stevie, como fundo para as nove canções de Lindsey, com ela cantando em uma banqueta alta e fones de ouvido no hall de entrada azulejado da casa. Sharon Celani e Mindy Stein acrescentaram partes dos vocais, assim como o fariam na próxima turnê. Em seguida, houve uma briga daquelas sobre quem faria a mixagem de 18 faixas, para transformá-las em um som coeso. Stevie queria Chris Lord-Alge, que conhecia a música dela e com tinha um histórico de gravações, mas Lindsey bateu o pé e se recusou a assinar um acordo que permitisse isso. Outra pessoa mixou *Say You Will*.

Então, perto do fim do ano, houve outra disputa sobre a ordem das faixas no disco. Lindsey queria que duas músicas suas aparecessem primeiro. Stevie ficou insultada, mas cedeu. Para quê brigar mais por causa disso? Mas aí ela reduziu bastante as expectativas desse projeto do Fleetwood Mac, concordando apenas com uma quantidade limitada de shows em 2003-2004, diferentemente do compromisso de quatro anos proposto inicialmente.

Say You Will, décimo-sétimo álbum do Fleetwood Mac, foi lançado em maio de 2003, quando Stevie Nicks tinha 55 anos. A foto do CD mostrava a banda com uma aparência péssima. Stevie estava de costas para Lindsey, que tentava parecer entediado. John McVie e Mick Fleetwood pareciam se agarrar um ao outro como se suas vidas dependessem disso.

Os fãs de longa data de Stevie ouviram as nove músicas compostas por ela para o álbum e perceberam que, por si só, já tinham tamanha qualidade que teriam dado um excelente disco solo. (Alguns fãs deram a Lindsey o crédito por isso; a impressão era que a antiga magia do Buckingham Nicks havia ressurgido em alguma parte do novo trabalho de Stevie, com arranjo e produção de Lindsey.)

Após duas músicas de Buckingham, o álbum começa pra valer com "Illumé", com seus bongôs beatniks e retratos do litoral, como um rio fluido e a sensação de se estar sozinho com pensamentos sombrios de um obsessivo 11/9. É uma das canções mais sombrias de Stevie, com os vocais mais angustiados. A ela, seguem-se as ilusões e a amargura de "Thrown Down", uma fantasia de se reavivar um romance com um homem ansioso para fazer as pazes (esta na forma de dueto com Lindsey e seus acordes brilhantes). "Você pode dedicar sua dor a ele", canta ela, em uma música de marcante projeção psíquica.

"Miranda", de Lindsey, reescrita a partir de "South Coast", a melancólica balada do Kingston Trio, vem acompanhada por "Red Rover", um ansioso hino à negatividade flutuante. "Say You Will", de Stevie, a rebate com um apelo por esperança e segundas chances, com *backing vocals* (e o órgão Hammond) de Sheryl Crow, além de um coro composto por sua sobrinha, Jessica, e a filhinha de John McVie, Molly.

Em seguida vem a música assustadora de Lindsey, "Come", e depois uma série de três de Stevie: "Smile at You" (da época do *Mirage*) que fala de arrependimentos e oportunidades românticas perdidas; "Running Through the Garden" (escrita com Rick Nowels), quase uma canção do Fleetwood Mac de 1975, mas com o vício e a "reviravolta" como temas; "Silver Girl" (cantada com Sheryl Crow), um autorretrato tardio de uma garota aprisionada no mundo de um homem, uma mulher de mente e coração que se enxerga como atriz — "você não consegue ver a alma dela".

Christine McVie chegara a tocar teclado em "Steal Your Heart Away", de Lindsey, seguida por "Bleed to Love Her", uma versão ao vivo da que música que figurara em *The Dance*. Stevie compôs a letra maliciosa e desafiadora de "Everybody Finds Out" para uma faixa de apoio de Rick Nowles. É uma música divertida sobre amor clandestino e fuga do declínio. Em seguida vem "Destiny Rules", uma de suas melhores músicas, cantada num tom de voz mais grave sobre uma base roqueira de cowgirl. A letra fala de viagens a países estrangeiros, da saudade de um antigo amante, da dança conforme a música e das imagens potentes do tráfego noturno que sobem a costa como um brilhante diamante serpenteando pelas estradas, paisagem que pode ser vista de sua janela alta, "como se vivo por um rio que flui". ("Destiny Rules" foi a única faixa de *Say You Will* mixada por Chris Lord-Alge, por insistência de Stevie, o que indicava a importância que a música tinha para ela.)

Say You Will termina com duas canções de despedida — providenciais, já que esse foi o último álbum de estúdio que o Fleetwood Mac lançou, ao menos até o momento da escrita deste livro. "Say Good-bye", de Lindsey, um bolero tranquilo, e "Good-bye Baby", de Stevie, uma titilante canção de ninar. (Outra música de Stevie, "Not Make Believe", foi lançada em uma edição de luxo de *Say You Will*.)

Say You Will foi um álbum de sucesso no verão de 2003. Saltou para o 3º lugar na lista da *Billboard*, coisa que não acontecia ao Fleetwood Mac desde o *Mirage*, em 1982. O álbum ficou meses entre os Quarenta Melhores, e também ficou entre os Dez Mais na Inglaterra. A banda fez clipes breves para os dois singles. "Peacekeeper" não foi um *hit*, mas "Say You Will" chegou ao 15º lugar e ficou nas rádios pelo restante do ano.

No primeiro show da turnê de *Say You Will*, em Columbus, Ohio, Lindsey Buckingham conduziu Stevie Nicks ao palco, de mãos dadas, em uma falsa demonstração de amizade. Na verdade, eles estavam se odiando mais do que nunca, porém, antes de mais nada, aquilo era o *show business*. Estendendo-se de maio de 2003 a setembro de 2004, a turnê renderia 136 shows do Fleetwood Mac, repletos de *hits* em cinco seções. Os valores de produção de Stevie estavam no auge, com um novo guarda-roupa fluido e botas pretas da Nike substituindo os dolorosos saltos de antigamente. Ela cantou "Rhiannon" de vestido e echarpe pretos, girando com cuidado e moderação em comparação à mênade maluca de outrora, exibindo o decote durante as tradicionais reverências no fim, dirigindo-se ao público enquanto uivava "E você ainda clama por ela/Não me deixe". Cantou "Gypsy" usando uma echarpe dourada e botas de camurça cor de creme, com um pingente de meia-lua no pescoço. "Gold Dust Woman" era o auge dos shows, e Stevie a cantava usando uma capa com franjas e pérolas, dançando com dois rodopios e meio-giro. Quando Mick dava a batida retumbante na parte que fala da sombra/dragão, o palco ficava escuro e Stevie deixava a multidão em transe, com gestos oraculares que pareciam sair de pinturas ancestrais. Muitas vezes, isso gerava os maiores aplausos da noite. Com petulância, Lindsey se recusou a tocar os trechos de guitarra de "Stand Back" e "Edge" (As viradas solo de Stevie agora eram parte fundamental do repertório de shows do Fleetwood Mac), logo, Carlos Rios, da banda de Stevie, entrava para motivá-los enquanto Stevie dançava com uma echarpe caída nos ombros.

Para muitos fãs, o destaque dos shows era "Landslide", com Stevie e Lindsey num palco escuro sob um ponto de luz. Os sorrisos lânguidos trocados entre si, com Lindsey beijando ternamente a mão estendida de Stevie enquanto o público os enchia de aplausos, eram totalmente falsos. As apresentações encerravam com "Don't Stop" (a única música de Christine da lista, com Stevie tocando pandeiro e usando uma echarpe de seda roxa), e, por último, Stevie cantava "Good-bye Baby" como uma balada com toque country.

O Fleetwood Mac ainda era composto de profissionais veteranos, consistentes, e a turnê renderia 28 milhões. As novas músicas de Stevie foram bem recebidas e, sem as canções de Christine McVie, seu tempo na frente do palco era muito maior; ela gostava disso, pois em suas turnês solo costumava contar ao público as origens de suas músicas. A equipe de Stevie só teve um probleminha quando a cantora de apoio Mindy Stein saiu em setembro. Jana Anderson então foi convocada para cantar e sacolejar ao lado de Sharon Celani nos shows remanescentes. Quando a turnê acabou, Stevie Nicks — que odiara praticamente todos os momentos dos últimos dois anos — deixou o Fleetwood Mac por mais cinco anos.

9.3 Soldier's Angel Foundation

Depois que a turnê *Say You Will* acabou, no fim de 2004, Stevie Nicks se retirou para sua cobertura de 280 m² em um condomínio na Ocean Avenue, em Santa Monica, com vista ligeiramente melhor em relação à costa californiana, que a cantora tanto adorava. Mas Stevie entrou num estado depressivo, sentindo-se cansada e inchada após passar meses de turnê apertada e amarrada dentro de corseletes para disfarçar a barriguinha de mulher madura. Parte desse inchaço se deveu a uma menopausa prolongada e "horrorosa"; Liz Rosenberg, assessora na Warner Bros., sempre implorava a uma Stevie Nicks de 56 anos que não ficasse comentando os sintomas com os entrevistadores, mas o conselho era devidamente ignorado. Um dia, Stevie e Liz estavam folheando uma revista de moda e Nicks disse: "Estamos velhas demais para usar estas roupas". E Liz (cuja outra cliente importante era Madonna) retrucou: "Não, Stevie, estamos *gordas* demais para usar estas roupas".

"Olhei para ela", lembrou Stevie, "e de repente tive uma ideia. Disse a mim mesma: *É isso. Acabou. Vou perder essa banha*". Stevie voltou à rigorosa dieta de Atkins, sobre a qual ela diz o seguinte: "Quando você entra na lógica dessa dieta, fica horrorizado até por comer batata".

As outras causas de seu mal-estar estavam diretamente relacionadas ao gosto amargo remanescente da turnê do Fleetwood Mac que, de acordo com relatos a amigos e jornalistas, Stevie odiara. Ela não aguentava mais as brigas envolvendo *egotrips* mesquinhas e cáusticas no palco. Não aguentava mais as antigas feridas e cicatrizes vívidas que subsistiam. Odiara o fato de Lindsey ter trazido seu material solo simplório para a lista (geralmente ela saía do palco quando ele tocava sua insossa "Come)". E também odiava a saudade que sentia de Christine McVie e o isolamento de ser a única mulher na banda. Ela contou ao jornal londrino *Express* que chegou a odiar o álbum *Say*

You Will. "Não gostei nem um pouco", segundo ela. "Não gostei de fazê-lo; não gostei das músicas, logo, a turnê foi bem difícil para mim."

O afastamento de Stevie do Fleetwood Mac foi tamanho que ela se esquivou de fazer propaganda para o *Fleetwood Mac Live in Boston*, um combo de CD/DVD lançado pela Reprise no fim de setembro de 2004. Em vez disso, ela voou para o Havaí com amigos, para passar três meses tentando elaborar um projeto referente à *Mabinogion Tetrology*, de Evangeline Walton, sobre a qual ela ainda detinha direitos de produção. Normalmente, depois de uma turnê, Stevie se arrumava, com maquiagem, velas e o piano, e começava a compor músicas novas para o álbum seguinte. Porém, sem nenhum material solo para o futuro próximo, Stevie precisava de outra paixão criativa, assim decidiu realizar sua ambição de longa data: transpor a energia de Rhiannon para algo diferente de uma música comum. "Poderia ser um filme", contou ela a um repórter. "Poderia ser um álbum. Poderia ser alguns álbuns. Ou uma minissérie, porque as histórias são fantásticas. Começamos naquele lugar totalmente acadêmico, do tipo você-é-um-estudante-de-mitologia-galesa. Aí meu empresário me telefonou e disse: 'Preciso que você venha até Las Vegas em três segundos porque Celine Dion e Elton John estão tocando lado a lado no teatro Caesars e querem que você se apresente aqui durante uma semana. É uma grana muito boa e a viagem é curtinha."

"E eu, tipo, 'Howard, estou no meio de uma busca espiritual; não posso ir a Vegas'. E ele: 'Stevie, você *tem que* vir; por favor, venha amanhã.'"

Então, ela e seu lado Rhiannon fizeram as malas e voaram para Las Vegas, para uma lucrativa estadia de quatro noites no Caesars Palace, o cassino com temática romana. Stevie ainda não conseguiu concretizar nenhum outro projeto Rhiannon. (Mas afirma que ainda quer tentar.)

Na primavera de 2005, Stevie saiu em busca de imóveis e encontrou uma residência branca familiar nas colinas acima de Pacific Palisades. O casarão, na Chautauqua Road, tinha cinco quartos, um jardim bonito, além de vista para os cânions e o mar. Da suíte master no segundo andar, Stevie conseguia ver seu apartamento à beira-mar. A casa era confortável, com janelas de vitral, sofás e lareiras, fotos de família em molduras prateadas, arranjos de flores e aroma de comida recém-assada saindo da cozinha rústica. Por impulso, Stevie comprou a casa por supostos US$ 9 milhões, mas, quando foi para lá (sozinha, depois que sua família se mudou), o local lhe pareceu sem vida. Ela também teve uma intuição de que a casa era mal-assombrada.

"Uma família grande costumava morar lá", dissera ela mais tarde, "e obviamente eles adoravam a casa. Então de repente comecei a sentir umas vibrações. E algo dentro de mim pensou: *Talvez eu possa lidar com isso*. Mas aí não levou nem três dias para eu pensar, *Que diabos estou fazendo aqui?* Minha falta de profundidade e estupidez foi tanta que não percebi que não foi pela casa que me apaixonei, mas pela mãe, pelo pai e pelos quatro filhos que tinham morado ali, e pelo cheiro da comida. Então aquilo foi um erro desde o primeiro dia." Stevie instalou uma de suas afilhadas no alojamento do zelador acima da garagem, e a partir de então passou a usar o casarão principalmente para hóspedes e festas, preferindo ficar em sua cobertura com paredes de vidro ao lado da Pacific Coast Highway.

Verão, 2005. Stevie e Don Henley se uniram para a *Two Voices Tour*, uma série de dez apresentações cujo destaque era o encontro das duas atrações principais no palco, quando Stevie cantava "Leather and Lace". Então aconteceu algo que a afetou profundamente.

A turnê estava na capital, Washington, D.C., o clima era quente e úmido, e ninguém queria sair do hotel. Um dia, um funcionário do Walter Reed Army Hospital, que providenciava cuidados prolongados aos soldados mais gravemente feridos nas guerras do Iraque e do Afeganistão, entrou em contato com a Warner Bros. e perguntou se Stevie Nicks poderia ir ao hospital para visitar os convalescentes. De pronto, Stevie concordou, e providenciou um carro para levá-la ao famoso hospital militar, juntamente a sua assistente Karen Johnston. Ela então colocou gorro e luvas, e passou a tarde indo de leito em leito na unidade de terapia intensiva, conversando com os jovens feridos, muitos deles mutilados, espalhando o máximo de ânimo possível. Na hora da saída, Stevie e Karen estavam aguardando o carro na entrada do hospital quando sirenes começaram a ressoar e a polícia militar fechou o hospital para veículos, e aí emergências médicas começaram a chegar do Iraque na ambulância da Edwards Air Force Base. Havia vítimas recentes, saídas há poucas horas do campo de batalha, algumas ainda sangravam, passando bem na frente de Stevie e Karen.

Sem carro para apanhá-la, Stevie voltou ao hospital e perguntou o que poderia fazer *naquele instante. Consolar estes sujeitos*, disseram. E assim ela começou a cumprimentar os soldados e a conversar com eles. Alguns não conseguiam falar. Alguns não tinham membros ou parte do rosto. Ela os tocava de leve e diria "Meu nome é Stevie Nicks... O que aconteceu"? Alguns relataram sobre os Artefatos Explosivos Improvisados (IED, em inglês) — no acostamento da estrada —, que causavam mutilações e matavam seus camaradas. Stevie segurou muitas mãos calejadas naquela noite, e novos sentimentos começaram a aflorar dentro dela. Talvez o patriotismo que ela sentira em setembro de 2001 pudesse ser canalizado para algo útil a seu país — naquele momento.

Naquela mesma noite, ela escreveu em seu diário online: "Sempre observei a vida pelas lentes de uma princesinha do rock que não vive para mais nada além de cantar... partir corações... e voar para a cidade seguinte, e repetir tudo de novo... até hoje.

"Hoje fui ao Walter Reed como uma solteira sem filhos. Saí como mãe, esposa, namorada, irmã, filha, enfermeira, uma advogada de pacientes — uma mulher mudada. As cenas que vi hoje jamais vão sair do meu coração."

Na noite seguinte, a turnê estava em Charlotte, na Carolina do Norte. Stevie telefonou para sua mãe e contou tudo. Barbara retrucou dizendo que às vezes era preciso fazer o que fosse preciso pela segurança do país: "Esses jovens, sem sombra de dúvidas, estão lutando por nossa liberdade. Então, Stevie, o que você pode fazer é amá-los e visitá-los, e contar ao mundo as experiências que você teve, para que as pessoas saibam do que esses rapazes abriram mão para nos salvar."

Stevie queria encontrar algum mimo para dar aos pacientes durante essas visitas, e teve a ideia de presenteá-los com iPods com sua playlist favorita:

"todas as coisas malucas que ouço". Stevie sabia que a música sempre a auxiliara no enfrentamento dos piores momentos, e talvez pudesse auxiliar seu novo círculo de apoiadores, os soldados feridos e suas respectivas famílias. Mais tarde, ela fundaria a Stevie Nicks Soldier's Angel Foundation, que adquiria centenas de iPods a serem entregues pessoalmente a veteranos feridos em todo o país.

Depois que a campanha Soldier's Angel (Anjo do Soldado, em tradução livre) gerou repercussão nacional, Stevie voltou a Washington para depositar uma coroa de flores no túmulo do Soldado Desconhecido, no Arlington National Cemetery — um dos lugares mais sagrados dos Estados Unidos. Ela foi escoltada por Mick Fleetwood, ele mesmo descendente de uma antiga família militar inglesa, e compreendia a solenidade do evento. Depois de ouvirem o corneteiro de Arlington tocar "Taps", eles seguiram ao Walter Reed para visitar mais pacientes. Stevie: "Enquanto Mick e eu íamos de quarto em quarto entregando os iPods, eles nos contavam suas histórias. Percorremos os corredores de dois hospitais num período de três dias. Entregamos todos os aparelhos até não sobrar nenhum." Stevie também levantou fundos para a Soldier's Angel junto a seus amigos músicos em Los Angeles. Quando ouviram falar dessa história, Joe Perry e Steven Tyler, do Aerosmith, doaram US$ 10 mil a Stevie para a compra de mais iPods. "Na minha opinião", escreveu Stevie, "eles passaram de astros do rock descoladíssimos para homens grandiosos e generosos".

No fim do verão de 2005, Stevie voltou à estrada sob o emblema da *Gold Dust Tour*. Vanessa Carlton, cantora pop de 26 anos e nova melhor amiga de Stevie, abria a turnê. Waddy Wachtel e o baterista Jimmy Paxson haviam elaborado uma versão mais picante de "Rock and Roll", do Led Zeppelin, que Stevie começou a apresentar como bis após observar um público indiferente explodir de agitação quando, um dia, Waddy puxou o gatilho dessa obra-prima do rock clássico.

Quando Stevie fez um show em Reno, Nevada, no fim de agosto, a maior parte da família Nicks compareceu. No dia seguinte, por telefone, Barbara Nicks deu a má notícia à filha: seu pai havia tido um colapso, estava mal e não havia esperança de que se recuperasse. Jess Nicks morreu algumas semanas depois, em setembro. Stevie contou aos amigos que aquela despedida foi a coisa mais difícil que já tinha feito. Pouco depois, ela afirmou: "Sempre ouço meu pai dizer 'Noventa por cento da raça humana jamais conseguirá fazer o que você conseguiu, conhecer todas as belas cidades e as pessoas que você conheceu. Você é uma garota de sorte, Stevie'. E aí faço o possível para deixar essa fala bem presente na minha vida."

Mas ela seguiu em frente, e a *Gold Dust Tour* continuou na estrada até 2006. Nessa época Stevie também estava devorando a saga *Crepúsculo*, a primeira de uma série de romances sobre vampiros adolescentes, febre que duraria o restante da década, já que a cantora se identificava com as desventuras românticas da personagem Bella. E foi por volta desse mesmo período que a banda soube que Judy Wong, amiga e secretária do Fleetwood Mac desde 1968, havia tirado a própria vida. Dizem que Judy pedira auxílio financeiro ao banco, e que fora recusado.

9.4 A Heartbreaker Honorária

Gold Dust Tour continuou na estrada até o início de 2006. Em 4 de fevereiro, Stevie e a banda tocaram durante uma hora antes do jogo do Super Bowl, em New Orleans. No avião de volta para casa, o comissário — um grandalhão — contou à cantora como ele se embonecou — de vestido de chiffon e tudo — para sua visita anual à Noite das Mil Stevies, no centro de Manhattan. Ele suplicou que a cantora comparecesse, ao menos uma vez. Ela lhe disse que estava lisonjeada, mas que talvez aquilo fosse demais para uma mulher da sua idade.

Poucos fãs norte-americanos de Stevie sabiam do enorme prestígio e estrelato de que ela desfrutava na Austrália, por onde a turnê continuou, iniciando na Rod Laver Arena, em Melbourne, no dia 17 de fevereiro. Os ingressos para os shows de Stevie esgotavam imediatamente. A venda de seus discos era alta, e uma corrida de cavalos local chegou a ser batizada com seu nome. Em Melbourne, ela teve o suporte de membros da Orquestra Sinfônica de Melbourne em "Landslide" e "Edge of Seventeen", com sequências para cordas de Waddy Wachtel. A galera de *Down Under* (a gíria para se referir à Austrália e Nova Zelândia) adorou sua versão de "Rock and Roll", e o furacão do Led Zeppelin continuou na lista.

Em março, de volta para casa e sem qualquer música nova para apresentar, Stevie viu a Warner Bros. anunciando o lançamento mais uma compilação de sucessos, que se chamaria *Crystal Visions*, e que também incluiria todos os seus videoclipes até o momento. ("Álbuns assim *nunca* são ideia sua", resmungou Stevie.) Durante os meses seguintes, ela revisaria todos os clipes, muitas vezes horrorizada ao constatar sua aparência chapada e detonada em alguns deles. Alguns anos depois, ela descreveu essa situação em um fórum on-line de fãs: "Alguns dos clipes são realmente bons, exceto por eu estar chapada. Lamento por isso. Eu me pergunto: 'Stevie, será que não dava para ter aguentado um pouquinho e *não* ter cheirado cocaína, *bebido* ou fumado maconha durante as gravações?' Só que não, e agora lamento muito." Stevie deixou claro que os anos de vício eram um assunto que a deixava profundamente arrependida. "Se eu tivesse conseguido ter uma postura um pouco mais positiva, minha carreira teria sido melhor. Eu teria feito mais álbuns ótimos. Teria pintado mais telas. Mais tarde, você se arrepende dessas coisas."

Em março de 2006, Stevie e a banda voltaram a dar as caras no Caesars Palace, em Las Vegas, que estava se tornando um de seus lugares favoritos, já que seus fãs mais ardorosos iam lá só para vê-la, alguns em várias noites. Stevie ainda fazia A Caminhada enquanto a banda improvisava no fim do show, ainda pegava os buquês, os coelhos de pelúcia e os ardentes bilhetinhos de amor dos fãs mais apaixonados, que suplicavam para conhecê-la pessoalmente.

Pouco depois, naquela primavera, Stevie participou da quadragésima reunião de turma da Menlo-Atherton High School de 1966. Ela estava sentada com um grupo de amigas antigas — a maioria delas na casa dos 50 anos também —, e uma delas lhe disse "Sabe de uma coisa? Você não mudou *nadinha*. Ainda é nossa pequena Stevie!"

Isso a fez chorar. "Foi a coisa mais legal que alguém já me disse", contou ela a um repórter, "que eu ainda sou a mesma. Porque sempre me esforcei muito para continuar sendo quem eu era antes de entrar no Fleetwood Mac, e não virar uma mina arrogante, irritante, presunçosa e chata — o que muita gente vira —, e acredito que fui muito bem-sucedida".

Em 1975, Tom Petty and the Heartbreakers haviam migrado da Flórida para o sul da Califórnia, e no ano seguinte fecharam contrato com uma gravadora e agendaram uma turnê nacional. Três décadas depois, Stevie se juntava ao Trigésimo Aniversário/*Highway Companion Tour* da banda como convidada especial, agradando o público de Petty até não poder mais ao entrar no palco — uma aparição de tule e chiffon preto — para cantar "Stop Draggin' My Heart Around" com ele. Em junho, ela foi sua "convidada especial" no enorme festival Boonnaroo, no Tennessee (apresentada por Petty como "uma

Heartbreaker honorária"), e aí passou os cinco meses seguintes participando de maneira intermitente. (Ela também vinha tentando compor com o guitarrista Mike Campbell, que recomeçara a lhe enviar bases melódicas.)

Mais tarde, no verão de 2006, Claude Nobs, o lendário promotor suíço de shows, dedicou uma noite de seu *Montreux Music Festival* anual a Ahmet Ertegun, fundador da Atlantic Records (e parceiro de Stevie Nicks na Modern Records). Ertegun a ajudara a lançar sua carreira solo, portanto, Stevie ficou feliz em participar, cantando "Rock and Roll" com Nile Rogers e sua banda, Chic. Mais tarde, Stevie observou: "Robert Plant estava lá, ao lado do palco, e depois me parabenizou pela apresentação. Ele disse que fiz um ótimo trabalho. Aquilo significou tudo para mim — um dos grandes momentos rock and roll da minha vida. Acho que eu e Robert Plant somos almas afins. Acho que ambos estamos conectados ao lado místico das coisas, mas em partes diferentes do mundo."

Stevie passou o restante do ano fazendo apresentações beneficentes, encabeçando um show para instituições de caridade de Nova York e depois, em dezembro, para a Epicurean Charitable Foundation, em Las Vegas. Mas o destaque dessa era foi a abertura do Arizona Heart Foundation's Cardiovascular Research and Education Building, um projeto no qual seu pai havia trabalhado ativamente antes de morrer, em 2005.

Stevie e sua equipe passaram a maior parte de 2007 compilando, promovendo e fazendo a turnê de seu terceiro álbum-coletânea, *Crystal Visions*, lançado em março daquele ano. Era um combo CD/DVD com extensos livretos escritos ou ditados por Stevie, além de uma série de vídeos com comentários subversivos (e muitas vezes, hilários) da própria Stevie. ("Por que o Mick está neste?") Dentre os clipes em DVD estava a rejeitada "Scarlett Version" de "Stand Back", um fiasco que custara uma fortuna a Stevie em 1982. As 16 faixas de áudio eram uma coletânea dos *hits* usuais, além de duas faixas ao vivo com a orquestra de Melbourne, o remix "Deep Dish" de "Dreams" (que tinha sido um sucesso nas pistas de dança em 2005), e sua versão emocionante de "Rock and Roll". O livreto de *Crystal Visions* estava repleto de fotos instantâneas antigas e anotações musicais extensas. Stevie dedicou o álbum ao pai e à irmã gêmea dele, Carmel, a tia mais próxima de Stevie, que morrera no ano anterior. *Crystal Visions* entrou nas paradas em um respeitável 21º lugar, mas os singles "Rock and Roll" e a sinfônica "Landslide" não foram tocados nas rádios nem entraram nas listas de hits.

Stevie fez uma rodada de entrevistas para o álbum, recebendo jornalistas na sala de estar à meia-luz de sua casa nas colinas, oferecendo xícaras fumegantes de chá Earl Gray, enquanto seus dois terriers acompanhavam nos sofás revestidos de chita. Em geral, ela sempre vestia uma blusa larga de seda ou chiffon, calças pretas coladas, botas de salto agulha e os longos cabelos soltos até a cintura. Repórteres mencionavam como ela parecia pequenina enquanto conversava com eles em frente à lareira a gás. Ela então relatou estar trabalhando com histórias infantis e nas ilustrações que as acompanhariam. "São minha coisa Zen", disse ela, "que faço em aviões, que faço quando de fato estou pensando no que vou fazer". Questionada sobre a agenda incessante de shows, ela respondeu: "Por eu nunca ter me casado e nunca ter tido filhos, tenho esse mundo louco em que estou sempre trabalhando. Mas amo meu trabalho, e é sempre tudo tão variado que nem posso reclamar. E quando me canso e me irrito pra valer, fico zangada comigo mesma, paro completamente e digo 'Você não tem *o menor* direito de reclamar. É uma garota de muita, muita sorte.'"

Quando perguntaram se ela ainda tinha algum vício, Stevie foi honesta. "Desde que saí da reabilitação, em 1994, parei de usar drogas pesadas. E então, quando a menopausa entrou na minha vida, parei até de tomar vinho. Não bebo nada. Descobri que já sou viajandona o bastante e que não preciso beber e fumar. Não combina mais com a minha vida, simples assim."

A *Crystal Visions Tour* começou no dia 17 de maio de 2007, em Concord, Califórnia, com o bonitão Chris Isaak abrindo para Stevie. Agora, a lista dela incluía a furiosa "Fall From Grace" e "I Need to Know", de Tom Petty. "Rock and Roll" era o primeiro bis matador, e geralmente Stevie encerrava o show com "Beauty and the Beast" enquanto cenas do filme de Cocteau passavam em uma tela atrás da banda. A breve turnê encerrou em New England, no meio de junho, após Don Henley dar o cano em alguns shows que prometera fazer com Stevie naquele verão. Mas depois ela continuou na estrada, tocando com Vanessa Carlton até agosto. Stevie tinha acrescentado covers de "Circle Dance", de Bonnie Raitt, e o grande sucesso da Dave Matthews Band, "Crash Into Me", que, nas palavras de Stevie para a revista *Rolling Stone*, era "uma das músicas mais sensuais que ela já ouvira".

No entanto, aos 59 anos, em uma profissão que exige rodopios e giros, além de duas horas e meia sobre botas de plataforma, Stevie começou a ter problemas nos joelhos e nos quadris. Um dia ela sofreu uma queda feia em Toronto e deslocou um dos joelhos, o que a levou a fazer a terapia Power Plate, que consistia em ficar 15 minutos em pé numa plataforma vibratória desenvolvida pela Rússia para atender seus astronautas no espaço. "É aquela máquina gigantesca", disse ela ao *Toronto Sun*, "e nós nos informamos a respeito, a reviramos de cima a baixo para conseguir uma, e a utilizamos. Deu um jeito em meus joelhos, e agora estou em ótima forma." A uma plateia canadense, ela também disse que adorava o Canadá porque as pessoas eram muito simpáticas. "Por mais que eu ame o meu país", acrescentou ela, "o pessoal não é tão simpático."

Conforme reportado em blogs e websites variados, alguns fãs de Stevie ficaram um tanto incomodados quando, em 2007, foi publicado o livro *Storms*, o relato de Carol Ann Harris sobre seus conturbados anos de namoro com Lindsey Buckingham. Harris forneceu relatos meticulosos do comportamento pavoroso de Lindsey em relação a ela, incluindo surras, vários estrangulamentos e terror psicológico, testemunho que batia com algumas histórias que Stevie contara a amigos ao longo dos anos. Em termos gerais, Harris retratava Stevie Nicks como "uma ninfomaníaca cabeça de vento", conforme descrição feita por um crítico. Quando um entrevistador lhe perguntou o que achava do livro de Harris, Stevie disse a verdade: que não havia lido e nem tinha a intenção de lê-lo. (Porém, mais tarde, um amigo contou a um repórter que alguém lera o livro de Carol para Stevie.)

Em outubro, Stevie e sua banda foram a Chicago para filmar um episódio de *Soundstage*, um programa de shows com público ao vivo na PBS.[58] Foram gravadas 17 músicas, incluindo boa parte do setlist vigente das apresentações. Stevie se apresentou com fraque preto sobre um vestido branco de babados, de crinolina e renda. Sua cartola preta era adornada com penas de pavão e de avestruz. Longos cabelos loiros lhe caíam sobre os ombros e seu brilho era perfeitamente capturado pelas luzes da TV. A echarpe mais dramática da noite era roxa com bordados dourados. Lori Nicks voltou para cantar com Sharon Celani e Jana Anderson. Os destaques incluíam "Sara" (sob pedido do produtor), "Fall from Grace", "How Still My Love" e "Sorcerer". Stevie cantou "Crash Into Me" com Vanessa Carlton, numa versão sensual. "Landslide" foi dedicada a seu pai, com uma montagem de fotos da família Nicks projetada atrás dela. O show terminou com "Edge of Seventeen" e "Rock and Roll" em uma satisfatória explosão televisiva de raios catódicos.

Depois, Stevie foi a Nashville para aprimorar uma versão em CD do show com o produtor Joe Thomas, que montou uma pequena seção de cordas para dar profundidade a "Beauty and the Beast", "Crash Into Me" e "Circle Dance". O show *Soundstage*, de Stevie, foi transmitido na PBS em 2008. O DVD foi lançado pela Warner em março de 2009 e intitulado *Stevie Nicks Live in Chicago*, contendo 18 músicas. Um CD com dez músicas, *The Soundstage Sessions*, saiu na mesma época, atingindo o 47º lugar na lista da *Billboard*. Simultaneamente, "Crash Into Me" foi lançado como um single digital para download.

No fim de 2007, Mick Fleetwood ligou para Stevie e perguntou se ela teria interesse em fazer turnê com o Fleetwood Mac. Stevie respondeu que poderia pensar no assunto, mas só se Christine McVie voltasse para a banda. Mick então telefonou para Christine em seu tranquilo vilarejo em Kent e perguntou se já era hora de ela voltar à banda. "Ainda não", respondeu Christine.

---

58 Public Broadcasting Service, rede de TV norte-americana. (N. T.)

9.5 In Your Dreams

Stevie Nicks fez 60 anos em 2008, comemorando o aniversário em sua *Soundstage Sessions Tour*, mais uma vez com apoio de Chris Isaak. Ela pôs à venda sua casa na North Yucca Road, em Paradise Valley, e mais tarde naquele ano venderia a propriedade por cerca de US$ 3 milhões. Foi uma época em que ela também deu uma série de entrevistas, que revelaram alguns detalhes interessantes. Agora considerava seu verdadeiro lar o que ela descrevia como sua "cobertura rock and roll à beira-mar" e dizia que, provavelmente, seria o último. Afirmou que não andava mais de carro ou ia a qualquer lugar sozinha porque era "muito, muito famosa". Ao jornal londrino *Telegraph*, contou que nunca tinha dinheiro em espécie, porque vendera a alma ao Diabo "para ir atrás do sonho". Gostava de ficar acordada a noite toda desenhando e pintando, deitando-se ao amanhecer e acordando ao meio-dia. Aproveitou também para promover sua Soldier's Angel Foundation o máximo que conseguiu. Soltou farpas contra o Clonazepam, cirurgia plástica e *botox*. Disse que não tinha o menor interesse pelo Fleetwood Mac, a não ser que Christine voltasse para a banda. Admitiu que ainda estava brigada com Lindsey Buckingham, e acrescentou: "Talvez possamos ser amigos quando tivermos 75 anos e o Fleetwood Mac for uma lembrança distante". Negou ser bruxa ou já ter praticado bruxaria a sério.

Então Stevie mudou de ideia, após ser convencida de que pegar a estrada com o Fleetwood Mac poderia aumentar a perspectiva de compor músicas para o novo álbum solo, no qual ela estava começando a pensar. E assim Stevie passou boa parte de 2009 na intercontinental *Unleashed Tour* da banda, que se declarava uma apresentação de "sucessos mundiais" para fãs de longa data do Fleetwood Mac. A turnê começou em junho, na época em que o furacão Katrina inundou New Orleans, gerando muitos comentários empáticos de Stevie no palco.

Porém, mais uma vez a turnê foi prejudicada pelas atitudes de Lindsey em relação a Stevie, e até fãs e críticos notaram animosidade e amargura, observando que os dois músicos se ignoravam no palco e que ele parecia apresentar as músicas dela com deboche e desprezo. Além disso, eles vinham apresentando "Landslide" como um dueto mal ajambrado, dando continuidade aos sorrisos amarelos e à rotina brega do beijo na mão que ambos odiavam. Stevie disse que se sentia mal por fingir amor; era muito falso e degradante. No entanto, reconhecia que os fãs ainda se interessavam pela lenda Stevie/Lindsey, e era importante que fossem considerados capazes de deixar de lado o passado infeliz e se apresentarem juntos. Alguns críticos notaram que Stevie não parecia estar nesses shows de corpo e alma.

Em outubro, quando a *Unleashed Tour* do Fleetwood Mac chegou à Europa, Stevie voltou a contatar Dave Stewart em Londres. Stevie tinha visto Dave pela última vez alguns anos antes, quando ambos se envolveram na elaboração do episódio piloto para um programa de TV que nunca chegou a ser produzido. Stevie: "Conversamos sobre tudo durante duas horas. No fim, ele sugeriu que eu tocasse alguma coisa ao piano, então fiz uma versão de 15 minutos de 'Rhiannon'. Aí Dave entrou no meio, como se estivéssemos cantando juntos há anos. Percebi que, se um dia eu voltasse a fazer um álbum solo — e acredite, tive minhas dúvidas — e se esse dia chegasse, eu gostaria que Dave participasse."

E então Stevie perguntou a Dave Stewart se ele toparia participar de seu álbum solo. Ele respondeu que não só a ajudaria a produzir o disco como, juntos, eles fariam um documentário da produção toda, usando principalmente câmeras manuais e iluminação natural. Stevie se empolgou e disse que entraria em contato tão logo se recuperasse da turnê atual. A *Unleashed Tour* terminou na Nova Zelândia em dezembro, com dois shows lotados no estádio perto do capitólio, em Wellington. Em termos financeiros foi um sucesso, apesar de alguns assentos vazios na Europa, mas o estresse de trabalhar em equipe se provou emocionalmente exaustivo para Stevie e Lindsey, agora músicos envelhecidos na linha de frente da banda.

Logo depois Stevie Nicks foi ao Arizona passar o Natal com a mãe e a família do irmão, e começou a esvaziar sua casa em Paradise Valley, local que, para ela, guardava muitas lembranças — boas e ruins. Comentou com amigos que estava de volta ao trabalho no álbum solo e que pretendia começar com o pé direito. "Moonlight", composta na Austrália após ver o filme *Lua Nova*, era abertamente baseada nos romances de vampiros adolescentes da saga *Crepúsculo*.

Já havia se passado certo tempo e um contrato de gravação foi assinado entre o pessoal de Stevie e Dave Stewart, para que pudessem trabalhar juntos. Na mesma época, Stevie levou quatro amigas para passar férias na costa italiana de Amalfi, onde ficaram em um esplêndido hotel-residência empoleirado em uma montanha com vista estupenda para a ilha de Capri.

Quando o trabalho no álbum solo começou, recorda-se Stevie, a música começou a fluir desde o primeiro dia. "Dave Stewart foi à minha casa em Palisades, lhe dei um fichário com poemas meus, e falei 'Veja se tem algo que chame sua atenção'. Dave sempre trazia um violão a tiracolo, e começou a tocar, e eu meio que comecei a recitar meus poemas, e de repente, em cerca de uma hora, tínhamos essa canção incrível." (Era "Secret Love".)

Ela continua: "Nunca tive interesse em compor com ninguém — nem com Lindsey, ninguém mesmo. E de uma hora para outra compreendi de verdade por quê Lennon e McCartney compunham juntos, ou Rodgers e Hammerstein, ou qualquer outro time de grandes compositores. Não conheço mil acordes, e Dave não tem um livro com quarenta poemas. Quando se junta essas duas coisas, o resultado é uma pilha incrível de sabedoria e conhecimento. Depois que a coisa fluía, aqueles cinco minutos eram um momento brilhante. Vi estrelas. Quando tudo acabou, eu disse: 'Bem, sou outra mulher.' E então simplesmente continuamos."

O nome do projeto era *In Your Dreams*. Nos 11 meses seguintes Stevie transformou sua casa em estúdio, fazendo as gravações no hall de entrada acusticamente perfeito, em vários corredores e no banheiro principal. Um *chef* foi contratado para preparar refeições e lanches para os músicos, cantores, engenheiros e visitantes da produção. Stevie afirmou que era a primeira vez que sentia-se realmente à vontade naquela casa, trabalhando com Dave Stewart em seu primeiro álbum solo depois de quase dez anos.

Uma das primeiras músicas em que trabalharam foi "Secret Love", que no início era uma demo da época do *Rumours* e depois, em 1980, tornou-se apenas uma letra sem uso. Agora era um apelo rítmico por romance, "em uma busca atemporal/por um amor que possa dar certo".

"For What It's Worth" (em coautoria com Mike Campbell) datava de 2004, quando Stevie teve um *affair* com aquele membro da banda que se oferecera para largar a namorada por causa dela — se a cantora realmente o quisesse. "Ele me propôs aquilo", explicou ela mais tarde, "mas ambos sabíamos que não daria certo fora da estrada". Era uma balada acústica, cheia de boas intenções e promessas, com os riscos do amor proibido. E, no fim, a vocalista diz ao amante, "Você salvou minha vida".

A faixa-título, "In Your Dreams", era para ser reconfortante, apesar da abundância de lágrimas, dor e escuridão. A faixa então foi acelerada, cortesia do baterista dos Heartbreakers, Steve Ferrone. A hard rock "Wide Sargasso Sea" foi a primeira grande declaração do álbum, com acordes potentes e duelo de guitarras. Nela, Stevie canta sobre incendiar a casa de um amante inglês, reduzindo-a a cinzas, daí voltar correndo para casa, na Califórnia. (O título da música foi extraído do romance de Jean Rhys.)

"New Orleans" e "Moonlight (A Vampire's Dream)" eram baladas melancólicas, ambas contendo sede de sangue. "New Orleans" era um tributo pós-furacão a "uma cidade em lágrimas", um dos lugares favoritos de Stevie. "Moonlight" estava mais para o retrato de um amante belo, inseguro, idealizado, e um romance frustrado que jamais existiria. Mais tarde, Stevie confessou que passou pelo menos cinco anos vivendo no mundo da saga *Crepúsculo*, e "Moonlight" foi a música que nasceu dessa obsessão.

"Annabel Lee" é a versão de Stevie do mórbido poema de Edgar Allan Poe cujo primeiro contato se deu quando ela estava no Ensino Médio. Agora a versão se encaixava perfeitamente no exótico vampiro adolescente da moda, quando o poeta faz vigília ao lado do cadáver da amada. Dave Stewart a colocou em uma estrutura brilhante para o público do rock, e ela viria a se tornar uma das favoritas dos fãs, já que "Annabel Lee" aparentemente poderia ter estado em *Mirage* se não fosse pelo interlúdio "gótico" de Waddy que captava um pouco do ar mórbido do poema.

A música que mais deu problema para Stevie e Dave foi "Soldier's Angel", uma tentativa de captar o sentimento de empatia pelos soldados feridos que tanto haviam transformado Stevie cinco anos antes. Teria de ser uma canção sombria, inquietante, porém respeitosa, só que eles não estava conseguindo achar o ponto certo. Quase desesperada, um dia Stevie telefonou para Lindsey Buckingham, que foi à casa dela, trocou um aperto de mão com Dave Stewart, foi simpático com todo mundo e tocou uma guitarra dedicada que transformou "Soldier's Angel" em uma elegia de guerra, a qual fez alguns ouvintes se lembrarem de que *A Ilíada* fora cantada por mil anos antes de alguém registrá-la por escrito. Stevie ficou grata por Lindsey cooperar sem reclamar. Ela observou que a vida familiar — Lindsey tinha três filhos agora — aparentemente amansara o sempre tenso mestre da música.

As músicas mais fáceis de fazer foram as que Stevie e Dave compuseram juntos ao longo de um ano. "Everybody Loves You" parecia um autorretrato; terminava com a observação "você está tão solitário". Já "Ghosts Are Gone" era um hard rock, mais Stewart do que Nicks. "You May Be the One" era um pastiche de doo-woop feminino, com inteligência, letras irônicas e uma das melhores de Stevie desse período. "Italian Summer" era uma narrativa operística sobre o período que Stevie passara em Ravello com suas amigas, com violinos comoventes e memórias turísticas de Chianti e Capri. Para alguns, o destaque da colaboração Nicks/Stewart era a enigmática "Cheaper Than Free", um dramalhão country que incluía uma guitarra pedal steel.

No início de 2011, o trabalho no novo álbum estava quase pronto. Para as fotos do disco, Stevie e as garotas posaram de vestido, com um cavalo branco, uma coruja das neves e espelhos gigantes. Então o lançamento de *In Your Dreams* foi postergado para que fosse feito o registro da pós-produção para o documentário *In Your Dreams*, que por sua vez poderia ser inscrito em festivais de filmes na Europa e até lançado nos cinemas nos Estados Unidos.

Enquanto isso, uma inquieta Stevie Nicks voltava à estrada, abrindo para Rod Stewart na anunciada *The Heart and Soul Tour*. Como apresentação de abertura, Stevie e banda ficaram limitados a pouco mais de uma hora, mas para ela, isso foi mitigado pela insistência cavalheiresca de Rod em trazê-la pela mão até o palco, apresentá-la pessoalmente e afirmar ser uma honra ter o apoio da rainha do rock.

Stevie estava determinada a fazer de *In Your Dreams* — seu sétimo álbum solo e o primeiro em uma década — um sucesso. No período que antecedeu seu lançamento, em maio, ela se jogou no modo promoção, indo aos principais programas de TV, como *Oprah* e *The Ellen Degeneres Show* para cantar "Secret Love", então lançado como single digital. Perto da data de lançamento, Stevie ficou gripada e teve de cancelar aparições, mas logo se recuperou e voou para a Inglaterra, onde foi recebida com pompa e circunstância, participando dos mais importantes programas de entrevista na TV, falando com os principais jornais e se apresentando para cinquenta mil fãs no Hyde Park em Londres.

In Your Dreams foi um grande sucesso em seu lançamento, justamente quando Stevie Nicks completava 63 anos, estreando em 6º lugar na lista da *Billboard* e vendendo bem por meses. A recepção dos críticos foi positiva, alguns afirmando que aquele era seu melhor álbum solo . Naquele verão, Stevie continuou a promover o disco, aparecendo nos concursos de talento amplamente populares *American Idol*, *The Voice* e *America's Got Talent* como técnica e mentora dos jovens cantores. Outros papéis marcantes na TV se seguiriam, no drama musical *Glee* e em *American Horror Story*. (Neste último, Stevie apareceu como uma bruxa branca venerada por todas as outras bruxas.) Stevie nunca havia pensado em si mesma como atriz, mas descobriu que não era tão difícil, afinal de contas, podia fazer o papel de si mesma, projetando uma persona mágica e feminina que ela nutria por décadas.

9.6 On With the Show

Com *In Your Dreams* ainda nas paradas e vendendo bem, Stevie Nicks disse ao Fleetwood Mac que não trabalharia com eles em 2012 porque estava ampliando a própria turnê para tentar manter seu álbum na jogada, já que, àquela altura, não sabia se um dia chegaria a fazer outro. O documentário, em que Stevie recebeu créditos como codiretora, foi exibido em alguns festivais, mas não conseguiu encontrar distribuidor para entrar nos cinemas, uma decepção depois de todo o esforço depositado no projeto. Ele acabou sendo lançado em DVD junto a quatros clipes produzidos para as canções "Secret Love", "For What It's Worth", "Moonlight" e "Cheaper Than Free".

Naquele outono de 2011, Stevie e sua banda saíram na *In Your Dreams Tour*, uma longa jornada que se estenderia até 2012. "Secret Love" e outras novas músicas faziam parte do setlist show, e a banda tocava com ânimo e energia renovados. No entanto, a turnê passou por uma interrupção de cinco meses quando a mãe de Stevie faleceu em dezembro, vítima de enfisema. Naturalmente, Stevie ficou desconsolada por sua "mãezinha", que lhe dera a vida e jamais perdera a fé nela, mesmo quando a própria Stevie esmorecia. Nesse período, Stevie voltou para sua casa nas colinas, onde poderia ficar com sua tribo e receber cuidados; a "cobertura rock and roll" perto do mar era basicamente uma enorme sala de vidro com estátuas e imagens de Buda por todos os lados, mas Stevie não encontrou lugar para acolher a perda que vivia.

Na mesma época, houve mais uma. O filho de Glen Parrish, Glen Jr., 18 anos — que por acaso era um de seus afilhados —, sofreu *overdose* em uma festa de uma república estudantil. Em seu diário de couro, Stevie escreveu alguns versos sobre sua cautela para não dançar com o diabo e seus narcóticos. Foi um de seus poemas mais amargos sobre heroína e o estrago que ela fazia. Pouco depois, Stevie foi contatada por Dave Grohl, ex-baterista do Nirvana, e agora líder dos badaladíssimos Foo Fighters. Ele explicou que o Nirvana havia gravado seu clássico álbum grunge *Nevermind* em Sound City em 1990, com o mesmo console Neve VR-72 que o Buckingham Nicks usara para gravar "Crying", em 1973. O Sound City tinha fechado as portas em 2011, já que não conseguira competir no universo da música digital. Grohl acabara comprando a histórica mesa de gravações Neve do Sound City e a instalara no estúdio de sua casa. Agora estava fazendo um documentário sobre o Sound City e seu famoso console. Paul McCartney ia participar também. Imediatamente, Stevie disse *sim*.

Stevie chegou no estúdio de Grohl com uma comitiva que incluía cabeleireiros e maquiadores. Se era para ser filmada, ela queria estar bonita. Pouco antes, ela havia mandado para eles a letra que compusera quando seu afilhado falecera, agora intitulada "You Can't Fix This". Grohl e o baterista do Foo Fighters, Taylor Hawkins, inseriram a letra em uma progressão de acordes de "Rhiannon", e Stevie a cantou com tal paixão e intensidade que surpreenderam até ela mesma. Quando *Sound City*, o (excelente) documentário de Grohl, foi lançado em 2013, alguns fãs comentaram que "You Can't Fix This" foi a música mais comovente, mais emocionalmente precisa e a melhor obra de Stevie Nicks em trinta anos.

A turnê de shows *In Your Dreams* terminou no outono de 2012. Em 2013, Mick insistiu que Stevie tocasse com o Fleetwood Mac, e desta vez ela concordou, porém mediante condições. Após uma reunião com a banda, Stevie e Lindsey tiveram o que mais tarde ela chamou de "A Conversa".

Enquanto tomavam café, Stevie conduziu a maior parte do papo. Disse a Lindsey que agora estava velha e que precisava da empatia dele já que iriam trabalhar juntos. Explicou que, em seu mundo, em suas turnês solo, ela estava cercada pelo amor dos amigos. No entanto, nas últimas turnês do Fleetwood Mac, ela se sentira cercada somente por despeito e ressentimento, e nunca mais permitiria que isso voltasse a acontecer. "O que quer que eu diga?", perguntou Lindsey. Basicamente, Stevie respondeu que bastaria ele prometer se comportar com decência em relação a ela, e tudo ficaria bem. A Conversa foi um momento importante para Stevie. Agora ela conseguia bater de frente com Lindsey. Ela era, de longe, uma estrela muito maior do que ele. Era uma lenda nos Estados Unidos, e a estrela de Lindsey, mais cedo ou mais tarde, se apagaria. Ela conseguiu, inclusive, ameaçá-lo de leve. "Então", disse ela ao partirem, "é melhor que 2013 seja *ótimo*... Combinado?"

No fim, acabou sendo um ano interessante e lucrativo para Stevie e também para o Fleetwood Mac. Em maio, ela comemorou seu sexagésimo-quinto aniversário em Las Vegas, onde a banda tocou naquela noite. O plano original era passar um ano na estrada, porém, quando Christine McVie pediu para voltar para o Fleetwood Mac, após aparecer em uma única música com a banda na O2 Arena, em setembro (e depois de John McVie ter sido diagnosticado com câncer em outubro), o Fleetwood Mac — todos já adentrando a terceira idade — resolveu ficar em turnê pelos próximos dois anos e meio, fazendo cerca de 122 shows para três gerações de fãs, cuja faixa etária variava dos 16 aos 80 anos.

A maioria dos shows começava com "Second Hand News", emendando com "The Chain". Stevie também fez uma versão truncada de "Rhiannon", agora um ritual mais lento apresentado por uma celebrante de respeito. ("Não dou tantos rodopios como antes", disse Stevie ao *The New York Times*.) "Sisters of the Moon" e "Sara" ancoravam a apresentação, que incluía algumas músicas do *Extended Play*, o EP de quatro canções e formato exclusivamente digital do Fleetwood Mac lançado em abril de 2013. Uma delas era "Without You", um hino confessional sobre dependência composto por Stevie e Lindsey nos primórdios do Buckingham Nicks, por volta de 1971. A música passou anos na internet como uma demo fantasma e foi reavivada como contribuição de Stevie ao *Extended Play*. Ao descrevê-la (e muitas vezes, a descrição levava mais tempo que a canção em si), Stevie dizia ao público que "Estávamos, tipo, enlouquecidos de amor". A banda também tocava "Sad Angel" como a música mais quente da lista. Foi a primeira canção, em décadas, que Lindsey admitiu ter escrito especificamente sobre Stevie.

A parte mais estranha do show era durante "Gold Dust Woman", quando Stevie apresentava o que, em suas palavras, era sua "dança da viciada", cambaleando pelo palco como uma adicta possuída pelo demônio, os cabelos na cintura, os braços se mexendo de um jeito bizarro, representando sua lembrança de andar por aí sob medicamentos antipsicóticos. Stevie: "A dança da viciada sou eu atuando como alguns dos viciados que conheci e, provavelmente, como eu mesma também — essa garota perdida nas ruas, surtada". Quando Christine viu essa dança interpretativa pela primeira vez, comentou: "Uau — sempre soubemos que 'Gold Dust Woman' era sobre a época mais pesada de vício, mas isso representa como foi assustador para todos nós".

Daí Stevie se recompunha para "Stand Back", frequentemente o maior alvo de aplausos da noite. Como sempre, o Mac encerrava com "Go Your Own Way", e Stevie acalmava os fãs com um bis discreto.

Mas então, em outubro, as apresentações na Austrália foram adiadas, pois John McVie fazia tratamento oncológico. Stevie alugou uma casa em Malibu para descansar, longe de todas as distrações, porque estava trabalhando em algumas músicas. Ela ainda escrevia à mão, dizendo aos entrevistadores, com orgulho, que sequer tinha computador ou celular. Mas isso mudou em dezembro, quando os ventos de Santa Ana causaram enormes incêndios no sul da Califórnia. Um incêndio varreu o Malibu Canyon, chamuscando a vila comercial de Cross Creek e se aproximando do pequeno bairro à beira-mar onde Stevie se hospedava. Sozinha e preocupada, ela tentou telefonar para pedir socorro, mas a linha não funcionava. Naquele dia o fogo poupou a casa de Stevie, mas depois disso ela comprou um celular.

O pedido de Christine para voltar ao Fleetwood Mac não deixou Lindsey Buckingham lá muito contente, e ele não fez questão de disfarçar sua insatisfação. Lindsey disse que gostava do Mac como uma banda de quatro membros e tecladistas contratados. E ele ganharia menos dinheiro com o acréscimo de mais um membro integral. Com exceção de "Don't Stop", eles não tocavam músicas de Christine há 16 anos. E ela mesma estava com 70 anos: será que daria conta?

Christine explicou que estava entediada demais em seu pitoresco vilarejo inglês no subúrbio. A antiga casa de época tinha sido reformada. Todos os dias, ela levava os cães para passear nas mesmas calçadas e cumprimentava as mesmas pessoas, a maioria parentes umas das outras. Recentemente tinha sido contemplada com o prestigiado Ivor Novello Award, o maior prêmio britânico para compositores. Algumas noites, jantava sozinha no *pub* do vilarejo. Sentia falta da banda, de cantar, do público e da energia eletrizante da plateia.

Lindsey acabou sendo voto vencido, e com isso Chris foi recebida de volta em sua antiga banda. Mick fez o anúncio em janeiro de 2014. Stevie ficou contente. "Eu disse a Chris que era melhor ela começar a se exercitar", comentou ela, "porque algumas noites tocaríamos por pelo menos duas horas e meia". Quando John McVie se recuperou dos tratamentos oncológicos, o Fleetwood Mac voltou para a estrada. Eles intitularam a turnê de *On With the Show Tour*.

Aquele também foi um período de perdas. Bob Welch sucumbiu à depressão e se matou. Sua saída do Fleetwood Mac foi o que incitou a contratação de Lindsey e Stevie. O fotógrafo Herbie Worthington também morreu mais ou menos nessa época; seus arquivos continham milhares de fotos de Stevie Nicks, a maioria delas inédita. E um curioso genealogista, que vinha investigando a árvore genealógica dos Nicks, encontrou o túmulo do avô de Stevie, A.J. Nicks, em um cemitério perto de Phoenix. Estava descuidado e coberto pelo mato. Ela fez o máximo para limpar as ervas daninhas e samambaias do túmulo e da lápide, e se perguntou por que não tinha ninguém mantendo tudo limpo.

9.7 A Fada-Madrinha do Rock

Abril, 2014. O Fleetwood Mac fez uma pausa de quatro meses da estrada. Em 6 de abril, Stevie cantou "Rhiannon" com o grupo Lady Antebellum, na transmissão do Country Music Awards, em Nashville. Stevie também se apresentou com Sherryl Crow, Bonnie Raitt e Emmylou Harris em um tributo a Linda Ronstadt, que há algum tempo vinha lutando contra uma doença persistente e por isso não compareceu. (Carrie Underwood, considerada a única cantora country à altura do talento épico de Linda, fez o vocal principal de "When Will I Be Loved", "Blue Bayou" e outros sucessos de Ronstadt.) No dia 5 de maio, Stevie compareceu à cerimônia do Rock & Roll Hall of Fame para assistir à nomeação do Nirvana. Stevie havia feito vários shows com Dave Grohl enquanto promoviam *Sound City*, e era considerada uma Foo Fighter honorária.

Então Stevie ficou nove semanas em Nashville com Dave Stewart, e fez um novo álbum formado por algumas composições desenvolvidas ao longo de vários anos, mas jamais gravadas. Algumas delas datavam de 1969. Outras, eram registros há muito perdidos. Uma delas, "Lady", foi achada em uma fita cassete num baú cheio de pertences de valor sentimental da mãe da Stevie. Agora havia um prazo rígido que ela precisava cumprir antes de começarem os ensaios para a turnê de reunião outonal do Mac, agora com a presença de Christine. Stevie: "Liguei para Dave Stewart e falei: 'Tenho as músicas, mas como vamos fazer um disco em dois meses'? Ele respondeu: 'Nashville. É assim que eles fazem'. É como se inscrever numa reabilitação musical". Lori e Sharon vieram de Los Angeles para ajudar Stevie, e Waddy também. As faixas mais marcantes eram "The Dealer", um rock-country sobre ser a senhora do próprio destino; "Mabel Normand", sobre uma velha estrela de cinema com uma quedinha por cocaína; "Belle Fleur", um rock de guitarra retumbante e versos meio deficientes; "Carousel", uma música de Vanessa Carlton que Stevie cantara com sua sobrinha Jessica no leito de morte de sua mãe. Havia também "She Loves Him Still", que Stevie escrevera com Mark Knopfler, do Dire Straits, especificamente sobre Lindsey. Para a maioria dos fãs, a melhor música era "Cathouse Blues", um faux-jazz da Louisiana com um toque de cabaré. Stevie, tal como uma cortesã, cantava: "Preciso de novos sapatos de veludo vermelho". E depois: "Ainda sou a fantasia de um sonhador".

"Lindsey vai amar este álbum", disse Stevie à *Rolling Stone* quando suas 14 músicas foram lançadas (pela Reprise) sob o título *24 Karat Gold — Songs from the Vault*, em setembro de 2014. "Metade das canções falam dele." O álbum foi sucesso e ficou entre os Dez Melhores, galgando o 7º lugar na lista da *Billboard*. (Como sinal dos tempos, a antiga gravadora do Fleetwood Mac e o próprio Warner Music Group agora eram de propriedade de um sindicato midiático internacional controlado por investidores russos.)

Em agosto, o Fleetwood Mac começou a ensaiar com Christine McVie. Stevie gostou de voltar a acompanhá-la nas harmonias de "Over My Head" e "Say You Love Me". Com a idade, os aquecimentos vocais demorariam um pouco mais, no entanto, o som formado pelo conjunto de suas vozes ainda era ótimo, e a demanda por ingressos da banda com a formação clássica era altíssima.

Stevie concedeu dezenas de entrevistas entre a promoção de *24 Karat Gold* e a turnê do Fleetwood Mac em setembro. Algumas delas foram em sua casa em Palisades, com a terrier idosa Sulamith descansando ao lado da perna de Stevie. Jornalistas apontaram que boa parte das estrelas mais jovens — Taylor Swift, Lady Gaga, Katy Perry, Florence Welch — reconheciam Stevie como principal influência em suas carreiras, e Stevie confessou que ficava lisonjeada. Um biógrafo que entrou na cozinha de Stevie notou que a geladeira continha apenas refeições lacradas dos Vigilantes do Peso. Aparentemente, a curiosidade sobre a vida amorosa da estrela do rock de 66 anos continuava intensa. "Reduzi a lista para zero", brincou Stevie, mas, quando pressionada, ela soltava um pouquinho mais. Ela afirmou adorar ser livre, e que já havia experimentado tudo quanto é tipo de homem. Seu último amor de verdade tinha sido em 2004. Ela contou a um repórter praticamente tudo o que era preciso saber sobre o assunto:

"Estou solteira. Não tenho filhos e nunca fui casada, exceto por três meses, há muito tempo. Levo a vida de solteira e, sim, passo muito tempo comigo mesma. Tenho poucos amigos íntimos, sendo que a maioria deles conheço desde sempre, e até que gosto disso. Se estaria disposta a namorar? Seria legal se eu encontrasse um namorado que entendesse minha vida e que não ficasse magoado porque sempre estou a um telefonema de ter que viajar a Nova York dali a duas horas, ou a uma ligação de ter que conceder entrevistas o dia todo. Essa função de Sr. Stevie Nicks não tem tanta graça assim.

"Nos últimos dez anos, tenho dito que vou ficar por conta da minha poesia, e ponto. Se eu quiser ir a algum lugar, não vou precisar ficar me preocupando com as irritações alheias... Se eu conseguir um parceiro nesses moldes, seria legal. Mas quando eu tiver 90 anos e estiver em uma belíssima casa de praia em algum lugar deste planeta, com cinco ou seis cãezinhos, cercada por todas as minhas afilhadas que estarão na meia-idade, serei feliz do mesmo jeito."

A turnê *On With the Show*, do Fleetwood Mac, provou-se um excelente negócio naquele outono de 2014. Os fãs aplaudiram a volta de Christine McVie, e a maioria das arenas nos Estados Unidos e na Inglaterra ficaram lotadas. As coisas entre Stevie e Lindsey estavam muito melhores, embora Christine ainda descrevesse o relacionamento entre eles como "abrasivo". Por causa dos fãs, eles ainda faziam o teatrinho de dar as mãos após "Landslide", mas sem o antigo rancor e a postura hipócrita. Nos bastidores, Lindsey reclamava que a música no vestiário de Stevie era muito alta. (Ela ainda gostava de provocá-lo.) Em algum momento, houve certa tensão porque a revista *Rolling Stone* queria colocar só Stevie na capa. (Era isto ou nada.) Ela contou à revista que fumava um pouco de maconha quando queria compor ao piano. Disse que o irmão estava no Arizona, recebendo tratamento para câncer na bexiga. Afirmou que ela própria estava morando temporariamente em uma casa luxuosa perto de Paradise Cover, em Malibu.

Em outra entrevista, perguntaram a Stevie por que ela ainda não tinha escrito uma biografia. Ela respondeu: "Porque eu não conseguiria contar toda a verdade. O mundo não está preparado para minha biografia, isso eu garanto. Todos os homens com quem saí estão na terceira esposa, todas elas com menos de 30 anos. Se eu escrevesse o que de fato aconteceu entre 1972 e agora, muita gente ficaria bem brava comigo... Sou leal ao extremo, e tenho certa lealdade para com as pessoas que amo porque as amo de verdade, e sempre vou amá-las... Só porque uma relação terminou mal e coisas ruins aconteceram, não se pode sair por aí contando tudo aos quatro ventos. Mas é possível escrever uma música a respeito, em três versos, uma ponte e um refrão, que narre os momentos mágicos."

O Fleetwood Mac continuou tocando ao longo de 2015 e, em seguida, fez uma longa pausa. Frequentemente, Stevie Nicks era flagrada em Nova York, onde assistia a várias apresentações de *School of Rock*, o musical da Broadway baseado no filme de 2003 em que as únicas músicas compostas por uma mulher presentes no setlist eram as de Stevie. Houve também uma exposição de seus autorretratos em Polaroid em diversas galerias da cidade. Nessa época, Stevie estava totalmente obcecada pela série televisiva de fantasia *Game of Thrones*. Seu perfil na *New York Magazine* trazia a manchete "A Fada-Madrinha do Rock".

Em setembro de 2016, Stevie anunciou uma turnê em 28 cidades com sua banda. A abertura ficou por conta do pessoal do Pretenders, sendo Chrissie Hynde o único membro original. À imprensa, Stevie disse que sua carreira solo era provavelmente o único motivo pelo qual o Fleetwood Mac ainda estava junto. Afirmou ter apoiado a candidatura de Hillary Clinton à presidência (e, mais tarde, ficou decepcionada — até mesmo estupefata — quando o teto de vidro se manteve intacto e Donald Trump foi eleito no início de novembro).[59]

---

59 A expressão *glass ceiling* ("teto de vidro", em tradução livre) é usada para indicar a existência de um objetivo visível, protegido, no entanto, por um escudo intransponível. Por exemplo, mulheres e negros que vislumbram possíveis vitórias e/ou promoções no trabalho, mas se deparam com o "teto de vidro" que nunca se quebra e, portanto, eles nunca — ou dificilmente — chegam lá. (N. T.)

Uma semana depois, o jato particular de Stevie decolou da capital Washington,D.C., seguindo até o Nordeste do país para um show em Boston. Ela estava atrasada, pois havia chovido o dia todo após outra apresentação lotada da *24 Karat Gold Tour*, na qual Stevie contava breves histórias para os fãs sobre algumas das músicas menos conhecidas que ela vinha tocando nessa turnê. Agora, ela estava com 68 anos.

Seu jato pousou, ainda sob chuva, no Hanscom Field em Bedford, a norte de Boston. O carro então levou Stevie e as garotas até a arena, passando pela grandiosa Commonwealth Avenue, com suas mansões do século XIX. Stevie pediu ao motorista que reduzisse a velocidade, para que pudesse cobiçar os candelabros reluzentes nas salas à meia-luz das casas imponentes. Algumas horas depois, ela contou àquela multidão que lotava o TD BankNorth Garden que desejava comprar uma casa antiga em Beacon Hill. A declaração gerou longos aplausos: Boston era a segunda casa do Fleetwood Mac desde 1968. Tinha sido a primeira cidade a tocar os singles do *Fleetwood Mac* em 1975. Stevie Nicks e Boston tinham uma longa história juntos.

Mais uma vez, o The Pretenders abria o show com uma lista de sucessos ao longo de uma hora. Depois, Stevie e sua banda, se apresentando diante de animações coloridas e padrões psicodélicos, começavam com "Gold and Braid" enquanto fãs voltavam correndo para seus lugares após buscar cerveja e ir ao banheiro. Stevie brincava com o público que eles tinham um toque de recolher às 11h, portanto, as histórias das músicas poderiam ficar semi-incoerentes. (Algumas ficavam mesmo.) Naquela noite, "If Anyone Falls" abalou o Garden. Daí Stevie explicou que tocaria algumas músicas que nunca tinha tocado no palco. Quando "Outside the Rain" deu sequência a "Dreams", vinte mil pessoas cantaram juntas, baixinho, em uma profusão genuinamente emocionante de entusiasmo de fã, amor e respeito.

Ao todo, Stevie cantou 19 músicas. O ápice foi quando ela e a banda tocaram "Crying in the Night", uma antiga canção do Buckingham Nicks. Conversando com os fãs como se fossem camaradas e amigos, ela disse: "Se você é uma pessoa criativa — *o que todos vocês são* —, também pode sair por aí e seguir seus sonhos... E anos depois, podem estar num palco, ou em casa, e fazer algo que queria fazer desde os 21 anos — quando tiverem 68 anos"!

Amigos afirmam que Stevie, que sempre foi conservadora em termos políticos, ficou chateada com a eleição de Donald Trump, pois não gostava dos comentários e atitudes que ele dispensava às mulheres (dizia serem ofensivos). Ela se perguntava se deveria desabafar com o público naqueles 17 shows extras acrescentados à *24 Karat Gold Tour*, em 2017. A chateação aumentou quando sua página do Facebook foi hackeada e o que ela intitulou de "posts doidos" começaram a pipocar em seu nome. Agora Stevie vivia em um mundo de memes virais, *hashtags*, tuítes e shows inteiros filmados pelo celular no *iThings*. (Ela mal sabia como fazer uma ligação em seu *smartphone*.) Depois disso, sua presença nas redes sociais se tornou discreta por um tempo. No fim de 2016, ela contou ao *Miami Herald* que mesmo sua participação em um suposto novo álbum do Fleetwood Mac estava em xeque, porque os outros membros tinham "tomado rumos muito diferentes".

No quadragésimo aniversário de sua banda, Tom Petty and the Heartbreakers embarcaram em uma turnê, e Petty indicou que provavelmente aquela seria sua última grande campanha pela estrada. A heartbreaker honorária Stevie Nicks se comprometeu a abrir para Petty quando eles fizeram um show enorme no Hyde Park, Londres, em julho de 2017. Depois disso, comentou, ela tentaria permanecer na estrada até os 70 anos, que seriam completados em 2018, e daí seguiria para outros mundos.

Nessa fase, todos os entrevistadores (incomodamente) perguntavam à velha bruxa galesa quando ela se aposentaria. A Andy Greene, da *Rolling Stone*, ela respondeu: "Trabalho muito, pra valer. Tenho um pedaço de papel aqui que diz 'Siga em frente e não pare'. Você faz sua aula de canto... Vejo um monte de gente da minha idade, e muitas pessoas mais jovens do que eu, e penso 'Uau, esse pessoal parece muito velho'. Acho que é porque é um pessoal que não se esforça. Se quiser permanecer jovem, é preciso *se esforçar*. Se quero entrar no palco com uma saia curta de chiffon e não parecer totalmente inadequada para minha idade, preciso fazer isso acontecer. Ou então você simplesmente joga a toalha, deixa os cabelos brancos e fica parecendo uma velha desleixada. Nunca serei dessas."

E posteriormente: "Nunca vou me aposentar. 'Fique ereta, calce os sapatos de salto, saia e vá fazer as coisas'. Quero fazer uma minissérie para as histórias de Rhiannon e os deuses de Gales, que acho que será uma coisa de fantasia, mas não preciso me aposentar como estrela do rock para isso. Posso encaixar tudo."

E, ao fim e ao cabo, os fãs mais ardorosos sabiam que Stevie Nicks poderia se aposentar invicta, uma campeã mundial do rock, uma poeta de valor, uma lenda norte-americana. Seus seguidores entenderiam que os acontecimentos de sua vida foram capazes de validar sua longínqua fé em si mesma, sua convicção inabalável em seu valor artístico, e sua habilidade mágica em proporcionar às massas cura, alívio e beleza com sua música, mensagem e presença. Stevie Nicks, essa autointitulada "velha mulher", carregou seus fardos, cumpriu suas responsabilidades e valorizou seu país de um jeito que poucas fizeram. Nenhum outro astro do rock de sua geração poderia dizer o mesmo.

O fato é que ninguém faz a menor ideia de como minha vida realmente é.
— **Stevie Nicks**

Se eu um dia encontrar-te/Após tantos anos afastados,
Como é que eu devo saudar-te?/Com silêncio e pranto dados.
— **Lord Byron**

Notas do Autor e Fontes

Quando Stevie Nicks entrou no Fleetwood Mac, seus membros foram capazes de mantê-la longe dos repórteres durante cinco anos. Mick Fleetwood era o porta-voz do grupo, e queria continuar a sê-lo. Naquela época, quando jornalistas do ramo do entretenimento conseguiam um raro acesso a Stevie, suas entrevistas tendiam a ser espaçadas e desconexas. Um dia, em 1979, para constrangimento geral, ela foi autorizada a aparecer intoxicada e perturbada em um famoso programa televisivo de entrevistas de Boston. Isso contribuiu para generalizarem sua imagem de cabeça de vento. Mas as mudanças logo vieram quando Stevie deu início à sua carreira solo em 1981 e começou a conceder entrevistas, um jogo no qual demonstrou ser bastante competente. Ao longo dos 35 anos seguintes, ela concedeu entrevistas íntimas, informativas e cheias de citações interessantes enquanto promovia seus álbuns e turnês. Curiosamente, seus comentários mais articulados tendiam a ser publicados em jornais e revistas ingleses, sobretudo se o entrevistador fosse do gênero feminino.

Já que *Gold Dust Woman* é uma biografia não autorizada, usei entrevistas publicadas confiáveis, gravei transcrições de entrevistas e anotações da própria Stevie para permitir que o leitor ouvisse sua "voz" em um registro consistente, a fim de ter um gostinho de sua vida íntima em suas próprias palavras. Tentei evitar o linguajar conjectural utilizado por alguns biógrafos, como "ela deve ter sentido" ou "talvez ela tenha se perguntado". Se o texto atribui um pensamento ou emoção a Stevie, é porque a fonte é algo que ela seguramente disse, contou ou escreveu.

Mick Fleetwood me trouxe para a órbita do Fleetwood Mac em 1987, quando começamos a trabalhar juntos em sua biografia *Fleetwood: My Life and Adventures in Fleetwood Mac*. Na época, realizei entrevistas com membros da banda, sócios, familiares e muitas outras pessoas. Nosso livro foi publicado em 1990 e se tornou *best-seller* internacional (e o texto-base de praticamente todas as obras escritas sobre a banda desde então). Mick também me pediu para escrever os livretos de álbuns como *Fleetwood Mac/Greatest Hits* e *Live at BBC*. Enquanto fazia pesquisas para *Gold Dust Woman*, voltei a essas entrevistas originais e conduzi pesquisas extras relacionadas à carreira mais recente de Stevie como artista solo, principalmente com amigos, ex-amigos, músicos e colegas de profissão. Exceto onde indicado, a maioria de minhas fontes solicitou anonimato.

Várias obras publicadas foram úteis na montagem do quebra-cabeças da vida e das histórias de Stevie Nicks:

Making Rumours, de Ken Caillat e Steven Stiefel (2012), é um relato *in studio* da gravação de algumas das melhores canções de Stevie, na época em que ela terminou seu romance de longa data com Lindsey Buckingham.

Storms, de Carol Ann Harris (2007), é um relato em forma de diário do suposto relacionamento abusivo da autora com Lindsey Buckingham após Stevie Nicks, e uma olhadela confiável dentro da "bolha" privativa do Fleetwood Mac.

Bumping Into Geniuses, de Danny Goldberg (2008), é uma biografia do famoso executivo do ramo de gravações que abarca a saga da fundação da Modern Records, gravadora de Stevie Nicks.

Petty: The Biography, de Warren Zanes (2015), fornece detalhes nítidos sobre uma das amizades mais importantes de Stevie Nicks, tanto no campo profissional quanto no pessoal.

Stevie Nicks: Visions, Dreams & Rumours, de Zoe Howe (2015), é uma biografia não autorizada de uma escritora britânica que foi útil para a recepção de Stevie na Inglaterra e para a produção de seu álbum *The Other Side of the Mirror*.

Simple Dreams, de Linda Ronstadt (2013), é uma biografia comovente e sincera sobre como é crescer cantando no Arizona pós-guerra.

I Want My MTV, de Craig Marks e Rob Tannenbaum (2011), decifra o envolvimento precoce e crucial de Stevie com clipes musicais e o famoso canal de música.

Jenny Fleetwood se tornou psicóloga, especialista em questões relacionadas a vício e reabilitação de artistas. Seu livro *It's Not Only Rock & Roll* (2013) contém entrevistas reveladoras com Stevie Nicks e outros grandes nomes de sua era.

The White Goddess, de Robert Graves (1948), é indispensável no que diz respeito ao material de origem da própria Stevie Nicks e seu lugar na tradição bárdica galesa. O mesmo vale para a edição de Charlotte Guest do *The Mabinogion* (1902).

Entrevistas e materiais descritivos foram extraídos das fontes a seguir, com agradecimentos ao indispensável e árduo trabalho de Christopher B. Davis no blog de pesquisa de 2012 "The Daily Fritz": *ABC, ABC* (Austrália), *Allure, Amazon.com, American Songwriter, Arcadia Apache, Arizona, Arizona Music Hall of Fame, Arizona Republic, Baltimore Sun, BBC, Blender, Billboard, Blackcat, Boston Globe, Boston Phoenix, Cashbox, Charlotte Observer, Chicago Tribune, CHUM, Crawdaddy, Creem, Daily Mail, Details, Der Spiegel, Elle, Entertainment Weekly, Guitar Player, Harper's Bazaar, Hartford Courant, High Times, Hollywood Reporter, Houston Chronicle, Indianapolis Star, Independent, International Herald Tribune, Interview, KCRW, LA Weekly, London Evening Standard, Los Angeles Times, Melody Maker, Metro, Miami Herald, Microsoft Music, MOJO, MTV, Musician, New Age, New Musical Express, Newsweek, New Yorker, New York Daily News, New York Post, New York Times, Newsday, Nixfix.com, Oui, Parade, People, Phoenix New Times, Playboy, Q, Reading Eagle, Record World, Reuters, Rock, Rock Family Trees, Rolling Stone, Salon.com, San José Mercury-News, São Francisco Chronicle, Spin, St. Louis Post-Dispatch, St. Petersburg Times, Sunday Guardian, Telegraph, The Times* (Londres), *Times Literary Supplement, Time, Time Out, Toledo Blade, Toronto Sun, Uncut, Us, USA Today, Variety, VH-1, Village Voice, Vogue, Wall Street Journal, Washington Post, WBCN, WBZ, WMMS, Woman's Own, WZLX.*

Menção honrosa à pesquisadora Callie Pillar por seu trabalho com as famílias Nicks e Meeks. Aos arquivistas James Isaacs e David Bieber, que ajudaram com materiais de pesquisa, assim como à The British Library em King's Cross e ao Boston Athenaeum.

Agradeço igualmente a Elizabeth Beier e a Nicole Williams da St. Martin's Press. Este texto teve uma longa gestação, e sua paciência foi quase infinita. O advogado Eric Raymon examinou os textos enquanto passeava pela Andaluzia, e por isso ele merece *mucho* (sic) *gracias*.

David Vigliano é meu agente literário sofredor, e sou muito grato por sua amizade; o mesmo vale para seus sócios Tom Flannery Jr. e Ruth Ondarza. Os cães do escritório da 58th Street se chamam Sunny, Pepper e Gus. (A brincadeira favorita de Pepper se chama Morder o Cliente.)

Estas pessoas são muito Rhiannon: Maria Evangelinellis, David Winner, Pat Healey, Patrick Donnaly e, sobretudo, Danny Goldberg.

Poucos autores dão conta de escrever livros longos sem apoio familiar. Meu amável clã inclui Lily Davis, India e John Goodridge, Chris Davis, Hana e Howard, além de Judith Arons (*in memoriam*). Todos facilitaram meu caminho rumo à inspiração.

No século XXI, a mídia e a imprensa popular passaram a nutrir verdadeira fixação pela celebridade feminina "descompensada", definida como uma mulher hipersexualizada, bêbada e maluca — geralmente cantora ou atriz — cujo juízo lunático, infernal e subsequentes explosões levam ao sofrimento público e até à morte. Amy Winehouse e Whitney Houston desempenharam esse papel trágico até morrerem. Britney Spears e Lindsey Lohan também tiveram seus momentos. Tem-se observado que os aspectos proibidos de uma biografia — intrusão, revelações, às vezes transgressões — são o único meio de sobrevivência desse gênero literário como *best-seller*. Com isso em mente, gostaria, por fim, de agradecer a Stevie Nicks por voltar aos eixos porque, se ela não tivesse voltado, esta história teria sido muito, muito mais sombria, e não seria lá muito divertido contá-la.

Mais uma hemorragia nasal ao acordar.

— Aleister Crowley
The Magical Record of the Beast 666
1918.